学车考证速成精解系列

货运驾驶员培训教材

范 立 编著

机械工业出版社

本书是依据《机动车驾驶培训教学与考试大纲》《机动车驾驶人考试内容和方法》《机动车驾驶证申领和使用规定》《道路交通安全违法行为记分管理办法》等编写而成的货运驾驶理论学习和从业资格考核指导用书，并根据学员的实际情况及成年人学习、记忆的规律，有针对性地提炼了培训与考试的知识点和考试题型，将知识点与考题融为一体，有助于学员在理解的基础上进一步加深记忆，突出了实用性和可读性。另外，学员可在手机应用市场搜索并下载"驾考宝典"App 或者进入"驾考宝典"微信小程序进行模拟理论考试。

本书可供报考 A2、B2 准驾车型的驾校学员考前学习使用。

图书在版编目（CIP）数据

货运驾驶员培训教材／范立编著. —北京：机械工业出版社，2022.3（2025.5 重印）

（学车考证速成精解系列）

ISBN 978－7－111－70382－2

Ⅰ.①货…　Ⅱ.①范…　Ⅲ.①汽车-货物运输-驾驶员-资格考试-自学参考资料　Ⅳ.①U471.3

中国版本图书馆 CIP 数据核字（2022）第 045935 号

机械工业出版社（北京市百万庄大街 22 号　邮政编码 100037）

策划编辑：谢　元　　　　　责任编辑：谢　元　李　军
责任校对：张亚楠　刘雅娜　　封面设计：马精明
责任印制：邸　敏
中煤（北京）印务有限公司印刷

2025 年 5 月第 1 版第 6 次印刷
184mm×260mm·20.75 印张·594 千字
标准书号：ISBN 978－7－111－70382－2
定价：99.90 元

电话服务　　　　　　　　　网络服务
客服电话：010－88361066　　机　工　官　网：www.cmpbook.com
　　　　　010－88379833　　机　工　官　博：weibo.com/cmp1952
　　　　　010－68326294　　金　书　网：www.golden-book.com
封底无防伪标均为盗版　机工教育服务网：www.cmpedu.com

前　言

当您拿到这本书的时候，请您认真地阅读前言，相信这本书会对您学习驾驶技能提供很大的帮助。

切记：驾驶机动车是一种具有危险性的行为，任何疏忽或大意都有可能危害社会、危及人的生命。学习驾驶机动车首先要学会珍爱自己和他人的生命，树立守护所有道路参与者平安幸福的学习态度，摆正学习目的，才能轻松愉快地学习驾驶机动车。

自汽车问世以来，道路交通安全始终是研究的重要课题，对驾驶人的行为研究更是重中之重。发达国家普遍重视驾驶人培训教育的研究，注重完善驾驶知识体系、安全理念和技能培养，不断改进培训教学方法。教科书（教材）始终是研究的重点，一套好的教科书能够改变一个汽车社会的理念，能够给社会和人类带来安全。因此，很多国家在培养驾驶人时，都非常注重理论教育，而教科书是必备的教学工具。

我国进入汽车社会以来，汽车保有量高速增长，道路里程飞速增加，道路交通事故数量有一定上升，其重要原因就是忽视了对驾驶人行为的研究。源头教育的不足、学员的浮躁心态，以及部分培训机构对理论培训重视程度的不足，形成了学员在参加培训时只背题库、找诀窍，尽其所能应付考试的问题，这些都是道路交通安全问题频出的原因。

随着汽车社会的不断发展，交通管理部门愈发重视道路交通安全宣传教育，部分互联网企业也在主管部门的引导下尝试提供驾驶培训教育服务。木仓科技作为驾驶培训和安全教育的典型品牌互联网企业，深耕驾培市场多年，拥有海量的数据基础和行业经验，旗下的驾考宝典是目前全国用户覆盖量排名领先的驾培平台。这些年来，驾考宝典团队利用已有的数据基础和市场经验，一直在研究如何系统、科学地进行理论培训教学，怎样建立教材与网课紧密结合的线上、线下培训教学系统，为驾校学员、自学的考生提供系统理论知识、驾驶技能和方便快捷的服务，以解决目前驾驶培训的问题，提高考生和驾驶人的整体素质。

《货运驾驶员培训教材》系统全面地解读了货运驾驶员必须掌握的知识点，有针对性地结合考试内容提炼了复习考试题，方便各类学习货运驾驶的人员学习和备考。本书根据学员的实际情况及成年人学习、记忆的规律，将知识点与考题融为一体，有助于在理解的基础上进一步加深记忆。学员可在各大应用市场搜索下载"驾考宝典"App，获取相关理论和操作的指导，解决本书不能展现的知识和内容。

掌握安全驾驶技术并不难，关键在于系统性的理论指导，相信本书是您货运驾考理论学习必不可少的通关宝典！

最后，感谢驰诚（河南）驾培集团股份有限公司、北京遥望交通安全技术研究所在本书编写过程中提供的大力支持和协助。

中国人类工效学学会常务理事

国家车辆驾驶安全工程技术研究中心专家委员会副主任

交通运输部职业技能考评专家委员会道路运输组组长

木仓科技特聘专家、荣誉顾问

目　录

第二部分　从业资格考核内容和题库

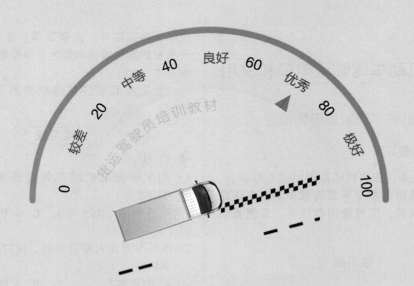

第一部分
驾驶考试内容

1 道路交通安全法律、法规与道路交通信号

货运驾驶员培训教材

 1.1 机动车驾驶证申领和使用

▶ 1.1.1 机动车驾驶证申领规定

1 机动车驾驶许可

驾驶机动车，应当依法取得机动车驾驶证，按照驾驶证载明的准驾车型驾驶车辆。在道路上学习驾驶技能，应当使用教练车，且需教练员随车指导。

 练习题

单选题

1）驾驶机动车应当随身携带哪种证件？
  A. 工作证　　　　　　B. 驾驶证
  C. 身份证　　　　　　D. 职业资格证

答案：B

2）在道路上学习驾驶技能，下列哪种做法是正确的？
  A. 使用教练车由教练员随车指导
  B. 使用所学车型由教练员随车指导
  C. 使用私家车由教练员随车指导
  D. 使用教练车由正式驾驶员随车指导

答案：A

判断题

驾驶人要按照驾驶证载明的准驾车型驾驶车辆。

答案：√

2 准驾车型和机动车驾驶证有效期

大中型客货车驾驶人准予驾驶的车型顺序依次分为：大型客车、重型牵引挂车、城市公交车、中型客车、大型货车。重型牵引挂车准予驾驶的其他准驾车型为：中型客车（B1）、大型货车（B2）。

机动车驾驶证有效期分为6年、10年和长期。

练习题

单选题

1）初次申领的机动车驾驶证的有效期为多少年？
  A. 3年　　　B. 5年　　　C. 6年　　　D. 12年

答案：C

2）准驾车型为大型货车的，可以驾驶下列哪种车辆？
  A. 中型客车　　　　　　B. 大型货车
  C. 重型牵引挂车　　　　D. 大型客车

答案：B

3）准驾车型为重型牵引挂车的，不得驾驶下列哪种车辆？
  A. 中型客车　　　　　　B. 大型货车
  C. 重型牵引挂车　　　　D. 大型客车

答案：D

判断题

1）机动车驾驶证的有效期分为6年、10年、20年。

答案：×

2）准驾车型为大型货车的，可以驾驶重型牵引挂车。

答案：×

3 机动车驾驶证申请条件

申请大型货车的，在20周岁以上，63周岁以下；申请重型牵引挂车准驾车型的，在22周岁以上，63周岁以下。接受全日制驾驶职业教

育的学生，申请重型牵引挂车的，在 19 周岁以上，63 周岁以下。

初次申领机动车驾驶证的，可以申请准驾大型货车机动车驾驶证。

有下列情形之一的，不得申请机动车驾驶证：

（1）有红绿色盲、癫痫病、精神病等妨碍安全驾驶疾病的；

（2）3 年内有吸食、注射毒品行为或者解除强制隔离戒毒措施未满 3 年；

（3）造成交通事故后逃逸构成犯罪的；

（4）饮酒后或者醉酒驾驶机动车发生重大交通事故构成犯罪的。

练习题

单选题

1）申请大型货车准驾车型驾驶证的人年龄条件是多少？
  A. 18 周岁以上　　　　B. 19 周岁以上
  C. 20 周岁以上　　　　D. 22 周岁以上
  答案：C

2）年满 20 周岁，可以初次申请下列哪种准驾车型？
  A. 大型货车　　　　B. 大型客车
  C. 中型客车　　　　D. 重型牵引挂车
  答案：A

3）以下哪种身体条件不可以申请机动车驾驶证？
  A. 糖尿病　　　　B. 红绿色盲
  C. 高血压　　　　D. 怀孕
  答案：B

4）3 年内有哪种行为的人不得申请机动车驾驶证？
  A. 吸烟成瘾　　　　B. 注射毒品
  C. 注射胰岛素　　　　D. 酒醉经历
  答案：B

判断题

1）申请人患有精神病的，可以申领机动车驾驶证，但是在发患病期间不得驾驶机动车。
  答案：×

2）申请人患有癫痫病的，可以申领机动车驾驶证，但是驾驶时必须有人陪同。
  答案：×

3）酒后驾驶发生重大交通事故被依法追究刑事责任的人，不能申请机动车驾驶证。
  答案：√

4）造成交通事故后逃逸构成犯罪的人，不能申请机动车驾驶证。
  答案：√

4　申请增加准驾车型的条件

申请增加大型客车准驾车型的，应当取得大型货车准驾车型资格 3 年以上，或者取得驾驶重型牵引挂车准驾车型资格 1 年以上，并在申请前最近连续 2 个记分周期内没有记满 12 分。

申请增加重型牵引挂车准驾车型的，已取得驾驶中型客车或者大型货车准驾车型资 2 年以上，或者取得驾驶大型客车准驾车型资格 1 年以上，并在申请前最近连续 2 个记分周期内没有记满 12 分记录。

有下列情形之一的，不得申请重型牵引挂车、大型货车准驾车型：

（1）发生交通事故造成人员死亡，承担同等以上责任的；

（2）醉酒后驾驶机动车的；

（3）再次饮酒后驾驶机动车的；

（4）有吸食、注射毒品后驾驶机动车行为的，或者有执行社区戒毒、强制隔离戒毒、社区康复措施记录的；

（5）驾驶机动车追逐竞驶、超员、超速、违反危险化学品安全管理规定运输危险化学品构成犯罪的；

（6）被吊销或者撤销机动车驾驶证未满十年的；

（7）未取得机动车驾驶证驾驶机动车，发生负同等以上责任交通事故造成人员重伤或者死亡的。

练习题

单选题

1）有以下哪种情形，不得申请重型牵引挂车、大型货车准驾车型？
  A. 饮酒后驾驶机动车的
  B. 醉酒后驾驶机动车的
  C. 有驾驶机动车追逐竞驶记录的
  D. 有驾驶机动车超速记录的
  答案：B

2）有以下哪种情形，不得申请重型牵引挂车准驾车型？
  A. 有驾驶机动车追逐竞驶记录的
  B. 有驾驶机动车超员记录的

C. 饮酒后驾驶机动车的

D. 有强制隔离戒毒记录的

答案：D

3）申请增加哪些准驾车型的，不得有在造成人员死亡的交通事故中承担全部或主要责任的记录？

A. 大型客车、重型牵引挂车、中型客车

B. 小型汽车、小型自动挡汽车

C. 普通三轮摩托车、普通二轮摩托车、轻便摩托车

D. 低速载货汽车、三轮汽车

答案：A

判断题

1）已持有大型货车驾驶证 5 年以上，并在申请前最近连续 3 个记分周期内没有满分记录，可以申请增加大型客车准驾车型。

答案：√

2）已持有大型货车驾驶证 3 年以上，并在申请前最近连续 1 个记分周期内没有满分记录，可以申请增加重型牵引挂车准驾车型。

答案：×

3）未取得机动车驾驶证驾驶机动车，发生负同等以上责任交通事故造成人员重伤或者死亡的，不得申请大型货车准驾车型。

答案：√

4）被吊销或者撤销机动车驾驶证未满 5 年的，不得申请大型货车准驾车型。

答案：×

5）有吸食、注射毒品后驾驶机动车行为的，不得申请重型牵引挂车准驾车型。

答案：√

5 驾驶人考试内容和考试标准

科目三道路驾驶技能和安全文明驾驶常识考试，满分分别为 100 分，成绩分别达到 90 分的为合格。

申请人的学习驾驶证明的有效期为 3 年，但有效期截止日期不得超过申请年龄条件上限。在学习驾驶证明有效期内，科目二和科目三道路驾驶技能考试预约考试的次数分别不得超过 5 次。报考科目三重型牵引挂车、大型货车准驾车型的，在取得学习驾驶证明满 40 日后预约考试。申请人因故不能按照预约时间参加考试的，应当提前 1 日申请取消预约。对申请人未按照预约考试时间参加考试的，判定该次考试不合格。

申请人在考试过程中有贿赂、舞弊行为的，取消考试资格，已经通过考试的其他科目成绩无效，公安机关交通管理部门处 2000 元以下罚款，申请人在 1 年内不得再次申领机动车驾驶证。申请人以欺骗、贿赂等不正当手段取得机动车驾驶证的，公安机关交通管理部门收缴机动车驾驶证，撤销机动车驾驶许可，处 2000 元以下罚款，申请人在 3 年内不得再次申领机动车驾驶证。申请人隐瞒有关情况或者提供虚假材料申领机动车驾驶证的，公安机关交通管理部门不予受理或者不予办理，处 500 元以下罚款，申请人在 1 年内不得再次申领机动车驾驶证。

练习题

单选题

1）在学习驾驶证明的有效期内，科目二和科目三道路驾驶技能考试预约次数分别不得超过多少次？

A. 3 次　　B. 4 次　　C. 5 次　　D. 6 次

答案：C

2）学习驾驶证明的有效期为多少？

A. 1 年　　B. 2 年　　C. 3 年　　D. 4 年

答案：C

3）申请人以欺骗、贿赂等不正当手段取得机动车驾驶证的（被撤销的），申请人在多长时间内不得再次申领机动车驾驶证？

A. 6 个月　B. 1 年　　C. 2 年　　D. 3 年

答案：D

4）申请人在考试过程中有贿赂、舞弊行为的，申请人在几年内不得再次申领机动车驾驶证？

A. 1 年　　B. 2 年　　C. 3 年　　D. 4 年

答案：A

5）申请人有下列哪种行为，3 年内不得再次申领机动车驾驶证？

A. 实习期记满 12 分，注销驾驶证的

B. 申请人在考试过程中有舞弊行为的

C. 申请人以欺骗、贿赂等不正当手段取得机动车驾驶证的

D. 申请人未能在培训过程中认真练习的

答案：C

6）以欺骗、贿赂等不正当手段取得驾驶证被依法撤销驾驶许可的，多长时间不得再次申领驾驶许可？

A. 3 年内　B. 终生　　C. 1 年内　D. 5 年内

答案：A

7）存在以下哪种行为的申请人在1年内不得再次申领机动车驾驶证？

A. 在考试过程中出现身体不适

B. 在考试过程中有舞弊行为

C. 不能按照教学大纲认真练习驾驶技能

D. 未参加理论培训

答案：B

8）隐瞒有关情况或者提供虚假材料申领机动车驾驶证的，申请人在几年内不得再次申领机动车驾驶证？

A. 1年　　B. 2年　　C. 3年　　D. 4年

答案：A

9）提供虚假材料申领驾驶证的申请人会承担下列哪种法律责任？

A. 处20元以上200元以下罚款

B. 取消申领驾驶证资格

C. 1年内不得再次申领驾驶证

D. 2年内不能再次申领驾驶证

答案：C

10）申请人隐瞒有关情况或者提供虚假材料申领机动车驾驶证的，公安机关交通管理部门如何处罚？

A. 处2000元以下罚款

B. 处500元以下罚款

C. 处200元以下罚款

D. 处50元以下罚款

答案：B

11）申请人在考试过程中有贿赂、舞弊行为的，公安机关交通管理部门如何处罚？

A. 处2000元以下罚款

B. 处500元以下罚款

C. 处200元以下罚款

D. 处100元以下罚款

答案：A

判断题

1）科目三考试分为道路驾驶技能考试和安全文明驾驶常识考试两部分。

答案：√

2）科目三道路驾驶技能考试和安全文明驾驶常识考试满分分别为100分。成绩分别达到80和90分的为合格。

答案：×

3）学习驾驶证明的有效期截止日期不受年龄限制。

答案：×

4）申请人因故不能按照预约时间参加考试的，

应当提前1日申请取消预约。对申请人未按照预约考试时间参加考试的，判定该次考试不合格。

答案：√

5）申请人在考试过程中有贿赂、舞弊行为的，取消考试资格，已经通过考试的其他科目成绩无效。

答案：√

6）隐瞒有关情况或者提供虚假材料申领机动车驾驶证的，申请人在1年内不得再次申领机动车驾驶证。

答案：√

7）伪造、变造或者使用伪造、变造驾驶证的驾驶人构成犯罪的，将依法追究刑事责任。

答案：√

8）申请人以下不正当手段取得机动车驾驶证的，公安机关交通管理部门收缴机动车驾驶证，撤销机动车驾驶许可，申请人在3年内不得再次申领机动车驾驶证。

答案：√

9）申请人在考试过程中有贿赂、舞弊行为的，取消考试资格，已经通过考试的其他科目成绩无效。

答案：√

10）报考大型货车准驾车型科目三考试的，在取得驾驶技能准考证明满30日后预约。

答案：×

11）报考重型牵引挂车准驾车型科目三考试的，在取得驾驶技能准考证明满40日后预约。

答案：×

6 驾驶证实习期

机动车驾驶人初次取得汽车类准驾车型后的12个月为实习期。在实习期内驾驶机动车的，应当在车身后部粘贴或者悬挂统一式样的实习标志。机动车驾驶人在实习期内不得驾驶载有爆炸物品、易燃易爆化学物品、剧毒或者放射性等危险物品的机动车，不得牵引挂车。驾驶人在实习期内驾驶机动车上高速公路行驶，应当由持相应或者包含其准驾车型驾驶证3年以上的驾驶人陪同。机动车驾驶人在实习期内驾驶的机动车不得牵引挂车。

练习题

单选题

1）机动车驾驶人初次取得汽车类准驾车型后的

多长时间为实习期？

A. 6 个月   B. 12 个月

C. 3 个月   D. 2 年

答案：B

2）在实习期内驾驶机动车的，应当在车身后部粘贴或者悬挂哪种标志？

A. 注意新手标志

B. 注意避让标志

C. 统一式样的实习标志

D. 注意车距标志

答案：C

3）实习期驾驶人驾驶机动车上高速公路行驶，以下做法正确的是哪个？

A. 任何情况下都不允许上高速

B. 不需要其他人陪同

C. 需要持相应或者更高准驾车型驾驶证三年以上的驾驶人陪同

D. 需要持相应或者更高准驾车型驾驶证、同在实习期内的驾驶人陪同

答案：C

判断题

1）初次取得驾驶证的驾驶人在实习期内可以单独驾驶机动车上高速公路行驶。

答案：×

2）驾驶人在实习期内驾驶机动车时，应当在车身后部粘贴或者悬挂统一式样的实习标志。

答案：√

3）驾驶人在实习期内驾驶机动车上高速公路行驶，应当由持相应或者更高准驾车型驾驶证1年以上的驾驶人陪同。

答案：×

4）机动车驾驶人在实习期内驾驶的机动车不得牵引挂车。

答案：√

5）机动车驾驶人在实习期内不得驾驶载有危险化学品的机动车。

答案：√

6）驾驶人实习期内可以单独驾驶大型客车、电车、起重车、牵引车。

答案：×

▶ 1.1.2 机动车驾驶证使用规定

1 机动车驾驶证换证

初次申领的机动车驾驶证的有效期为 6 年。

机动车驾驶人在机动车驾驶证的 6 年有效期内，每个记分周期均未记满 12 分的，换发 10 年有效期的机动车驾驶证。

练习题

判断题

1）驾驶人在机动车驾驶证的 6 年有效期内，每个记分周期均未达到 12 分的，换发 10 年有效期的机动车驾驶证。

答案：√

2）初次申领的机动车驾驶证的有效期为 6 年。

答案：√

3）初次申领的机动车驾驶证的有效期为 4 年。

答案：×

机动车驾驶人应当于机动车驾驶证有效期满前 90 日内，向机动车驾驶证核发地或者核发地以外的车辆管理所申请换证。有效期满换领驾驶证时，须提交医疗机构出具的身体条件证明。

练习题

单选题

驾驶人在驾驶证有效期满前多长时间申请换证？

A. 30 日内   B. 60 日内

C. 90 日内   D. 6 个月内

答案：C

判断题

1）驾驶人在驾驶证核发地车辆管理所管辖区以外居住的，可以向居住地车辆管理所申请换证。

答案：√

2）机动车驾驶证有效期满换领驾驶证时，须提交县级以上医疗机构出具的身体条件证明。

答案：×

机动车驾驶人户籍迁出原车辆管理所管辖区的，应当向迁入地车辆管理所申请换证。机动车驾驶人在核发地车辆管理所管辖区以外居住的，可以向居住地车辆管理所申请换证。机动车驾驶人自愿降低准驾车型的，应当到机动车驾驶证核发地或者核发地以外的车辆管理所换领准驾车型的机动车驾驶证。

练习题

单选题

驾驶人户籍迁出原车辆管理所需要向什么

地方的车辆管所提出申请？

A. 迁出地　　　B. 居住地

C. 所在地　　　D. 迁入地

答案：D

判断题

自愿降级的驾驶人需要到车辆管理所申请换领驾驶证。

答案：√

在车辆管理所管辖区域内，机动车驾驶证记载的机动车驾驶人信息发生变化的，机动车驾驶人应当在 30 日内到机动车驾驶证核发地或者核发地以外的车辆管理所申请换证。

年龄在 60 周岁以上的，持有重型牵引车、大型货车驾驶证的，应当到机动车驾驶证核发地或核发地以外的车辆管理所换领准驾车型为小型汽车或小型自动挡汽车的机动车驾驶证。

练习题

单选题

驾驶证记载的驾驶人信息发生变化的，要在多长时间内申请换证？

A. 60 日　B. 50 日　C. 40 日　D. 30 日

答案：D

判断题

年龄在 60 岁以上持有准驾车型为大型货车的驾驶人，应当到驾驶证核发地或核发地以外的车辆管理所换领准驾车型为小型汽车或小型自动挡汽车的驾驶证。

答案：√

2　机动车驾驶证补证

机动车驾驶证遗失的，机动车驾驶人应当向机动车驾驶证核发地或者核发地以外的车辆管理所申请补发机动车驾驶证后，原机动车驾驶证作废，不得继续使用。机动车驾驶证被依法扣押、扣留或者暂扣期间，机动车驾驶人不得申请补发。

练习题

单选题

1）机动车驾驶人补领机动车驾驶证后，以下哪个说法是正确的？

A. 原驾驶证继续使用

B. 原机动车驾驶证作废，不得继续使用

C. 原驾驶证在特殊情况下使用

D. 可替换使用

答案：B

2）机动车驾驶证被依法扣押、扣留或者暂扣期间能否申请补发？

A. 可以申请补发

B. 扣留期间可以临时申请

C. 暂扣期间可以临时申请

D. 不得申请补发

答案：D

3）下列哪种情况可以向机动车驾驶证核发地或者核发地以外的车辆管理所申请补发？

A. 驾驶证被扣押　　B. 驾驶证被扣留

C. 驾驶证遗失　　　D. 驾驶证被暂扣

答案：C

4）补领机动车驾驶证应到以下哪个地方办理？

A. 所学驾驶的培训机构

B. 驾驶证核发地或者核发地以外的车辆管理所

C. 当地派出所

D. 全国任何地方公安机关交通管理部门

答案：B

5）驾驶人出现下列哪种情况，不得驾驶机动车？

A. 驾驶证丢失、损毁

B. 驾驶证接近有效期

C. 记分达到 10 分

D. 记分达到 6 分

答案：A

判断题

1）机动车驾驶证遗失后，机动车驾驶人应当向机动车驾驶证核发地车辆管理所申请补发。

答案：√

2）机动车驾驶证遗失的，机动车驾驶人应当向机动车驾驶证核发地或者核发地以外的车辆管理所申请补发。

答案：√

3）机动车驾驶人补领机动车驾驶证后，原机动车驾驶证作废，不得继续使用。

答案：√

4）机动车驾驶证遗失、损毁无法辨认时，机动车驾驶人应当向机动车驾驶证核发地车辆管理所申请补发。

答案：√

3 违法记分管理制度

公安机关交通管理部门对机动车驾驶人的道路交通安全违法行为，除依法给予行政处罚外，实行道路交通安全违法行为累积记分制度，记分周期为 12 个月，满分为 12 分。

机动车驾驶人在一个记分周期内记分达到 12 分的，应当按规定参加学习考试。

练习题

单选题

1）公安交通管理部门对驾驶人的交通违法行为除依法给予行政处罚外，实行下列哪种制度？
　　A. 违法登记制度　　B. 奖励里程制度
　　C. 累积记分制度　　D. 强制报废制度
　　　　　　　　　　　　　　答案：C

2）道路交通安全违法行为累积记分的周期是多长时间？
　　A. 3 个月　　　　　　B. 6 个月
　　C. 12 个月　　　　　D. 24 个月
　　　　　　　　　　　　　　答案：C

3）公安机关交通管理部门对累积记分达到规定分值的驾驶人怎样处理？
　　A. 依法追究刑事责任
　　B. 处 15 日以下拘留
　　C. 终生禁驾
　　D. 进行法律法规教育，重新考试
　　　　　　　　　　　　　　答案：D

判断题

1）道路交通安全违法行为累积记分的周期是 12 个月。
　　　　　　　　　　　　　　答案：√

2）道路交通安全违法行为累积记分一个周期满分为 12 分。
　　　　　　　　　　　　　　答案：√

机动车驾驶人在实习期内发生道路交通安全违法行为被记满 12 分的，注销其实习的准驾车型驾驶资格。

练习题

单选题

超过机动车驾驶证有效期 1 年以上未换证被注销的，但未超过 2 年的，机动车驾驶人应当如何恢复驾驶资格？
　　A. 参加道路交通安全法律、法规和相关知识考试合格后
　　B. 参加场地考试合格后
　　C. 参加道路驾驶技能考试合格后
　　D. 参加安全文明驾驶常识考试合格后
　　　　　　　　　　　　　　答案：A

判断题

1）机动车驾驶证有效期超过 1 年以上未换证的，驾驶证将被注销。
　　　　　　　　　　　　　　答案：√

2）驾驶人吸毒或注射毒品后驾驶机动车的，一经查获，其驾驶证将被注销。
　　　　　　　　　　　　　　答案：√

3）正在依法被责令社区戒毒、决定强制隔离戒毒、社区康复措施的，车辆管理所将注销其驾驶证。
　　　　　　　　　　　　　　答案：√

4）有吸食、注射毒品后驾驶机动车行为的机动车驾驶人，不会被注销驾驶证。
　　　　　　　　　　　　　　答案：×

5）驾驶人在实习期内有记满 12 分记录的，注销其实习的准驾车型驾驶资格。
　　　　　　　　　　　　　　答案：√

4 驾驶证审验

机动车驾驶证有效期满换领驾驶证时，应当接受公安机关交通管理部门的审验。持有重型牵引挂车、大型货车驾驶证的驾驶人，应当在每个记分周期结束后 30 日内到公安机关交通管理部门接受审验。

持有重型牵引挂车、大型货车驾驶证一个记分周期内有记分的，审验时应当参加不少于 3 小时的道路交通安全法律法规、交通安全文明驾驶、应急处置等知识学习，并接受交通事故案例警示教育。

机动车驾驶证审验内容包括：
（1）道路交通安全违法行为、交通事故处理情况；
（2）身体条件情况；
（3）道路交通安全违法行为记分及记满 12 分后参加学习和考试情况。

机动车驾驶人因服兵役、出国（境）等原因，无法在规定时间内办理驾驶证期满换证、审验、提交身体条件证明的，可以在驾驶证有

效期内或者有效期届满一年内向机动车驾驶证核发地车辆管理所申请延期办理。延期期限最长不超过 3 年。延期期间机动车驾驶人不得驾驶机动车。

练习题

单选题

1）驾驶证审验内容不包括以下哪一项？
    A. 道路交通安全违法行为、交通事故处理情况
    B. 身体条件情况
    C. 道路交通安全违法行为记分及记满 12 分后参加学习和考试情况
    D. 机动车检验情况
                                        答案：D

2）以下不属于机动车驾驶证审验内容的是什么？
    A. 道路交通安全违法行为、交通事故处理情况
    B. 身体条件情况
    C. 道路交通安全违法行为记分及记满 12 分后参加学习和考试情况
    D. 驾驶车辆累计行驶里程
                                        答案：D

3）驾驶人因服兵、出国（境）等原因无法在规定时间内办理驾驶证审验时，延期审验期限最长不超过多长时间？
    A. 1 年   B. 2 年   C. 3 年   D. 5 年
                                        答案：C

判断题

1）持有大型客车、重型牵引挂车、城市公交车、中型客车、大型货车驾驶证的驾驶人，应当在每个记分周期结束后 30 日内到公安机关交通管理部门接受审验，同时还应当申报身体条件情况。
                                        答案：√

2）驾驶人因服兵役、出国（境）等原因延期审验期间不得驾驶机动车。
                                        答案：√

3）持有大型货车驾驶证一个记分周期内有记分的，审验时不需要参加学习和接受交通事故案例警示教育。
                                        答案：×

4）持有重型牵引挂车驾驶证一个记分周期内有记分的，审验时应当参加不少于 3 小时的道路交通安全法律法规、交通安全文明驾驶、应急处置等知识学习，并接受交通事故案例警示教育。
                                        答案：√

5）机动车驾驶人因服兵役，无法在规定时间内办理驾驶证期满换证、审验的，可以向机动车驾驶证核发地车辆管理所申请延期办理。
                                        答案：×

5 驾驶人体检

持有大型客车、重型牵引挂车、城市公交车、中型客车、大型货车驾驶证的驾驶人，应当在每个记分周期结束后 30 日内到公安机关交通管理部门接受审验。但在 1 个记分周期内没有记分记录的，免予本记分周期年审。

判断题

大型客车、重型牵引挂车、城市公交车、中型客车、大型货车驾驶人，应当每两年提交 1 次身体条件证明。
                                        答案：×

6 驾驶证注销

机动车驾驶人被查获有吸食、注射毒品后驾驶机动车行为，依法被责令社区戒毒、社区康复或者决定强制隔离戒毒，或者长期服用依赖性精神药品成瘾尚未戒除的，或者超过机动车驾驶证有效期一年以上未换证的，车辆管理所应当注销其机动车驾驶证。

超过机动车驾驶证有效期一年以上未换证，被注销机动车驾驶证未超过两年的，机动车驾驶人参加道路交通安全法律、法规和相关知识考试合格后，可以恢复驾驶资格。

被注销机动车驾驶证后，机动车驾驶证在有效期内或者超过有效期不满一年的，机动车驾驶人提交身体条件证明后，可以恢复驾驶资格。

7 法律责任

机动车驾驶人补领机动车驾驶证后，继续使用原机动车驾驶证的，由公安机关交通管理部门处 20 元以上 200 元以下罚款。

持有重型牵引挂车、大型货车驾驶证的驾

驶人，未按照驾驶人从业单位等信息发生变化的，应当在信息变更后 30 日内，向从业单位所在地车辆管理所备案。"规定申报变更信息的，由公安机关交通管理部门处 20 元以上 200 元以下罚款。

练习题

单选题

机动车驾驶人补领机动车驾驶证后，使用原机动车驾驶证驾驶的，除由公安机关交通管理部门收回原机动车驾驶证外，还应当受到何种处罚？

A. 吊销驾驶证　　　　B. 拘留驾驶人
C. 警告　　　　　　　D. 罚款

答案：D

判断题

持有大型客车、重型牵引挂车、城市公交车、中型客车、大型货车驾驶证的驾驶人联系电话、从业单位等信息发生变化未及时申报变更信息的，由公安机关交通管理部门处 20 元以上 200 元以下罚款。

答案：√

1.2　道路交通安全违法行为记分

▶ 1.2.1　记分分值

根据交通违法行为的严重程度，一次记分的分值为 12 分、9 分、6 分、3 分、1 分。

道路交通安全违法行为记分分值

记分分值	交通违法行为记分项目
一次记 12 分	（1）饮酒后驾驶机动车的
	（2）造成致人轻伤以上或者死亡的交通事故后逃逸，尚不构成犯罪的
	（3）使用伪造、变造的货车号牌、行驶证、驾驶证或者使用其他机动车号牌、行驶证的
	（4）驾驶中型以上载货汽车、危险物品运输车辆在高速公路、城市快速路上行驶超过规定时速百分之二十以上的
	（5）驾驶机动车在高速公路、城市快速路上倒车、逆行、穿越中央分隔带掉头的
一次记 9 分	（1）驾驶中型以上载货汽车、危险物品运输车辆在高速公路、城市快速路以外的道路上行驶超过规定时速百分之五十以上的
	（2）驾驶机动车在高速公路或者城市快速路上违法停车的
	（3）驾驶未悬挂机动车号牌或者故意遮挡、污损货车号牌的机动车上道路行驶的
	（4）驾驶与准驾车型不符的机动车的
	（5）连续驾驶危险物品运输车辆超过 4 小时未停车休息或者停车休息时间少于 20 分钟的
一次记 6 分	（1）驾驶中型以上载货汽车、危险物品运输车辆在高速公路、城市快速路上行驶超过规定时速未达到百分之二十，或者在高速公路、城市快速路以外的道路上行驶超过规定时速百分之二十以上未达到百分之五十的
	（2）驾驶载货汽车载物超过最大允许总质量百分之五十以上的
	（3）驾驶机动车载运爆炸物品、易燃易爆化学物品以及剧毒、放射性等危险物品，未按指定的时间、路线、速度行驶或者未悬挂警示标志并采取必要的安全措施的
	（4）驾驶机动车运载超限的不可解体的物品，未按指定的时间、路线、速度行驶或者未悬挂警示标志的
	（5）驾驶机动车运输危险化学品，未经批准进入危险化学品运输车辆限制通行的区域的
	（6）驾驶机动车不按交通信号灯指示通行的

记分分值	交通违法行为记分项目
一次记6分	（7）机动车驾驶证被暂扣或者扣留期间驾驶机动车的
	（8）造成致人轻微伤或者财产损失的交通事故后逃逸，尚不构成犯罪的
	（9）驾驶机动车在高速公路或者城市快速路上违法占用应急车道行驶的
一次记3分	（1）驾驶中型以上载货汽车、危险物品运输车辆以外的机动车在高速公路、城市快速路以外的道路上行驶超过规定时速百分之二十以上未达到百分之五十的
	（2）驾驶机动车在高速公路或者城市快速路上不按规定车道行驶的
	（3）驾驶机动车不按规定超车、让行，或者在高速公路、城市快速路以外的道路上逆行的
	（4）驾驶机动车遇前方机动车停车排队或者缓慢行驶时，借道超车或者占用对面车道、穿插等候车辆的
	（5）驾驶机动车有拨打、接听手持电话等妨碍安全驾驶的行为的
	（6）驾驶机动车行经人行横道不按规定减速、停车、避让行人的
	（7）驾驶机动车不按规定避让校车的
	（8）驾驶载货汽车载物超过最大允许总质量百分之三十以上未达到百分之五十的，或者违反规定载客的
	（9）驾驶不按规定安装机动车号牌的机动车上道路行驶的
	（10）道路上车辆发生故障、事故停车后，不按规定使用灯光或者设置警告标志的
	（11）驾驶未按规定定期进行安全技术检验的危险物品运输车辆上道路行驶的
	（12）连续驾驶载货汽车超过4小时未停车休息或者停车休息时间少于20分钟的
	（13）驾驶机动车在高速公路上行驶低于规定最低时速的
一次记1分	（1）驾驶中型以上载货汽车、危险物品运输车辆在高速公路、城市快速路以外的道路上行驶超过规定时速百分之十以上未达到百分之二十的
	（2）驾驶机动车不按规定会车，或者在高速公路、城市快速路以外的道路上不按规定倒车、掉头的
	（3）驾驶机动车不按规定使用灯光的
	（4）驾驶机动车违反禁令标志、禁止标线指示的
	（5）驾驶机动车载货长度、宽度、高度超过规定的
	（6）驾驶载货汽车载物超过最大允许总质量未达到百分之三十的
	（7）驾驶未按规定定期进行安全技术检验的公路客运汽车、旅游客运汽车、危险物品运输车辆以外的机动车上道路行驶的
	（8）驾驶擅自改变已登记的结构、构造或者特征的载货汽车上道路行驶的
	（9）驾驶机动车在道路上行驶时，驾驶人未按规定系安全带的

 练习题

（单选题）

1）驾驶人有哪种违法行为一次记12分？
　A. 违反交通信号灯　　B. 使用伪造机动车号牌
　C. 违反禁令标志指示　D. 拨打、接听手机的
　　　　　　　　　　　　　答案：B

2）驾驶与准驾车型不符的机动车一次记几分？
　A. 12分　B. 9分　　C. 6分　　D. 3分
　　　　　　　　　　　　　答案：B

3）饮酒后驾驶机动车一次记几分？
　A. 3分　　B. 6分　　C. 9分　　D. 12分
　　　　　　　　　　　　　答案：D

4）造成致人轻伤以上或者死亡的交通事故后逃逸，尚不构成犯罪的一次记几分？
　A. 12分　　B. 9分　　C. 6分　　D. 3分
　　　　　　　　　　　　　答案：A

5）驾驶未悬挂机动车号牌的机动车上道路行驶的一次记几分？
　A. 3分　　B. 6分　　C. 9分　　D. 12分
　　　　　　　　　　　　　答案：C

6) 驾驶故意遮挡、污损机动车号牌的机动车上道路行驶的一次记几分?
   A. 12 分　B. 9 分　　C. 6 分　　D. 3 分
   答案：B

7) 使用伪造、变造的机动车号牌一次记几分?
   A. 3 分　　B. 6 分　　C. 9 分　　D. 12 分
   答案：D

8) 使用伪造、变造的行驶证一次记几分?
   A. 12 分　B. 9 分　　C. 6 分　　D. 3 分
   答案：A

9) 驾驶人有哪种违法行为一次记 6 分?
   A. 饮酒后驾驶机动车
   B. 使用其他车辆行驶证
   C. 车速超过规定时速 50% 以上
   D. 占用应急车道行驶
   答案：D

10) 驾驶人驾驶机动车违反道路交通信号灯通行的，一次记多少分?
   A. 1 分　　B. 3 分　　C. 6 分　　D. 12 分
   答案：C

11) 驾驶人驾驶机动车不按交通信号灯指示通行的，一次记多少分?
   A. 12 分　B. 9 分　　C. 6 分　　D. 3 分
   答案：C

12) 代替实际机动车驾驶人接受交通违法行为处罚和记分牟取经济利益的，一次记多少分?
   A. 3 分　　B. 6 分　　C. 9 分　　D. 12 分
   答案：D

13) 驾驶机动车在高速公路、城市快速路以外的道路上逆行的，一次记多少分?
   A. 1 分　　B. 3 分　　C. 6 分　　D. 9 分
   答案：B

14) 驾驶机动车在高速公路或者城市快速路上违法停车的，一次记多少分?
   A. 12 分　B. 9 分　　C. 6 分　　D. 3 分
   答案：B

15) 有下列哪种违法行为的机动车驾驶人将被一次记 6 分?
   A. 驾驶与准驾车型不符的机动车
   B. 饮酒后驾驶机动车
   C. 驾驶机动车不按交通信号灯指示通行
   D. 未取得校车驾驶资格驾驶校车
   答案：C

16) 有下列哪种违法行为的机动车驾驶人将被一次记 9 分?
   A. 驾驶故意污损号牌的机动车上道路行驶
   B. 机动车驾驶证被暂扣期间驾驶机动车的

C. 以隐瞒、欺骗手段补领机动车驾驶证的
D. 驾驶机动车不按照规定避让校车的
   答案：A

17) 有下列哪种违法行为的机动车驾驶人将被一次记 9 分?
   A. 驾驶机动车不按照规定避让校车的
   B. 机动车驾驶证被暂扣期间驾驶机动车的
   C. 驾驶机动车不按交通信号灯指示通行的
   D. 驾驶与准驾车型不符的机动车的
   答案：D

18) 驾驶不按规定安装机动车号牌的机动车上道路行驶的，一次记多少分?
   A. 12 分　B. 9 分　　C. 3 分　　D. 1 分
   答案：C

19) 驾驶机动车在高速公路、城市快速路以外的道路上不按规定倒车、掉头的，一次记多少分?
   A. 9 分　　B. 6 分　　C. 3 分　　D. 1 分
   答案：D

20) 驾驶中型以上载货汽车在高速公路、城市快速路上行驶超过规定时速百分之二十以上的，一次记几分?
   A. 12 分　B. 9 分　　C. 6 分　　D. 3 分
   答案：A

21) 驾驶中型以上载货汽车在高速公路、城市快速路以外的道路上行驶超过规定时速百分之五十以上的，一次记几分?
   A. 12 分　B. 9 分　　C. 6 分　　D. 3 分
   答案：B

22) 驾驶人有哪种违法行为一次记 6 分?
   A. 驾驶中型以上载货汽车在高速公路、城市快速路上行驶超过规定时速 20% 以上的
   B. 驾驶危险物品运输车辆在高速公路上行驶超过规定时速未达到 20% 的
   C. 驾驶中型以上载货汽车在高速公路、城市快速路以外的道路上行驶超过规定时速未达到 20% 的
   D. 驾驶危险物品运输车辆在高速公路上行驶超过规定时速未达到 50% 的
   答案：B

23) 驾驶载货汽车载物超过最大允许总质量 50% 以上的，一次记几分?
   A. 12 分　B. 9 分　　C. 6 分　　D. 3 分
   答案：C

判断题

1) 造成致人轻伤以上或者死亡的交通事故后逃

逸，尚不构成犯罪的，一次记12分。

答案：√

2）饮酒后驾驶机动车的，一次记12分。

答案：√

3）使用伪造、变造驾驶证的，一次记12分。

答案：√

4）使用其他机动车号牌、行驶证的，一次记3分。

答案：×

5）驾驶机动车在高速公路上倒车、逆行、穿越中央分隔带掉头的，一次记6分。

答案：×

6）不按交通信号灯指示通行通行的，一次记6分。

答案：√

7）在高速公路上行驶超过规定时速50%以上的，一次记12分。

答案：√

8）在高速公路、城市快速路以外的道路上行驶超过规定时速50%以上的一次记3分。

答案：×

9）驾驶机动车在高速公路违法占用应急车道行驶的，一次记6分。

答案：√

10）驾驶机动车不按照规定避让校车的，一次记3分。

答案：√

11）驾驶未悬挂机动车号牌或者故意遮挡、污损机动车号牌的机动车上道路行驶的，一次记12分。

答案：×

12）驾驶与准驾车型不符的机动车的，一次记9分。

答案：√

13）驾驶机动车遇前方机动车停车排队或者缓慢行驶时，借道超车或者占用对面车道、穿插等候车辆的，一次记9分。

答案：×

14）驾驶机动车有拨打、接听手持电话等妨碍安全驾驶的行为的，一次记3分。

答案：√

15）驾驶机动车不按规定会车的，一次记3分。

答案：×

16）驾驶机动车在道路上行驶时，机动车驾驶人未按规定系安全带，一次记3分。

答案：×

17）驾驶危险物品运输车辆在高速公路、城市快速路上行驶超过规定时速20%以下的，

一次记12分。

答案：×

18）驾驶危险物品运输车辆在高速公路、城市快速路以外的道路上行驶超过规定时速百分之五十以上的，一次记12分。

答案：×

19）驾驶载货汽车载物超过最大允许总质量50%以上的，一次记6分。

答案：√

20）驾驶机动车运输危险化学品，未经批准进入危险化学品运输车辆限制通行的区域的，一次记12分。

答案：×

21）连续驾驶危险物品运输车辆超过4小时未停车休息或者停车休息时间少于20分钟的，一次记9分。

答案：√

22）驾驶机动车运输危险化学品，未经批准进入危险化学品运输车辆限制通行的区域的，一次记9分。

答案：×

1.2.2 记分执行

公安机关交通管理部门对机动车驾驶人的交通违法行为，在作出行政处罚决定的同时予以记分。机动车驾驶人有两起以上交通违法行为应当予以记分的，记分分值累积计算。机动车驾驶人可以一次性处理完毕同一辆机动车的多起交通违法行为记录，记分分值累积计算。

机动车驾驶人在一个记分周期期限届满，累积记分未满12分的，该记分周期内的记分予以清除；累积记分虽未满12分，但有罚款逾期未缴纳的，该记分周期内尚未缴纳罚款的交通违法行为记分分值转入下一记分周期。

练习题

判断题

1）驾驶人记分没有达到满分，有罚款尚未缴纳的，记分转入下一记分周期。

答案：√

2）机动车驾驶人有两起以上交通违法行为应当予以记分的，记分分值累积计算。

答案：√

3）公安机关交通管理部门对机动车驾驶人的交通违法行为，在作出行政处罚决定的，不再予以记分。

答案：×

4）机动车驾驶人不得一次性处理完毕同一辆机动车的多起交通违法行为记录。

答案：×

5）机动车驾驶人在一个记分周期内累积记分未满 12 分的，但有罚款逾期未缴纳的，该记分周期内的记分予以清除。

答案：×

▶ 1.2.3 满分处理

小型机动车驾驶人在一个记分周期内累积记分满 12 分的，应当参加为期七天的道路交通安全法律、法规和相关知识学习。在一个记分周期内参加满分教育的次数每增加一次或者累积记分每增加 12 分，道路交通安全法律、法规和相关知识的学习时间增加七天，每次满分学习的天数最多六十天。

驾驶人可以在机动车驾驶证核发地或者交通违法行为发生地、处理地参加公安机关交通管理部门组织的道路交通安全法律、法规和相关知识学习，并在学习地参加考试。机动车驾驶人经满分学习、考试合格且罚款已缴纳的，记分予以清除，发还机动车驾驶证。

练习题

单选题
1）小型机动车驾驶人在一个记分周期内累积记分满 12 分的，应当参加为期几天的的道路交通安全法律、法规和相关知识学习：
A. 3 天　　B. 5 天　　C. 7 天　　D. 10 天

答案：C

2）小型机动车驾驶人在一个记分周期内参加满分教育的次数每增加一次，道路交通安全法律、法规和相关知识的学习时间增加几天？
A. 1 天　　B. 2 天　　C. 5 天　　D. 7 天

答案：D

3）小型机动车驾驶人在一个记分周期内参加每次满分学习的天数最多为几天？
A. 20 天　　B. 30 天　　C. 60 天　　D. 90 天

答案：C

判断题
1）小型机动车驾驶人在一个记分周期内累积记分每增加 12 分，道路交通安全法律、法规和相关知识的学习时间增加 7 天。

答案：√

2）机动车驾驶人在一个记分周期内累积记分满 12 分的，只能在交通违法行为处理地参加公安机关交通管理部门组织的道路交通安全法

律、法规和相关知识学习、考试。

答案：×

3）机动车驾驶人经满分学习、考试合格且罚款已缴纳的，记分予以清除，发还机动车驾驶证。

答案：√

▶ 1.2.4 记分减免

机动车驾驶人处理完交通违法行为记录后累积记分未满 12 分，参加公安机关交通管理部门组织的交通安全教育并达到规定要求的，可以申请在机动车驾驶人现有累积记分分值中扣减记分。在一个记分周期内累计最高扣减 6 分。

练习题

判断题
1）机动车驾驶人处理完交通违法行为记录后累积记分未满 12 分，参加公安机关交通管理部门组织的交通安全教育并达到规定要求的，可以申请在机动车驾驶人现有累积记分分值中扣减记分。

答案：√

2）机动车驾驶人在一个记分周期内累计最高可扣减 12 分。

答案：×

▶ 1.2.5 法律责任

机动车驾驶人在一个记分周期内累积记分满 12 分，机动车驾驶证未被依法扣留或者收到满分教育通知书后三十日内拒不参加公安机关交通管理部门通知的满分学习、考试的，由公安机关交通管理部门公告其机动车驾驶证停止使用。

机动车驾驶人请他人代为接受交通违法行为处罚和记分并支付经济利益的，由公安机关交通管理部门处所支付经济利益三倍以下罚款，但最高不超过五万元；同时，依法对原交通违法行为作出处罚。

1.3 机动车登记和使用规定

▶ 1.3.1 机动车登记

1 机动车注册登记

初次申领机动车号牌、行驶证的，机动车

所有人应当向住所地的车辆管理所申请注册登记。机动车达到国家规定的强制报废标准的，车辆管理所不予办理注册登记。

判断题

机动车达到国家规定的强制报废标准的不能办理注册登记。

答案：√

2 机动车变更登记

已注册登记的机动车，改变车身颜色、更换发动机、更换车身或者车架的，应当向登记地车辆管理所申请变更登记。

判断题

1）已注册登记的机动车，改变车身颜色，机动车所有人不需要向登记地车辆管理所申请变更登记。

答案：×

2）已注册登记的机动车，改变车身颜色的，应到公安交通管理部门申请变更登记。

答案：√

3 机动车转让登记

已注册登记的机动车，机动车所有人住所在车辆管理所管辖区域内迁移或者机动车所有人姓名（单位名称）、联系方式变更的，车辆识别代号因磨损、锈蚀、事故等原因辨认不清或者损坏的，应当在信息或者事项变更后 30 日内向登记地车辆管理所申请备案。机动车所有人申请转让登记前，应当将涉及该车的道路交通安全违法行为和交通事故处理完毕。

在机动车抵押登记期间申请转让登记的，应当由原机动车所有人、现机动车所有人和抵押权人共同申请，车辆管理所一并办理新的抵押登记。

在机动车质押备案期间申请转让登记的，应当由原机动车所有人、现机动车所有人和质权人共同申请，车辆管理所一并办理新的质押备案。

已注册登记的机动车已达到国家强制报废标准的，机动车所有人应当向登记地车辆管理所申请注销登记。

判断题

1）机动车驾驶人在一个记分周期内累积记分满 12 分，拒不参加公安机关交通管理部门通知的满分学习、考试的，将被公告其驾驶证停止使用。

答案：√

2）机动车驾驶人请他人代为接受交通违法行为处罚和记分并支付经济利益的，由公安机关交通管理部门处所支付经济利益三倍以下罚款。

答案：√

3）机动车驾驶人请他人代为接受交通违法行为处罚和记分并支付经济利益的，由公安机关交通管理部门处最高不得超过 1000 元的罚款。

答案：×

4）已注册登记的机动车，机动车所有人住所在车辆管理所管辖区域内迁移或机动车所有人姓名（单位名称）、联系方式变更的，应当在变更后 30 日内向登记地车辆管理所备案。

答案：√

5）车辆识别代码因磨损、锈蚀、事故等原因辨认不清或者损坏的，可以向登记地车辆管理所申请备案。

答案：√

6）机动车所有人申请转让登记前，应当将涉及该车的道路交通安全违法行为和交通事故处理完毕。

答案：√

7）机动车在抵押登记，质押备案期间不可以办转让登记。

答案：×

4 机动车注销登记

已注册登记的机动车达到国家规定的强制报废标准的，机动车所有人应当向登记地车辆管理所申请注销登记。

判断题

已注册登记的机动车达到国家强制报废标准的，应当向登记地车辆管理所申请注销登记。

答案：√

5 机动车检验

机动车应当从注册登记之日起，按照规定期限进行安全技术检验。载货汽车 10 年以内每年检验 1 次；超过 10 年的，每 6 个月检验 1 次。营运机动车在规定检验期内经安全技术检验合格的，不再重复进行安全技术检验。

练习题

单选题

1）载货汽车从注册登记之日起，多长时间以内每年检验 1 次？

A. 5 年　　B. 6 年　　C. 8 年　　D. 10 年

答案：D

2）载货汽车从注册登记之日起，10 年以内每年检验几次？

A. 1 次　　B. 2 次　　C. 3 次　　D. 4 次

答案：A

3）载货汽车从注册登记之日起，超过 10 年的，每隔多长时间检验 1 次？

A. 6 个月　　B. 1 年　　C. 2 年　　D. 3 年

答案：A

4）载货汽车从注册登记之日起，超过 10 年的，每年检验多少次？

A. 1　　　B. 2　　　C. 3　　　D. 4

答案：B

判断题

营运机动车在规定检验期限内经安全技术检验合格的，不再重复进行安全技术检验。

答案：√

▶ 1.3.2　机动车证牌使用

1 机动车临时号牌

购买、调拨、赠予等方式获得机动车后尚未注册登记的，需要临时上道路行驶的，机动车所有人应当向车辆管理所申领临时行驶车号牌。

练习题

单选题

机动车购买后尚未注册登记，需要临时上

道路行驶的，可以凭什么临时上道路行驶？

A. 合法来源凭证　　B. 临时行驶车号牌

C. 借用的机动车号牌　D. 法人单位证明

答案：B

判断题

经购买、调拨、赠予等方式获得机动车后尚未注册登记的，向车辆管理所申领临时行驶车号牌后，方可临时上道路行驶。

答案：√

2 机动车证牌灭失、丢失或损毁

机动车号牌、行驶证灭失、丢失或者损毁的，机动车所有人应当向登记地车辆管理所申请补领、换领。

练习题

单选题

机动车登记证书、号牌、行驶证灭失、丢失或者损毁的，机动车所有人应当向哪个部门申请补领、换领？

A. 居住地交警支队车辆管理所

B. 驾驶证核发地车辆管理所

C. 登记地车辆管理所

D. 当地公安局

答案：C

判断题

1）机动车行驶证灭失、丢失，机动车所有人要向登记地车辆管理所申请补领、换领。

答案：√

2）机动车登记证书、号牌、行驶证灭失、丢失或者损毁的，机动车所有人应当向居住地车辆管理所申请补领、换领。

答案：×

3）机动车登记证书丢失后应及时补办，避免被不法分子利用。

答案：√

4）机动车号牌损毁，机动车所有人要向登记地车辆管理所申请补领、换领。

答案：√

3 法律责任

有下列情形之一的，由公安机关交通管理部门处警告或者 200 元以下罚款：

（1）重型、中型载货汽车、挂车后部未按照规定喷涂放大的牌号或者放大的牌号不清晰的；

（2）载货汽车及挂车未按照规定安装侧面及后下部防护装置、粘贴车身反光标识的；

（3）机动车未按照规定期限进行安全技术检验的。

单选题

1）载货汽车未按照规定喷涂放大的牌号或者放大的牌号不清晰的，公安机关交通管理部门如何处罚？

A. 处 2000 元以下罚款；

B. 处 500 元以下罚款；

C. 处 200 元以下罚款；

D. 处 100 元以下罚款；

答案：C

2）机动车未按照规定期限进行安全技术检验的，公安机关交通管理部门如何处罚？

A. 处 2000 元以下罚款；

B. 处 500 元以下罚款；

C. 处 200 元以下罚款；

D. 处 100 元以下罚款；

答案：C

判断题

载货汽车及挂车未按照规定安装侧面及后下部防护装置、粘贴车身反光标识的，由公安机关交通管理部门处警告或者 100 元以下罚款。

答案：×

1.4 道路交通信号

道路交通信号包括交通信号灯、交通标志、交通标线和交通警察指挥手势。

判断题

1）交通信号包括交通信号灯、交通标志、交通标线和交通警察的指挥。

答案：√

2）交通标志和交通标线不属于交通信号。

答案：×

▶▶ 1.4.1 道路交通信号灯

交通信号灯有红、黄、绿三种颜色，红灯

亮表示禁止通行，绿灯亮表示准许通行，黄灯亮表示警示。

禁止通行信号

警示信号

准许通行信号

单选题

1）前方路口这种信号灯亮表示什么意思？

A. 路口警示　　　　B. 禁止通行

C. 准许通行　　　　D. 提醒注意

答案：B

2）前方路口这种信号灯亮表示什么意思？

A. 路口警示　　　　B. 禁止通行

C. 准许通行　　　　D. 提醒注意

答案：A

3）前方路口这种信号灯亮表示什么意思？

A. 路口警示　　　　B. 禁止通行
C. 准许通行　　　　D. 提醒注意

答案：C

判 断 题
交通信号灯由红灯、绿灯和黄灯组成。

答案：✓

1 红灯

驾驶机动车在路口直行遇到红灯亮时，要停在路口停止线以外等待放行信号。右转弯时，在不妨碍被放行车辆、行人通行的情况下，可以通行。

驾驶机动车在道路与铁路平面交叉道口，遇有两个红灯交替闪烁或者一个红灯亮时，表示禁止车辆、行人通行；遇到两个红灯交替闪烁或一个红灯亮时，要停在道口停止线以外等待，不得加速通过道口。

单选题

1）驾驶机动车在路口直行遇到这种信号灯应该怎样行驶？

A. 不得越过停止线
B. 加速直行通过
C. 左转弯行驶
D. 进入路口等待

答案：A

2）驾驶机动车在铁路道口看到这种信号灯时怎样行驶？

A. 边观察边缓慢通过
B. 不换挡加速通过
C. 在火车到来前通过
D. 不得越过停止线

答案：D

判 断 题

1）在路口这个位置时可以加速通过路口。

答案：✕

2）驾驶机动车行驶到这个位置时，如果车前轮已越过停止线可以继续通过。

答案：✕

3）驾驶机动车在这种信号灯亮的路口，可以右转弯。

答案：✓

4）在铁路道口遇到两个红灯交替闪烁时要停车等待。

答案：✓

5）在道路与铁路道口遇到一个红灯亮时要尽快通过道口。

答案：✕

6）如图所示，在这种情况下遇到红灯交替闪烁时，要尽快通过道口。

答案：×

2 绿灯

驾驶机动车在路口遇到绿色信号灯亮时，准许车辆直行、向左转弯、向右转弯通行。要在确保安全的前提下，尽快通行，转弯车辆不能妨碍被放行的直行车辆、行人通行。

（练习题）

单选题

前方路口这种信号灯亮表示什么意思？

A. 路口警示　　　　B. 禁止通行
C. 准许通行　　　　D. 提醒注意

答案：C

判断题

1）驾驶机动车在路口遇到这种信号灯禁止通行。

答案：×

2）绿灯亮表示前方路口允许机动车通行。

答案：√

3）驾驶机动车在路口遇到这种信号灯亮时，要在停止线前停车瞭望。

答案：×

4）驾驶机动车在路口遇到这种信号灯亮时，不能右转弯。

答案：×

5）驾驶机动车遇到这种信号灯，可在对面直行车前直接向左转弯。

答案：×

3 黄灯

驾驶机动车看到黄色信号灯亮时，已经越过停止线的车辆可以继续通行，没有越过停止线的车辆不得进入路口，不能加速通过交叉路口，要在停止线以外停车等待。

驾驶机动车在路口遇到黄色闪光警告信号灯持续闪烁时，要减速注意瞭望，确认安全后通过。

单选题

1）前方路口这种信号灯亮表示什么意思？

A. 路口警示　　　　B. 禁止通行
C. 准许通行　　　　D. 提醒注意

答案：A

2）驾驶机动车在路口遇到这种信号灯表示什么意思？

 A. 禁止右转   B. 路口警示

 C. 准许直行   D. 加速通过

答案：B

3）驾驶机动车遇到这种信号灯不断闪烁时怎样行驶？

 A. 尽快加速通过

 B. 靠边停车等待

 C. 注意瞭望安全通过

 D. 禁止通行

答案：C

4）遇到这种情况的路口怎样通过？

 A. 左转弯加速通过

 B. 加速直行通过

 C. 右转弯加速通过

 D. 确认安全后通过

答案：D

判断题

1）在这种情况下可加速通过交叉路口。

答案：×

2）驾驶机动车在路口看到这种信号灯亮时，要加速通过。

答案：×

3）驾驶机动车在前方路口不能右转弯。

答案：×

4）驾驶机动车遇到这种信号灯亮时，如果已越过停止线，可以继续通行。

答案：√

5）闪光警告信号灯为持续闪烁的黄灯，其作用是提示车辆、行人需要快速通过。

答案：×

6）路口黄灯持续闪烁，警示驾驶人要注意瞭望，确认安全通过。

答案：√

7）黄灯持续闪烁，表示机动车可以加速通过。

答案：×

4 方向指示信号灯

  驾驶机动车在有方向指示信号灯的路口，按绿色箭头亮指示方向行驶，红色箭头灯亮指示的方向禁止通行。

  驾驶机动车遇到车道上方有信号灯的路段，要选择亮绿色箭头灯的车道通行，不能进入红色叉形灯或者红色箭头灯亮的车道。

单选题

1）这个路口允许车辆怎样行驶？

A. 向左、向右转弯
B. 直行或向左转弯
C. 向左转弯
D. 直行或向右转弯

答案：D

2）这个路口允许车辆怎样行驶？

A. 向左转弯   B. 直行
C. 直行或向右转弯   D. 向右转弯

答案：A

3）这个路口允许车辆怎样行驶？

A. 直行   B. 向右转弯
C. 直行或向左转弯   D. 向左转弯

答案：B

4）遇到这种情况时怎样行驶？

A. 禁止车辆在两侧车道通行
B. 减速进入两侧车道行驶
C. 进入右侧车道行驶
D. 加速进入两侧车道行驶

答案：A

判断题

1）驾驶机动车不能进入红色叉形灯或者红色箭头灯亮的车道。

答案：√

2）遇到这种情况时，中间车道不允许车辆通行。

答案：√

3）这辆红色轿车可以在该车道行驶。

答案：×

4）驾驶机动车要选择绿色箭头灯亮的车道行驶。

答案：√

5）驾驶机动车在这种情况下不能左转弯。

答案：√

6）驾驶机动车在这种情况下可以右转弯。

答案：×

7）驾驶机动车在这种情况下不能直行和左转弯。

答案：√

交通标志分为：警告标志、指示标志、禁令标志、指路标志、旅游区标志、道路施工安全标志和辅助标志。

1　警告标志

警告（提醒、告示）机动车驾驶人前方有危险，谨慎通过。

图示					
含义	十字交叉路口	T型交叉路口	T型交叉路口	向右急转弯	向左急转弯
图示					
含义	反向弯路	连续弯路	上陡坡	下陡坡	连续下坡
图示					
含义	两侧变窄	右侧变窄	左侧变窄	窄桥	双向交通
图示					
含义	注意行人	注意儿童	注意残疾人	注意非机动车	注意信号灯
图示					
含义	注意牲畜	注意野生动物	村庄或集镇	注意落石	傍山险路
图示					
含义	易滑路段	堤坝路	过水路面	注意横风	驼峰桥
图示					
含义	路面不平	减速丘	施工路段	隧道	注意车道变少

（续）

图示					
含义	交叉路口	Y型路口	注意危险	事故易发路段	线形诱导标
图示					
含义	注意潮汐车道	注意保持车距	左右绕行	左侧绕行	右侧绕行
图示					
含义	交通事故管理	注意合流	避险车道	建议速度	多股铁路与道路相交
图示					
含义	有人看守铁路道口	无人看守铁路道口	距无人看守铁路道口50米	距无人看守铁路道口100米	距无人看守铁路道口150米

练习题

单选题

1）这属于哪一类标志？

A. 警告标志　　　　B. 指路标志
C. 指示标志　　　　D. 禁令标志

答案：A

2）这个标志是何含义？

A. T型交叉路口　　　B. Y型交叉路口
C. 十字交叉路口　　　D. 环行交叉路口

答案：C

3）这个标志是何含义？

A. T型交叉路口　　　B. Y型交叉路口
C. 十字交叉路口　　　D. 环行交叉路口

答案：A

4）这个标志是何含义？

A. 向左急转弯　　　　B. 向右急转弯
C. 向右绕行　　　　　D. 连续弯路

答案：B

5）这个标志是何含义？

A. 向左急转弯　　　　B. 向右急转弯
C. 向左绕行　　　　　D. 连续弯路

答案：A

6）这个标志是何含义？

A. N 型弯路　　　　　B. 急转弯路
C. 反向弯路　　　　　D. 连续弯路

答案：C

7）这个标志是何含义？

A. N 型弯路　　　　　B. 急转弯路
C. 反向弯路　　　　　D. 连续弯路

答案：D

8）这个标志是何含义？

A. 堤坝路　　　　　　B. 上陡坡
C. 连续上坡　　　　　D. 下陡坡

答案：B

9）这个标志是何含义？

A. 堤坝路　　　　　　B. 上陡坡
C. 下陡坡　　　　　　D. 连续上坡

答案：C

10）这个标志是何含义？

A. 连续上坡　　　　　B. 上陡坡
C. 下陡坡　　　　　　D. 连续下坡

答案：D

11）这个标志是何含义？

A. 两侧变窄　　　　　B. 右侧变窄
C. 左侧变窄　　　　　D. 宽度变窄

答案：A

12）这个标志是何含义？

A. 两侧变窄　　　　　B. 右侧变窄
C. 左侧变窄　　　　　D. 宽度变窄

答案：B

13）这个标志是何含义？

A. 两侧变窄　　　　　B. 右侧变窄
C. 左侧变窄　　　　　D. 宽度变窄

答案：C

14）这个标志是何含义？

A. 窄路　　　　　　　B. 右侧变窄
C. 左侧变窄　　　　　D. 窄桥

答案：D

15）这个标志是何含义？

A. 双向交通　　　　　B. 分离式道路
C. 潮汐车道　　　　　D. 减速让行

答案：A

16）这个标志是何含义？

A. 人行横道　　　　　B. 注意行人
C. 注意儿童　　　　　D. 学校区域

答案：B

17）这个标志是何含义？

A. 注意行人　　　　　B. 人行横道
C. 注意儿童　　　　　D. 学校区域

答案：C

18）这个标志是何含义？

A. 大型畜牧场　　　　B. 野生动物保护区
C. 注意野生动物　　　D. 注意牲畜

答案：D

19）这个标志是何含义？

A. 注意野生动物　　　B. 注意牲畜
C. 动物公园　　　　　D. 开放的牧区

答案：A

20）这个标志是何含义？

A. 交叉路口　　　　　B. 注意信号灯
C. 注意行人　　　　　D. 人行横道灯

答案：B

21）这个标志是何含义？

A. 傍山险路　　　　　B. 悬崖路段
C. 注意落石　　　　　D. 危险路段

答案：C

22）这个标志是何含义？

A. 注意横风　　　　　B. 风向标
C. 隧道入口　　　　　D. 气象台

答案：A

23）这个标志是何含义？

A. 急转弯路　　　　　B. 易滑路段
C. 试车路段　　　　　D. 曲线路段

答案：B

24）这个标志是何含义？

A. 临崖路　　　　　　B. 堤坝路

C. 傍山险路　　　　　D. 落石路

答案：C

25）这个标志是何含义？

A. 堤坝路　　　　　　B. 临崖路
C. 易滑路　　　　　　D. 傍水路

答案：A

26）这个标志是何含义？

A. 注意行人　　　　　B. 有人行横道
C. 村庄或集镇　　　　D. 有小学校

答案：C

27）这个标志是何含义？

A. 涵洞　　B. 水渠　　C. 桥梁　　D. 隧道

答案：D

28）这个标志是何含义？

A. 过水路面　　　　　B. 漫水桥
C. 渡口　　　　　　　D. 船用码头

答案：C

29）这个标志是何含义？

A. 不平路面　　　　　B. 驼峰桥
C. 路面高突　　　　　D. 路面低洼

答案：B

30）这个标志是何含义？

A. 路面低洼　　　　　B. 驼峰桥
C. 路面不平　　　　　D. 路面高突

答案：C

31）这个标志是何含义？

A. 路面低洼   B. 驼峰桥
C. 路面不平   D. 减速丘

答案：D

32）这个标志是何含义？

A. 路面高突   B. 有驼峰桥
C. 路面不平   D. 路面低洼

答案：D

33）这个标志是何含义？

A. 过水路面   B. 渡口
C. 泥泞道路   D. 低洼路面

答案：A

34）这个标志是何含义？

A. 无人看守铁路道口
B. 有人看守铁路道口
C. 多股铁路与道路相交
D. 立交式的铁路道口

答案：B

35）这个标志是何含义？

A. 多股铁路与道路相交
B. 有人看守铁路道口
C. 无人看守铁路道口
D. 注意长时鸣喇叭

答案：C

36）这个标志是何含义？

A. 注意避让火车
B. 有人看守铁路道口
C. 无人看守铁路道口
D. 多股铁路与道路相交

答案：D

37）这个标志是何含义？

A. 距无人看守铁路道口 50 米
B. 距有人看守铁路道口 50 米
C. 距无人看守铁路道口 100 米
D. 距有人看守铁路道口 100 米

答案：A

38）这个标志是何含义？

A. 距无人看守铁路道口 50 米
B. 距有人看守铁路道口 50 米
C. 距无人看守铁路道口 100 米
D. 距有人看守铁路道口 100 米

答案：C

39）这个标志是何含义？

A. 距有人看守铁路道口 150 米
B. 距无人看守铁路道口 150 米
C. 距无人看守铁路道口 100 米
D. 距有人看守铁路道口 100 米

答案：B

40）这个标志是何含义？

A. 避让非机动车
B. 非机动车道
C. 禁止非机动车通行
D. 注意非机动车

答案：D

41）这个标志是何含义？

A. 注意残疾人   B. 残疾人出入口
C. 残疾人休息处   D. 残疾人专用通道

答案：A

42）这个标志是何含义？

A. 施工路段   B. 事故易发路段
C. 减速慢行路段   D. 拥堵路段

答案：B

43）这个标志是何含义？

A. 施工路段　　　　　B. 车多路段
C. 慢行　　　　　　　D. 拥堵路段

答案：C

44）这个标志是何含义？

A. 施工路段绕行　　　B. 双向交通
C. 注意危险　　　　　D. 左右绕行

答案：D

45）这个标志是何含义？

A. 左侧绕行　　　　　B. 单向通行
C. 注意危险　　　　　D. 右侧绕行

答案：A

46）这个标志是何含义？

A. 单向通行　　　　　B. 右侧绕行
C. 注意危险　　　　　D. 左侧绕行

答案：B

47）这个标志是何含义？

A. 事故多发路段　　　B. 减速慢行
C. 注意危险　　　　　D. 拥堵路段

答案：C

48）这个标志是何含义？

A. 塌方路段　　　　　B. 施工路段
C. 施工料厂　　　　　D. 道路堵塞

答案：B

49）这个标志是何含义？

30 km/h

A. 建议速度　　　　　B. 最低速度

C. 最高速度　　　　　D. 限制速度

答案：A

50）这个标志是何含义？

A. 隧道开远光灯　　　B. 隧道减速
C. 隧道开灯　　　　　D. 隧道开示宽灯

答案：C

51）这个标志是何含义？

A. 注意双向行驶　　　B. 靠两侧行驶
C. 可变车道　　　　　D. 注意潮汐车道

答案：D

52）这个标志是何含义？

A. 注意保持车距　　　B. 车距确认路段
C. 车速测试路段　　　D. 两侧变窄路段

答案：A

53）这个标志是何含义？

A. 注意交互式道路　　B. 注意分离式道路
C. 平面交叉路口　　　D. 环行平面交叉

答案：B

54）这个标志是何含义？

A. Y 型交叉口　　　　B. 主路让行
C. 注意分流　　　　　D. 注意合流

答案：D

55）这个标志是何含义？

A. 避险车道　　　　　B. 应急车道
C. 路肩　　　　　　　D. 急弯道

答案：A

56）这个标志是何含义？

A. 提醒车辆驾驶人前方道路沿水库、湖泊、河流
B. 提醒车辆驾驶人前方有向上的陡坡路段
C. 提醒车辆驾驶人前方有两个及以上的连续上坡路段
D. 提醒车辆驾驶人前方有向下的陡坡路段

答案：B

57）这个标志是何含义？

A. 提醒车辆驾驶人前方道路沿水库、湖泊、河流
B. 提醒车辆驾驶人前方有向上的陡坡路段
C. 提醒车辆驾驶人前方有向下的陡坡路段
D. 提醒车辆驾驶人前方有两个及以上的连续上坡路段

答案：C

58）这个标志是何含义？

A. 提醒车辆驾驶人前方有两个及以上的连续上坡路段
B. 提醒车辆驾驶人前方有向上的陡坡路段
C. 提醒车辆驾驶人前方有向下的陡坡路段
D. 提醒车辆驾驶人前方有两个及以上的连续下坡路段

答案：D

59）下列哪个标志提示驾驶人下陡坡？

图1：　　图2：　　图3：　　图4：

A. 图1　B. 图2　C. 图3　D. 图4

答案：D

60）下列哪个标志提示驾驶人连续转弯？

图1：　　图2：　　图3：　　图4：

A. 图1　B. 图2　C. 图3　D. 图4

答案：B

61）当驾驶人看到以下标志时，需减速慢行，为什么？

A. 前方车行道或路面变窄
B. 前方有弯道
C. 前方车流量较大
D. 前方有窄桥

答案：A

判断题

1）这种标志的作用是警告车辆驾驶人前方有危险，谨慎通行。

答案：√

2）这个标志的是用以警告车辆驾驶人谨慎慢行，注意横向来车。

答案：√

3）这个标志的含义是前方即将行驶至 Y 型交叉路口。

答案：×

4）这个标志的含义是警告前方道路有障碍物，车辆减速绕行。

答案：×

5）这个标志的含义是警告前方出现向左的急转弯。

答案：√

6）这个标志的含义是警告前方道路易滑，注意慢行。

答案：✕

7）这个标志的含义是警告前方有两个相邻的反向转弯道路。

答案：✕

8）这个标志的含义是提醒前方桥面宽度变窄。

答案：✕

9）这个标志的含义是提醒前方右侧行车道或路面变窄。

答案：√

10）这个标志的含义是提醒前方左侧行车道或路面变窄。

答案：√

11）这个标志的含义是提醒前方两侧行车道或路面变窄。

答案：✕

12）这个标志的含义是提醒前方道路变为不分离双向行驶路段。

答案：√

13）这个标志的含义是警告车辆驾驶人前方是人行横道。

答案：✕

14）这个标志的含义是警告车辆驾驶人前方是学校区域。

答案：✕

15）这个标志的含义是警告车辆驾驶人注意前方设有信号灯。

答案：√

16）这个标志的含义是提醒车辆驾驶人前方是傍山险路路段。

答案：✕

17）这个标志的含义是提醒车辆驾驶人前方有很强的侧向风。

答案：√

18）这个标志的含义是提醒车辆驾驶人前方是急转路段。

答案：✕

19）这个标志的含义是提醒车辆驾驶人前方是堤坝路段。

答案：✕

20）这个标志的含义是提醒车辆驾驶人前方路段通过村庄或集镇。

答案：√

21）这个标志的含义是提醒车辆驾驶人前方是单向行驶并且照明不好的涵洞。

答案：×

22）这个标志的含义是提醒车辆驾驶人前方是车辆渡口。

答案：√

23）这个标志的含义是提醒车辆驾驶人前方是桥头跳车较严重的路段。

答案：×

24）这个标志的含义是提醒车辆驾驶人前方路面颠簸或有桥头跳车现象。

答案：√

25）这个标志的含义是提醒车辆驾驶人前方是过水路面或漫水桥路段。

答案：√

26）这个标志的含义是提醒车辆驾驶人前方是无人看守铁路道口。

答案：×

27）这个标志的含义是提醒车辆驾驶人前方是无人看守铁路道口。

答案：√

28）这个标志的含义是提醒车辆驾驶人前方是非机动车道。

答案：×

29）这个标志的含义是提醒车辆驾驶人前方是拥堵路段，注意减速慢行。

答案：×

30）这个标志的含义是告示前方道路施工，车辆左右绕行。

答案：×

31）这个标志的含义是告示前方道路有障碍物，车辆左侧绕行。

答案：√

32）这个标志的含义是告示前方道路是单向通行路段。

答案：×

33）这个标志的含义是告示前方是塌方路段，车辆应绕道行驶。

答案：×

34）如下图所示，这个标志设置在有人看守的铁路道口，是提示驾驶人距有人看守的铁路道口的距离还有100米。

答案：×

35）如下图所示，铁路道口设置这个标志，是提示驾驶人前方路口有单股铁道。

答案：×

36）看到这个标志时，您应该开启前照灯。

答案：√

37）遇到这个标志时，您应该主动确认您与前车之间的距离。

答案：√

2 禁令标志

表示禁止、限制及相应解除的含义，机动车驾驶人要严格遵守。

图示	停	让			
含义	停车让行	减速让行	会车让行	禁止通行	禁止驶入
图示					
含义	禁止小客车驶入	禁止机动车驶入	禁止停放车辆	禁止长时停车	禁止直行
图示					
含义	禁止向左转弯	禁止向右转弯	禁止直行和向左转弯	禁止直行和向右转弯	禁止向左向右转弯
图示				40	40
含义	禁止掉头	禁止超车	解除禁止超车	速度限制	解除速度限制
图示		3m	3.5m	检查	口岸 检查
含义	禁止鸣喇叭	限制宽度	限制高度	停车检查	口岸停车检查
图示			10t		
含义	禁止载货汽车驶入	禁止挂车、半挂车驶入	限制质量	禁止运输危险品车辆驶入	

单选题

1）禁令标志的作用是什么？
    A. 禁止或限制行为   B. 告知方向信息
    C. 指示车辆行进   D. 警告前方危险
                              答案：A

2）这属于哪种标志？

    A. 警告标志   B. 禁令标志
    C. 指示标志   D. 指路标志
                              答案：B

3）这个标志是何含义？

    A. 停车让行   B. 不准长时间停车
    C. 不准车辆驶入   D. 不准临时停车
                              答案：A

4）这个标志是何含义？

    A. 不准让行   B. 会车让行
    C. 停车让行   D. 减速让行
                              答案：D

5）这个标志是何含义？

    A. 会车时停车让对方车先行
    B. 前方是双向通行路段
    C. 右侧道路禁止车通行
    D. 会车时停车让右侧车先行
                              答案：A

6）这个标志是何含义？

    A. 禁止驶入   B. 禁止通行
    C. 减速行驶   D. 限时进入
                              答案：B

7）这个标志提示哪种车型禁止通行？

    A. 中型客车   B. 小型货车
    C. 各种车辆   D. 小型客车
                              答案：D

8）这个标志是何含义？

    A. 禁止向左转弯   B. 禁止驶入左车道
    C. 禁止车辆掉头   D. 禁止向左变道
                              答案：A

9）这个标志是何含义？

    A. 禁止驶入路口   B. 禁止向右转弯
    C. 禁止车辆掉头   D. 禁止变更车道
                              答案：B

10）这个标志是何含义？

    A. 禁止掉头   B. 禁止向右转弯
    C. 禁止直行   D. 禁止向左转弯
                              答案：C

11）这个标志是何含义？

    A. 禁止在路口掉头
    B. 禁止向左向右变道
    C. 禁止车辆直行
    D. 禁止向左向右转弯
                              答案：D

12）这个标志是何含义？

    A. 禁止直行和向左转弯
    B. 禁止直行和向左变道

C. 允许直行和向左变道
D. 禁止直行和向右转弯

答案：A

13）这个标志是何含义？

A. 禁止直行和向左转弯
B. 禁止直行和向左变道
C. 允许直行和向左变道
D. 禁止直行和向右转弯

答案：D

14）这个标志是何含义？

A. 禁止直行　　　　B. 禁止掉头
C. 禁止变道　　　　D. 禁止左转

答案：B

15）这个标志是何含义？

A. 禁止借道　　　　B. 禁止变道
C. 禁止超车　　　　D. 禁止掉头

答案：C

16）这个标志是何含义？

A. 解除禁止借道　　B. 解除禁止变道
C. 准许变道行驶　　D. 解除禁止超车

答案：D

17）这个标志是何含义？

A. 允许长时停车　　B. 允许临时停车
C. 禁止长时停车　　D. 禁止停放车辆

答案：D

18）这个标志是何含义？

A. 允许长时停车　　B. 禁止临时停车
C. 禁止长时停车　　D. 禁止停放车辆

答案：C

19）这个标志是何含义？

A. 禁止长时鸣喇叭　　B. 断续鸣喇叭
C. 禁止鸣喇叭　　　　D. 减速鸣喇叭

答案：C

20）这个标志是何含义？

A. 解除3米限宽　　B. 限制高度为3米
C. 预告宽度为3米　D. 限制宽度为3米

答案：D

21）这个标志是何含义？

A. 限制高度为3.5米
B. 限制宽度为3.5米
C. 解除3.5米限高
D. 限制车距为3.5米

答案：A

22）这个标志是何含义？

A. 限制40吨轴重
B. 限制最高时速40公里
C. 前方40米减速
D. 最低时速40公里

答案：B

23）这个标志是何含义？

A. 40米减速行驶路段
B. 最低时速40公里
C. 解除时速40公里限制
D. 最高时速40公里

答案：C

24）这个标志是何含义？

A. 边防检查　　　　B. 禁止通行
C. 海关检查　　　　D. 停车检查

答案：D

25）这个标志是何含义？

A. 口岸停车检查　　B. 国界
C. 边防　　　　　　D. 边界

答案：A

26）以下交通标志中，表示禁止一些车辆和行人通行的是哪个？

图1：　　图2：　　图3：　　图4：

A. 图1　B. 图2　C. 图3　D. 图4

答案：A

27）下列哪个交通标志表示不能停车？

图1：　　图2：　　图3：　　图4：

A. 图1　B. 图2　C. 图3　D. 图4

答案：B

28）下列哪个标志禁止一切车辆长时间停放，临时停车不受限制？

图1：　　图2：　　图3：　　图4：

A. 图1　B. 图2　C. 图3　D. 图4

答案：D

29）这属于哪种标志？

A. 禁令标志　　　　B. 指示标志
C. 指路标志　　　　D. 警告标志

答案：A

30）以下交通标志表示的含义是什么？

A. 禁止机动车驶入
B. 禁止小客车驶入
C. 禁止所有车辆驶入
D. 禁止非机动车驶入

答案：A

31）图中标志的含义是什么？

A. 载货汽车驶入
B. 禁止载客汽车驶入
C. 禁止载货汽车驶入
D. 禁止机动车驶入

答案：C

32）图中标志的含义是什么？

A. 汽车挂车、半挂车驶入
B. 禁止机动车驶入
C. 禁止载货汽车驶入
D. 禁止挂车、半挂车驶入

答案：D

33）图中标志的含义是什么？

A. 限制质量　　　　B. 限制轴重
C. 限制速度　　　　D. 限制长度

答案：A

34）图中标志的含义是什么？

A. 禁止机动车驶入
B. 禁止运输危险品车辆驶入
C. 禁止载货汽车驶入
D. 禁止小型车辆驶入

答案：B

判 断 题

1) 这个标志的含义是告示车辆驾驶人应慢行或停车，确保干道车辆优先。

答案：√

2) 这个标志的含义是表示车辆会车时，对方车辆应停车让行。

答案：×

3) 这个标志的含义是禁止通行。

答案：×

4) 遇到这个标志，您不可以左转，但是可以掉头。

答案：×

5) 以下交通标志表示除小客车和货车外，其他车辆可以通行。

答案：√

6) 图中标志的含义是限制轴重。

答案：×

7) 图中标志设在禁止运输危险品车辆驶入路段的入口处。

答案：√

3 指示标志

表示指示车辆、行人行进的含义，机动车驾驶人、行人要遵守。

图示	↑	←	→	↑↗	↖↑
含义	直行	向左转弯	向右转弯	直行和向右转弯	直行和向左转弯
图示	↑	←	→	↑→	↑←
含义	直行车道	左转车道	右转车道	直行和右转合用车道	直行和左转合用车道
图示	↑	←	→	🚲	🚋
含义	直行单行路	向左单行路	向右单行路	电动自行车行驶	有轨电车专用车道
图示	↖↗	↘	↙	↻	📯
含义	向左和向右转弯	靠右侧道路行驶	靠左侧道路行驶	环岛行驶	鸣喇叭

图示	机动车行驶	机动车车道	多乘员车辆专用车道	步行	人行横道
含义	掉头	掉头车道	掉头和左转合用车道	最低速度	会车先行
含义	分向行驶车道	公交线路专用车道	BRT车辆专用车道	非机动车行驶	非机动车车道
含义	硬路肩允许行驶	硬路肩允许行驶路段即将结束	硬路肩允许行驶路段结束	开车灯	靠右侧车道行驶	小型客车车道

练习题

单选题

1）这属于哪种标志？

A. 警告标志　　　　B. 禁令标志
C. 指示标志　　　　D. 指路标志

答案：C

2）指示标志的作用是什么？
A. 限制车辆、行人通行
B. 指示车辆、行人行进
C. 告知方向信息
D. 警告前方危险

答案：B

3）这个标志是何含义？

A. 直行车道　　　　B. 只准直行
C. 单行路　　　　　D. 禁止直行

答案：B

4）这个标志是何含义？

A. 直行车道　　　　B. 单行路
C. 向左转弯　　　　D. 禁止直行

答案：C

5）这个标志是何含义？

A. 直行车道　　　　B. 只准直行
C. 单行路　　　　　D. 向右转弯

答案：D

6）这个标志是何含义？

A. 直行和向右转弯
B. 直行和向左转弯
C. 禁止直行和向右转弯
D. 只准向左和向右转弯

答案：A

7）这个标志是何含义？

A. 直行和向右转弯
B. 直行和向左转弯
C. 禁止直行和向左转弯
D. 只准向右和向左转弯

答案：B

8）这个标志是何含义？

A. 禁止向右转弯　　B. 禁止向左转弯
C. 向左和向右转弯　D. 禁止向左右转弯

答案：C

9）这个标志是何含义？

A. 靠道路右侧停车　B. 只准向右转弯
C. 右侧是下坡路段　D. 靠右侧道路行驶

答案：D

10）这个标志是何含义？

A. 靠左侧道路行驶　B. 只准向左转弯
C. 左侧是下坡路段　D. 靠道路左侧停车

答案：A

11）这个标志是何含义？

A. 硬路肩允许行驶路段结束
B. 硬路肩允许行驶路段即将结束
C. 硬路肩允许行驶路段
D. 向左侧变车道

答案：B

12）这个标志是何含义？

A. 开远光灯　　　　B. 开示宽灯
C. 开车灯　　　　　D. 开近光灯

答案：C

13）这个标志是何含义？

A. 右侧通行　　　　B. 左侧通行
C. 向右行驶　　　　D. 环岛行驶

答案：D

14）这个标志是何含义？

A. 向左单行路　　　B. 向右单行路
C. 直行单行路　　　D. 左转让行

答案：A

15）这个标志是何含义？

A. 向左单行路　　　B. 向右单行路
C. 直行单行路　　　D. 右转让行

答案：B

16）这个标志是何含义？

A. 靠右侧行驶　　　B. 不允许直行
C. 直行单行路　　　D. 直行车让行

答案：C

17）这个标志是何含义？

A. 低速行驶　　　　B. 注意行人
C. 行人先行　　　　D. 步行

答案：D

18）这个标志是何含义？

A. 必须鸣喇叭　　　B. 禁止鸣喇叭
C. 禁止鸣高音喇叭　D. 禁止鸣低音喇叭

答案：A

19) 这个标志是何含义？

A. 人行横道 　　　 B. 学生通道
C. 儿童通道 　　　 D. 注意行人

答案：A

20) 这个标志是何含义？

A. 高度限速 50 公里/小时
B. 最低限速 50 公里/小时
C. 水平高度 50 米
D. 海拔高度 50 米

答案：B

21) 这个标志是何含义？

A. 单行路 　　　 B. 停车让行
C. 干路先行 　　　 D. 两侧街道

答案：C

22) 这个标志是何含义？

A. 对向先行 　　　 B. 停车让行
C. 单行路 　　　 D. 会车先行

答案：D

23) 这个标志是何含义？

A. 分向车道 　　　 B. 右转车道
C. 掉头车道 　　　 D. 左转车道

答案：B

24) 这个标志是何含义？

A. 分向车道 　　　 B. 右转车道
C. 掉头车道 　　　 D. 左转车道

答案：D

25) 这个标志是何含义？

A. 直行车道 　　　 B. 右转车道
C. 掉头车道 　　　 D. 左转车道

答案：A

26) 这个标志是何含义？

A. 直行和左转车道
B. 直行和辅路出口车道
C. 直行和右转合用车道
D. 分向行驶车道

答案：C

27) 这个标志是何含义？

A. 直行和左转合用车道
B. 直行和掉头合用车道
C. 直行和右转车道
D. 分向行驶车道

答案：A

28) 这个标志是何含义？

A. 左转车道 　　　 B. 掉头车道
C. 绕行车道 　　　 D. 分向车道

答案：B

29) 这个标志是何含义？

A. 直行和左转合用车道
B. 禁止左转和掉头车道
C. 掉头和左转合用车道
D. 分向行驶车道

答案：C

30) 这个标志是何含义？

A. 直线行驶车道　　　　B. 左转行驶车道
C. 右转行驶车道　　　　D. 分向行驶车道

答案：D

31）这个标志是何含义？

A. 公交线路专用车道
B. 大型客车专用车道
C. 快速公交系统专用车道
D. 多乘员车辆专用车道

答案：A

32）这个标志是何含义？

A. 禁止小型车行驶　　B. 机动车行驶
C. 只准小型车行驶　　D. 不准小型车通行

答案：B

33）这个标志是何含义？

A. 小型车道
B. 小型车专用车道
C. 机动车道
D. 多乘员车辆专用车道

答案：C

34）这个标志是何含义？

A. 非机动车停车位　　B. 电动自行车行驶
C. 非机动车停放区　　D. 非机动车行驶

答案：D

35）这个标志是何含义？

A. 非机动车道
B. 禁止自行车通行车道
C. 自行车专用车道
D. 停放自行车路段

答案：A

36）这个标志是何含义？

A. 公交车专用车道
B. BRT 车辆专用车道
C. 大型客车专用车道
D. 多乘员车专用车道

答案：B

37）这个标志是何含义？

A. 小型汽车专用车道
B. 机动车专用车道
C. 多乘员车辆专用车道
D. 出租汽车专用车道

答案：C

38）这个标志是何含义？

A. 掉头　　B. 倒车　　C. 左转　　D. 绕行

答案：A

39）这属于哪种标志？

A. 指路标志　　　　　　B. 指示标志
C. 禁令标志　　　　　　D. 警告标志

答案：B

40）遇到下列哪个标志，您不需要主动让行？

图1：　　图2：　　图3：　　图4：

A. 图1　　B. 图2　　C. 图3　　D. 图4

答案：D

41）以下哪个标志表示干路先行？

图1：　　图2：　　图3：　　图4：

A. 图1　　B. 图2　　C. 图3　　D. 图4

答案：D

42）以下交通标志表示单行线的是哪个？

图1： 图2： 图3： 图4：

A. 图1　　B. 图2　　C. 图3　　D. 图4

答案：A

43）下列哪个标志是指示车辆直行和右转何用车道？

图1： 图2： 图3： 图4：

A. 图1　　B. 图2　　C. 图3　　D. 图4

答案：A

A. 图1　　B. 图2　　C. 图3　　D. 图4

答案：A

44）下列哪个标志位最低限速标志？

图1： 图2： 图3： 图4：

A. 图1　　B. 图2　　C. 图3　　D. 图4

答案：B

4　指路标志

表示道路信息的指引，为机动车驾驶人传递（提供）道路方向、地点和距离信息。

一般道路标志					
图示	 远大路 知泉路 林园路 500m 500m	 五爱街 田村路 田村 前方500m	 二龙路 黄河路 500m 500m	 G2 南京路 东北路	 文慧路 徐庄路
含义		交叉路口告知		十字交叉路口告知	丁字交叉路口告知
图示	 王平 新屿	 复兴路 G186 G100	 马驹桥 廊坊 大羊坊		
含义	Y型交叉路口告知	环行交叉路口告知	互通式立体交叉告知	车道数变少	车道数增加
图示	 南直路 2km 八一路 15km G101 25km	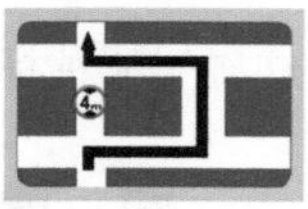			
含义	地点距离告知	向右绕行	错车道	此路不通	交通监控设备
图示	 2500m	 P	 P 观景台	 P 休息区	
含义	隧道出口距离	露天停车场告知	室内停车场	观景台	休息区
图示		 G105	 S203	 X008	 Y002
含义	应急避难场所	国道编号	省道编号	县道编号告知	乡道编号告知
图示		 P 服务站	 P 停车点	 白河 三河 G102 双塔 唐山 S304	
含义	电动汽车充电站	服务站	停车点	环岛	
高速公路标志					
图示	 G15 汕头 深圳 入口 500m	 G2 天津 G3 济南	 珠珠 8km G2 17km 上海 25km	 国家高速 G2	 下一出口 南京路 4km
含义	入口预告	地点、方向预告	地点距离预告	命名编号	下一出口预告

高速公路标志				
图示				
含义	右侧出口预告	左侧出口预告	交通广播频率	紧急电话	救援电话
图示				
含义	ETC 车道	ETC 收费站	起点预告	终点预告	
图示				
含义	停车领卡	服务区预告	停车区预告	停车场预告	
图示				
含义	紧急停车带	人工收费车道	特殊天气建议速度	直出车道出口方向	出口预告

练习题

[单][选][题]

1）这属于哪种标志？

A. 警告标志   B. 禁令标志
C. 指示标志   D. 指路标志
答案：D

2）指路标志的作用是什么？
A. 限制车辆通行   B. 指示车辆行进
C. 告知方向信息   D. 警告前方危险
答案：C

3）这属于哪种标志？

A. 指路标志   B. 指示标志
C. 禁令标志   D. 警告标志
答案：A

4）这个标志是何含义？

A. 交叉路口告知   B. 车道方向告知
C. 分道信息告知   D. 分岔处告知
答案：A

5）这个标志是何含义？

A. 地点和距离告知   B. 十字交叉路口告知
C. 分道信息告知   D. 道路分岔处告知
答案：B

6）这个标志是何含义？

A. Y 型交叉路口告知   B. 十字交叉路口告知
C. 丁字交叉路口告知   D. 道路分叉处告知
答案：C

7) 这个标志是何含义？

A. 道路分叉处告知
B. 十字交叉路口告知
C. 丁字交叉路口告知
D. Y型交叉路口告知

答案：D

8) 这个标志是何含义？

A. 环行交叉路口告知
B. 十字交叉路口告知
C. 互通立体交叉告知
D. 道路分叉处告知

答案：A

9) 这个标志是何含义？

马驹桥
廊坊   大羊坊

A. 十字交叉路口告知
B. 互通式立体交叉告知
C. Y型交叉路口告知
D. 环行交叉路口告知

答案：B

10) 这个标志是何含义？

G 105

A. 国道编号   B. 省道编号
C. 县道编号   D. 乡道编号

答案：A

11) 这个标志是何含义？

S203

A. 国道编号   B. 省道编号
C. 县道编号   D. 乡道编号

答案：B

12) 这个标志是何含义？

X008

A. 国道编号告知   B. 省道编号告知
C. 县道编号告知   D. 乡道编号告知

答案：C

13) 这个标志是何含义？

Y002

A. 国道编号告知   B. 省道编号告知
C. 县道编号告知   D. 乡道编号告知

答案：D

14) 这个标志是何含义？

南直路   2km
八一路   15km
G101   25km

A. 地点距离告知   B. 行驶路线告知
C. 行驶方向告知   D. 终点地名告知

答案：A

15) 这个标志是何含义？

A. 室内停车场告知   B. 露天停车场告知
C. 专用停车场告知   D. 内部停车场告知

答案：B

16) 这个标志是何含义？

A. 专用停车场   B. 露天停车场
C. 室内停车场   D. 内部停车场

答案：C

17) 这个标志是何含义？

A. 紧急停车带   B. 露天停车场
C. 停车位   D. 错车道

答案：D

18) 这个标志是何含义？

A. 观景台   B. 停车场
C. 休息区   D. 停车位

答案：A

19) 这个标志是何含义？

A. 横过道路设施　　B. 应急避难场所
C. 生活服务区　　　D. 行人专用通道

答案：B

20）这个标志是何含义？

A. 停车场　　　　B. 观景台
C. 休息区　　　　D. 服务区

答案：C

21）这个标志是何含义？

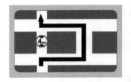

A. 禁止左转　　　B. 此路不通
C. 禁止通行　　　D. 向右绕行

答案：D

22）这个标志是何含义？

A. 此路不通　　　B. T 型路口
C. 分流路口　　　D. 减速通行

答案：A

23）这个标志是何含义？

A. 向左变道　　　B. 车道数变少
C. 合流处　　　　D. 应急车道

答案：B

24）这个标志是何含义？

A. 向右变道　　　B. 分流处
C. 车道数增加　　D. 路面变宽

答案：C

25）这个标志是何含义？

A. 减速拍照区　　B. 道路流量监测
C. 全路段抓拍　　D. 交通监控设备

答案：D

26）这个标志是何含义？

A. 隧道出口距离　　B. 隧道入口距离
C. 隧道跟车距离　　D. 隧道总长度

答案：A

27）下列哪个标志表示一般道路车道数变少？

图1：　　　图2： 　　　图3： 　　　图4：

A. 图1　B. 图2　C. 图3　D. 图4

答案：B

28）这个标志是何含义？

A. 转弯诱导标志　　B. 线形诱导标志
C. 合流诱导标志　　D. 分流诱导标志

答案：B

29）这个标志是何含义？

A. 左侧通行　　　　B. 右侧通行
C. 两侧通行　　　　D. 不准通行

答案：C

30）这个标志是何含义？

A. 左侧通行　　　　B. 不准通行
C. 两侧通行　　　　D. 右侧通行

答案：D

31）这个标志是何含义？

A. 左侧通行　　　　B. 不准通行
C. 两侧通行　　　　D. 右侧通行

答案：A

32）这个标志是何含义？

A. 高速公路终点预告
B. 高速公路入口预告
C. 高速公路起点预告
D. 高速公路出口预告

答案：B

33）这个标志是何含义？

A. 高速公路右侧出口预告
B. 高速公路下一出口预告
C. 高速公路地点、方向预告
D. 高速公路左侧出口预告

答案：C

34）这个标志是何含义？

A. 高速公路终点地名预告
B. 高速公路行驶路线预告
C. 高速公路行驶方向预告
D. 高速公路地点距离预告

答案：D

35）这个标志是何含义？

A. 高速公路界牌编号
B. 高速公路里程编号
C. 高速公路命名编号
D. 高速公路路段编号

答案：C

36）这个标志是何含义？

A. 高速公路下一出口预告
B. 高速公路右侧出口预告
C. 高速公路目的地预告
D. 高速公路左侧出口预告

答案：A

37）这个标志是何含义？

A. 高速公路下一出口预告
B. 高速公路右侧出口预告
C. 高速公路目的地预告
D. 高速公路左侧出口预告

答案：B

38）这个标志是何含义？

A. 高速公路下一出口预告
B. 高速公路右侧出口预告
C. 高速公路目的地预告
D. 高速公路左侧出口预告

答案：D

39）这个标志是何含义？

A. 高速公路起点预告
B. 高速公路出口预告
C. 高速公路入口预告
D. 高速公路终点预告

答案：A

40）这个标志是何含义？

A. 高速公路起点预告
B. 高速公路出口预告
C. 高速公路入口预告
D. 高速公路终点预告

答案：D

41）这个标志是何含义？

A. 高速公路报警电话号码
B. 高速公路交通广播频率
C. 高速公路救援电话号码
D. 高速公路服务电话号码

答案：B

42）这个标志是何含义？

A. 停车领卡　　　B. 停车缴费
C. 停车检查　　　D. ETC 通道

答案：A

43）这个标志是何含义？

A. 高速公路领卡处　B. 高速公路收费处
C. 高速公路检查站　D. 设有 ETC 的收费站

答案：D

44）这个标志是何含义？

A. 高速公路 ETC 车道
B. 高速公路缴费车道
C. 高速公路检查车道
D. 高速公路领卡车道

答案：A

45）这个标志是何含义？

A. 高速公路特殊天气最高速度
B. 高速公路特殊天气建议速度
C. 高速公路特殊天气最低速度
D. 高速公路特殊天气平均速度

答案：B

46）这个标志是何含义？

A. 高速公路公用电话
B. 高速公路报警电话
C. 高速公路紧急电话
D. 高速公路救援电话

答案：C

47）这个标志是何含义？

A. 高速公路公用电话
B. 高速公路报警电话
C. 高速公路紧急电话
D. 高速公路救援电话

答案：D

48）这个标志是何含义？

A. 高速公路紧急停车带
B. 高速公路避让处所
C. 高速公路停车区
D. 高速公路客车站

答案：A

49）这个标志是何含义？

A. 高速公路服务区　B. 高速公路加油站
C. 高速公路休息区　D. 高速公路客车站

答案：B

50）这个标志是何含义？

A. 高速公路收费站预告
B. 高速公路服务区预告
C. 高速公路避险处预告
D. 高速公路客车站预告

答案：B

51）这个标志是何含义?

A. 高速公路停车区预告
B. 高速公路避险处预告
C. 高速公路服务区预告
D. 高速公路停车场预告

答案：A

52）这个标志预告什么?

A. 高速公路服务区预告
B. 高速公路避险处预告
C. 高速公路客车站预告
D. 高速公路停车场预告

答案：D

53）下列高速公路交通标志与其含义相对应正确的一项是?

| 图1： | 图2： | 图3： | 图4： |
| 高速公路起点预告 | 高速公路停车场预告 | 高速公路紧急停车带 | 高速公路公用电话 |

A. 图1　　B. 图2　　C. 图3　　D. 图4
答案：C

判断题

1）这个标志的含义是指示此处设有室内停车场。

答案：×

2）这个标志的含义是指示此处设有室内停车场。

答案：√

5 旅游区标志

旅游区标志是提供旅游项目类别、具有代表性的符号及前往各旅游景点的指引。

| | | | |
| 旅游区距离 | 旅游区方向 | | 索道 |

练习题

单选题

1）这属于哪种标志?

A. 作业区标志　　　B. 告示标志
C. 高速公路标志　　D. 旅游区标志

答案：D

2）这属于哪种标志?

A. 旅游区标志　　　B. 作业区标志
C. 告示标志　　　　D. 高速公路标志

答案：A

3）这个标志是何含义?

A. 旅游区类别　　　B. 旅游区距离
C. 旅游区方向　　　D. 旅游区符号

答案：B

4）这个标志是何含义?

A. 旅游区类别　　　B. 旅游区距离
C. 旅游区方向　　　D. 旅游区符号

答案：C

▶1.4.3　道路交通标线

道路交通标线分为：指示标线、警告标线、禁止标线。

练习题

判断题

道路交通标线分为指示标线、警告标线、禁止标线。

答案：√

1 指示标线

指示车行道、车行方向、路面边缘、人行横道、停车位、停靠站及减速丘等。

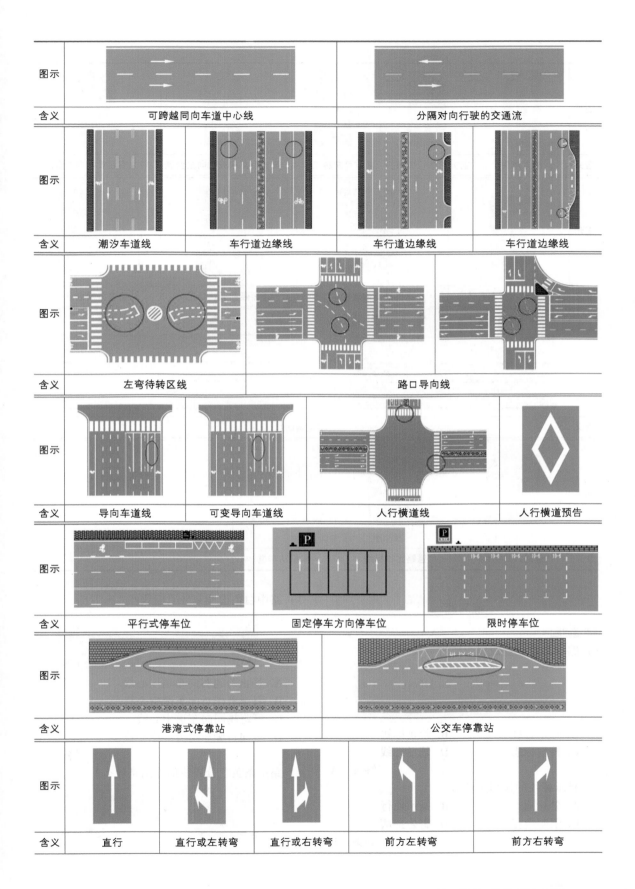

图示		
含义	可跨越同向车道中心线	分隔对向行驶的交通流
图示		
含义	潮汐车道线	车行道边缘线	车行道边缘线	车行道边缘线
图示		
含义	左弯待转区线	路口导向线
图示		
含义	导向车道线	可变导向车道线	人行横道线	人行横道预告
图示		
含义	平行式停车位	固定停车方向停车位	限时停车位
图示		
含义	港湾式停靠站	公交车停靠站
图示		
含义	直行	直行或左转弯	直行或右转弯	前方左转弯	前方右转弯

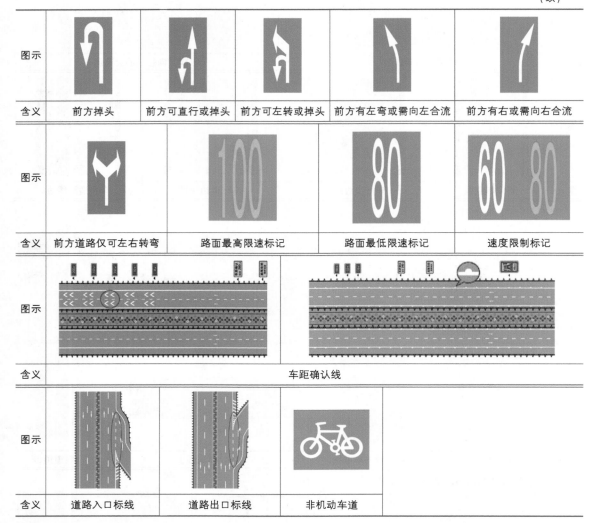

图示					
含义	前方掉头	前方可直行或掉头	前方可左转或掉头	前方有左弯或需向左合流	前方有右或需向右合流
图示					
含义	前方道路仅可左右转弯	路面最高限速标记		路面最低限速标记	速度限制标记
图示					
含义	车距确认线				
图示					
含义	道路入口标线	道路出口标线	非机动车道		

练习题

单选题

1）路中心黄色虚线属于哪种标线？

   A. 指示标线   B. 禁止标线

   C. 警告标志   D. 辅助标线

                   答案：A

2）指示标线的作用是什么？

   A. 禁止通行   B. 指示通行

   C. 限制通行   D. 警告提醒

                   答案：B

3）路中白色虚线是什么标线？

   A. 禁止跨越对向车道中心线

   B. 限制跨越对向车道中心线

   C. 可跨越同向车道中心线

   D. 单向行驶车道分界中心线

                   答案：C

4）路中条黄色分界线的作用是什么？

A. 允许在左侧车道行驶
B. 分隔对向行驶的交通流
C. 分隔同向行驶的交通流
D. 禁止跨越对向行车道

答案：B

5）路中两条双黄色虚线是什么标线？

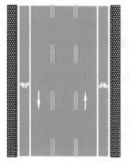

A. 单向分道线　　　B. 可跨越分道线
C. 潮汐车道线　　　D. 双向分道线

答案：C

6）路两侧车行道边缘白色实线是什么含义？

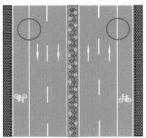

A. 车辆可临时跨越
B. 禁止车辆跨越
C. 机动车可临时跨越
D. 非机动车可临时跨越

答案：B

7）路右侧车行道边缘白色虚线是什么含义？

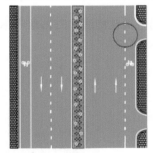

A. 车辆可临时越线行驶
B. 车辆禁止越线行驶
C. 应急车道分界线
D. 人行道分界线

答案：A

8）路右侧车行道边缘白色虚实线是什么标线？

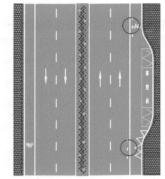

A. 非机动车道线　　　B. 车行道边缘线
C. 车道分界线　　　　D. 人行道分界线

答案：B

9）图中圈内两条白色虚线是什么标线？

A. 小型车转弯线　　　B. 掉头引导线
C. 左弯待转区线　　　D. 交叉路停车线

答案：C

10）图中圈内白色虚线是什么标线？

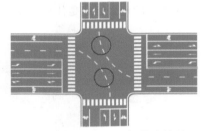

A. 小型车转弯线　　　B. 车道连接线
C. 非机动车引导线　　D. 路口导向线

答案：D

11）图中圈内黄色虚线是什么标线？

A. 路口导向线　　　　B. 非机动车引导线

C. 车道连接线　　　　D. 小型车转弯线

答案：A

12）图中圈内白色实线是什么标线？

A. 可变导向车道线　　B. 导向车道线
C. 方向引导线　　　　D. 单向行驶线

答案：B

13）图中圈内的锯齿状白色实线是什么标线？

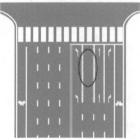

A. 导向车道线　　　　B. 方向引导线
C. 可变导向车道线　　D. 单向行驶线

答案：C

14）图中圈内的地面标记是什么标线？

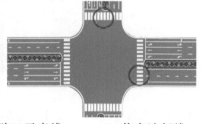

A. 路口示意线　　　　B. 停车让行线
C. 减速让行线　　　　D. 人行横道线

答案：D

15）这个地面标记是什么标线？

A. 人行横道预告　　　B. 交叉路口预告
C. 减速让行预告　　　D. 停车让行预告

答案：A

16）图中圈内的白色折线是什么标线？

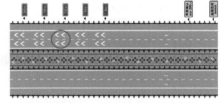

A. 减速行驶线　　　　B. 车距确认线
C. 车速确认线　　　　D. 路口减速线

答案：B

17）图中圈内的白色半圆状标记是什么标线？

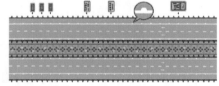

A. 减速行驶线　　　　B. 车速确认线
C. 车距确认线　　　　D. 路口减速线

答案：C

18）路面由白色虚线和三角地带标线组成的是什么标线？

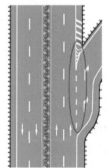

A. 道路入口标线　　　B. 可跨越式分道线
C. 道路出口减速线　　D. 道路出口标线

答案：D

19）路面上白色虚线和三角地带标线组成的是什么标线？

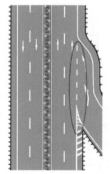

A. 道路入口标线　　　B. 可跨越式分道线

C. 道路入口减速线　　D. 道路出口标线

答案：A

20）这种白色矩形标线框含义是什么？

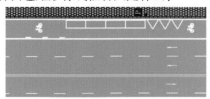

A. 上下客停车位　　B. 平行式停车位
C. 专属停车位　　　D. 免费停车位

答案：B

21）这种停车标线含义是什么？

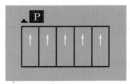

A. 专用待客停车位
B. 专用上下客停车位
C. 机动车限时停车位
D. 固定停车方向停车位

答案：D

22）这种白色矩形标线框含义是什么？

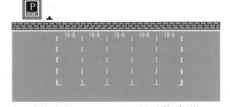

A. 长时停车位　　　B. 限时停车位
C. 专用停车位　　　D. 免费停车位

答案：B

23）红色圆圈内标线含义是什么？

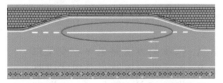

A. 临时停靠站　　　B. 港湾式停靠站
C. 应急停车带　　　D. 公交车停靠站

答案：B

24）红色圆圈内标线含义是什么？

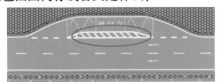

A. 临时停靠站　　　B. 大客车停靠站
C. 公交车停靠站　　D. 应急停车带

答案：C

25）这个导向箭头是何含义？

A. 指示车道　　　　B. 指示禁行
C. 指示合流　　　　D. 指示直行

答案：D

26）这个导向箭头是何含义？

A. 指示向左转弯或掉头
B. 指示直行或向左变道
C. 指示直行或左转弯
D. 指示直行或掉头

答案：C

27）这个导向箭头是何含义？

A. 指示向右转弯或掉头
B. 指示直行或右转弯
C. 指示直行或向右变道
D. 指示直行或掉头

答案：B

28）这个导向箭头是何含义？

A. 指示前方右转弯　　B. 指示向左变道
C. 指示前方直行　　　D. 指示前方左转弯

答案：D

C. 指示前方可直行或掉头
D. 指示前方可左转或掉头

答案：D

29）这个导向箭头是何含义？

A. 指示前方右转弯　　B. 指示前方掉头
C. 指示前方直行　　　D. 指示向左变道

答案：A

33）这个导向箭头是何含义？

A. 提示前方有左弯或需向左合流
B. 提示前方有右弯或需向右合流
C. 提示前方右侧有障碍需向左合流
D. 提示前方有左弯或或许向左绕行

答案：A

30）这个导向箭头是何含义？

A. 指示前方右转　　　B. 指示前方掉头
C. 指示前方直行　　　D. 指示向左变道

答案：B

34）这个导向箭头是何含义？

A. 提示前方有左弯或需向左合流
B. 提示前方有右弯或需向右合流
C. 提示前方有障碍需向左合流
D. 提示前方有左弯或需向左绕行

答案：B

31）这个导向箭头是何含义？

A. 指示前方可左转或掉头
B. 指示前方可直行或左转
C. 指示前方可直行或掉头
D. 指示前方直行向左变道

答案：C

35）这个导向箭头是何含义？

A. 指示前方道路是 Y 型交叉口
B. 指示前方道路是分离式道路
C. 指示前方道路仅可左右转弯
D. 指示前方道路需向左右合流

答案：C

32）这个导向箭头是何含义？

A. 指示前方可直行或向左变道
B. 指示前方可直行或左转

36）这个路面数字标记是何含义？

A. 保持车距标记　　B. 最小间距标记
C. 速度限制标记　　D. 道路编号标记
答案：C

37）这个路面标记是何含义？

A. 最低限速为 100 公里/小时
B. 平均速度为 100 公里/小时
C. 解除 100 公里/小时限速
D. 最高限速为 100 公里/小时
答案：D

38）这个路面标记是何含义？

A. 最低限速为 80 公里/小时
B. 平均速度为 80 公里/小时
C. 解除 80 公里/小时限速
D. 最高限速为 80 公里/小时
答案：A

39）这个路面标记是何含义？

A. 自行车专用道　　B. 非机动车道
C. 摩托车专用道　　D. 电瓶车专用道
答案：B

判断题

1）路中心黄色虚线的含义是分隔对向交通流，在保证安全的前提下，可越线超车或转弯。

答案：√

2）这个路面标记的含义是预告前方设有交叉路口。

答案：×

2 禁止标线

告示道路交通的通行、禁止、限制等特殊规定。

图示	(双向) 禁止跨越对向行车道分界线 图示	(实线一侧) 禁止跨越对向行车道分界线 图示
含义	（双向）禁止跨越对向行车道分界线	（实线一侧）禁止跨越对向行车道分界线
图示		
含义	禁止跨越对向车行道分界线	禁止跨越对向车行道分界线
图示		
含义	禁止跨越同向车行道分界线	禁止长时停车　　　禁止停放车辆

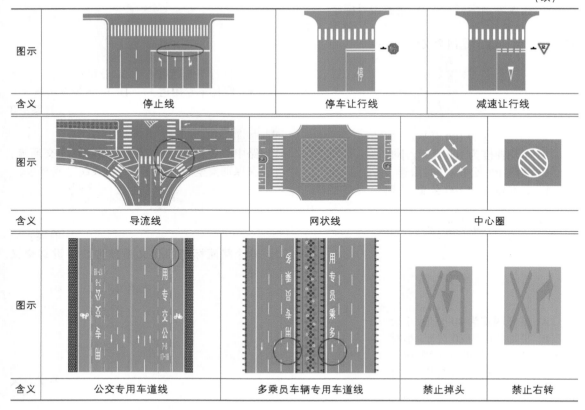

图示	停止线	停车让行线	减速让行线
含义	停止线	停车让行线	减速让行线
图示	导流线	网状线	中心圈
含义	导流线	网状线	中心圈
图示	公交专用车道线	多乘员车辆专用车道线	禁止掉头 禁止右转
含义	公交专用车道线	多乘员车辆专用车道线	禁止掉头 禁止右转

练习题

单选题

1）路中心的双黄实线属于哪种标线？

A. 指示标线　　　　　B. 辅助标线
C. 警告标志　　　　　D. 禁止标线

答案：D

2）路中心双黄实线是何含义？

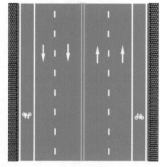

A. 可跨越对向车道分界线

B. 禁止跨越对向车行道分界线

C. 双侧可跨越同向车道分界线

D. 单向行驶车道分界线

答案：B

3）路中心黄色虚实线是何含义？

A. 实线一侧禁止越线

B. 虚线一侧禁止越线

C. 实线一侧允许越线

D. 两侧均可越线行驶

答案：A

4）路中心的黄色斜线填充是何含义？

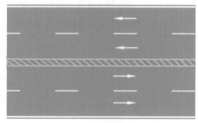

A. 可跨越对向车道分界线
B. 双侧可跨越同向车道分界线
C. 禁止跨越对向车行道分界线
D. 单向行驶车道分界线

答案：C

5）路中心白色虚实线是何含义？

A. 禁止跨越对向车行道分界线
B. 双侧可跨越同向车道分界线
C. 禁止跨越同向车行道分界线
D. 单侧可跨越同向车道分界线

答案：C

6）路缘石上的黄色虚线是何含义？

A. 禁止临时停车　　　B. 禁止上下人员
C. 禁止长时停车　　　D. 禁止装卸货物

答案：C

7）路缘石上的黄色实线是何含义？

A. 仅允许上下人员　　B. 仅允许装卸货物
C. 禁止长时间停车　　D. 禁止停放车辆

答案：D

8）图中圈内白色横实线是何含义？

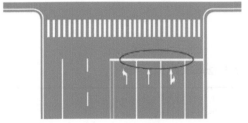

A. 停止线　　　　　　B. 让行线
C. 减速线　　　　　　D. 待转线

答案：A

9）路口最前端的双白实线是什么含义？

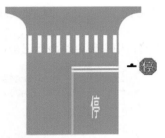

A. 等候放行线　　　　B. 停车让行线
C. 减速让行线　　　　D. 左弯待转线

答案：B

10）路口最前端的双白虚线是什么含义？

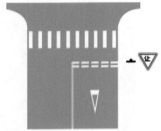

A. 等候放行线　　　　B. 停车让行线
C. 减速让行线　　　　D. 左弯待转线

答案：C

11）图中圈内三角填充区域是什么标线？

A. 等候线　　　　　　B. 停车线
C. 减速线　　　　　　D. 导流线

答案：D

12）这个路面标线是什么含义？

A. 禁驶区　　　　　　B. 网状线
C. 导流线　　　　　　D. 中心圈

答案：D

13）这个路面标线是什么含义？

A. 禁驶区　　　　　　B. 网状线

C. 中心圈 D. 导流线

答案：C

14）图中路口中央黄色路面标记是什么标线？

A. 中心圈 B. 导流线
C. 网状线 D. 停车区

答案：C

15）图中圈内两条黄色虚线间的区域是何含义？

A. 大客车专用车道 B. 营运客车专用车道
C. 出租车专用车道 D. 公交专用车道

答案：D

16）道路最左侧白色虚线区域是何含义？

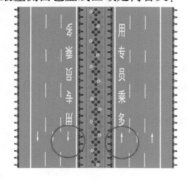

A. 多乘员车辆专用车道
B. 小型客车专用车道
C. 未载客出租车专用车道
D. 大型客车专用车道

答案：A

17）路面上的黄色标记是何含义？

A. 禁止转弯 B. 禁止掉头
C. 允许掉头 D. 禁止直行

答案：B

18）路面上的黄色标记是何含义？

A. 禁止左转 B. 禁止掉头
C. 禁止右转 D. 禁止直行

答案：C

19）驾驶机动车跨越双实线行驶属于什么行为？
A. 违章行为 B. 违法行为
C. 过失行为 D. 违规行为

答案：B

判 断 题

路中心的双黄实线作用是分隔对向交通流，在保证安全的前提下，可越线超车或转弯。

答案：×

3 警告标线

促使车辆驾驶人了解道路上的特殊情况，提高警觉准备应变防范措施。

图示	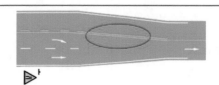	
含义	车行道横向减速标线	路面宽度渐变标线

图示	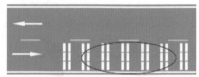	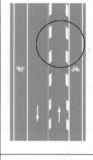	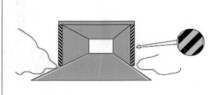
含义	接近障碍物标线	行道纵向减速标线	立面标记

练习题

单选题

1）路面上的白色标线是何含义？

A. 车行道横向减速标线
B. 道路施工提示标线
C. 车行道纵向减速标线
D. 车道变少提示标线

答案：A

2）路面上的黄色标线是何含义？

A. 路面宽度渐变标线　B. 车行道变多标线
C. 接近障碍物标线　　D. 施工路段提示线

答案：A

3）路面上的黄色填充标线是何含义？

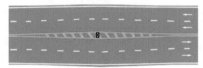

A. 接近移动障碍物标线
B. 远离狭窄路面标线
C. 接近障碍物标线
D. 接近狭窄路面标线

答案：C

4）这种黄黑相间的倾斜线条是什么标记？

A. 减速标记　　　　　B. 实体标记
C. 突起标记　　　　　D. 立面标记

答案：D

5）路面上的菱形块虚线是何含义？

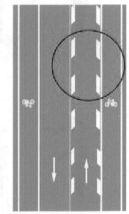

A. 道路施工提示标线
B. 车行道纵向减速标线
C. 车行道横向减速标线
D. 车道变少提示标线

答案：B

1.4.4　交通警察手势

交通警察的指挥分为：手势信号和使用器具的交通指挥信号。在路口遇有交通信号灯和交通警察指挥不一致时，按照交通警察指挥通行。

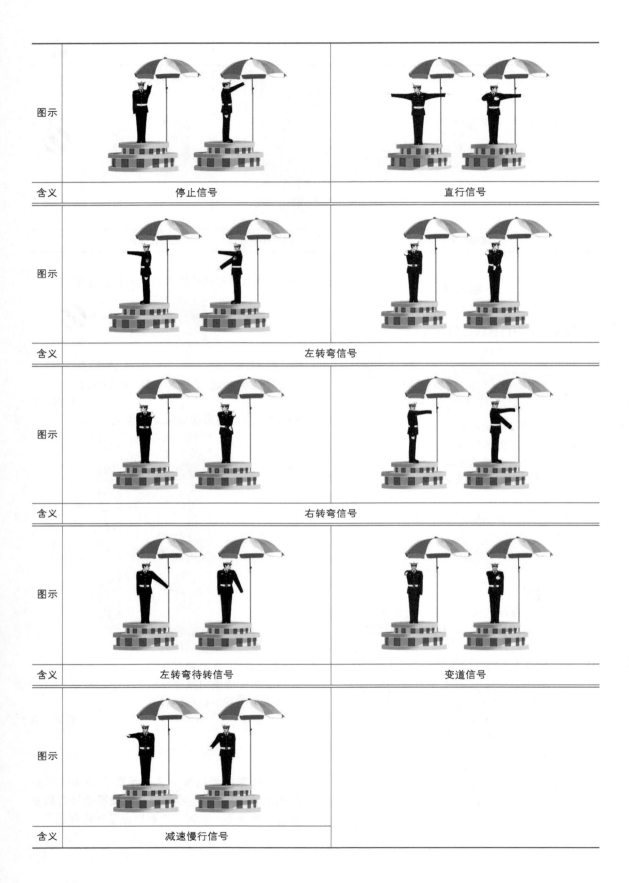

图示	
含义	停止信号
图示	
含义	直行信号
图示	
含义	左转弯信号
图示	
含义	右转弯信号
图示	
含义	左转弯待转信号
含义	变道信号
图示	
含义	减速慢行信号

练习题

单选题

1) 这一组交通警察手势是什么信号？

A. 左转弯信号 　　　　B. 停止信号
C. 右转弯信号 　　　　D. 靠边停车信号

答案：B

2) 这一组交通警察手势是什么信号？

A. 直行信号 　　　　B. 转弯信号
C. 停止信号 　　　　D. 靠边停车信号

答案：A

3) 这一组交通警察手势是什么信号？

A. 靠边停车信号 　　　　B. 左转弯待转信号
C. 左转弯信号 　　　　D. 右转弯信号

答案：C

4) 这一组交通警察手势是什么信号？

A. 靠边停车信号 　　　　B. 左转弯待转信号

C. 减速慢行信号 　　　　D. 左转弯信号

答案：D

5) 这一组交通警察手势是什么信号？

A. 左转弯待转信号 　　　　B. 左转弯信号
C. 减速慢行信号 　　　　D. 右转弯信号

答案：A

6) 这一组交通警察手势是什么信号？

A. 靠边停车信号 　　　　B. 减速慢行信号
C. 停止信号 　　　　D. 右转弯信号

答案：D

7) 这一组交通警察手势是什么信号？

A. 右转弯信号 　　　　B. 减速慢行信号
C. 左转弯待转信号 　　　　D. 靠边停车信号

答案：A

8) 这一组交通警察手势是什么信号？

A. 右转弯信号 　　　　B. 减速慢行信号
C. 变道信号 　　　　D. 靠边停车信号

答案：C

9）这一组交通警察手势是什么信号？

A. 靠边停车信号　　B. 减速慢行信号
C. 变道信号　　　　D. 右转弯信号

答案：B

10）驾驶机动车在路口遇到这种情况如何行驶？

A. 可以向右转弯　　B. 靠右侧直行
C. 遵守交通信号灯　D. 停车等待

答案：D

11）在有交通警察指挥的路口，应按照什么通行？

A. 交通信号灯　　　B. 交通标志
C. 交通标线　　　　D. 交通警察指挥

答案：D

判断题

1）交通警察的指挥分为：手势信号和使用器具的交通指挥信号。

答案：√

2）在路口遇有交通信号灯和交通警察指挥不一致时，按照交通信号灯通行。

答案：×

1.5 道路通行

▷ 1.5.1 道路通行规则

1 基本规则

我国机动车、非机动车实行右侧通行。为了规范交通秩序，提高通行效率，机动车、非机动车和行人实行分道行驶。

练习题

判断题

1）机动车、非机动车和行人实行分道行驶，是为了规范交通秩序，提高通行效率。

答案：√

2）驾驶机动车在没有道路中心线的道路上行驶，应该在道路的左侧通行。

答案：×

3）驾驶机动车遇到前方道路拥堵时，可以借用无人同行的非机动车道行驶。

答案：×

4）驾驶机动车在没有道路中心线的道路上行驶，应该在道路左侧通行。

答案：×

2 无划分车道的道路通行

驾驶机动车在没有中心线道路上行驶，要选择在路中间通行，注意给两侧的非机动车和行人留有充足的通行空间。没有划分机动车道、非机动车道和人行道的，机动车在道路中间通行，非机动车和行人在道路两侧通行。

练习题

单选题

1）驾驶机动车在这种道路上如何通行？

A. 在道路两边通行　　B. 在道路中间通行
C. 实行分道通行　　　D. 可随意通行

答案：B

2）道路没有划分机动车道、非机动车道和行人道的，以下说法正确的是哪个？

A. 机动车在道路左侧通行，非机动车和行人随意通行

B. 机动车在道路左侧通行，非机动车和行人在道路两侧通行

C. 机动车在道路中间通行，非机动车和行人在道路两侧通行

D. 机动车、非机动车和行人可以随意通行

答案：C

3）如图所示，机动车在这种道路上行驶，在道路中间通行的原因是什么？

A. 在道路中间通行速度快
B. 在道路中间通行视线好
C. 给两侧的非机动车和行人留有充足的通行空间
D. 防止车辆冲出路外

答案：C

判断题

1）如图所示，在这样的道路上行驶，应在道路中通行的主要原因是在道路中间通行速度快。

答案：×

2）机动车经过这种道路时，如果前方没有其他交通参与者，可以在道路上随意通行。

答案：×

3）驾驶机动车经过没有划分车道的道路时，可以随意通行。

答案：×

4）如图所示，驾驶机动车经过这种道路时，应降低车速在道路中间通行。

答案：√

3 有划分车道的道路通行

在道路同方向有 2 条以上机动车道的，左侧为快速车道，右侧为慢速车道。

练习题

单选题

这段道路红车所在车道是什么车道？

A. 快速车道
B. 慢速车道
C. 专用车道
D. 应急车道

答案：A

4 机动车灯光的使用

机动车灯光的作用不仅仅是为了在夜间照明，车灯一个重要的作用是提示其他机动车驾驶人和行人。使用转向灯是提示后车和行人，将要变更行驶路线或转弯。通过路口，交替使用远近光灯的目的是提示其他交通参与者注意来车。向左转弯、向左变更车道，驶离停车地点及掉头时，提前开启左转向灯提示后车。路口转弯过程中，持续开启转向灯，主要是为了告知其他驾驶人知道正在转弯。

机动车应当按照下列规定使用转向灯：

（1）向左转弯、向左变更车道、准备超车、驶离停车地点或者掉头时，应当提前开启左转向灯。

（2）向右转弯、向右变更车道、超车完毕驶回原车道、靠路边停车时，应当提前开启右转向灯。

（3）机动车在夜间没有路灯、照明不良或者遇有雾、雨、雪、沙尘、冰雹等低能见度情况下行驶时，应当开启前照灯、示廓灯和后位灯，雾天行驶还应当开启雾灯和危险报警闪光灯。但同方向行驶的后车与前车近距离行驶时，不得使用远光灯。

（4）机动车在夜间超车、通过急弯、坡路、拱桥、人行横道或者没有交通信号灯控制的路口时，应当交替使用远近光灯示意。

（5）牵引故障车时，牵引车与被牵引的机动车，在行驶中要开启危险报警闪光灯。

练习题

单选题

1）关于机动车灯光的使用，以下说法正确的是什么？
    A. 机动车灯光的作用仅仅是为了在夜间照明
    B. 机动车灯光一个重要的作用是提示其他机动车驾驶人和行人
    C. 夜间驾驶机动车在照明条件良好的路段可以不使用灯光
    D. 夜间驾驶机动车在照明条件良好的路段必须使用远光灯
        答案：B

2）驾驶机动车在道路上向左变更车道时如何使用灯光？
    A. 不用开启转向灯　　B. 提前开启右转向灯
    C. 提前开启左转向灯　D. 提前开启近光灯
        答案：C

3）驾驶机动车在夜间超车时怎样使用灯光？
    A. 变换远近光灯　　　B. 开启雾灯
    C. 开启远光灯　　　　D. 关闭前照灯
        答案：A

4）驾驶机动车在道路上靠路边停车过程中如何使用灯光？
    A. 变换使用远近光灯
    B. 不用指示灯提示
    C. 开启危险报警闪光灯
    D. 提前开启右转向灯
        答案：D

5）在这种天气条件下行车如何使用灯光？

    A. 使用近光灯　　　　B. 不使用灯光
    C. 使用远光灯　　　　D. 使用防雾灯
        答案：A

6）在这种天气条件下行车如何使用灯光？

    A. 使用远光灯　　　　B. 使用防雾灯
    C. 开启右转向灯　　　D. 不使用灯光
        答案：B

7）在这种雨天跟车行驶如何使用灯光？

    A. 使用远光灯　　　　B. 不能使用近光灯
    C. 不能使用远光灯　　D. 使用雾灯
        答案：C

8）在这种环境下通过路口如何使用灯光？

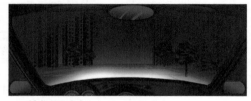

    A. 关闭远光灯
    B. 使用危险报警闪光灯
    C. 使用远光灯
    D. 交替使用远近光灯
        答案：D

9）驾驶机动车向左转弯、向左变更车道，驶离停车地点及掉头时，提前开启左转向灯是为了什么？
    A. 提示前车，将要向左变更行驶路线
    B. 提示前车，将要向右变更行驶路线
    C. 提示后车，将要向左变更行驶路线
    D. 提示后车，将要向右变更行驶路线
        答案：C

10）路口转弯过程中，持续开启转向灯，主要是因为什么？
    A. 完成转弯动作前，关闭转向灯是习惯动作
    B. 让其他驾驶人知道正在转弯
    C. 让其他驾驶人知道正在超车
    D. 完成转弯动作前，关闭转向灯会对车辆造成损害
        答案：B

11）如图所示，在这种情况下跟车行驶，不能使用远光灯的原因是什么？

A. 不利于看请远方的路况
B. 不利于看请车前的路况
C. 会影响前车驾驶人的视线
D. 会影响自己的视线

答案：C

12）下面哪种做法能避免被其他车辆从后方追撞？
A. 在任何时候都打开转向灯
B. 在转弯前提前打开相应的转向灯
C. 一直打开双闪
D. 转弯前鸣喇叭示意

答案：B

13）车辆驶入双向行驶隧道前，应开启什么灯？
A. 远光灯　　　　　B. 危险警告闪光灯
C. 雾灯　　　　　　D. 示廓灯或近光灯

答案：D

14）如图所示，驾驶机动车驶出前方路口时，应当怎样使用灯光？

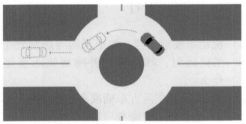

A. 开启右转向灯
B. 开启危险警告闪光灯
C. 不用开启转向灯
D. 开启左转向灯

答案：A

15）车辆在雨天临时停车时，应开启什么灯？
A. 前后雾灯　　　　B. 远光照灯
C. 危险警告闪光灯　D. 倒车灯

答案：C

16）雾天行车时，应及时开启什么灯？
A. 倒车灯　　　　　B. 雾灯
C. 近光灯　　　　　D. 远光灯

答案：B

17）如图所示，夜间驾驶机动车与同方向行驶的前车距离较近时，以下哪个做法正确？

A. 使用远光灯，有利于观察路面情况
B. 禁止使用远光灯，避免灯光照射至前车后视镜造成前车驾驶人目眩
C. 使用远光灯，有利于告知前方驾驶人后方有来车
D. 禁止使用远光灯，避免灯光照射至前车后视镜造成自己目眩

答案：B

18）夜间车辆通过照明条件良好的路段时，应使用什么灯？
A. 危险警告闪光灯　B. 远光灯
C. 近光灯　　　　　D. 雾灯

答案：C

判断题

1）驾驶机动车在道路上超车时可以不使用转向灯。

答案：✕

2）驾驶机动车在道路上超车完毕驶回原车道时开启右转向灯。

答案：✓

3）驾驶机动车在道路上掉头时，应该提前开启左转向灯。

答案：✓

4）驾驶机动车在道路上向右变更车道可以不使用转向灯。

答案：✕

5）驾驶机动车应在变更车道的同时开启左转向灯。

答案：✕

6）夜间行车，要尽量避免超车，确需超车时，可变换远近光灯向前车示意。

答案：✓

7）夜间行车，需要超车时，变换远近光灯示意是为了提示前车。

答案：✓

8）驾驶机动车在沙尘天气条件下行车不用开启前照灯、示廓灯和后位灯。

答案：✕

9）夜间起步前，应当先开启近光灯。

答案：√

10）在这种环境里行车使用近光灯。

答案：√

11）夜间驾驶机动车通过无交通信号灯控制的交叉路口时，不得变化远近光灯。

答案：×

12）夜间驾驶机动车通过人行横道时需要交替使用远近光灯。

答案：√

13）在这种急转弯道路上行车应交替使用远近光灯。

答案：√

14）夜间驾驶机动车尾随前车行驶时，后车可以使用远光灯。

答案：×

15）驾驶机动车在雾天行车开启雾灯和危险报警闪光灯。

答案：√

16）雾天行车为了提高能见度，应该开启远光灯。

答案：×

17）浓雾天气行车能见度低，开启远光灯会提高能见度。

答案：×

18）牵引故障车时，牵引车与被牵引的机动车，在行驶中都要开启危险报警闪光灯。

答案：√

19）夜间驾驶机动车通过没有路灯或路灯照明不良的路段时，应将近光灯转换为远光灯，但同向行驶的后车不得使用远光灯。

答案：√

5 机动车喇叭的使用

驾驶机动车在城市禁鸣区域通过学校和小

区，应注意观察标志标线，低速行驶，不要鸣喇叭。雾天行车多使用喇叭可引起对方注意，听到对方车辆喇叭，应鸣喇叭回应，以提示对方车辆。车辆进入山区道路后，要特别注意"连续转弯"标志，并主动避让车辆及行人，适时减速和提前鸣喇叭。为了提示对向交通参与者对方有来车，机动车在驶近急弯、坡道顶端等影响安全视距的路段以及超车时，应当减速慢行，并鸣喇叭示意。

练习题

单选题

1）在这种路段如何行驶？

A. 减速鸣喇叭示意　　B. 加速鸣喇叭通过
C. 在弯道中心转弯　　D. 占对方道路转弯

答案：A

2）大雾天行车，多鸣喇叭是为了什么？

A. 引起对方注意，避免发生危险
B. 催促前车提速，避免发生追尾
C. 准备超越前车
D. 催促前车让行

答案：A

3）机动车驶近急弯、坡道顶端等影响安全视距的路段时，减速慢行并鸣喇叭示意是为了什么？

A. 提示前车后方车辆准备超车
B. 提示对向交通参与者
C. 避免行至坡道顶端车辆动力不足
D. 测试喇叭是否能正常使用

答案：B

4）如图所示，驾驶机动车遇到这种情况，以下做法正确的是什么？

A. 减速慢行、鸣喇叭示意

B. 为拓宽视野，临时占用左侧车道行驶

C. 加速行驶

D. 停车观察

答案：A

判断题

1）驾驶机动车上坡时，在将要到达坡道顶端时要加速并鸣喇叭。

答案：×

2）雾天行车听到对方鸣喇叭，也应该鸣喇叭回应，以提示对方车辆。

答案：√

3）雾天行车多使用喇叭可引起对方注意，听到对方车辆喇叭，也声应鸣喇叭回应。

答案：√

4）驾驶机动车临时靠边停车后准备起步时，驾驶人应鸣喇叭示意左侧车道机动车让道。

答案：×

5）车辆通过学校和小区应注意观察标志标线，低速行驶，不要鸣喇叭。

答案：√

6）车辆进入山区道路后，要特别注意"连续转弯"标志，并主动避让车辆及行人，适时减速和提前鸣喇叭。

答案：√

▶ 1.5.2 机动车载运规定

1 机动车装载规定

机动车载物不得超过机动车行驶证上核定的载质量，装载长度、宽度不得超出车厢，不得遗洒、飘散载运物，严禁超载。重型、中型载货汽车，半挂车载物，高度从地面起不得超过4米，载运集装箱的车辆不得超过4.2米。禁止货运机动车载客，货运机动车需要附载作业人员的，应当设置保护作业人员的安全措施。在城市道路上，货运机动车在留有安全位置的情况下，车厢内可以附载临时作业人员1至5人。载物高度超过车厢栏板时，货物上不得载人。在高速公路上行驶的载货汽车车厢内不得载人。

货运机动车超过核定载质量的，公安机关交通管理部门应当扣留机动车至违法状态消除，并处200元以上500元以下罚款；超过核定载质量30%或者违反规定载客的，处500元以上2000元以下罚款。

练习题

单选题

1）A车货物掉落，导致B车与掉落货物发生碰撞，以下说法哪个正确？

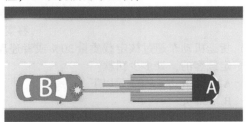

A. B车自负责任

B. A车负全部责任

C. 各负一半责任

D. 偶然事件，不可避免

答案：B

2）重型、中型载货汽车，半挂车载物，高度从地面起不得超过多少米？

A. 4米　　B. 4.2米　C. 5米　　D. 5.5米

答案：A

3）关于货运机动车载物，下列说法正确的是？

A. 可超载20%

B. 宽度可超过车身1米

C. 允许超限

D. 严禁超载

答案：D

4）载运集装箱的车辆高度从地面起不得超过多少米？

A. 5.5米　B. 5米　　C. 4.5米　D. 4.2米

答案：D

5）在城市道路上，货运机动车在留有安全位置的情况下，车厢内可以附载临时作业人员1至几人？

A. 5人　　B. 6人　　C. 7人　　D. 8人

答案：A

6）在城市道路上，载货汽车载物高度超过多少米时，货物上不得载人？

A. 2米　　　　　　　　B. 3米

C. 4米　　　　　　　　D. 车厢栏板

答案：D

7）货运机动车超过核定载质量，但没有超过核定载质量30%的，处多少罚款？

A. 100元以上200元以下

B. 200元以上500元以下

C. 500 元以上 1000 元以下

D. 1000 元以上

答案：B

8）货运机动车超过核定载质量，但没有超过核定载质量多少的，处 200 元以上 500 元以下罚款？

A. 15%　　B. 20%　　C. 25%　　D. 30%

答案：D

9）货运机动车超过核定载质量 30% 或者违反规定载客的，处多少罚款？

A. 200 元以上 500 元以下

B. 500 元

C. 500 元以上 2000 元以下

D. 2000 元以上

答案：C

10）货运机动车超过核定载质量多少或者违反规定载客的，处 500 元以上 2000 元以下罚款？

A. 15%　　B. 20%　　C. 25%　　D. 30%

答案：D

判断题

1）造成事故的原因是货车遗撒货物，货车负全部责任。

答案：√

2）禁止货运机动车载客。

答案：√

3）货运机动车需要附载作业人员的，应当设置保护作业人员的安全措施。

答案：√

4）机动车载物不得超过机动车行驶证上核定的载质量，装载长度、宽度超出车厢不得超过 1 米。

答案：×

5）在高速公路上行驶的载货汽车车厢内不得载人。

答案：√

2　机动车牵引规定

载货汽车、半挂牵引车只允许牵引 1 辆挂车。载货汽车所牵引挂车的载质量不得超过载货汽车本身的载质量。全挂拖斗车不得进入高速公路行驶。

练习题

单选题

1）载货汽车牵引挂车时，下列做法正确的是？

A. 可牵引 2 辆挂车

B. 可牵引 3 辆挂车

C. 挂车的载质量不得超过牵引车载质量

D. 允许牵引总质量超过本身载质量的挂车

答案：C

2）下列关于载货汽车、半挂牵引车、拖拉机牵引挂车的说法正确的是？

A. 不得牵引　　　　B. 只允许牵引 1 辆

C. 允许牵引 2 辆　　D. 允许牵引 3 辆

答案：B

判断题

1）全挂拖斗车不得进入高速公路。

答案：√

2）挂车车厢内在留有安全位置的情况下，可以附载临时作业人员 1 至 5 人。

答案：×

3　运载超限物品规定

机动车运载超限的不可解体的物品，影响交通安全的，应当按照公安机关交通管理部门指定的时间、路线、速度行驶，悬挂明显标志。

练习题

单选题

机动车运载超限不可解体物品影响交通安全的，应当按照哪个部门指定的时间、路线、速度行驶，并悬挂明显标志？

A. 道路运输管理机构

B. 公安机关交通管理部门

C. 城市管理部门

D. 安全监督部门

答案：B

4　载运危险物品规定

机动车载运爆炸物品、易燃易爆化学物品以及剧毒、放射性等危险物品，应当经公安机关批准后，按指定的时间、路线、速度行驶，悬挂警示标志并采取必要的安全措施。

练习题

单选题

机动车载运危险化学品，应当经哪个部门批准后，按指定的时间、路线、速度行驶，悬挂警示标志并采取必要的安全措施？
A. 公安机关　　　　B. 道路运输管理机构
C. 城市管理部门　　D. 环保部门

答案：A

判断题

机动车载运危险化学品，经公安部门批准后，行驶时间、路线可不受限制。

答案：✕

1.5.3　道路通行规定

1　机动车上道路行驶条件

驾驶人驾驶机动车上道路行驶前，应当对机动车的安全技术性能进行认真检查。机动车参加安全技术检验的主要目的是检查车辆各项性能，及时消除车辆安全隐患，减少事故发生。不得驾驶具有安全隐患的机动车上道路行驶。

驾驶机动车上道路行驶，应当悬挂机动车号牌，放置检验合格标志、保险标志，并随车携带机动车行驶证。

驾驶人驾驶证丢失、损毁、超过有效期、被依法扣留或暂扣，不得驾驶机动车。驾驶人饮酒、服用国家管制的精神药品或者麻醉药品，或者患有妨碍安全驾驶机动车的疾病，或者过度疲劳影响安全驾驶的，不得驾驶机动车。

练习题

单选题

1）驾驶人在下列哪种情况下不能驾驶机动车？
A. 饮酒后　　　　　B. 喝茶后
C. 喝咖啡后　　　　D. 喝牛奶后

答案：A

2）驾驶人出现下列哪种情况，不得驾驶机动车？
A. 驾驶证丢失、损毁　B. 驾驶证接近有效期
C. 记分达到10分　　　D. 记分达到6分

答案：A

3）驾驶机动车上路行驶应当随车携带下列哪种证件？

A. 机动车保险单　　B. 机动车行驶证
C. 出厂合格证明　　D. 机动车登记证

答案：B

4）下列哪种标志是驾驶机动车上路行驶应当在车上放置的标志？
A. 保持车距标志　　B. 提醒危险标志
C. 检验合格标志　　D. 产品合格标志

答案：C

判断题

1）服用国家管制的精神药品可以短途驾驶机动车。

答案：✕

2）饮酒后只要不影响驾驶操作可以短距离驾驶机动车。

答案：✕

3）驾驶人在驾驶证丢失后3个月内还可以驾驶机动车。

答案：✕

4）驾驶人的驾驶证损毁后不得驾驶机动车。

答案：✓

5）驾驶人持超过有效期的驾驶证可以在1年内驾驶机动车。

答案：✕

6）驾驶人的机动车驾驶证被依法扣留、暂扣的情况下不得驾驶机动车。

答案：✓

7）驾驶证丢失后，驾驶人可以继续驾驶机动车。

答案：✕

8）驾驶机动车上道路行驶应当按规定悬挂号牌。

答案：✓

9）上路行驶的机动车未放置检验合格标志的，交通警察可依法扣留机动车。

答案：✓

10）机动车参加安全技术检验的主要目的是检查车辆各项性能，及时消除车辆安全隐患，减少事故发生。

答案：✓

11）驾驶机动车上路前应当检查车辆安全技术性能。

答案：✓

12）不得驾驶具有安全隐患的机动车上道路行驶。

答案：✓

2 机动车变更车道规定

驾驶机动车在道路同方向有 2 条以上机动车道变更车道时，不得影响相关车道内行驶的机动车的正常行驶。变更车道前，应仔细观察变道一侧车道车流情况，判断有无变更车道的条件。确认没有影响变更车道的安全隐患后，开启转向灯提示其他车辆，缓慢向一侧变更车道。不得迅速转向驶入相应的车道，妨碍同车道机动车正常行驶。

驾驶机动车行车中，遇到右侧有车辆变更车道时，应减速保持间距，注意避让，不得争道抢行或加速不让。在交叉路口前变更车道时，应在虚线区域选择行驶路线变更车道；进入交叉路口实线区域后，要按照地面标线的指示通行，不得变更车道转弯或掉头。

单选题

1）驾驶机动车在道路上变更车道需要注意什么？
   A. 开启转向灯迅速向左转向
   B. 进入左侧车道时适当减速
   C. 不能影响其他车辆正常行驶
   D. 尽快加速进入左侧车道

   答案：C

2）驾驶机动车变更车道时，以下做法正确的是什么？
   A. 开启转向灯的同时变更车道
   B. 在道路同方向有两条以上机动车道的，不得影响相关车道内行驶的机动车的正常行驶
   C. 在车辆较少路段，可以随意变更车道
   D. 遇前方道路拥堵，可以借应急车道变更

   答案：B

3）驾驶机动车向右变更车道前，应仔细观察右侧车道车流情况的原因是什么？
   A. 准备迅速抢行变道
   B. 判断有无变更车道的条件
   C. 迅速变更车道
   D. 准备迅速停车

   答案：B

4）驾驶机动车变更车道为什么要提前开启转向灯？
   A. 提示前车让行
   B. 提示行人让行
   C. 开阔视野，便于观察路面情况
   D. 提示其他车辆准备变更车道

   答案：D

5）驾驶车辆在交叉路口前变更车道时，应怎样驶入要变更的车道？
   A. 在路口实线区内根据需要变道
   B. 进入路口实线区内变道
   C. 在路口停止线前变道
   D. 在虚线区按导向箭头指示变道

   答案：D

6）如图所示，驾驶机动车行驶至此位置时，以下做法哪个正确？

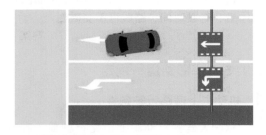

   A. 观察左侧无车后，可以左转
   B. 从该处直接左转
   C. 不得左转，应当直行
   D. 倒车退到虚线处换到左转车道

   答案：C

判断题

1）驾驶机动车变更车道前应仔细观察，目的是判断有无变更车道的条件。

   答案：√

2）驾驶机动车变更车道时只需开启转向灯，并迅速转向驶入相应的车道，以不妨碍同车道机动车正常行驶。

   答案：×

3）如图所示，在这种情况下，A 车可以向左变更车道。

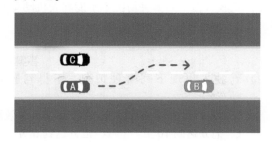

   答案：×

4）这辆红色轿车变更车道的方法和路线是正确的。

答案：×

5) 如图所示，在这种情况下遇到右侧车辆变更车道，应减速保持间距，注意避让。

答案：√

6) 驾驶机动车驶进导向车道实线区域后，要按照导向箭头继续向前行驶，不得向左或向右变更车道。

答案：√

7) 如图所示，A车在此时进入左侧车道是因为进入实线区不得变更车道。

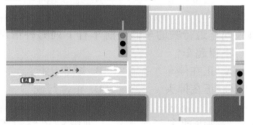

答案：√

8) 如图所示，A车要在前方掉头行驶，可以在此处变换车道，进入左侧车道准备掉头。

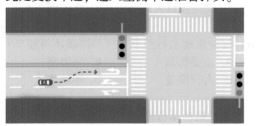

答案：×

9) 在这种情况下，A车可以向左变更车道。

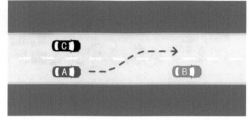

答案：×

10) 驾驶车辆变更车道时，应提前开启转向灯，注意观察，保持安全距离，驶入要变更的车道。

答案：√

11) 驾驶车辆变更车道时，只需要开启转向灯，便可迅速转向驶入相应的行车道。

答案：×

12) 驾驶车辆变更车道时，应开启转向灯，迅速驶入侧方车道。

答案：×

13) 驾驶机动车在交叉路口前变更车道时，应在进入实线区域后，开启转向灯，变更车道。

答案：×

14) 如图所示，驾驶机动车遇到右侧车辆强行变道，应减速慢行，让右前方车辆顺利变道。

答案：√

15) 驾驶人在观察后方无来车的情况下，未开启转向灯就变更车道也是合理的。

答案：×

3 机动车跟车距离规定

驾驶机动车在同车道跟车行驶时，要随时注意观察前车的动态，与前车保持安全距离。

遇到前车在路口减速或发出转向信号时，要适当减速，加大跟车距离。

单选题

这两辆车发生追尾的主要原因是什么？

A. 后车未与前车保持安全距离
B. 后车超车时距离前车太近
C. 前车采取制动过急
D. 前车采取制动没时看后视镜

答案：A

1）在行驶过程中，机动车驾驶人要注意与前车保持安全距离。

答案：√

2）如图所示，A 车在这种情况下应适当减速。

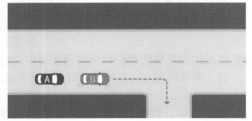

答案：√

4 机动车超车规定

驾驶机动车超车时，为了提醒后车以及前车驾驶人，应当提前开启左转向灯、变换使用远近光灯或者鸣喇叭。在确认有充足的安全距离后，从前车的左侧超越，便于观察，有利安全。超车时，应该尽快超越，减少并行时间。夜间可选择路宽车少地段超车。超车后，在与被超车辆拉开必要的安全距离后，开启右转向灯，驶回原车道。

驾驶机动车超车时，如果无法保证与被超车辆的安全间距，应主动放弃超车。超车过程中遇到对向来车时，继续超车易与对面机动车发生剐擦、相碰，要放弃超车。超车时，被超越车辆不减速让路，应停止超车并适当减速，与前方车辆保持安全距离。超越右侧停放的车辆时，为预防其突然起步或开启车门，应预留出横向安全间距，减速行驶。

驾驶机动车行经铁路道口、交叉路口时，由于路口内交通情况复杂，易发生交通事故，不得超车。行经窄桥、弯道、陡坡、隧道、人行横道、市区交通流量大的路段等没有超车条

件时，不得超车。遇风、雨、雪、雾等复杂气象条件时，不得超车。

遇到前车正在左转弯、掉头、超车或与对面来车有会车可能时，不得超车。在有道路中心线的道路上，不得越实线超车。

1）驾驶机动车在下列哪种情形下不能超越前车？
   A. 前车减速让行　　B. 前车正在左转弯
   C. 前车靠边停车　　D. 前车伸手示意让行

答案：B

2）这种情况超车时，从前车的哪一侧超越？

   A. 左右两侧均可超越
   B. 从前车的右侧超越
   C. 从前车的左侧超越
   D. 从无障碍一侧超越

答案：C

3）同车道行驶的车辆遇前车有下列哪种情形时不得超车？
   A. 正在停车　　　　B. 减速让行
   C. 正常行驶　　　　D. 正在超车

答案：D

4）同车道行驶的车辆遇前车有下列哪种情形时不得超车？
   A. 正在停车　　　　B. 减速让行
   C. 正在掉头　　　　D. 正常行驶

答案：C

5）驾驶机动车行经市区下列哪种道路时不得超车？
   A. 主要街道　　　　B. 单向行驶路段
   C. 交通流量大的路段　D. 单向两条行车道

答案：C

6）驾驶机动车行经下列哪种路段不得超车？
   A. 主要街道　　　　B. 高架路
   C. 人行横道　　　　D. 环城高速

答案：C

7）驾驶机动车行经下列哪些路段时不得超车？
   A. 高架路　　　　　B. 交叉路口

C. 环城高速　　　　D. 中心街道

答案：B

8）驾驶机动车在下列哪些路段不得超车？
A. 山区道路　　　　B. 城市高架路
C. 城市快速路　　　D. 窄桥、弯道

答案：D

9）如图所示，在超车过程中，遇到对向来车时要放弃超车是因为什么？

A. 如继续超车，易与对面机动车发生刮擦、相碰
B. 前车车速快
C. 对向来车车速快
D. 车辆提速太慢

答案：A

10）如图所示，在这种情况下不能够超车的原因是什么？

A. 当前车速不足以超越前车
B. 前车速度过快
C. 路中心为黄线
D. 前车正在超车

答案：D

11）超车需要从前车左侧超越，以下说法正确的是什么？
A. 便于观察，有利安全
B. 右侧为快车道
C. 左侧为慢车道
D. 我国实行左侧通行

答案：A

12）超越前车时，提前开启左转向灯，变换使用远、近光灯或者鸣喇叭是为了什么？
A. 仅提醒前车　　　B. 仅提醒后车
C. 提醒后车以及前车　D. 提醒行人

答案：C

13）如图所示，在这种情况下通过交叉路口时，不得超车的原因是什么？

A. 路口有交通监控设备
B. 路口有信号灯提示
C. 路口内交通情况复杂，易发生交通事故
D. 通过速度慢，不足以超越前车

答案：C

14）如图所示，以下哪种情况可以超车？

50a	←	50b	←
50c	→	50d	→

A. 50a　　B. 50b　　C. 50c　　D. 50d

答案：C

15）如图所示，以下哪种情况可以超车？

51a	←	51b	←
51c	→	51d	→

A. 51a　　B. 51b　　C. 51c　　D. 51d

答案：A

16）机动车在这种情况下，当 C 车减速让超时，A 车应该如何行驶？

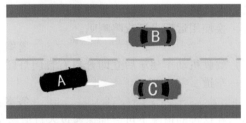

A. 放弃超越 C 车
B. 加速超越 C 车
C. 鸣喇叭示意 B 车让行后超车
D. 直接向左变更车道，迫使 B 车让行

答案：A

17）夜间行车，可选择下列哪个地段超车？
A. 交叉路口　　　　B. 在路窄桥

C. 路宽车少　　　　D. 弯道陡坡

答案：C

18) 进入左侧道路超车，无法保证与正常行驶前车的横向安全间距时，应怎样做？
   A. 谨慎超越
   B. 放弃超车
   C. 并行一段距离后在超车
   D. 加速超越

答案：B

19) 驾驶人在超车时，前方车辆不减速、不让道，应怎样做？
   A. 紧跟其后，伺机再超
   B. 停止继续超车
   C. 加速继续超车
   D. 连续鸣喇叭加速超车

答案：B

20) 行车中超越右侧停放的车辆时，为预防其突然起步或开启车门，应怎样做？
   A. 加速通过
   B. 长鸣喇叭超越
   C. 保持正常速度行驶
   D. 预留出横向安全间距，减速行驶

答案：D

判断题

1) 遇到下面这种情况不能超车。

答案：√

2) 驾驶机动车超车应该提前开启左转向灯、变换使用远近光灯或鸣喇叭。

答案：√

3) 驾驶机动车超车后立即开启右转向灯驶回原车道。

答案：×

4) 在这种的情况下可以加速通过人行道超车。

答案：×

5) 如图所示，当越过停在人行道前的 A 车时，B 车应减速，准备停车让行。

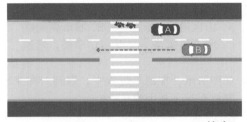

答案：√

6) 遇到这种情况下可以从右侧超车。

答案：×

7) 驾驶机动车行经城市没有列车通过的铁路道口时允许超车。

答案：×

8) 驾驶机动车在隧道、陡坡等特殊路段不得超车。

答案：√

9) 驾驶机动车超车时，如果无法保证与被超车辆的安全间距，应主动放弃超车。

答案：√

10) 驾驶机动车超车时应从前车的左侧超越，是因为左侧超车便于观察，有利于安全。

答案：√

11) 如图所示，A 车可以从左侧超越 B 车。

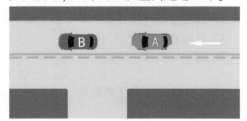

答案：×

12) 驾驶机动车在道路上超车完毕驶回原车道时开启右转。

答案：√

13) 预计在超车过程中与对面来车有会车可能时，应提前加速超越。

答案：×

14) 通过急转弯路段时，在车辆较少的情况下可以超车。

答案：×

15）通过铁路道口时，不得超车。

答案：√

16）通过隧道时，不得超车。

答案：√

17）通过窄路、窄桥时，不得超车。

答案：√

18）如图所示，超越右侧车辆时，应该尽快超越，减少并行时间。

答案：√

19）驾驶机动车在道路上超车时，应尽量加大横向间距，必要时可越实线超车。

答案：×

20）驾驶机动车在道路上超车时，可以不使用转向灯。

答案：×

21）驾驶机动车超车时，可以鸣喇叭替代开启转向灯。

答案：×

22）驾驶机动车超车时，被超越车辆未减速让路，应迅速提速超越前方车辆完成超车。

答案：×

23）驾驶机动车超车时，被超越车辆不减速让路，应停止超车并适当减速，与前方车辆保持安全距离。

答案：√

24）遇风、雨、雪、雾等复杂气象条件，前车速度较低时，应开启前照灯，连续鸣喇叭迅速超越。

答案：×

5 机动车让超车规定

　　驾驶机动车在没有道路中心线或者同方向只有1条机动车道的道路上，遇后车发出超车信号时，在条件许可的情况下，应当主动及时降低速度、观察后靠右行驶让路，给后车让出足够的超车空间。正在被其他车辆超越时，若此时后方有跟随行驶的车辆，应该向右侧行驶，保证横向安全距离。

练习题

单选题

1）遇后车发出超车信号后，只要具备让超条件，应怎样做？
  A. 靠道路右侧加速行驶
  B. 主动减速并靠右侧行驶
  C. 让出适当空间加速行驶
  D. 迅速减速或紧急制动

答案：B

2）在没有中心线的道路上发现后车发出超车信号时，如果条件许可，应如何行驶？
  A. 保持原速度行驶　　B. 加速行驶
  C. 降速靠右让路　　　D. 迅速停车让行

答案：C

3）驾驶机动车正在被其他车辆超越时，被超车辆减速靠右侧行驶的目的是什么？
  A. 以便随时停车
  B. 让出足够的超车空间
  C. 避让行人与非机动车
  D. 避免后车突然减速

答案：B

4）驾驶的车辆正在被其他车辆超越时，若后方有跟随行驶的车辆，应怎么办？
  A. 继续加速行驶
  B. 向右侧行驶，保证横向安全距离
  C. 靠道路中心行驶
  D. 加速向右侧让行

答案：B

5）驾驶机动车正在被其他车辆超越时，应怎样做？
  A. 靠道路中心行驶　　B. 继续加速行驶
  C. 靠右侧加速让路　　D. 减速，靠右侧行驶

答案：D

6）行车中遇后方车辆要求超车时，应怎么办？
  A. 保持原有车速行驶
  B. 及时减速、观察后靠右侧行驶让行
  C. 靠右侧加速行驶
  D. 加速不让行

答案：B

判断题

1）如图所示，驾驶机动车遇左侧车道有车辆正在超车时，可以迅速变道，伺机反超。

答案：×

2）行车中遇后车超车时，在条件许可的情况下，应减速靠右让路，是为了给后车留出超车空间。

答案：√

3）行车中遇机动车超越时，不允许向左转向或紧急制动，以免后车反应不及时发生追尾或侧撞事故。

答案：√

6 机动车交叉路口通行规定

驾驶机动车通过交叉路口，要遵守交通信号。进入交叉路口前，应降低行驶速度，注意观察，确认安全。遇到路口情况复杂时，应做到"宁停三分，不抢一秒"。通过无交通信号或者视线受阻的交叉路口时，应当提前减速，确认安全后通过。遇到行人横穿路口时，应当减速或停车避让行人。车辆行至交叉路口，遇有转弯的车辆抢行，应停车避让；

机动车通过有交通信号灯控制的交叉路口，应当按照下列规定通行：

（1）在有导向车道的路口，按所需行进方向驶入导向车道；

（2）准备进入环形路口的让已在路口内的机动车先行；

（3）左转车辆在执行信号灯亮时，进入左弯待转专区；向左转弯时，靠路口中心点左侧转弯；

（4）遇放行信号时，依次通过；

（5）遇停止信号时，依次停在停止线以外；没有停止线的，停在路口以外；

（6）向右转弯遇有同车道前车正在等候放行信号时，依次停车等候；

（7）在没有方向指示信号灯的交叉路口，转弯的机动车让直行的车辆、行人先行。相对方向行驶的右转弯机动车让左转弯车辆先行。

机动车通过没有交通信号灯控制也没有交通警察指挥的交叉路口，应当减速慢行，遵守下列规定：

（1）有交通标志、标线控制的，让优先通行的一方先行；

（2）没有交通标志、标线控制的，在进入路口前停车瞭望，让右方道路的来车先行；

（3）转弯的机动车让直行的车辆先行；

（4）相对方向行驶的右转弯机动车让左转弯车辆先行。

练习题

单选题

1）在这个路口左转弯选择哪条车道？

A. 最左侧车道　　　　B. 中间车道
C. 最右侧车道　　　　D. 无需变道

答案：A

2）在这个路口怎样左转弯？

A. 靠路口中心点右侧转弯
B. 靠路口中心点左侧转弯
C. 禁止左转弯
D. 骑路口中心点转弯

答案：B

3）驾驶机动车在路口右转弯时遇同车道前车等候放行信号应如何行驶？
A. 依次停车等候　　　B. 鸣喇叭让前车让路
C. 从右侧占道转弯　　D. 从前车左侧转弯

答案：A

4）在这个路口右转弯应如何通行？

A. 直接向右转弯
B. 抢在对面车前右转弯
C. 鸣喇叭催促

D. 先让对面车左转弯

答案：D

5) 在路口遇这种情形怎样通行？

A. 鸣喇叭告知让行　　B. 直接加速转弯
C. 减速缓慢转弯　　　D. 让左方来车先行

答案：D

6) 驾驶机动车通过没有交通信号的交叉路口怎样行驶？

A. 减速慢行　　　　　B. 加速通过
C. 大型车先行　　　　D. 左侧车辆先行

答案：A

7) 驾驶机动车通过未设置交通信号灯的交叉路口时，下列说法错误的是哪个？

A. 转弯的机动车让直行的车辆、行人先行
B. 没有交通标志，标线控制时，在进入路口前停车瞭望，让右方道路的来车先行
C. 相对方向行驶的右转弯机动车让左转弯的车辆先行
D. 相对方向行驶的左转弯机动车让右转弯的车辆先行

答案：D

8) 在路口直行时，遇这种情形如何通行？

A. 让左方道路车辆先行
B. 让右方道路车辆先行
C. 直接加速直行通过
D. 开启危险报警闪光灯通行

答案：B

9) 如何通过这种交叉路口？

A. 鸣喇叭催促　　　　B. 保持速度通过

C. 减速慢行　　　　　D. 加速通过

答案：C

10) 进入交叉路口直行实线区域后，才意识到要左转而不是直行，以下说法正确的是什么？

A. 停在交叉路口，等待安全时左转
B. 继续直行通过路口
C. 在确保安全的情况下倒车，然后左转
D. 直接向左转弯通过路口

答案：B

11) 如图所示，在这种情况下通过前方路口，应该怎么行驶？

A. 加速通过　　　　　B. 减速或停车避让行人
C. 赶在行人前通过　　D. 靠左侧绕行

答案：B

12) 如图所示，车辆驶进这样的路口时，以下说法错误的是什么？

A. 右前方路口视野受阻，如有突然冲出车辆，容易引发事故
B. 为避免车辆从路口突然冲出引发危险，应当降低车速
C. 视野受阻，应鸣喇叭提醒侧方道路来车
D. 有优先通行权一方，可以加速通过

答案：D

13) 下图所示的交通事故中，有关事故责任认定，正确的说法是什么？

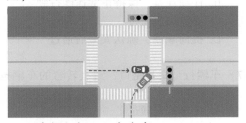

A. B 车闯红灯，B 车全责

B. B 车可以右转，但不得妨碍被放行的直行车辆，B 车负全责

C. 直行车辆不得妨碍右转弯车辆，A 车负全责

D. 右侧方向的车辆具有优先通行权，A 车负全责

答案：B

14）在下图所示的交通事故中，有关事故责任认定，正确的说法是什么？

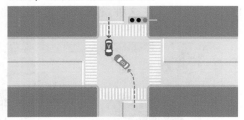

A. B 车违反交通信号，B 车负全责

B. B 车不得妨碍被放行的直行车辆，B 车负全责

C. 直行车辆不得妨碍左转弯车辆，A 车负全责

D. 右侧方向的车辆具有优先通行权，B 车负全责

答案：B

15）进入这个路口应该怎样做？

A. 交替变换远近光灯提示路口内车辆让行

B. 从路口内车辆前迅速插入

C. 让已在路口内的车辆先行

D. 鸣喇叭直接进入路口

答案：C

16）驾驶机动车如何通过无交通信号的交叉路口？

A. 鸣喇叭，迅速通过

B. 仔细观察，保持正常速度行驶

C. 提前加速通过

D. 提前减速，确认安全后通过

答案：D

17）车辆行至交叉路口，遇有转弯的车辆抢行，应怎样做？

A. 提速抢先通过

B. 鸣喇叭抢行通过

C. 停车避让

D. 保持正常车速行驶

答案：C

判断题

1）驾驶机动车通过交叉路口要遵守交通信号。

答案：√

2）如图所示，A 车有优先通行权。

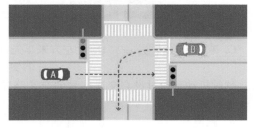

答案：√

3）如图所示，B 车有优先通行权。

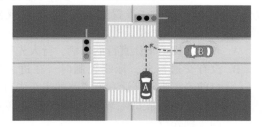

答案：×

4）如图所示，A 车有优先通行权。

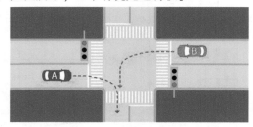

答案：×

5）如图所示，通过有这个标志的路口时无需减速。

答案：×

6）如图所示，通过有这个标志的路口时应该减速让行。

答案：×

7）在路口遇这种情形要减速让行。

答案：√

8）驾驶机动车在没有交通信号的路口要尽快通过。

答案：×

9）机动车通过没有交通信号灯控制，也没有交通警察指挥的交叉路口，相对方向行驶的右转的机动车让左转弯的车辆先行。

答案：√

10）在这种情况的交叉路口转弯要让直行车先行。

答案：√

11）在交叉路口遇到这种情况享有优先通行权。

答案：√

12）在交叉路口遇到这种情况享有优先通行权。

答案：×

13）在没有交通信号指示的交叉路口，转弯的机动车让直行的车辆和行人先行。

答案：√

14）如图所示，在这种情况下准备进入环形路口时，为了保证车后车流的畅通，应加速超越红车进入路口。

答案：×

15）如图所示，在环岛交叉路口发生的交通事故中，A车负全部责任。

答案：√

16）如图所示，驾驶机动车在路口前遇到这种情况时，A车有优先通行权。

答案：√

17）在交叉路口遇到这种情况时，要在红灯亮前加速通过路口。

答案：×

18）如图所示，驾驶机动车在路口遇到这种交通信号灯时，右转弯的车辆在不妨碍被放行的车辆、行人的情况下，可以通行。

答案：√

19) 驾驶机动车在路口右转弯时，应提前开启右转向灯，不受信号灯限制，不受车速限制，迅速通过，防止路口堵塞。

答案：×

20) 如图所示，A 车有优先通行权。

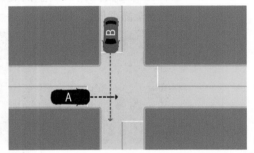

答案：√

21) 车辆行至交叉路口时，左转弯车辆在任何时段都可以进入左弯待转区。

答案：×

22) 如图所示，该机动车行驶至交叉路口时的做法是正确的。

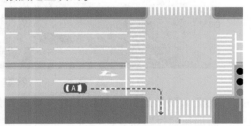

答案：√

23) 驾驶车辆进入交叉路口前，应降低行驶速度，注意观察，确认安全。

答案：√

24) 驾驶机动车在环形路口内行驶，遇有其他车辆强行驶入时，只要有优先权就可以不避让。

答案：×

25) 驾驶机动车遇到路口情况复杂时，应做到"宁停三分，不抢一秒"。

答案：√

7 机动车限速通行

驾驶机动车上道路行驶，有交通标志标明行驶速度的，不得超过限速标志标明的最高时速。

驾驶机动车在没有中心线的城市道路上，最高行驶速度是为每小时 30 公里。在没有中心线的公路上，最高行驶速度为每小时 40 公里。在同方向只有 1 条机动车道的城市道路上，最高行驶速度为每小时 50 公里。在同方向只有 1 条机动车道的公路上，最高行驶速度为每小时 70 公里。

机动车行驶中遇有下列情形之一的，最高行驶速度不得超过每小时 30 公里：

（1）进出非机动车道，通过铁路道口、急弯路、窄路、窄桥时；

（2）掉头、转弯、下陡坡时；

（3）遇雾、雨、雪、沙尘、冰雹，能见度在 50 米以内时；

（4）在冰雪、泥泞的道路上行驶时；

（5）牵引发生故障的机动车时。

练习题

单选题

1) 在这段城市道路上行驶的最高速度不能超过多少？

A. 30 公里/小时　　　　B. 40 公里/小时

C. 50 公里/小时　　　　D. 70 公里/小时

答案：A

2) 在这条公路上行驶的最高速度不能超过多少？

A. 30 公里/小时　　　　B. 40 公里/小时

C. 50 公里/小时　　　　D. 70 公里/小时

答案：B

3) 在这条城市道路上行驶的最高速度不能超过

多少？

A. 30 公里/小时   B. 40 公里/小时
C. 50 公里/小时   D. 70 公里/小时
         答案：C

4）在这条公路上行驶的最高速度不能超过多少？

A. 30 公里/小时   B. 40 公里/小时
C. 50 公里/小时   D. 70 公里/小时
         答案：D

5）在这个弯道上行驶时的最高速度不能超过多少？

A. 30 公里/小时   B. 40 公里/小时
C. 50 公里/小时   D. 70 公里/小时
         答案：A

6）驾驶机动车在进出非机动车道时，最高速度不能超过多少？
A. 30 公里/小时   B. 40 公里/小时
C. 50 公里/小时   D. 60 公里/小时
         答案：A

7）驾驶机动车通过铁路道口时，最高速度不能超是多少？
A. 15 公里/小时   B. 20 公里/小时
C. 30 公里/小时   D. 40 公里/小时
         答案：C

8）驾驶机动车通过急弯路时，最高速度不能超过多少？
A. 20 公里/小时   B. 30 公里/小时
C. 40 公里/小时   D. 50 公里/小时
         答案：B

9）驾驶机动车通过窄路、窄桥时，最高速度不

能超过多少？
A. 60 公里/小时   B. 50 公里/小时
C. 40 公里/小时   D. 30 公里/小时
         答案：D

10）驾驶机动车下陡坡、转弯、掉头时最高速度不能超过多少？
A. 30 公里/小时   B. 40 公里/小时
C. 50 公里/小时   D. 60 公里/小时
         答案：A

11）驾驶机动车遇到沙尘、冰雹、雨、雾、结冰等气象条件如何行驶？
A. 按平常速度行驶 B. 保持匀速行驶
C. 适当提高车速   D. 降低行驶速度
         答案：D

12）驾驶机动车遇雾、雨、雪等能见度在 50 米以内时，最高速度不能超过多少？
A. 70 公里/小时   B. 50 公里/小时
C. 40 公里/小时   D. 30 公里/小时
         答案：D

13）驾驶机动车在冰雪道路行驶时，最高速度不能超过多少？
A. 20 公里/小时   B. 30 公里/小时
C. 40 公里/小时   D. 50 公里/小时
         答案：B

14）驾驶机动车在泥泞道路行驶时，最高速度不能超过多少？
A. 15 公里/小时   B. 20 公里/小时
C. 30 公里/小时   D. 40 公里/小时
         答案：C

15）牵引发生故障的机动车时，最高速度不准超过多少？
A. 50 公里/小时   B. 40 公里/小时
C. 30 公里/小时   D. 20 公里/小时
         答案：C

16）牵引发生事故的机动车时，最高速度不准超过多少？
A. 20 公里/小时   B. 30 公里/小时
C. 40 公里/小时   D. 50 公里/小时
         答案：B

判断题

1）驾驶机动车上道路行驶，不允许超过限速标志标明的最高时速。
         答案：√

2）驾驶机动车在没有中心线的城市道路上，最高行驶速度是每小时 50 公里。
         答案：×

3）驾驶机动车在没有中心线的公路上，最高速度是每小时 70 公里。

答案：✕

4）如图所示，机动车在这样的城市道路上行驶，最高的行驶速度不得超过 50 公里/小时。

答案：✕

5）如图所示，在这种情况下，应该轻踩制动踏板减速。

答案：√

6）驾驶机动车掉头、转弯、下陡坡时的最高速度不能超过每小时 40 公里。

答案：✕

7）驾驶机动车通过窄路、窄桥时的最高速度不能超过每小时 30 公里。

答案：√

8）车辆在这种条件的道路上，最高速度不能超过每小时 50 公里。

答案：✕

9）在这段道路的最高速度为每小时 50 公里。

答案：✕

10）图中左侧白色轿车在这种情况下，为了保证安全，应适当降低车速。

答案：√

11）驾驶机动车遇到沙尘、冰雹、雨、雾、结冰等气象条件时，应降低行驶速度。

答案：√

8 机动车会车规定

驾驶机动车在有道路中心线的道路上会车时，应做到保持安全速度，不越线行驶。在没有中心隔离设施或者没有中心线的道路上，遇相对方向来车时，应当减速靠右行驶。会车遇右侧有儿童时，不仅要留出会车空间，而且要注意与右侧儿童保持足够的安全距离。会车前选择的交会位置不理想时，应减速、低速会车或停车让行。会车中遇到对方来车行进有困难需要借道时，应尽量礼让对方先行。

驾驶机动车在狭窄的路段会车时，应做到礼让三先：先慢、先让、先停。在有障碍的路段会车，无障碍的一方先行；但有障碍的一方已驶入障碍路段而无障碍的一方未驶入时，有障碍的一方先行。需要借道绕过前方障碍物，但对向来车已经接近障碍物时，应降低速度或停车，让对向来车优先通行。

驾驶机动车在山区道路遇对向来车时，应减速或停车让行会车。在没有道路中心线的狭窄山路会车，靠山体的一方相对安全，不靠山体的一方优先行驶；狭窄的坡路会车时，上坡的一方先行；但下坡的一方已行至中途而上坡的一方未上坡时，下坡的一方先行。在较窄的山路上行驶时，如果靠山体的一方不让行，应提前减速或停车避让。

驾驶机动车夜间会车应当在距相对方向来车 150 米以外改用近光灯，使用远光灯会造成驾驶人出现目眩，易引发危险。夜间在窄路、窄桥与非机动车会车时应当使用近光灯。夜间遇对方来车使用远光灯，无法看清前方路况时，应减速行驶，谨慎会车以防两车灯的交汇处有行人通过时发生事故。

行车中遇到对向来车占道行驶，应主动给对方让行。突遇对方车辆强行超车，占据自己车道，应尽可能减速避让直至停车。

单选题

1）驾驶机动车在没有中心线的道路上遇相对方向来车时怎样行驶？
　　A. 减速靠右行驶　　　B. 借非机动车道行驶
　　C. 紧靠路边行驶　　　D. 靠路中心行驶
　　　　　　　　　　　　　　　答案：A

2）遇到下面这种情形应怎样行驶？

　　A. 停车让对方车辆通过
　　B. 开启左转向灯向左行驶
　　C. 加速超越障碍后会车
　　D. 开前照灯告知对方让行
　　　　　　　　　　　　　　　答案：A

3）驾驶机动车在没有道路中心线的狭窄山路应怎样会车？
　　A. 速度慢的先行
　　B. 重车让空车先行
　　C. 靠山体的一方先行
　　D. 不靠山体的一方先行
　　　　　　　　　　　　　　　答案：D

4）夜间驾驶机动车在道路上会车时，距离对向来车多远将远光灯改用近光灯？
　　A. 200 米以外　　　B. 150 米以外
　　C. 100 米以内　　　D. 50 米以内
　　　　　　　　　　　　　　　答案：B

5）夜间驾驶机动车在窄路、窄桥会车应怎样使用灯光？
　　A. 关闭所有灯光　　　B. 开启近光灯
　　C. 关闭前照灯　　　　D. 开启远光灯
　　　　　　　　　　　　　　　答案：B

6）在这起交通事故中，以下说法正确的是什么？

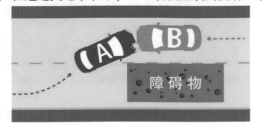

　　A. A 车负全部责任　　B. B 车负全部责任
　　C. 各负一半责任　　　D. B 车负主要责任
　　　　　　　　　　　　　　　答案：A

7）夜间行车，与对向车道车辆交会时，以下哪个做法正确？

　　A. 保持使用远光灯
　　B. 不断变换远光灯与近光灯
　　C. 开启近光灯
　　D. 关闭灯光
　　　　　　　　　　　　　　　答案：C

8）驾驶机动车会车前选择的交会位置不理想时，应怎么办？
　　A. 减速、低速会车或停车让行
　　B. 向左占道，让对方减速让行
　　C. 打开前照灯示意对方停车让行
　　D. 加速选择理想位置
　　　　　　　　　　　　　　　答案：A

9）行车中需要借道绕过前方障碍物，但对向来车已经接近障碍物时，应怎样做？
　　A. 加速提前抢行
　　B. 鸣喇叭示意对向车辆让道
　　C. 迅速占用车道，迫使对向来车停车让道
　　D. 降低速度或停车，让对向来车优先通行
　　　　　　　　　　　　　　　答案：D

10）夜间会车规定 150 米以内使用近光灯的原因是什么？
　　A. 提示后方车辆
　　B. 两车之间相互提示
　　C. 使用远光灯会造成驾驶人出现目眩，易引发危险
　　D. 驾驶人的操作习惯行为
　　　　　　　　　　　　　　　答案：C

11）驾驶机动车在山区道路遇对向来车时，应怎样会车？
　　A. 紧靠道路中心　　　B. 不减速或加速
　　C. 尽量向左占道行驶　D. 减速或停车让行
　　　　　　　　　　　　　　　答案：D

12）驾驶机动车在狭窄的山路会车，规定不靠山体的一方优先行驶的原因是什么？
　　A. 靠山体的一方相对安全

B. 靠山体的一方视野宽阔

C. 不靠山体的一方车速较快

D. 不靠山体的一方相对安全

答案：A

13）行车中突遇对方车辆强行超车占据自己车道时，正确的做法是什么？

A. 尽量靠左侧行驶

B. 保持原车速行驶

C. 尽可能减速避让直至停车

D. 加速行驶

答案：C

14）驾驶机动车会车中遇到对方来车行进有困难需要借道时，应怎样做？

A. 靠右侧加速行驶

B. 尽量礼让对方先行

C. 不侵占对方道路，正常行驶

D. 示意对方停车让行

答案：B

15）行车中遇到对向来车占道行驶，应怎样做？

A. 逼对方靠右行驶

B. 用前照灯警示对方

C. 主动给对方让行

D. 紧靠道路中心行驶

答案：C

16）如图所示，夜间驾驶机动车遇对方使用远光灯，无法看清前方路况时，以下哪个做法正确？

A. 保持行驶方向和速度不变

B. 打开远光灯行驶

C. 降低车速，谨慎会车

D. 加速通过，尽快避开眩目光线

答案：C

17）车辆在较窄的山路上行驶时，如果靠山体的一方不让行，应怎样做？

A. 鸣喇叭催其让行

B. 保持正常车速行驶

C. 提前减速或停车避让

D. 向左占道，谨慎会车

答案：C

判断题

1）驾驶机动车在有道路中心线的道路上会车时，应做到保持安全速度、不越线行驶。

答案：√

2）驾驶机动车在这种情况下会车时必须减速靠右行驶。

答案：√

3）驾驶机动车遇到这种情况，不仅要留出会车空间，而且要注意与右侧儿童保持足够的安全距离。

答案：√

4）驾驶机动车遇到下面这种情况可以优先通行。

答案：√

5）驾驶机动车会车时，道路一侧有障碍，应该是有障碍的一方让对方先行。

答案：√

6）未上坡的车辆遇到这种情况应让对向下坡车先行。

答案：√

7）夜间驾驶机动车在窄路、窄桥会车时正确的做法是使用远光灯。

答案：×

8）在这种情形下，对方车辆具有优先权。

答案：√

9）红圈中标记车辆使用灯光的方法是正确的。

答案：×

10）驾驶机动车在狭窄的路段会车时，应做到礼让三先：先慢、先让、先停。

答案：√

11）行车中突遇对方车辆强行超车，占据自己车道时，可不予避让，迫使对方让路。

答案：×

12）夜间驾驶机动车会车时，若对方车辆不关闭远光灯，可变换灯光提示对向车辆，同时减速靠右侧行驶或停车。

答案：√

13）夜间驾驶机动车会车时，若对方来车未关闭远光灯时，应减速行驶，以防两车灯的交汇处有行人通过时发生事故。

答案：√

9 机动车掉头规定

驾驶机车掉头时，要选择有允许掉头标志、标线的路口或交通流量小、不妨碍车辆和行人正常通行的允许掉头的路段。在有中心虚线的道路上，只要不影响正常交通就可以掉头。在没有禁止掉头或者没有禁止左转弯标志、标线的地点可以掉头，但不得妨碍正常行驶的其他车辆和行人的通行。

在路口掉头时，应注意观察路口的标志、标线，选择允许掉头的路口，提前开启左转向灯进入掉头导向车道，在路口虚线处缓慢完成掉头。掉头

前要停车观察，确认安全后，开启左转向灯，起步掉头。掉头过程中，应严格控制车速，仔细观察道路前后方情况，确认安全后方可前进或倒车。

机动车在有禁止掉头或者禁止左转弯标志、标线的地点以及在桥梁、急弯、陡坡、隧道或者容易发生危险的路段，不得掉头。为了避免妨碍行人正常通行，确保行人安全，在人行横道上禁止掉头。铁路道口掉头容易引发事故，因此禁止掉头。

练习题

单选题

1）以下准许机动车掉头的地方是哪个？
A. 铁路道口　　　B. 人行横道
C. 隧道　　　　　D. 环岛

答案：D

2）在这种路口怎样掉头？

A. 在人行横道上掉头
B. 进入路口后掉头
C. 从右侧车道掉头
D. 从中心虚线处掉头

答案：D

3）遇到这种情况的路口，以下哪个做法正确？

A. 沿左侧车道掉头　　B. 该路口禁止掉头
C. 选择中间车道掉头　D. 在路口内掉头

答案：B

4）驾驶机动车在人行横道上禁止掉头的原因是什么？
A. 路段有监控设备
B. 人行横道禁止停车
C. 人行横道禁止车辆通行
D. 避免妨碍行人正常通行，确保行人安全

答案：D

5）如图所示，铁路道口禁止掉头的原因是什么？

A. 有铁路道口标志　　B. 有铁路道口信号灯
C. 铁路道口车流量大　D. 容易引发事故

答案：D

6）在这起交通事故中，以下说法正确的是哪个？

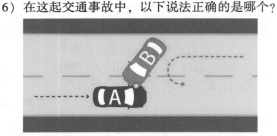

A. A 车负全部责任
B. B 车负全部责任
C. 后果自行承担
D. 两车各负一半责任

答案：B

判断题

1）在这个路口可以掉头。

答案：×

2）在这个路口不能掉头。

答案：×

3）在这段道路上不能掉头。

答案：√

4）驾驶机动车在铁路道口、桥梁、陡坡、隧道或者容易发生危险的路段不能掉头。

答案：√

5）在这段道路上，只要不影响其他车辆通行，可以掉头。

答案：√

6）如图所示，在这种情况下只要后方没有来车，可以掉头。

答案：×

7）如图所示，在这种情况下只要后方、对向无来车，可以掉头。

答案：√

8）如图所示，在前方路口可以掉头。

答案：×

9）驾驶机动车掉头过程中，应严格控制车速，仔细观察道路前后方情况，确认安全后方可前进或倒车。

答案：√

10）车辆在山区道路下陡坡时，不得掉头。

答案：√

10 机动车倒车规定

　　驾驶机动车倒车时，应当察明车后情况，确认安全后倒车。倒车时要缓慢行驶，注意观察车辆两侧和后方的情况，随时做好停车准备。在一般道路倒车时，若发现有过往车辆通过，应主动停车避让。不得在铁路道口、交叉路口、单行路、桥梁、急弯、陡坡或者隧道中倒车。

　　交叉路口倒车，交通情况复杂，容易造成交通堵塞甚至引发事故。

练习题

单选题

1）交叉路口不得倒车的原因是什么？
　　A. 交通情况复杂，容易造成交通堵塞甚至引发事故
　　B. 交通监控设备多
　　C. 交通警察多
　　D. 车道数量少
　　　　　　　　　　　　　　答案：A

2）以下哪个地方允许倒车？
　　A. 交叉路口　　　　B. 隧道
　　C. 急弯　　　　　　D. 停车场内
　　　　　　　　　　　　　　答案：D

3）驾驶机动车在一般道路倒车时，若发现有过往车辆通过，应怎么做？
　　A. 鸣喇叭示意　　　B. 主动停车避让
　　C. 加速倒车　　　　D. 继续倒车
　　　　　　　　　　　　　　答案：B

判断题

1）如图所示，在这种情况下只要后方没有来车，可以倒车。

　　　　　　　　　　　　　　答案：×

2）隧道内在后方无来车的情况下，倒车应靠边行驶。
　　　　　　　　　　　　　　答案：×

3）在交叉路口、隧道内均不能倒车。
　　　　　　　　　　　　　　答案：√

4）倒车时要缓慢行驶，注意观察车辆两侧和后方的情况，随时做好停车准备。
　　　　　　　　　　　　　　答案：√

11 铁路道口通行规定

　　机动车通过有人看守的铁路道口时，应当服从道口管理人员指挥，按照管理人员的指挥通行，不要与火车抢行。通过有交通信号的铁路道口时，应当遵守交通信号，红灯熄灭时，表示允许通行。通过无人看守的铁路道口时，应做到"一停、二看、三通过"。通过没有交通信号灯和管理人员的铁路道口，应当减速或者停车观察，在确认安全后通过。车辆驶入铁路道口前减速降挡，进入道口后，中途不得变换挡位，以避免发动机熄火。

练习题

单选题

1）怎样通过这样的路口？

　　A. 不减速通过　　　B. 加速尽快通过
　　C. 紧随前车通过　　D. 减速或停车观察
　　　　　　　　　　　　　　答案：D

2）驾驶机动车应怎样通过没有交通信号和管理人员的铁路道口？
　　A. 适当减速通过
　　B. 空挡滑行通过
　　C. 停车确认安全后通过
　　D. 加速尽快通过
　　　　　　　　　　　　　　答案：C

3）驾驶车辆通过无人看守的铁路道口时，应怎样做？
　　A. 减速通过
　　B. 匀速通过
　　C. 一停、二看、三通过
　　D. 加速通过
　　　　　　　　　　　　　　答案：C

4）驾驶车辆驶入铁路道口前减速降挡，进入道口后应怎样做？
　　A. 不能变换挡位　　B. 可换为高挡
　　C. 可以变换挡位　　D. 停车观察
　　　　　　　　　　　　　　答案：A

1）在这种情况的铁路道口要加速通过。

答案：×

2）行至这种情况的铁路道口要停车观察。

答案：√

3）车辆通过铁路道口时，应用低速挡安全通过，中途不得换挡，以避免发动机熄火。

答案：√

4）驾驶机动车通过有人看守的铁路道口时，服从道口管理人员指挥，不要与火车抢行。

答案：√

5）驾驶机动车通过无人看守的铁路道口时，如没有看到火车到来，可以加速通过。

答案：×

12 渡口通行规定

机动车行经渡口，应当服从渡口管理人员指挥，按照指定地点依次待渡。机动车上下渡船时，应当低速慢行。

判断题

1）机动车行经渡口，应当服从渡口管理人员指挥，按照指定地点依次待渡。

答案：√

2）机动车上下渡船时，应当适当加速。

答案：×

13 缓行、拥堵路段或路口通行规定

机动车遇有前方交叉路口交通阻塞时，应当依次停在路口以外等候，不得进入路口。即便路口绿灯亮也不能驶入交叉路口，应依次停在路口外等候，等前方道路疏通后，且信号灯为绿灯时方可继续行驶。

在遇有前方机动车停车排队等候或者缓慢行驶时，应当依次排队行驶，不得从前方车辆两侧穿插或者超越行驶，不得在人行横道、网状线区域内停车等候。

在拥堵路段排队行驶时，遇有其他车辆强行穿插行驶，要主动减速或停车让行，确保安全。在车道减少的路口、路段，遇有前方机动车停车排队等候或者缓慢行驶的，应当每车道一辆依次交替驶入车道减少后的路口、路段。

练习题

单选题

1）遇有这种排队等候的情形应怎么做？

A. 依次排队等候　　B. 从右侧借道超越
C. 从左跨实线超越　D. 从两侧随意超越

答案：A

2）遇到前方车辆缓慢行驶时应怎样行驶？

A. 从两侧随意超越　B. 从右侧借道超越
C. 占对向车道超越　D. 依次排队行驶

答案：D

3）驾驶机动车遇到前方车辆停车排队等候或缓慢行驶时怎么办？
A. 可借道超车　　　B. 占用对面车道
C. 穿插等候车的辆　D. 依次行驶

答案：D

4）驾驶机动车行驶至车道减少的路段时，遇前方机动车排队等候或行驶缓慢，以下做法正确的是什么？

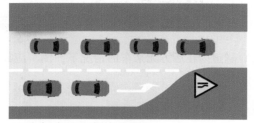

A. 右侧车让左侧车先行

B. 每车道一辆依次交替通行

C. 左侧车让右侧车先行

D. 右侧车寻找空隙提前进入左侧车道

答案：B

5）如图所示，车辆在拥堵路段排队行驶时，遇有其他车辆强行穿插行驶，以下说法正确的是什么？

A. 迅速提高车速不让其穿插

B. 持续鸣喇叭警告

C. 迅速左转躲避

D. 减速或停车让行

答案：D

6）驾驶机动车遇到前方车辆排队或者缓慢行驶时，强行穿插，以下说法正确的是什么？

A. 允许，因为可以节油

B. 允许，因为可以快速通过拥堵路段

C. 禁止，因为会扰乱车流，加重拥堵

D. 禁止，因为不利于节油

答案：C

7）驾驶机动车遇前方路段车道减少，车辆行驶缓慢，为保证安全有序应该怎么做？

A. 依次交替通行

B. 穿插到前方排队车辆中通过

C. 加速从前车左右超越

D. 借对向车道迅速通过

答案：A

8）在路口遇到这种情形时应怎样做？

A. 停在网状线区域内等待

B. 停在路口以外等待

C. 跟随前车通过路口

D. 停在路口内等待

答案：B

9）驾驶机动车在车道减少的路口，遇到前方车辆依次停车或缓慢行驶时怎么办？

A. 从前车右侧路肩进入路口

B. 从有空隙一侧进入路口

C. 每车道一辆依次交替驶入路口

D. 向左变道穿插进入路口

答案：C

10）驾驶机动车遇有前方交叉路口交通阻塞时怎么办？

A. 依次停在路口外等候

B. 可借对向车道通过

C. 从前车两侧穿插通过

D. 进入路口内等候

答案：A

11）如图所示，直行车辆遇到前方路口堵塞，以下说法正确的是什么？

A. 可以直接驶入路口内等待通行

B. 等前方道路疏通后，且信号灯为绿灯时方可通行

C. 只要信号灯为绿灯，就可通行

D. 跟随其他机动车进入路口时行驶

答案：B

12）在拥堵的交叉路口绿灯亮时，车辆应怎样做？

A. 可直接驶入交叉路口

B. 不能驶入交叉路口

C. 可借对向车道通过路口

D. 在保证安全的情况下驶入路口

答案：B

13）行车中发现前方道路拥堵时，应怎样做？

A. 寻找机会超越前车

B. 从前车空间穿插通过

C. 减速停车，依次排队等候

D. 鸣喇叭催促

答案：C

14）行车中发现前方道路堵塞，正确的做法是什么？

A. 按顺序停车等候

B. 鸣喇叭示意前方车辆快速行驶

C. 选择空当逐车超越

D. 继续穿插绕行

答案：A

15）车辆在拥挤路段低速行驶时，遇其他车辆强行插队，应怎么做？

A. 鸣喇叭警告，不得进入

B. 加速行驶，紧跟前车，不让其进入

C. 挤靠"加塞"车辆，逼其离开

D. 主动礼让，确保安全

答案：D

判断题

1）遇前方路段车道减少，车辆行驶缓慢，为保证道路畅通，应借对向车道迅速通过。

答案：×

2）驾驶机动车直行遇前方道路堵塞时，可以在黄色网状线区域临时停车等待，但不得在人行横道上停车。

答案：×

3）遇前方路段车道减少行驶缓慢，为了有序、安全，应依次交替通过。

答案：√

4）驾驶机动车遇前方交叉路口交通阻塞时，路口内无网状线的，可停在路口内等候。

答案：×

5）遇到这种情况的路段，可以进入网状线区域内停车等候。

答案：×

6）驾驶机动车在没有交通信号的路口遇到前方车辆缓慢行驶时要依次交替通行。

答案：√

7）遇到这种这种情况时，要加速从红车前变更车道。

答案：×

8）如图所示，红圈标注的深色车辆的做法是违法的。

答案：√

14 漫水路、漫水桥通行规定

水淹路面影响行车安全，不易通行的原因是无法观察到暗坑和凸起的路面。机动车行经漫水路或者漫水桥时，应当停车察明水情，确认安全后，谨慎慢行，低速通过涉水路段，不得空挡滑行。在涉水路段跟车行驶时，应当适当增加车距。涉水后，应保持低速行驶，间断轻踩制动踏板，以恢复制动效果。

驾驶人在行车中经过积水路面时，应特别注意减速慢行。行经两侧有行人和非机动车且有积水的路面时，应减速慢行。

练习题

单选题

1）水淹路面影响行车安全，机动车不易通行的原因是什么？

A. 路面附着力增大

B. 无法观察到暗坑和凸起的路面

C. 能见度低，视野模糊

D. 日光反射阻挡视线

答案：B

2）驾驶机动车遇到这种桥时首先应怎样办？

A. 保持匀速通过　　B. 尽快加速通过

C. 低速缓慢通过　　D. 停车察明水情

答案：D

3）驾驶机动车行至漫水路时，应当怎样做？

A. 空挡滑行

B. 低速通过涉水路段

C. 高速通过，减少涉水时间

D. 高档位低速通过

答案：B

4）驾驶机动车在涉水路段跟车行驶时，应当怎样做？

A. 紧跟其后

B. 并行通过

C. 适当增加车距

D. 超越前车，抢先通过

答案：C

5）驾驶机动车遇到这种情况时，以下哪个做法正确？

A. 停车查明水情，确认安全后，低速通过

B. 停车查明水情，确认安全，快速通过

C. 减速观察水情，然后加速行驶通过

D. 随意通行

答案：A

6）驾驶机动车遇到这种情况时，以下哪个做法正确？

A. 减速观察水情，然后加速行驶通过

B. 停车查明水情，确认安全后，低速通过

C. 停车查明水情，确认安全后，快速通过

D. 随意通行

答案：B

7）车辆涉水后，应保持低速行驶，怎样操作制动踏板，以恢复制动效果？

A. 持续重踩　　　　B. 间断重踩

C. 持续轻踩　　　　D. 间断轻踩

答案：D

8）驾驶人在行车中经过积水路面时，应怎样做？

A. 抵挡加速通过　　B. 保持正常车速通过

C. 迅速加速通过　　D. 特别注意减速慢行

答案：D

9）驾驶车辆行经两侧有行人且有积水的路面时，应怎样做？

A. 加速通过　　　　B. 正常行驶

C. 减速慢行　　　　D. 连续鸣喇叭

答案：C

10）驾驶车辆行经两侧有非机动车行驶且有积水的路面时，应怎样做？

A. 加速通过　　　　B. 正常行驶

C. 减速慢行　　　　D. 连续鸣喇叭

答案：C

判断题

1）驾驶机动车通过漫水路时要加速行驶。

答案：×

2）驾驶机动车遇到漫水桥时要察明水情，确认安全后再低速通过。

答案：√

3）驾驶机动车通过漫水路时要谨慎慢行，不得空挡滑行。

答案：√

4）驾驶机动车遇到漫水路或漫水桥时，应当停车察明水情。

答案：√

5）驾驶机动车遇到漫水路或漫水桥时，应当停车察明水情，快速通过。

答案：×

6）驾驶机动车在漫水道路行车时，应换高速挡，快速通过。

答案：×

15 泥泞路通行规定

泥泞道路对安全行车的主要影响是车轮极易滑转和侧滑，车辆在泥泞路上制动时，车轮易发生侧滑或甩尾，导致交通事故。车辆行至泥泞或翻浆路段时，应停车观察，选择平整、坚实的路段缓慢通过。

练习题

单选题

泥泞道路对安全行车的主要影响是什么？

A. 行驶阻力变小

B. 车轮极易滑转和侧滑

C. 能见度低，视野模糊

D. 路面附着力增大

答案：B

判断题

1）车辆在泥泞路上制动时，车轮易发生侧滑或甩尾，导致交通事故。

答案：√

2）车辆行至泥泞或翻浆路段时，应停车观察，选择平整、坚实的路段缓慢通过。

答案：√

16 避让行人和非机动车规定

行人参与道路交通的主要特点是行走随意性大、方向多变。驾驶机动车行经人行横道时，应当减速行驶，注意观察行人、非机动车动态，确认安全后再通过。遇行人正在通过人行横道，应当停车让行。行驶车道绿灯亮，但车辆前方人行横道仍有行人行走时，等行人通过后在起步。

驾驶机动车驶近没有人行横道的交叉路口时，发现有人横穿道路，应该减速或停车让行。遇行人突然横过道路时，应当迅速减速避让。雨天行车，遇撑雨伞和穿雨衣的行人在公路上行走时，提前鸣喇叭，并适当降低车速。遇残疾人影响通行时，应主动减速礼让。

行车中超越同向行驶的自行车时，应注意观察动态，减速慢行，留有足够的安全距离。遇有非机动车准备绕行停放的车辆时，应让其先行。前方遇自行车影响通行时，可以轻按喇叭提醒前方非机动车和行人后方有来车。遇有非机动车在交叉路口绿灯亮后抢行时，应减速让行。

单选题

1）行人参与道路交通的主要特点是什么？
   A. 喜欢聚集、围观
   B. 行走随意性大、方向多变
   C. 行动迟缓
   D. 稳定性差

答案：B

2）遇到这种情形时怎么办？

A. 从行人前方绕行　　B. 停车让行人先行
C. 鸣喇叭提醒行人　　D. 从行人后方绕行

答案：B

3）车辆驶近人行横道时，应怎样做？
   A. 加速通过
   B. 立即停车
   C. 减速注意观察行人、非机动车动态，确认安全后再通过
   D. 鸣喇叭示意行人让行

答案：C

4）行驶车道绿灯亮，但车前方人行横道仍有行人行走时，应该怎样做？
   A. 直接起步通过
   B. 起步后从行人后方绕过
   C. 等行人通过后在起步
   D. 起步后从行人前方绕过

答案：C

5）驾驶机动车驶近没有人行横道的交叉路口时，发现有人横穿道路，应该怎么办？
   A. 减速或停车让行
   B. 鸣喇叭示意其让道
   C. 立即变道绕过行人
   D. 抢在行人之前通过

答案：A

6）雨天行车，遇撑雨伞和穿雨衣的行人在公路上行走时，应该怎样做？
   A. 持续鸣喇叭示意其让道
   B. 加速绕行
   C. 提前鸣喇叭，并适当降低车速
   D. 以正常速度行驶

答案：C

7）行车中，遇有非机动车抢行时，应怎样做？
   A. 加速通过　　　　B. 鸣喇叭警告
   C. 减速让行　　　　D. 临近时突然加速

答案：C

8）行车中超越同向行驶的自行车时，应怎么做？
   A. 连续鸣喇叭提醒其让路
   B. 持续鸣喇叭并加速超越
   C. 让自行车先行
   D. 注意观察动态，减速慢行，留有足够的安全距离

答案：D

9）夜间驾驶车辆遇自行车对向驶来时，应怎样做？
   A. 连续变换远、近光灯
   B. 不断鸣喇叭
   C. 使用近光灯，减速或停车让行

D. 使用远光灯

答案：C

10）如图所示，驾驶机动车遇到这种情况，以下哪个做法正确？

　　A. 长鸣喇叭催促行人快速通过
　　B. 开启远光灯警示行人有车辆驶近
　　C. 降低行驶速度，避让行人
　　D. 适当加速度从行人前方绕行

答案：C

判断题

1）行经这种交通标线的路段要加速行驶。

答案：×

2）遇到这种情形时，要停车避让行人。

答案：√

3）如图所示，驾驶机动车遇到没有行人通过的人行横道时不用减速慢行。

答案：×

4）如图所示，机动车遇行人正在通过人行横道时，要停车让行，是因为行人享有优先通行权。

答案：√

5）如图所示，驾驶机动车遇到这种情况能够加速通过，是因为人行横道没有行人通过。

答案：×

6）如图所示，在这种情况下，驾驶机动车要停车让行。

答案：√

7）通过人行横道应减速慢行，遇到行人则需停车让行。

答案：√

8）在这种情况下可以加速通过人行横道。

答案：×

9）驾驶车辆通过人行横道线时，应注意礼让行人。
答案：√

10）行人参与道路交通的主要特点是行走随意性大、方向多变。

答案：√

11）行车中，遇残疾人影响通行时，应主动减速礼让。

答案：√

12）行车中，发现行人突然横过道路时，应迅速减速避让。

答案：√

13）如图所示，驾驶机动车遇到这种情况，可以轻按喇叭提醒前方非机动车和行人后方有来车。

答案：√

14）当行人出现交通安全违法行为时，车辆可以不给行人让行。

答案：×

15）行车中前方遇自行车影响通行时，可鸣喇叭提示，加速绕行。

答案：×

16）车辆在交叉路口绿灯亮后，遇非机动车抢道行驶时，可以不让行。

答案：×

17 避让特种车、道路养护作业车辆规定

警车、消防车、救护车、工程救险车执行紧急任务时，其他车辆和行人应当让行。同车道行驶的机动车，不得超车。遇抢救伤员的救护车从本车道逆向驶来时，应靠边减速或停车让行。

道路养护车辆、工程作业车进行作业时，过往车辆和人员应当注意避让。遇到前方低速行驶的洒水车作业时，应注意避让。若洒水车有指示箭头，在确保安全的情况下按箭头指示方向变更车道。若洒水车无指示箭头，在确保安全的情况下选择合适的车道变更。遇道路养护车辆从本车道逆向驶来时，应靠边减速或停车让行。

避让的特种车辆顺利通过后，车辆应有序回到原车道继续行驶，不要尾随特种车辆，以免发生交通事故。因避让特种车辆而发生违法行为，被电子警察拍到时，可向交管部门复议。

练习题

单选题

1）在这种情形中前车应怎样行驶？

A. 正常行驶
B. 及时让行
C. 开启危险报警闪光灯行驶
D. 不得变更车道

答案：B

2）如图所示，当 A 车后方有执行任务的救护车驶来时，以下做法正确的是什么？

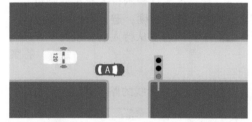

A. 立即停车让路　　B. 向左转弯让路
C. 靠右减速让路　　D. 继续行驶

答案：C

3）驾驶机动车遇道路养护车辆从对面逆向驶来时，以下做法哪个正确？
A. 靠边减速或停车让行
B. 在原车道继续行驶
C. 占用非机动车道行驶
D. 鸣喇叭示意其让道

答案：A

4）驾驶机动车遇到前方低速行驶的洒水车作业时，以下做法错误的是哪个？
A. 注意避让
B. 若洒水车有指示箭头，在确保安全的情况下按箭头指示方向变更车道
C. 若洒水车无指示箭头，在确保安全的情况下选择合适的车道变更
D. 超越洒水车时应急加速通过

答案：D

5）行车中遇抢救伤员的救护车从本车道逆向驶来时，应怎样做？
A. 靠边减速或停车让行
B. 占用其他车道行驶
C. 加速变更车道避让
D. 在原车道内继续行驶

答案：A

6）同车道行驶的车辆前方遇到下列哪种车辆不得超车？

A. 执行任务的警车　　B. 超载大型货车
C. 大型客车　　　　　D. 城市公交车

答案：A

7）同车道行驶的车辆前方遇到下列哪种车辆不得超车？

A. 超载大型货车　　B. 大型客车
C. 执行任务救护车　D. 小型货车

答案：C

8）同车道行驶的车辆前方遇到下列哪种车辆不得超车？

A. 超载大型货车　　B. 执行任务的消防车
C. 大型客车　　　　D. 中型客车

答案：B

判断题

1）警车、消防车、救护车、工程救险车执行紧急任务时，耽误或影响其通行可能会导致严重后果，所以其他车辆和行人应当主动让行。

答案：√

2）在道路上遇到下面这种情况可以从两侧超车。

答案：×

3）行车中遇到执行紧急任务的消防车、救护车、工程救险车时要及时让行。

答案：√

4）行车中遇到正在进行作业的道路养护车辆、工程作业车时要注意避让。

答案：√

5）因避让特种车辆而发生违法行为，被电子警察拍到时，可向交管部门复议。

答案：√

6）避让的特种车辆顺利通过后，车辆应有序回到原车道继续行驶，不要尾随特种车辆，以免发生交通事故。

答案：√

7）驾驶机动车遇到这种情况时，A 车应当注意避让。

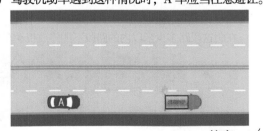

答案：√

8）驾驶过程中遇到这种情况时，A 车可以长鸣喇叭提醒道路养护车辆暂停喷水。

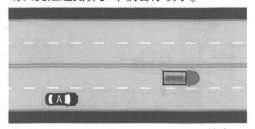

答案：×

18 专用车道使用规定

专用车道内只准许规定的车辆通行，是为了不影响专用车的正常通行，其他车辆不得进入专用车道内行驶。专用车道规定的专车使用时间之外，其他车辆可以进入专用车道行驶。

练习题

单选题

道路上有这种标线的车道内允许下列哪类车辆通行？

A. 出租车　　　　　B. 公务用车
C. 公交车　　　　　D. 私家车

答案：C

判断题

1）其他车辆不准进入专用车道行驶的目的是为了不影响专用车的正常通行。

答案：√

2）专用车道规定的专车使用时间之外，其他车辆可以进入专用车道行驶。

答案：√

3）在这种情况下可以借右侧公交车道超车。

答案：×

4）驾驶机动车遇前方车流行驶缓慢时，借用公交专用车道超车是正确的。

答案：×

19 机动车停车规定

机动车应当在规定地点（停车泊位）停放，长时间停放时，应选择停车场停车。在道路上临时停车，不得逆向或并列停放，不得妨碍其他车辆和行人通行。在道路上临时停车，应当遵守下列规定：

（1）在设有禁停标志、标线的路段，在机动车道与非机动车道、人行道之间设有隔离设施的路段以及人行横道、施工地段，不得停车；

（2）交叉路口、急弯路、宽度不足4米的窄路、桥梁、陡坡、隧道以及距离上述地点50米以内的路段，不得停车；

（3）公共汽车站、加油站、消防栓或者消防队（站）门前以及距离上述地点30米以内的路段，不得停车；

（4）车辆停稳前不得开车门和上下人员，开关车门不得妨碍其他车辆和行人通行。

练习题

单选题

1）这样在路边临时停放机动车属于什么违法行为？

A. 在非机动车道停车
B. 停车占用机动车道
C. 距离路边超过30厘米
D. 在有禁停标线路段停车

答案：D

2）驾驶机动车需要在路边停车时怎样选择停车地点？
A. 在人行道上停放
B. 在路边随意停放

C. 在停车泊位内停放
D. 靠左侧路边逆向停放

答案：C

3）这样在路边临时停放机动车属于什么违法行为？

A. 在非机动车道停车
B. 在人行横道上停车
C. 距离路边超过30厘米
D. 在有禁停标线路段停车

答案：B

4）红色轿车这样临时停放属于什么违法行为？

A. 距离加油站不到30米
B. 停车占用非机动车道
C. 距离路边超过30厘米
D. 在有禁停标线路段停车

答案：A

5）这样停放机动车属于什么违法行为？

A. 停车占用人行道
B. 在公共汽车站停车
C. 在有禁停标志路段停车
D. 在非机动车道停车

答案：B

6）在距这段路多少米以内的路段不能停放机动车？

A. 5 米以内　　　　　B. 10 米以内
C. 30 米以内　　　　　D. 50 米以内

答案：D

7）机动车在道路边临时停车时，应怎样做？
　　A. 不得逆向或并列停放
　　B. 只要出去方便，可随意停放
　　C. 可逆向停放
　　D. 可并列停放

答案：A

8）机动车停车的错误做法是什么？
　　A. 在规定的地点停放
　　B. 禁止在人行道上停放
　　C. 在道路上临时停车时，不得妨碍其他车辆和行人通行
　　D. 可以停放在非机动车道上

答案：D

判断题

1）在道路上临时停车不得妨碍其他车辆和行人通行。

答案：√

2）驾驶机动车找不到停车位时可以借人行道停放。

答案：×

3）距离交叉路口 50 米以内的路段不能停车。

答案：√

4）这个路段可以在非机动车道上临时停车。

答案：×

5）社会车辆距离消防栓或者消防队（站）门前 30 米以内的路段不能停车。

答案：√

6）距离桥梁、陡坡、隧道 50 米以内的路段不能停车。

答案：√

7）这辆小轿车不能在这个位置停车。

答案：√

8）距离宽度不足 4 米的窄路 50 米以内的路段不能停车。

答案：√

9）机动车停稳前不能开车门和上下人员。

答案：√

10）打开车门时，不得妨碍其他车辆和行人通行。

答案：√

11）图中深色车辆在该地点临时停车是可以的。

答案：×

12）驾驶机动车在人行横道上临时停车属于违法行为。

答案：√

13）驾驶机动车在隧道内行驶时，可以临时停车。

答案：×

14）图中 A 车在此处停车是可以的。

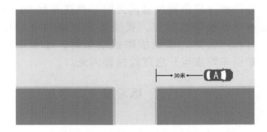

答案：×

15）图中标注车辆在该地点停车是可以的。

答案：×

16）图中 A 车在此处停车是可以的。

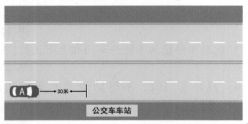

答案：√

17）图中小型汽车的停车地点是正确的。

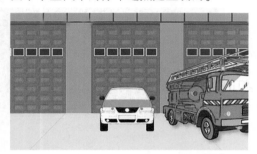

答案：×

18）车辆长时间停放时，应选择停车场停车。

答案：√

20 机动车故障处置规定

　　机动车在道路上发生故障，需要停车排除故障时，驾驶人应当立即开启危险报警闪光灯，将机动车移至不妨碍交通的地方停放；发生故障妨碍交通又难以移动，不能正常行驶时，应当持续开启危险报警闪光灯，并在车后 50～100 米处设置警告标志，夜间还应当同时开启示廓灯和后位灯。牵引故障机动车时，牵引车和被牵引车均应当开启危险报警闪光灯。

单选题

1）找出这辆故障车有哪种违法行为？

A. 没有设置警告标志
B. 没有开启危险报警闪光灯
C. 没有将车停到路边
D. 没有立即排除故障

答案：A

2）机动车在道路上发生故障，需要停车排除时，驾驶人应该怎么办？
A. 就地停车排除故障
B. 开启近光灯或雾灯
C. 将车停到不妨碍交通的地方
D. 将车停在道路中间

答案：C

3）机动车在道路上发生故障，难以移动时，下列做法哪个正确？
A. 开启危险报警闪光灯
B. 开启车上所有灯光
C. 禁止车上人员下车
D. 在车前方设置警告标志

答案：A

4）车辆因故障等原因需要被牵引时，以下说法哪个正确？

A. 前后车均应打开危险报警闪光灯
B. 被牵引车开启近光灯
C. 两车均开启前照灯
D. 不受交通信号限制

答案：A

判断题

1）这辆停在路边的机动车没有违法行为。

答案：×

2）机动车在道路上发生故障难以移动时要在车后 50 米以内设置警告标志。

答案：×

3）驾驶机动车发生故障或事故不能正常行驶时，应立即打开危险警告闪光灯。

答案：√

4）车辆发生故障而无法移动时，首先应在车辆后方50~100米以内放置危险警告标志，防止后车追尾。

答案：×

5）机动车在夜间道路上发生故障难以移动时，要开启危险警告闪光灯、示廓灯、后位灯。

答案：√

6）牵引故障车时，牵引与被牵引的机动车，在行驶中都要开启危险警告闪光灯。

答案：√

▶ 1.5.4 高速公路通行特殊规定

1 高速公路限速规定

在高速公路上行驶最高车速为每小时120公里，最低车速为每小时60公里，载货汽车最高车速不得超过每小时100公里。

同方向有2条车道的，左侧车道的最低车速为每小时100公里；同方向有3条以上车道的，最左侧车道的最低车速为每小时110公里，中间车道的最低车速为每小时90公里。道路限速标志标明的车速与上述车道行驶车速的规定不一致的，按照道路限速标志标明的车速行驶。

练习题

单选题

1）在这段高速公路上行驶最高车速是多少？

A. 120 公里/小时　　　B. 100 公里/小时
C. 90 公里/小时　　　D. 60 公里/小时

答案：A

2）在这段高速公路上行驶最低车速是多少？

A. 50 公里/小时　　　B. 60 公里/小时
C. 80 公里/小时　　　D. 100 公里/小时

答案：B

3）在这条车道行驶最低车速是多少？

A. 60 公里/小时　　　B. 90 公里/小时
C. 100 公里/小时　　　D. 110 公里/小时

答案：C

4）在这条车道行驶最低车速是多少？

A. 60 公里/小时　　　B. 90 公里/小时
C. 100 公里/小时　　　D. 110 公里/小时

答案：B

5）在这条车道行驶的最高车速是多少？

A. 120 公里/小时　　　B. 110 公里/小时
C. 100 公里/小时　　　D. 90 公里/小时

答案：D

6）在这条高速公路上行驶时的最高速度不能超过多少？

A. 100 公里/小时　　　B. 110 公里/小时
C. 120 公里/小时　　　D. 90 公里/小时

答案：B

7）在高速公路同方向三条机动车道右侧车道行驶，车速不能低于多少？

A. 110 公里/小时　　　B. 100 公里/小时
C. 80 公里/小时　　　　D. 60 公里/小时

答案：D

8）在高速公路同方向三条机动车道中间车道行驶，车速不能低于多少？

A. 110 公里/小时　　　B. 100 公里/小时
C. 90 公里/小时　　　　D. 60 公里/小时

答案：C

9）如图所示，车速为 95 公里/小时，应在哪条车道内行驶？

A. 车道 A　　　　　　　B. 车道 B
C. 车道 C　　　　　　　D. 车道 D

答案：B

10）在高速公路上行驶的载货汽车最高车速不得超过每小时多少公里？

A. 60　　B. 80　　C. 100　　D. 120

答案：C

判断题

1）驾驶机动车在高速公路要按照限速标志标明的车速行驶。

答案：√

2）高速公路上同时有最高和最低速度限制，因为过快或过慢都容易导致追尾。

答案：√

3）高速公路上行驶只要时速不超过 120 公里就不违法。

答案：×

2 驶入高速公路

驾驶机动车驶入高速公路的收费口时，应选择绿灯亮的入口通行。从匝道驶入高速公路，

应当开启左转向灯，进入高速公路加速车道后，应尽快将车速提高到每小时 60 公里以上，以防汇入车流时影响主线车道上行驶的车辆。汇入车流时，密切注意左侧车道的车流状态，同时用后视镜观察后方的情况，充分利用加速车道的长度加速，确认安全后，平顺地驶入行车道。

练习题

单选题

1）驶入高速公路的收费口时，应怎样选择入口通行？

A. 车辆多的入口　　　B. 红灯亮的入口
C. 绿灯亮的入口　　　D. 暂停服务的入口

答案：C

2）在这个位置时应怎样使用灯光？

A. 开启左转向灯　　　B. 开启右转向灯
C. 开启危险报警闪光灯 D. 开启前照灯

答案：A

3）驾驶车辆进入高速公路加速车道后，应尽快将车速提高到每小时多少公里以上？

A. 60　　B. 50　　C. 40　　D. 30

答案：A

4）驾驶车辆进入高速公路加速车道后，须尽快将车速提高到每小时 60 公里以上的原因是什么？

A. 以防被其他车辆超过
B. 以防违反最低限速要求受到处罚
C. 以防后方车辆发生追尾事故
D. 以防汇入车流时影响主线车道上行驶的车辆

答案：D

5）驾驶机动车由加速车道进入高速公路行驶，以下哪种做法是错误的？

A. 在加速车道上加速的同时开启左转向灯
B. 密切注意左侧车道的车流状态的同时用后视镜观察后方情况
C. 充分利用加速车道的长度确认安全后平顺地进入行车道
D. 经加速车道充分加速直接驶入最左侧车道

答案：D

1）车辆驶入匝道后，迅速将车速提高到每小时60公里以上。

答案：×

2）车辆在高速公路匝道提速到每小时60公里以上时，可直接驶入行车道。

答案：×

3）这辆车进入高速公路行车道的行为是正确的。

答案：×

4）可以从这个位置直接驶入高速公路行车道。

答案：×

3 高速公路通行

机动车在高速公路行驶时，驾驶人不能仅凭感觉确认车速。在标志、标线齐全的高速公路上行车，应当按照交通标志和标线选择车道和车速行驶。变更车道时，应提前开启转向灯，观察情况，确认安全后，驶入需要变更的车道。

在高速公路上遇前方交通受阻时，应当跟随前车顺序排队，并立即开启危险报警闪光灯，防止追尾。遇分流交通管制时，应按照交通警察的指挥驶出高速公路，不得就地靠边停靠等待管制结束后继续前行。驾驶人在行驶中感觉疲劳时，应到就近的服务区停车休息。

练习题

单选题

在标志、标线齐全的高速公路上行车，应当按照什么选择车道和车速行驶？

A. 标志和标线　　　B. 车辆技术状况
C. 车辆设计要求　　D. 发动机转速

答案：A

判断题

1）驾驶机动车在高速公路变更车道时，应提前开启转向灯，观察情况，确认安全后，驶入需要变更的车道。

答案：√

2）驾驶机动车在高速公路上遇前方交通受阻时，应当跟随前车顺序排队，并立即开启危险报警闪光灯，防止追尾。

答案：√

3）驾驶机动车在高速公路上遇分流交通管制时，可不驶出高速公路，就地靠边停靠等待管制结束后继续前行。

答案：×

4）驾驶机动车在高速公路上行驶感觉疲劳时，应立即停车休息。

答案：×

5）驾驶机动车在高速公路行驶时，驾驶人可以仅凭感觉确认车速。

答案：×

4 跟车距离要求

驾驶机动车在高速公路上行驶，车速超过每小时100公里时，应当与同车道前车保持100米以上的距离，车速低于每小时100公里时，与同车道前车距离可以适当缩短，但最小距离不得少于50米。

练习题

单选题

1）驾驶机动车在高速公路上时速超过100公里时的跟车距离是多少？

A. 保持50米以上　　B. 保持60米以上
C. 保持80米以上　　D. 保持100米以上

答案：D

2）驾驶机动车在高速公路上时速低于100公里时的最小跟车距离是多少？

A. 不得少于50米　　B. 不得少于30米
C. 不得少于20米　　D. 不得少于10米

答案：A

判断题

车辆在高速公路以每小时100公里的速度行驶时，与同车道前车100米以上为安全距离。

答案：√

5 低能见度条件下通行

驾驶机动车雾天在高速公路上行驶，应当开启雾灯、近光灯、示廓灯、前后位灯和危险报警闪光灯，降低车速，防止紧急情况下无法及时制动。遇雨雪天气时，能见度下降，驾驶人难以及时发现前方车辆，车辆的制动距离变长，需要降低车速、保持安全距离。

机动车在高速公路上行驶，遇有雾、雨、雪、沙尘、冰雹等低能见度气象条件时，应当遵守下列规定：

（1）能见度小于 200 米时，车速不得超过每小时 60 公里，与同车道前车保持 100 米以上的距离；

（2）能见度小于 100 米时，车速不得超过每小时 40 公里，与同车道前车保持 50 米以上的距离；

（3）能见度小于 50 米时，车速不得超过每小时 20 公里，并从最近的出口尽快驶离高速公路。

 练习题

单选题

1）驾驶机动车在高速公路遇到能见度低于 200 米的气象条件时，最高车速是多少？
　A. 不得超过 100 公里/小时
　B. 不得超过 90 公里/小时
　C. 不得超过 80 公里/小时
　D. 不得超过 60 公里/小时
　　　　　　　　　　　　　答案：D

2）驾驶机动车在高速公路遇到能见度低于 100 米的气象条件时，最高车速是多少？
　A. 不得超过 40 公里/小时
　B. 不得超过 60 公里/小时
　C. 不得超过 80 公里/小时
　D. 不得超过 90 公里/小时
　　　　　　　　　　　　　答案：A

3）驾驶机动车在高速公路遇到能见度低于 50 米的气象条件时，除车速不得超过 20 公里/小时，还应怎么做？
　A. 进入应急车道行驶
　B. 尽快驶离高速公路
　C. 在路肩低速行驶
　D. 尽快在路边停车
　　　　　　　　　　　　　答案：B

4）驾驶机动车在高速公路上行驶，遇低能见度气象条件时，能见度在 200 米以下，与同车道前车至少保持多少距离？
　A. 100 米以上　　　　B. 100 米以下
　C. 90 米以下　　　　　D. 80 米以下
　　　　　　　　　　　　　答案：A

5）驾驶机动车在高速公路上行驶，遇有雾、雨、雪、沙尘、冰雹等低能见度气象条件下，能见度在 100 米以下时，与同车道前车至少保持多少距离？
　A. 40 米　B. 30 米　C. 50 米　D. 20 米
　　　　　　　　　　　　　答案：C

6）驾驶机动车在高速公路上行驶，遇有雾、雨、雪、沙尘、冰雹等低能见度气象条件，能见度在 50 米以下时，以下哪个做法正确？
　A. 加速驶离高速公路
　B. 在应急车道上停车等待
　C. 继续行驶，但车速不得超过每小时 40 公里
　D. 以不超过每小时 20 公里的车速从最近的出口尽快驶离高速公路
　　　　　　　　　　　　　答案：D

7）雪天在高速公路上行车时，关于安全车距，错误的说法是什么？
　A. 路滑，制动距离比干燥柏油路面长
　B. 能见度低，应该根据能见度控制安全距离
　C. 能见度小于 200 米时，与前车至少保持 50 米的安全距离
　D. 能见度小于 50 米时，应该驶离高速公路
　　　　　　　　　　　　　答案：C

8）在高速公路驾驶机动车遇到图中所示的情况时，以下操作不正确的是什么？

　A. 能见度低，应该与同车道前车间距保持安全距离
　B. 打开雾灯、近光灯、示廓灯、前后位灯、危险报警闪光灯
　C. 降低车速，防止紧急情况下无法及时制动

D. 继续高速行驶，防止后面车辆堵塞

答案：D

9）驾驶机动车在高速公路上遇到雨雪天气时，需要降低车速、保持安全距离的原因，以下说法错误的是什么？

A. 能见度下降，难以及时发现前方车辆
B. 车辆的制动距离变长
C. 为车辆行驶提供足够的安全距离
D. 降低恶劣天气会对车辆造成损害

答案：D

判断题

1）驾驶机动车在高速公路上行驶，能见度小于 200 米时，车速不得超过每小时 60 公里。

答案：√

2）驾驶机动车在高速公路上行驶，能见度小于 200 米时，与同车道前车应保持 100 米以上的距离。

答案：√

3）驾驶机动车在高速公路上遇大雾视线受阻时，应当立即紧急制动停车。

答案：×

6 高速公路禁止行为

机动车在高速公路上行驶，不得有下列行为：

（1）倒车、逆行、穿越中央分隔带掉头或者在车道内停车；
（2）在匝道、加速车道或者减速车道上超车；
（3）骑、轧车行道分界线或者在路肩上行驶；
（4）非紧急情况时在应急车道行驶或者停车；
（5）载货汽车货厢内载人。

练习题

单选题

驾驶机动车在高速公路行驶，下列做法正确的是什么？

A. 可在减速车道或加速车道上超车、停车
B. 非紧急情况时不得在应急车道行驶或者停车
C. 可在紧急停车带停车装卸货物
D. 可在路肩停车上下人员

答案：B

判断题

1）驾驶机动车在高路高速公路上长期骑轧车行道分界线行驶，会同时占用两个车道，导致

后方车辆行驶困难，易引发交通事故。

答案：√

2）车辆在高速公路匝道上可以停车。

答案：×

3）车辆不得在高速公路匝道上掉头。

答案：√

4）车辆不得在高速公路匝道上倒车。

答案：√

5）车辆应靠高速公路右侧的路肩上行驶。

答案：×

6）高速公路因发生事故造成堵塞时，可在右侧紧急停车带或路肩行驶。

答案：×

7 高速公路机动车故障处置

机动车在高速公路上发生故障时，驾驶人应当立即开启危险报警闪光灯，将机动车移至不妨碍交通的地方停放；难以移动的，应当持续开启危险报警闪光灯，并在来车方向 150 米以外设置警告标，警告后续车辆注意避让。车上人员应当迅速转移到右侧路肩上或者应急车道内，并且迅速报警。机动车在高速公路上发生故障，无法正常行驶的，应当由救援车、清障车拖曳、牵引。

练习题

单选题

1）这辆在高速公路上临时停放的故障车，警告标志应该设置在车后多远处？

A. 150 米以外　　　　　B. 50～150 米
C. 50～100 米　　　　　D. 50 米以内

答案：A

2）机动车在高速公路上发生故障时，错误的做法是什么？

A. 开启危险报警闪光灯
B. 按规定设置警告标志
C. 车上人员不能下车
D. 迅速报警

答案：C

3）机动车在高速公路上发生故障或交通事故无法正常行驶时，应当用哪种车拖曳或牵引？
A. 过路车 　　　　B. 大客车
C. 同行车 　　　　D. 清障车

答案：D

4）车辆因故障必须在高速公路停车时，应在车后方多少米以外设置故障警告标志？
A. 25 米　　B. 50 米　　C. 100 米　　D. 150 米

答案：D

5）驾驶机动车在高速公路发生故障，需要停车排除故障时，以下做法顺序正确的是什么？①放置警告标志，转移乘车人员至安全处，迅速报警；②开启危险报警闪光灯；③将车辆移至不妨碍交通的位置；④等待救援
A. ④③①②　　　　B. ①②③④
C. ③②①④　　　　D. ②③①④

答案：D

6）高速公路上车辆发生故障后，处置方法错误的是什么？
A. 打开危险报警闪光灯，夜间还应开启示廓灯、后位灯
B. 在车后 150 米以外设置安全警告标志
C. 车内乘员应下车辅助将故障车辆推移到紧急停车带上
D. 所有人员需离开故障车辆，在紧急停车带或护栏以外安全位置报警并等候救援

答案：C

判断题

1）机动车在高速公路上发生故障时，在来车方向 50~100 米处设置警告标志。

答案：×

2）机动车在高速公路上发生故障时，将车上人员迅速转移到右侧路肩上或者应急车道内，并且迅速报警。

答案：√

3）车辆在高速公路发生故障无法移动时，图中做法是正确的。

答案：×

4）车辆在高速公路发生故障不能移动时，图中

驾驶人的做法是正确的。

答案：×

5）在高速公路上车辆发生故障后，开启危险报警闪光灯和摆放警告标志是为了向其他车辆求助。

答案：×

6）高速公路上车辆发生故障后，开启危险报警闪光灯和放置警告标志的作用，是警告后续车辆注意避让。

答案：√

7）驾驶机动车在高速公路上发生故障，需要停车排除故障时，若能将机动车移至应急车道内，则不需要开启危险报警闪光灯。

答案：×

8）图中的做法是正确的。

答案：×

9）驾驶机动车在高速公路上车辆发生故障时，为得到其他车辆帮助，可将警告标志放置在其他车道内。

答案：×

10）驾驶机动车在高速公路上车辆发生故障时，若车辆移动至应急车道内后，只需开启危险报警闪光灯，警告标志可根据交通流情况选择是否放置。

答案：×

11）机动车在高速公路上发生交通事故无法正常行驶时，应用救援车、清障车拖曳、牵引。

答案：√

8　驶离高速公路

驶离高速公路时，应当开启右转向灯，驶

入减速车道，降低车速后驶离。在最左侧车道行驶的车辆驶离高速公路，要每次向右变更一条车道，直到最右侧车道。如果因疏忽驶过出口，应继续向前行驶，寻找下一个出口。

练习题

单选题

1）进入减速车道时应怎样使用灯光？

  A. 开启左转向灯
  B. 开启右转向灯
  C. 开启危险报警闪光灯
  D. 开启前照灯

         答案：B

2）机动车驶离高速公路时，在这个位置怎样行驶？

  A. 继续向前行驶
  B. 驶入减速车道
  C. 车速保持 100 公里/小时
  D. 车速降到 40 公里/小时以下

         答案：B

3）高速公路上行车，如果因疏忽驶过出口，应怎样做？
  A. 立即停车，在原地掉头
  B. 沿路肩缓慢倒至出口
  C. 在原地倒车驶回到匝道口
  D. 继续向前行驶，寻找下一个出口

         答案：D

4）在高速公路错过准备驶出的路口时，正确的做法是什么？
  A. 在应急车道停车，等待车辆较少的时候倒车
  B. 借用应急车道进行掉头，逆向行驶
  C. 继续前行到下一出口驶离高速公路掉头
  D. 紧急制动，倒车至要驶出的路口

         答案：C

判断题

1）驾驶车辆驶离高速公路可以从这个位置直接驶入匝道。

         答案：×

2）车辆驶离高速公路时，应当经减速车道减速后进匝道。

         答案：√

1.5.5 安全驾驶相关知识

1 安全驾驶行为

  合格的驾驶人不仅表现在技术的娴熟上，更重要的是应该具有良好的驾驶行为习惯和道德修养。行车中，要牢记"集中注意力、仔细观察和提前预防"三原则。做到不开英雄车、冒险车、赌气车和带病车。

练习题

判断题

1）一个合格的驾驶人，不仅表现在技术的娴熟上，更重要的是应该具有良好的驾驶行为习惯和道德修养。

         答案：√

2）谨慎驾驶的三原则是集中注意力、仔细观察和提前预防。

         答案：√

3）行车中要文明驾驶，礼让行车，做到不开英雄车、冒险车、赌气车和带病车。

         答案：√

2 安全起动发动机

  寒冷状态下起动柴油车时，应先将点火开关钥匙置于 Ⅱ 或者 ON 位置预热，预热灯熄灭后再起动。

练习题

单选题

  寒冷状态下起动柴油车时，应怎样做？
  A. 直接起动

B. 将点火开关钥匙置于Ⅱ位置即可起动

C. 先将点火开关钥匙置于 ON 位置预热，预热灯熄灭后再起动

D. 将点火开关钥匙置于Ⅲ位置即可起动

答案：C

3 起步安全驾驶

驾驶机动车在路边起步前，要对车辆周围交通情况进行观察，确认安全时再开始起步。驾驶大型车辆起步前，除要观察后视镜以外，还应观察前下视镜，以看清前挡风玻璃前下方长 1.5 米、宽 3 米范围内的情况。

驾驶机动车起步后注意观察左安全起步后，逐级加挡缓慢提速，向左缓慢转向驶入正常行驶道路。驾驶汽车列车换挡减挡时机，要比单车提前。

单选题

1）大型车辆起步前除要观察后视镜以外，还应怎样做，以看清前挡风玻璃前下方长 1.5 米、宽 3 米范围内的情况？

A. 站起来观察前下方

B. 下车观察前下方

C. 观察前下视镜

D. 伸出头观察前下方

答案：C

2）汽车列车换挡减挡时机，要比单车怎样？

A. 滞后

B. 提前

C. 一样

D. 有时滞后，有时提前

答案：B

判断题

1）车辆起步前，驾驶人应对车辆周围交通情况进行观察，确认安全时再开始起步。

答案：√

2）车辆在路边起步后应尽快提速，并向左迅速转向驶入正常行驶道路。

答案：×

4 安全汇入车流

驾驶车辆汇入车流时，应提前开启转向灯，保持直线行驶，通过后视镜观察左右情况，确

认安全后汇入合流。从其他车道汇入车流前，应注意观察侧后方车辆的动态。

判断题

1）行车中从其他车道汇入车流前，应注意观察侧后方车辆的动态。

答案：√

2）驾驶车辆汇入车流时，应提前开启转向灯，保持直线行驶，通过后视镜观察左右情况，确认安全后汇入合流。

答案：√

5 转弯安全驾驶

车辆转弯时应沿道路右侧行驶，不要侵占对方的车道，做到"左转转大弯，右转转小弯"。车辆行至急转弯处时，应减速并靠右侧行驶，防止与越过弯道中心线的对方车辆相撞。

驾驶汽车列车转弯过程中，要考虑到车长和轴距，车身越长，转弯半径会越大；车身越高、装载的货物越高，转弯时的稳定性会越差。汽车列车转直角弯时，需先判断弯道情况，减速或停车后重新起步，缓慢通过。无论向左或向右，急转弯时，都应降低车速，低速沿车道的外侧通过。汽车列车转弯中，牵引车的尾部或挂车部分要借用对方车道时，要随时做好让车准备。

单选题

1）汽车列车的车身越长，转弯半径会怎样？

A. 可能变大，也可能变小

B. 越小

C. 不变

D. 越大

答案：D

2）汽车的车身越高，转弯时的稳定性会怎样？

A. 可能变差，也可能变好

B. 越差

C. 不变

D. 越好

答案：B

3）汽车列车急转弯时，无论向左或向右，都应降低车速，低速沿车道的哪个位置通过？

A. 内侧　　　　　　　B. 中间

C. 外侧　　　　　　　D. 任意一侧

答案：C

4）汽车列车转弯时，牵引车的尾部或挂车部分往往要借用对方车道。因此，驾驶汽车列车在转弯过程中要注意什么？

A. 做好让车准备　　　B. 提前占道
C. 靠内侧行驶　　　　D. 连续鸣喇叭

答案：A

判 断 题

1）车辆转弯时应沿道路右侧行驶，不要侵占对方的车道，做到"左转转大弯，右转转小弯"。

答案：√

2）车辆行至急转弯处时，应减速并靠右侧行驶，防止与越过弯道中心线的对方车辆相撞。

答案：√

3）汽车列车转直角弯时，需先判断题弯道情况，减速或停车后重新起步，缓慢通过。

答案：√

4）汽车列车的车身越长，转弯半径越小。

答案：×

5）汽车装载的货物越高，转弯时稳定性越差。

答案：√

6）汽车列车在转弯过程中，要注意提前做好让车准备。

答案：√

6　倒车安全驾驶

驾驶货车倒车时，通过后视镜或转头观察车两侧情况，参照车外的固定目标或其他参照物低速行驶，发现倒车路线偏移，及时进行修正。全挂车倒车时转向盘转动方向与单车倒车方向一致，半挂车倒车时转向盘转动方向与单车倒车方向相反。全挂列车倒车，要避免牵引车与挂车形成较小的角度。

练习题

单 选 题

全挂车倒车，要避免牵引车与挂车形成怎样的角度？

A. 较大的角度　　　B. 较小的角度
C. 直线　　　　　　D. 直角

答案：B

判 断 题

1）半挂车倒车时转向盘转动方向与单车倒车方向相反。

答案：√

2）全挂车倒车时转向盘转动方向与单车倒车方向相反。

答案：×

3）全挂列车倒车，要避免牵引车与挂车形成较大的角度。

答案：×

7　夜间安全驾驶

夜间道路环境对安全行车的主要影响是能见度低、不利于观察道路交通情况。夜间行车驾驶人对事物的观察能力明显比白天差，视距变短，影响观察，同时注意力高度集中，易产生疲劳。夜间行车，驾驶人的视野受限，很难观察到灯光照射区域以外的交通情况，要减速行驶。夜间行车中，前方出现弯道时，灯光照射会由路中移到路侧。

练习题

单 选 题

1）夜间道路环境对安全行车的主要影响是什么？

A. 驾驶人体力下降
B. 驾驶人易产生冲动、幻觉
C. 能见度低、不利于观察道路交通情况
D. 路面复杂多变

答案：C

2）夜间驾驶人对物体的观察明显比白天差，视距会有什么变化？

A. 不变　　　　　　B. 无规律
C. 变长　　　　　　D. 变短

答案：D

3）夜间行车中，前方出现弯道时，灯光照射会发生怎样的变化？

A. 离开路面　　　　B. 由路中移到路侧
C. 距离不变　　　　D. 由高变低

答案：B

判 断 题

1）夜间驾驶人对事物的观察能力明显比白天差，视距变短。

答案：√

2）夜间行车，驾驶人视距变短，影响观察，同时注意力高度集中，易产生疲劳。

答案：√

3）夜间行车，驾驶人的视野受限，很难观察到灯光照射区域以外的交通情况，因此要减速行驶。

答案：√

8 雨天安全驾驶

雨天对安全行车的主要影响是路面湿滑，视线受阻，制动距离增大。行车中使用紧急制动减速时，容易发生侧滑、引发交通事故。大雨天气行车，为避免发生"水滑"而造成危险，要控制速度行驶。连续降雨天气，山区公路可能会出现路肩疏松和堤坡坍塌现象，行车时应选择道路中间坚实的路面，避免靠近路边行驶。在暴雨天气驾车，刮水器无法刮净雨水时，应立即减速靠边停车。驾驶机动车在滑湿路面制动过程中，发现车辆偏离方向时，及时松抬踏制动踏板。

练习题

单选题

1）雨天对安全行车的主要影响是什么？
　　A. 路面湿滑，视线受阻
　　B. 发动机易熄火
　　C. 行驶阻力增大
　　D. 电器设备易受潮短路

答案：A

2）下雨后路面湿滑，车辆行驶中紧急制动时，容易导致什么？
　　A. 发生侧滑、引发交通事故
　　B. 因视线模糊而撞车
　　C. 不被其他车辆驾驶人发现
　　D. 引起发动机熄火

答案：A

3）在暴雨天气驾车，刮水器无法刮净雨水时，应怎样做？
　　A. 集中注意力谨慎驾驶
　　B. 立即减速靠边停车
　　C. 以正常速度行驶
　　D. 减速行驶

答案：B

4）湿滑路面制动过程中，发现车辆偏离方向，以下哪种做法是正确的？
　　A. 连续轻踩制动踏板
　　B. 用力踩制动踏板
　　C. 不要踩制动踏板
　　D. 任意踩制动踏板

答案：C

判断题

1）雨天路面湿滑，车辆制动距离增大，行车中尽量使用紧急制动减速。

答案：×

2）连续降雨天气，山区公路可能会出现路肩疏松和堤坡坍塌现象，行车时应选择道路中间坚实的路面，避免靠近路边行驶。

答案：√

3）在大雨天气行车，为避免发生"水滑"而造成危险，要控制速度行驶。

答案：√

9 雾天安全驾驶

雾天对安全行车的主要影响是能见度低，视线不清。雾天情况下，通过交叉路口时必须开灯、鸣喇叭，减速通过。遇有浓雾或特大雾天能见度过低，行车困难时，应开启危险报警闪光灯和雾灯，选择安全地点停车。

练习题

单选题

1）雾天对安全行车的主要影响是什么？
　　A. 发动机易熄火
　　B. 易发生侧滑
　　C. 行使阻力增大
　　D. 能见度低，视线不清

答案：D

2）遇有浓雾或特大雾天能见度过低，行车困难时，应怎样做？
　　A. 开启前照灯，保持低速继续行驶
　　B. 开启示廓灯、雾灯，靠右保持低速行驶
　　C. 开启危险报警闪光灯，继续保持低速行驶
　　D. 开启危险报警闪光灯和雾灯，选择安全地点停车

答案：D

判断题

如图所示，在这种雾天情况下，通过交叉路口时必须开灯、鸣喇叭，加速通过，以免造成交通拥堵。

答案：×

10　冰雪道路安全驾驶

冰雪道路对安全行车的主要影响是制动性能差，方向易跑偏，稳定性降低，加速过急时车轮极易空转或溜滑。冰雪道路行车，由于积雪对光线的反射，极易造成驾驶人目眩而产生错觉。在冰雪路面上行车，必须降低车速、加大安全距离。行车时应注意制动距离会延长，在有车辙的路段应循车辙行驶。在山区冰雪道路上行车时，遇有前车正在爬坡时，应选择适当地点停车，等前车通过后再爬坡。

练习题

单选题

1）冰雪道路对安全行车的主要影响是什么？
A. 电器设备易受潮短路
B. 能见度降低，视野模糊
C. 行驶阻力增大
D. 制动性能差，方向易跑偏
答案：D

2）冰雪路行车时应注意什么？
A. 制动距离延长　　B. 抗滑能力变大
C. 制动性能没有变化　D. 路面附着力增大
答案：A

3）在山区冰雪道路上行车时，遇有前车正在爬坡时，后车应怎样做？
A. 低速爬坡
B. 紧随其后爬坡
C. 选择适当地点停车，等前车通过后再爬坡
D. 迅速超越前车
答案：C

判断题

1）雪天行车中，在有车辙的路段应循车辙行驶。
答案：√

2）冰雪道路行车，由于积雪对光线的反射，极易造成驾驶人目眩而产生错觉。
答案：√

3）在冰雪道路上行车时，车辆的稳定性降低，加速过急时车轮极易空转或溜滑。
答案：√

4）在冰雪路面上行车，必须降低车速、加大安全距离。
答案：√

5）驾驶机动车遇到沙尘、冰雹、雨、雾、结冰等气象条件时应降低行驶速度。
答案：√

11　山区道路安全驾驶

山区道路对安全行车的主要影响是坡长弯急，视距不足。山区道路车辆进入弯道前，在对面没有来车的情况下，应"减速、鸣喇叭、靠右行"。跟车行驶时，应适当加大安全距离。超车时，应选择宽阔的缓上坡路段超越。车辆行至道路急转弯处，应充分减速并靠右侧行驶。在山区上坡路驾驶，减挡要及时、准确、迅速，避免拖挡行驶导致发动机动力不足。下长坡时，控制车速除了用行车制动（踩制动踏板）以外，利用发动机制动。下长坡连续使用行车制动，会导致制动器温度升高而使制动效果急剧下降。车辆下长坡过程中，当遇到制动鼓温度过高时，停在阴凉处自然降温，不要立即进入水中冷却，以免造成制动鼓损坏。行驶至颠簸路面上时，要提前挂入低速挡，缓抬加速踏板，控制车辆匀速行驶。

具有真空助力制动装置的车辆，下坡时采用发动机熄火滑行，会使制动系统失效。装置助力转向系统的车辆，采用发动机下坡时熄火，会使转向沉重难以控制。长下坡空挡滑行，会导致车速过高时难以抢挂低速挡控制车速，发生车辆失控的危险。长下坡为避免因制动失灵发生危险，应使用低速挡，借助发动机控制车速。

练习题

单选题

1）山区道路对安全行车的主要影响是什么？
A. 交通情况单一
B. 坡长弯急，视距不足
C. 车流密度大
D. 道路标志少
答案：B

2）山区道路车辆进入弯道前，在对面没有来车的情况下，应怎样做？
A. 可靠弯道外侧行驶
B. 可短时间借用对方的车道
C. 可加速沿弯道切线方向通
D. 应"减速、鸣喇叭、靠右行"
答案：D

3）驾驶车辆行至道路急转弯处，应怎样做？
　　A. 急剧制动低速通过
　　B. 靠弯道外侧行驶
　　C. 充分减速并靠右侧行驶
　　D. 借对向车道行驶
　　　　　　　　　　　　　　答案：C

4）下长坡时，控制车速除了踩制动踏板以外，还有什么有效的辅助方法？
　　A. 挂入空挡滑行
　　B. 利用发动机制动
　　C. 关闭发动机熄火滑行
　　D. 踩下离合器踏板滑行
　　　　　　　　　　　　　　答案：B

5）下长坡连续使用行车制动会导致什么？
　　A. 会缩短发动机寿命
　　B. 增大驾驶人的劳动强度
　　C. 容易造成车辆倾翻
　　D. 制动器温度升高而使制动效果急剧下降
　　　　　　　　　　　　　　答案：D

6）行驶至这种上坡路段时，以下做法哪个正确？

　　A. 换低挡位，踩加速踏板
　　B. 换高挡位，踩加速踏板
　　C. 换低挡位，松开加速踏板
　　D. 换高挡位，松开加速踏板
　　　　　　　　　　　　　　答案：A

7）驾驶车辆行驶在颠簸路段时，以下做法正确的是什么？
　　A. 稳住加速踏板
　　B. 挂低挡位，缓抬加速踏板
　　C. 挂高挡位，缓抬加速踏板
　　D. 挂低挡位，急踩加速踏板
　　　　　　　　　　　　　　答案：B

8）在山区道路超车时，应怎样超越？
　　A. 尽量抓住任何机会超越
　　B. 选择宽阔的缓上坡路段超越
　　C. 选择较长的下坡路段超越

D. 选择较缓的下坡路段超越
　　　　　　　　　　　　　　答案：B

9）车辆下长坡过程中，当制动鼓温度过高时，应怎样做？
　　A. 要尽快进入水中冷却
　　B. 不要立即进入水中冷却
　　C. 可浇水冷却
　　D. 不用理会
　　　　　　　　　　　　　　答案：B

10）车辆在山区道路跟车行驶时，应怎样做？
　　A. 适当加大安全距离
　　B. 紧随前车之后
　　C. 适当减小安全距离
　　D. 尽可能寻找超车机会
　　　　　　　　　　　　　　答案：A

11）下面关于下坡熄火滑行的说法哪个是错误的？
　　A. 采用真空助力制动系统的车辆，下坡时熄火会使制动系统失效
　　B. 下坡滑行是利用坡道的位能推动汽车前进，发动机不工作，可以节油，应大力提倡
　　C. 采用助力转向系统的车辆，下坡时熄火会使转向沉重，难以控制
　　D. 下坡熄火时，不能使用发动机制动
　　　　　　　　　　　　　　答案：B

12）下长坡禁止挂空挡，下列对原因的说法哪个是错误的？
　　A. 下坡挂空挡，油耗容易增多
　　B. 长下坡低速挡可以借助发动机控制车速
　　C. 避免因制动失灵发生危险
　　D. 长下坡空挡滑行导致车速过高时，难以抢挂低速挡控制车速
　　　　　　　　　　　　　　答案：A

判断题

1）车辆在通过山区道路弯道时，要做到"减速、鸣喇叭、靠右行"。
　　　　　　　　　　　　　　答案：√

2）车辆上坡行驶，要提前观察路况、坡道长度，及时减挡使车辆保持充足的动力。
　　　　　　　　　　　　　　答案：√

3）车辆在山区上坡路驾驶，减挡要及时、准确、迅速，避免拖挡行驶导致发动机动力不足。
　　　　　　　　　　　　　　答案：√

4）车辆下坡行驶，要适当控制车速，充分利用发动机进行制动。

答案：√

5）车辆下长坡时，要减挡行驶，以充分利用发动机的制动作用。

答案：√

6）车辆下长坡过程中，遇制动鼓温度过高时，不要立即进入冷水中冷却，以免造成制动鼓损坏。

答案：√

12 轮胎漏气、爆胎安全应急处置

驾驶机动车发现轮胎漏气时，要缓慢制动减速驶离主车道，减速时不要采用紧急制动，以免造成翻车或后车采取制动不及时导致追尾事故。

行车中意识到突然爆胎时，应在控制住方向的情况下，轻踏制动踏板，使车辆缓慢减速，逐渐平稳地停靠于路边。在尚未控制住车速前，不要冒险使用行车制动器停车，以避免车辆横甩发生更大的险情。切忌慌乱中急踏制动踏板，尽量采用"抢挡"的方法，利用发动机制动使车辆减速。车辆后轮胎爆裂，车尾会摇摆不定，驾驶人应双手紧握转向盘，控制车辆保持直线行驶，减速停车。

车辆前轮爆胎，危险较大，方向会立刻向爆胎车轮一侧跑偏，直接影响对转向盘的控制。行车中当前轮爆胎已出现转向时，驾驶人应双手紧握转向盘，尽力控制车辆直线行驶，不要过度矫正，在控制住方向的情况下，采取抢挂低速挡、轻踏制动踏板的措施，缓慢减速停车。

预防爆胎的正确方法是定期检查轮胎、及时清理轮胎沟槽里的异物、更换有裂纹或有很深损伤的轮胎。轮胎气压过低时，高速行驶轮胎会出现波浪变形、温度升高而导致爆胎。

单 选 题

1）前轮胎爆裂已出现转向时，驾驶人不要过度矫正，在控制住方向的情况下，应怎样做，使车辆缓慢减速？
A. 采取紧急制动　　B. 拉紧驻车制动杆
C. 轻踏制动踏板　　D. 迅速踏下制动踏板

答案：C

2）轮胎气压过低时，高速行驶轮胎会出现波浪变形温度升高而导致什么？
A. 气压更低　　　　B. 行驶阻力增大
C. 爆胎　　　　　　D. 气压不稳

答案：C

3）避免爆胎的错误做法是什么？
A. 降低轮胎气压
B. 定期检查轮胎
C. 更换有裂纹或有很深损伤的轮胎
D. 及时清理轮胎沟槽里的异物

答案：A

判 断 题

1）驾驶人发现轮胎漏气，将车辆驶离主车道时，不要采用紧急制动，以免造成翻车或后车采取制动不及时导致追尾事故。

答案：√

2）车辆后轮胎爆裂，车尾会摇摆不定，驾驶人应双手紧握转向盘，控制车辆保持直线行驶，减速停车。

答案：√

3）行车中当驾驶人意识到爆胎时，应在控制住方向的情况下，轻踏制动踏板，使车辆缓慢减速，逐渐平稳地停靠于路边。

答案：√

4）行车中当车辆突然爆胎时，驾驶人切忌慌乱中急踏制动踏板，尽量采用"抢挡"的方法，利用发动机制动使车辆减速。

答案：√

5）车辆前轮胎爆裂，危险较大，方向会立刻向爆胎车轮一侧跑偏，直接影响驾驶人对转向盘的控制。

答案：√

6）车辆发生爆胎后，驾驶人在尚未控制住车速前，不要冒险使用行车制动器停车，以避免车辆横甩发生更大的险情。

答案：√

7）行车中，车辆前轮爆胎已发生转向时，驾驶人应双手紧握转向盘，尽力控制车辆直线行驶。

答案：√

8）行车中，驾驶人意识到车辆爆胎时，应在控制住方向的情况下采取紧急制动，迫使车辆迅速停住。

答案：×

1.6 违法行为及处罚

▶ 1.6.1 道路交通安全违法行政强制措施

1 驾驶机动车禁止行为

驾驶机动车不得有下列行为：

（1）在车门、车厢没有关好时行车；

（2）在机动车驾驶室的前后窗范围内悬挂、放置妨碍驾驶人视线的物品；

（3）拨打接听手持电话、观看电视等妨碍安全驾驶的行为；

（4）下陡坡时熄火或者空挡滑行；

（5）向道路上抛撒物品；

（6）连续驾驶机动车超过4小时未停车休息或者停车休息时间少于20分钟；

（7）在禁止鸣喇叭的区域或者路段鸣喇叭。

单选题

1）驾驶人连续驾驶不得超过多长时间？
   A. 4 小时　B. 6 小时　C. 8 小时　D. 10 小时
   答案：A

2）驾驶人连续驾驶4小时以上，停车休息的时间不得少于多少？
   A. 5 分钟　　　　　　B. 10 分钟
   C. 15 分钟　　　　　 D. 20 分钟
   答案：D

3）在什么情况下不得行车？
   A. 车窗没关好
   B. 车门没关好
   C. 驾乘人员系好安全带
   D. 顶窗没关好
   答案：B

4）驾驶机动车下陡坡时不得有哪种危险行为？
   A. 提前减挡　　　　　B. 空挡滑行
   C. 低挡行驶　　　　　D. 制动减速
   答案：B

5）驾驶机动车过程中接打手机的正确做法是什么？
   A. 开车过程中不主动打电话，但有重要电话打进来时可以边开车边接听手持电话
   B. 驾驶经验丰富的驾驶人可以在驾驶中接打手持电话

C. 在车流量不大的道路上驾驶时，短时可以接听手持电话
   D. 开车需要接打电话时，应该找到安全的地方停车后再操作
   答案：D

6）驾驶机动车时接打电话容易引发事故，以下对原因的说法错误的是什么？
   A. 单手握转向盘，对机动车控制力下降
   B. 驾驶人注意力不集中，不能及时判断危险
   C. 电话的信号会对汽车电子设备运行造成干扰
   D. 驾驶人对路况观察不到位，容易导致操作失误
   答案：C

7）驾驶机动车下陡坡时，以下哪个说法是正确的？
   A. 可以熄火　　　B. 可以空挡，但不准熄火
   C. 可以空挡　　　D. 不准空挡或熄火
   答案：D

8）驾驶车辆时在道路上抛撒物品，以下哪个说法不正确？
   A. 抛撒纸张等轻质物品会阻挡驾驶人视线，干扰驾驶人注意力
   B. 有可能引起其他驾驶人紧急躲避等反应，进而引发事故
   C. 影响环境整洁，甚至会造成路面损坏
   D. 保持车内整洁，减少燃油消耗
   答案：D

判断题

1）在这段道路上一定要减少鸣喇叭的频率。

   答案：×

2）车门、车厢没有关好时不要驾驶机动车起步。
   答案：√

3）不要在驾驶室的前后窗范围内悬挂和放置妨碍驾驶人视线的物品。
   答案：√

4）行车中在道路情况良好的条件下可以观看车载视频。
   答案：×

5）驾驶机动车时可以向道路上抛撒物品。
   答案：×

6）行驶过程中发现车门未关好，应及时关闭车门，否则车辆在转弯等过程中会造成人员或货物被甩到车外。

答案：√

7）驾驶机动车时，前风窗玻璃处悬挂放置干扰视线的物品是不允许的。

答案：√

8）驾驶机动车接打电话容易导致交通事故。

答案：√

9）驾驶人一边驾车，一边打手持电话是违法行为。

答案：√

10）驾驶机动车遇紧急事务，可以边开车边接打电话。

答案：✕

11）驾驶机动车在山路行驶时，为了减少油耗，下坡时可以空挡滑行，并使用行车制动器控制速度。

答案：✕

12）驾驶机动车下长坡时，利用惯性滑行可以减少燃油消耗，值得提倡。

答案：✕

13）车辆在下坡行驶时，可充分利用空挡滑行。

答案：✕

14）驾驶机动车下长坡时，空挡滑行会导致再次挂挡困难。

答案：√

15）驾驶车辆时，长时间左臂搭在车门窗上，或者长时间右手抓住变速器操纵杆，是一种驾驶陋习。

答案：√

16）驾驶人一边驾车，一边吸烟对安全行车无影响。

答案：✕

17）女驾驶人穿高跟鞋驾驶车辆，不利于安全行车。

答案：√

2 扣留机动车的情形

机动车号牌应当按规定悬挂并保持清晰、完整，不得故意遮挡、污损。

有下列情形之一的，公安机关交通管理部门依法扣留车辆：

（1）上道路行驶的机动车未悬挂机动车号牌，未放置检验合格标志、保险标志，或者未随车携带机动车行驶证、驾驶证的；

（2）有伪造、变造或者使用伪造、变造的机动车登记证书、号牌、行驶证、检验合格标志、保险标志、驾驶证或者使用其他车辆的机动车登记证书、号牌、行驶证、检验合格标志、保险标志嫌疑的；

（3）未按照国家规定投保机动车交通事故责任强制保险的；

对发生道路交通事故，因收集证据需要的，可以依法扣留事故车辆。

练习题

单选题

1）这辆在道路上行驶的机动车有下列哪种违法行为？

A. 未按规定悬挂号牌　　B. 故意遮挡号牌
C. 占用非机动车道　　　D. 逆向行驶

答案：B

2）驾驶这种机动车上路行驶属于什么行为？

A. 违规行为　　　　　　B. 违章行为
C. 违法行为　　　　　　D. 犯罪行为

答案：C

3）上道路行驶的机动车有哪种情形交通警察可依法扣留车辆？

A. 未悬挂机动车号牌
B. 未携带身份证
C. 未携带保险合同
D. 为放置城市环保标志

答案：A

4）上道路行驶的机动车有哪种情形交通警察可依法扣留车辆？
A. 未携带身份证
B. 未放置检验合格标志
C. 未放置城市环保标志
D. 未携带机动车登记证书

答案：B

5）上道路行驶的机动车有哪种情形交通警察可依法扣留车辆？
A. 未携带机动车登记证书
B. 未携带保险合同
C. 未放置保险标志
D. 未放置城市环保标志

答案：C

6）驾驶人未携带哪种证件驾驶机动车上路的，交通警察可依法扣留车辆？
A. 机动车驾驶证　　B. 居民身份证
C. 从业资格证　　　D. 机动车通行证

答案：A

7）驾驶人未携带哪种证件驾驶机动车上路，交通警察可依法扣留车辆？
A. 机动车通行证　　B. 居民身份证
C. 从业资格证　　　D. 机动车行驶证

答案：D

8）以下哪种情形车辆会被依法扣留？
A. 未放置检验合格标志
B. 车内装饰过多
C. 驾驶人开车打电话
D. 安装防撞装置

答案：A

9）以下哪种情形车辆不会被依法扣留？
A. 没有按规定悬挂号牌
B. 没有放置保险标志
C. 未随车携带灭火器
D. 未随车携带行驶证

答案：C

判断题

1）对未放置检验合格标志上道路行驶的车辆，交通警察可依法予以扣留。

答案：√

2）交通警察对未放置保险标志上道路行驶的车

辆可依法扣留行驶证。

答案：×

3）对有伪造或变造号牌、行驶证嫌疑的车辆，交通警察可依法予以扣留。

答案：√

4）对有使用伪造或变造检验合格标志嫌疑的车辆，交通警察只进行罚款处罚。

答案：×

5）对使用其他车辆号牌、行驶证的车辆，交通警察可依法予以扣留。

答案：√

6）对未按照国家规定投保交强险的车辆，交通警察可依法予以扣留。

答案：√

7）对发生道路交通事故需要收集证据的事故车，交通警察可以依法扣留。

答案：√

8）驾驶人有使用其他车辆号牌、行驶证嫌疑的，交通警察可依法扣留车辆。

答案：√

9）驾驶人有使用其他车辆检验合格标志嫌疑的，交通警察可依法扣留车辆。

答案：√

10）驾驶人有使用其他车辆保险标志嫌疑的，交通警察可依法扣留车辆。

答案：√

11）上道路行驶的机动车，未随车携带身份证，交通警察可依法扣留机动车。

答案：×

12）驾驶这种机动车上路行驶不是违法行为。

答案：×

3　扣留机动车驾驶证的情形

有下列情形之一的，公安机关交通管理部门依法扣留机动车驾驶证：

（1）饮酒后驾驶机动车的；

（2）将机动车交由未取得机动车驾驶证或者机动车驾驶证被吊销、暂扣的人驾驶的；

（3）机动车行驶超过规定时速50%的；

（4）驾驶有拼装或者达到报废标准嫌疑的

机动车上道路行驶的;

　　(5) 在一个记分周期内累积记分达到 12 分的。

练习题

1) 驾驶人有哪种情形，交通警察可依法扣留机动车驾驶证?
　　A. 饮酒后驾驶机动车
　　B. 超过规定时速 10%
　　C. 疲劳后驾驶机动车
　　D. 行车中未系安全带
　　　　　　　　　　　　　　答案: A

2) 驾驶人将机动车交由什么样的人驾驶的，交通警察可依法扣留机动车驾驶证?
　　A. 实习期驾驶人
　　B. 取得驾驶证的人
　　C. 驾驶证被吊销的人
　　D. 驾驶证记分达到 6 分的人
　　　　　　　　　　　　　　答案: C

判断题

1) 驾驶人将机动车交给驾驶证被吊销的人驾驶的，交通警察依法扣留驾驶证。
　　　　　　　　　　　　　　答案: √

2) 驾驶人将机动车交给驾驶证被暂扣的人驾驶的，交通警察给予口头警告。
　　　　　　　　　　　　　　答案: ×

3) 驾驶人驾驶有达到报废标准嫌疑机动车上路的，交通警察依法对其予以拘留。
　　　　　　　　　　　　　　答案: ×

4) 驾驶人在一个记分周期内累积记分达到 12 分的，交通警察依法扣留驾驶证。
　　　　　　　　　　　　　　答案: √

▶ 1.6.2　道路交通安全违法行为行政处罚

1　违反道通行规定的处罚

　　驾驶机动车任何违反道路交通安全法的行为，都属于违法行为。机动车驾驶人违反道路交通安全法律、法规关于道路通行规定的，处警告或者 20 元以上 200 元以下罚款。违反道路交通安全法律、法规的规定，发生重大交通事故，构成犯罪的，依法追究刑事责任。

　　驾驶机动车造成交通事故后逃逸，尚不构成犯罪的，由公安机关交通管理部门处 200 元以上 2000 元以下罚款，可以并处 15 日以下拘留。驾驶机动车造成重大交通事故后逃逸，构成犯罪的，由公安机关交通管理部门吊销机动车驾驶证，且终生不得重新取得机动车驾驶证。

练习题

单选题

1) 驾驶机动车在道路上违反道路交通安全法的行为，属于什么行为?
　　A. 违章行为　　　　B. 违法行为
　　C. 过失行为　　　　D. 违规行为
　　　　　　　　　　　　　　答案: B

2) 机动车驾驶人违法驾驶造成重大交通事故构成犯罪的，依法追究什么责任?
　　A. 刑事责任　　　　B. 民事责任
　　C. 经济责任　　　　D. 直接责任
　　　　　　　　　　　　　　答案: A

3) 机动车驾驶人造成事故后逃逸构成犯罪的，吊销驾驶证且多长时间不得重新取得驾驶证?
　　A. 5 年内　B. 10 年内　C. 终生　D. 20 年内
　　　　　　　　　　　　　　答案: C

判断题

1) 驾驶机动车在道路上违反道路通行规定应当接受相应的处罚。
　　　　　　　　　　　　　　答案: √

2) 驾驶机动车违反道路交通安全法律法规发生交通事故属于交通违章行为。
　　　　　　　　　　　　　　答案: ×

3) 驾驶机动车在道路上违反交通安全法规的行为属于违法行为。
　　　　　　　　　　　　　　答案: √

4) 对违法驾驶发生重大交通事故且构成犯罪的，不追究其刑事责任。
　　　　　　　　　　　　　　答案: ×

5) 驾驶机动车造成交通事故后逃逸，尚不构成犯罪的，由公安机关交通管理部门处 200 元以上 2000 元以下罚款，可以并处 15 日以下拘留。
　　　　　　　　　　　　　　答案: √

6) 造成重大交通事故后逃逸的驾驶人，构成犯罪的，将吊销驾驶证且终生不得重新取得驾驶证。
　　　　　　　　　　　　　　答案: √

7) 机动车驾驶人造成重大交通事故后逃逸，构成犯罪的，10 年内不得申请机动车驾驶证。
　　　　　　　　　　　　　　答案: ×

8) 驾驶机动车造成重大交通事故后逃逸，构成犯罪的，由公安机关交通管理部门吊销机动车驾驶证，且终生不得重新取得机动车驾驶证。

答案：√

2 饮酒、醉酒驾车的处罚

饮酒后驾驶机动车的，处暂扣6个月机动车驾驶证，并处1000元以上2000元以下罚款。因饮酒后驾驶机动车被处罚，再次饮酒后驾驶机动车的，处10日以下拘留，并处1000元以上2000元以下罚款，吊销机动车驾驶证。饮酒后驾驶营运机动车的，吊销机动车驾驶证，依法追究刑事责任，5年内不得重新取得机动车驾驶证。醉酒驾驶营运机动车的，由公安机关交通管理部门约束至酒醒，吊销机动车驾驶证，依法追究刑事责任，10年内不得重新取得机动车驾驶证。重新取得机动车驾驶证后，不得驾驶营运机动车。饮酒后或者醉酒驾驶机动车发生重大交通事故，终生不得重新取得机动车驾驶证。

相关知识：我国司法实践中以血液中酒精含量80毫克/100毫升作为饮酒与醉酒的分界线。每100毫升血液中，酒精含量达到20～79毫克，属于酒后开车；酒精含量达到80毫克以上，属于醉酒驾车。

练习题

单选题

1) 机动车驾驶人有以下哪种违法行为的，暂扣6个月机动车驾驶证？
A. 醉酒后驾驶机动车的
B. 伪造、变造机动车驾驶证的
C. 饮酒后驾驶机动车的
D. 使用伪造、变造机动车驾驶证

答案：C

2) 以下哪种行为处10日以下拘留，并处1000元以上2000元以下罚款，吊销机动车驾驶证？
A. 醉酒驾驶机动车的
B. 故意遮挡机动车号牌的
C. 使用其他车辆保险标志的
D. 饮酒后驾驶机动车被处罚，再次饮酒后驾驶机动车的

答案：D

3) 饮酒后或者醉酒驾驶机动车发生重大交通事故构成犯罪的，依法追究刑事责任，吊销机动车驾驶证，多少年内不得申请机动车驾驶证？

A. 5 年　　B. 10 年　　C. 20 年　　D. 终生

答案：D

4) 机动车驾驶人血液中酒精含量大于或等于多少可认定为醉酒驾驶？
A. 20 毫克/100 毫升　　B. 60 毫克/100 毫升
C. 80 毫克/100 毫升　　D. 50 毫克/100 毫升

答案：C

5) 醉酒驾驶营运机动车的，由公安机关交通管理部门约束至酒醒，并做怎样处理？
A. 暂扣机动车　　　　B. 暂扣行驶证
C. 吊销机动车驾驶证　D. 终生禁驾

答案：C

6) 饮酒后驾驶营运机动车的，吊销机动车驾驶证，且多长时间内不得重新取得机动车驾驶证？
A. 1 年　　B. 2 年　　C. 5 年　　D. 10 年

答案：C

7) 关于酒醉驾驶机动车的处罚，以下哪个说法错误？
A. 公安机关交通管理部门约束至酒醒
B. 吊销驾驶证
C. 5 年内不得重新取得机动车驾驶证
D. 记 6 分

答案：D

判断题

当驾驶人的血液中酒精含量为100毫克/100毫升时，属于醉酒驾驶。

答案：√

3 涉及登记证书、号牌、证件、标志违法的处罚

上道路行驶的机动车未随车携带行驶证、驾驶证的，公安机关交通管理部门应当扣留机动车，并处警告或者20元以上200元以下罚款。伪造、变造或者使用伪造、变造的机动车驾驶证的，由公安机关交通管理部门予以收缴，依法拘留，扣留车辆；构成犯罪的，依法追究刑事责任。

练习题

单选题

上道路行驶的机动车驾驶人未随车携带行驶证、驾驶证的，除扣留机动车外，并受到什么处罚？

A. 警告　B. 罚款　C. 拘留　D. 吊销驾驶证

答案：B

判断题

1) 伪造、变造机动车驾驶证构成犯罪的，将被

依法追究刑事责任。

答案：√

2）上路行驶的机动车未随车携带身份证的，交通警察可依法扣留机动车。

答案：×

3）伪造、变造或者使用伪造、变造的机动车驾驶证的驾驶人，构成犯罪的，依法追究刑事责任。

答案：√

4 货运机动车违法超载处罚

货运机动车超过核定载质量的，由公安机关交通管理部门扣留机动车至违法状态消除，处200元以上500元以下罚款；超过核定载质量30%或者违反规定载客的，处500元以上2000元以下罚款。

练习题

单选题

1）货运机动车超过核定载质量，但没有超过核定载质量30%的，处多少罚款？
A. 100元以上200元以下
B. 200元以上500元以下
C. 500元以上1000元以下
D. 1000元以上

答案：B

2）货运机动车超过核定载质量，但没有超过核定载质量多少的，处200元以上500元以下罚款？
A. 15%　　B. 20%　　C. 25%　　D. 30%

答案：D

3）货运机动车超过核定载质量30%或者违反规定载客的，处多少罚款？
A. 200元以上500元以下
B. 500元
C. 500元以上2000元以下
D. 2000元以上

答案：C

4）货运机动车超过核定载质量多少或者违反规定载客的，处500元以上2000元以下罚款？
A. 15%　　B. 20%　　C. 25%　　D. 30%

答案：D

判断题

货运机动车装载超过核定质量的，公安机关交通管理部门应当扣留机动车，直至消除违法状态。

答案：√

5 其他违法行为处罚

有下列行为之一的，由公安交通管理部门处200元以上2000元以下罚款：

（1）未取得机动车驾驶证驾驶机动车的；

（2）将机动车交由未取得机动车驾驶证的人驾驶的；

（3）造成交通事故后逃逸，尚不构成犯罪的（可以并处15日以下拘留）；

（4）机动车行驶超过规定时速50%的（并处吊销机动车驾驶证）。

驾驶拼装的机动车或者已达到报废标准的机动车上道路行驶的，公安机关交通管理部门应当予以收缴，强制报废，对驾驶人处200元以上2000元以下罚款，并吊销机动车驾驶证。

练习题

单选题

1）以下哪种行为会受到200元以上2000元以下罚款，并处吊销机动车驾驶证？
A. 违反道路通行规定　　B. 超过规定时速50%
C. 造成交通事故后逃逸　　D. 驾车没带驾驶证

答案：B

2）驾驶拼装机动车上路行驶的驾驶人，除按规定接受罚款外，还要受到下列哪种处理？
A. 暂扣驾驶证　　　　　　B. 吊销驾驶证
C. 追究刑事责任　　　　　D. 处10日以下拘留

答案：B

3）驾驶报废机动车上路行驶的驾驶人，除按规定接受罚款外，还要受到下列哪种处理？
A. 收缴驾驶证　　　　　　B. 撤销驾驶许可
C. 强制恢复车况　　　　　D. 吊销驾驶证

答案：D

4）对驾驶已达到报废标准的机动车上路行驶的驾驶人，会受到下列哪种处罚？
A. 处20元以上200元以下罚款
B. 追究刑事责任
C. 处15日以下拘留
D. 吊销机动车驾驶证

答案：D

5）对驾驶拼装机动车上路行驶的驾驶人，会受到下列哪种处罚？
A. 依法追究刑事责任
B. 200元以上2000元以下罚款，并吊销机动车驾驶证

C. 扣留机动车驾驶证

D. 处 15 日以下拘留

答案：B

6) 驾驶达到报废标准的机动车上路行驶的，公安交通管理部门将会予以收缴。以下哪个说法是错误的？

A. 驾驶报废车影响行车安全

B. 报废车机械老化，容易发生交通事故

C. 车辆不符合安全技术标准，需要强制报废

D. 不美观，影响城市形象

答案：D

7) 将机动车交由未取得机动车驾驶证的人驾驶的，由公安交通管理部门处 200 元以上 2000 元以下罚款，可以并处以下哪种处罚？

A. 15 日以下拘留

B. 吊销驾驶证

C. 扣留车辆

D. 5 年内不得重新取得新驾驶证

答案：B

判断题

1) 驾驶拼装的机动车上路行驶的，公安机关交通管理部门应当予以收缴，强制报废，对驾驶人处 200 元以上 2000 元以下罚款，并吊销机动车驾驶证。

答案：√

2) 驾驶机动车超过规定时速 50% 的行为，会受到 200 元以上 2000 元以下罚款，并处吊销机动车驾驶证。

答案：√

3) 未取得驾驶证驾驶机动车的，应追究其法律责任。

答案：√

4) 拼装的机动车只要认为安全就可以上路行驶。

答案：×

5) 已经达到报废标准的机动车经大修后可以上路行驶。

答案：×

▶ 1.6.3 道路交通安全违法刑事处罚

1 交通肇事罪

违反交通运输管理法规，因而发生重大事故，致人重伤、死亡或者使公私财产遭受重大损失的，处 3 年以下有期徒刑或者拘役；交通运输肇事后逃逸或者有其他特别恶劣情节的，处 3 年以上 7 年以下有期徒刑；因逃逸致人死亡

的，处 7 年以上有期徒刑。

交通肇事致一人以上重伤，负事故全部或者主要责任，并具有下列情形之一的，构成交通肇事罪：

（1）酒后、吸食毒品后驾驶机动车的；

（2）无驾驶资格驾驶机动车的；

（3）明知是安全装置不全或者安全机件失灵的机动车而驾驶的；

（4）明知是无牌证或者已报废的机动车而驾驶的；

（5）严重超载驾驶的；

（6）为逃避法律追究逃离事故现场的。

练习题

单选题

1) 驾驶人违反交通运输管理法规发生重大事故致人重伤、死亡，会受到什么刑罚？

A. 处 3 年以下徒刑或者拘役

B. 处 3 年以上 7 年以下徒刑

C. 处 5 年以上徒刑

D. 处 7 年以上徒刑

答案：A

2) 驾驶人违反交通运输管理法规发生重大事故使公私财产遭受重大损失，会受到什么刑罚？

A. 处 5 年以上徒刑

B. 处 3 年以下徒刑或者拘役

C. 处 3 年以上徒刑

D. 处 3 年以上 7 年以下徒刑

答案：B

3) 驾驶人在交通运输肇事后逃逸的处多少年有期徒刑？

A. 7 年以上　　　　B. 3 年以下

C. 3 年以上 7 年以下　D. 10 年以上

答案：C

4) 驾驶人在交通运输肇事后逃逸致人死亡的处多少年有期徒刑？

A. 2 年以下　　　　B. 3 年以下

C. 7 年以下　　　　D. 7 年以上

答案：D

5) 驾驶人违反交通运输管理法规发生重大事故致人死亡且逃逸的，处多少年有期徒刑？

A. 10 年以上　　　　B. 7 年以上

C. 3 年以上 7 年以下　D. 3 年以下

答案：C

6) 驾驶人违反交通运输管理法规发生重大事故后，因逃逸致人死亡的，处几年有期徒刑？

A. 2 年以下　　　　B. 3 年以下
C. 7 年以下　　　　D. 7 年以上
答案：D

7）交通肇事致一人以上重伤，负事故全部或者主要责任，并具有下列哪种行为的，构成交通肇事罪？
　　A. 未带驾驶证
　　B. 酒后、吸食毒品后驾驶机动车的
　　C. 未报警
　　D. 未抢救受伤人员
答案：B

8）交通肇事致一人以上重伤，负事故全部或者主要责任，并具有下列哪种行为的，构成交通肇事罪？
　　A. 未带驾驶证
　　B. 未报警
　　C. 无驾驶资格驾驶机动车的
　　D. 未抢救受伤人员
答案：C

9）交通肇事致一人以上重伤，负事故全部或主要责任，并具有下列哪种行为的，构成交通肇事罪？
　　A. 未带驾驶证
　　B. 未报警
　　C. 明知是安全装置不全或者安全机件失灵的机动车而驾驶的
　　D. 未抢救受伤人员
答案：C

10）交通肇事致一人以上重伤，负事故全部或者主要责任，并具有下列哪种行为的，构成交通肇事罪？
　　A. 未带驾驶证　　B. 未报警
　　C. 严重超载驾驶的　　D. 未抢救受伤人员
答案：C

11）交通肇事致一人以上重伤，负事故全部或主要责任，并具有下列哪种行为的，构成交通肇事罪？
　　A. 未抢救受伤人员
　　B. 未带驾驶证
　　C. 未报警
　　D. 为逃避法律追究逃离事故现场的
答案：D

判断题

1）驾驶人违反交通运输管理法规发生重大事故致人重伤的，可能处 3 年以下徒刑或拘役。
答案：√

2）驾驶人违反交通运输管理法规发生重大事故致人死亡的，处 3 年以上有期徒刑。
答案：×

3）驾驶人违反交通运输管理法规发生重大事故使公私财产遭受重大损失的，可能处 3 年以下有期徒刑或拘役。
答案：√

4）驾驶人违反交通运输法规发生重大事故后，逃逸或者有其他特别恶劣情节的，处 7 年以上有期徒刑。
答案：×

5）驾驶人违反交通运输法规发生重大事故后，因驾驶人逃逸致人死亡的，处 3 年以上 7 年以下有期徒刑。
答案：×

6）交通运输肇事后逃逸或者有其他特别恶劣情节的，处 7 年以上有期徒刑。
答案：×

7）交通运输肇事后因驾驶人逃逸致人死亡的，处 3 年以上 7 年以下有期徒刑。
答案：×

2 危险驾驶罪

　　在道路上驾驶机动车追逐竞驶，情节恶劣的，或者在道路上醉酒驾驶机动车的，处拘役，并处罚金。同时构成其他犯罪的，依照处罚较重的规定定罪处罚。

练习题

单选题

1）驾驶机动车在道路上追逐竞驶，情节恶劣，会受到什么处罚？
　　A. 处拘役，并处罚金
　　B. 处管制，并处罚金
　　C. 处 1 年以上徒刑
　　D. 处 6 个月徒刑
答案：A

2）醉酒驾驶机动车在道路上行驶会受到什么处罚？
　　A. 处 2 年以下徒刑　　B. 处拘役，并处罚金
　　C. 处 2 年以上徒刑　　D. 处管制，并处罚金
答案：B

3）以下哪项行为可构成危险驾驶罪？
　　A. 闯红灯　　　　B. 无证驾驶
　　C. 疲劳驾驶　　　D. 醉酒驾驶
答案：D

1）驾驶人在道路上驾驶机动车追逐竞驶，情节恶劣的，处 3 年以下有期徒刑。

答案：×

2）驾驶人在道路上醉酒驾驶机动车的，处 3 年以上有期徒刑。

答案：×

1.7 道路交通事故处理相关规定

▶ 1.7.1 事故现场处置

1 事故报警

在道路上发生交通事故，造成人身伤亡的，车辆驾驶人应当立即抢救受伤人员，并迅速报告执勤的交通警察或者公安机关交通管理部门。

在道路上发生未造成人身伤亡的交通事故，当事人对交通事故事实及成因有争议的，应当迅速报警。

机动车发生交通事故，造成道路、供电、通信等公共设施损毁的，驾驶人应当报警等候处理，不得驶离。

发生死亡事故、伤人事故的，或者发生财产损失事故且有下列情形之一的，当事人应当保护现场并立即报警：

（1）驾驶人有饮酒、服用国家管制的精神药品或者麻醉药品嫌疑的；

（2）机动车无号牌或者使用伪造、变造的号牌的；

（3）当事人不能自行移动车辆的。

事故报警时，当事人要向交通警察提供事故地点、人员伤亡情况、肇事车辆号牌等信息，并携助交通警察快速定位到达事故现场。

行车中遇有前方发生交通事故，需要帮助时，应协助保护现场，并立即报警。行车中遇交通事故受伤者需要抢救时，应及时将伤者送医院抢救或拨打急救电话。

练习题

单 选 题

1）驾驶机动车发生交通事故，仅造成财产损失，但是对交通事故事实及成因有争议的应当怎么处理？

A. 占道继续和对方争辩

B. 迅速报警

C. 找中间人帮助解决

D. 自行协商损害赔偿事宜

答案：B

2）遇到这种单方交通事故，应如何处理？

A. 不用报警

B. 直接联系路政部门进行理赔

C. 报警

D. 直接联系绿化部门

答案：C

3）发生交通事故时，遇到下列哪种情况，当事人应当保护现场并立即报警？

A. 未造成人员伤亡的

B. 未发生财产损失事故的

C. 未损害公共设施及建筑物的

D. 驾驶人有酒后驾驶嫌疑的

答案：D

4）行车中遇有前方发生交通事故，需要帮助时，应怎样做？

A. 尽量绕道躲避

B. 立即报警，停车观望

C. 协助保护现场，并立即报警

D. 加速通过，不予理睬

答案：C

5）行车中遇交通事故受伤者需要抢救时，应怎样做？

A. 及时将伤者送医院抢救或拨打急救电话

B. 尽量避开，少惹麻烦

C. 绕过现场行驶

D. 借故避开现场

答案：A

判 断 题

1）发生交通事故造成人员受伤时，要保护现场并立即报警。

答案：√

2）在道路上发生交通事故造成人身伤亡时，要立即抢救受伤人员并迅速报警。

答案：√

3）驾驶机动车在道路上发生交通事故造成人身伤亡的，驾驶人必须报警。

答案：√

4）道路交通事故中，驾驶人有饮酒、醉酒嫌疑时，要保护现场并立即报警。

答案：√

5）道路交通事故中，机动车无号牌、检验合格标志、保险标志时，要保护现场并立即报警。

答案：√

6）驾驶机动车在道路上发生交通事故，当事人不能自行移动车辆的，应当保护现场并立即报警。

答案：√

7）事故报警时，要向交警提供事故地点、人员伤情、车辆号牌等信息，协助交警快速定位到达现场。

答案：√

8）驾驶机动车碰撞建筑物、公共设施后可自行撤离现场。

答案：×

9）在道路上造成人身伤亡、事故后果非常严重的交通事故，可自行撤离现场。

答案：×

2 事故现场处置

在道路上发生交通事故，车辆驾驶人应当立即停车，保护现场。因抢救受伤人员变动现场的，应当标明位置。

机动车与机动车发生财产损失事故，为了及时恢复交通，避免造成交通拥堵，当事人应当在确保安全的原则下，采取现场拍照或者标画事故车辆现场位置等方式固定证据后，立即撤离现场，将车辆移至不妨碍交通的地点，再协商处理损害赔偿事宜。

（练习题）

单选题

机动车与机动车发生财产损失事故，当事人应当在确保安全的原则下，采取现场拍照或者标画事故车辆现场位置等方式固定证据后，可自行撤离现场处理损害赔偿事宜，其主要目的是什么？
A. 双方互有损失，留有证据
B. 找现场证人就行，不必报警
C. 为了及时恢复交通，避免造成交通拥堵
D. 事故后果很小，无须赔偿

答案：C

判断题

1）驾驶机动车在道路上发生交通事故要立即将车移到路边。

答案：×

2）驾驶人在发生交通事故后因抢救伤员变动现场时要标明位置。

答案：√

3）驾驶机动车在道路上发生交通事故，任何情况下都应标明现场位置后，先行撤离现场。

答案：×

▶ 1.7.2 道路交通事故处理

1 自行协商事故处理

在道路上发生交通事故，仅造成轻微财产损失，并且基本事实清楚的，当事人应当先撤离现场再进行协商处理。

在道路上发生交通事故，未造成人身伤亡，当事人对事实及成因无争议的，可以自行撤离现场，恢复交通，自行协商处理损害赔偿事宜。

（练习题）

单选题

1）驾驶机动车发生以下交通事故，哪种情况适用自行协商解决？
A. 对方饮酒的
B. 对事实及成因有争议的
C. 未造成人身伤亡，对事实及成因无争议的
D. 造成人身伤亡的

答案：C

2）在道路上发生未造成人员伤亡且无争议的轻微交通事故，可如何处置？
A. 保护好现场再协商
B. 不要移动车辆
C. 疏导其他车辆绕行
D. 撤离现场自行协商

答案：D

3）驾驶机动车发生交通事故未造成人员伤亡的，责任明确双方无争议时，可如何处置？
A. 保护好现场再协商
B. 不要移动车辆
C. 疏导其他车辆绕行
D. 撤离现场自行协商

答案：D

4）发生无人员伤亡、财产轻微损失的交通事故

后，以下哪个做法正确？

A. 必须报警，等候警察处理

B. 开车离开现场

C. 确保安全的情况下，对现场拍照，然后将车辆移至路边等不妨碍交通的地点

D. 停在现场保持不动

答案：C

判断题

1) 驾驶机动车发生财产损失交通事故，当事人对事实及成因无争议的，可先撤离现场。

答案：√

2) 驾驶机动车发生财产损失交通事故后，当事人对事实及成因无争议的，移动车辆时需要标画事故车现场位置。

答案：√

3) 机动车在道路上发生轻微交通事故且妨碍交通时，不需动。

答案：×

4) 两辆机动车发生轻微碰擦事故后，为保证理赔，必须等保险公司人员到场鉴定后才能撤离现场。

答案：×

5) 机动车之间发生交通事故，不管有没有人员伤亡，只要双方当事人同意，都可以自行协商解决。

答案：×

2 事故现场的强制撤离

在道路上发生交通事故后，对应当自行撤离现场而未撤离的，交通警察应当责令当事人撤离现场；造成交通堵塞的，对驾驶人处以200元罚款。车辆发生轻微剐蹭事故，双方驾驶人争执不下，坚持在原地等待警察来处理，造成路面堵塞，驾驶人的行为会受到罚款处罚。

判断题

1) 机动车发生财产损失交通事故，对应当自行撤离现场而未撤离的，交通警察不可以责令当事人撤离现场。

答案：×

2) 机动车发生轻微财产损失的交通事故，对应当自行撤离现场而未撤离的，交通警察有权责令当事人撤离现场。

答案：√

3) 机动车发生财产损失交通事故，对应当自行撤离现场而未撤离造成交通堵塞的，可以对驾驶人处以200元罚款。

答案：√

4) 车辆发生轻微剐蹭事故，双方驾驶人争执不下，坚持在原地等待警察来处理，造成路面堵塞，该行为会受到罚款处罚。

答案：√

5) 机动车在道路上发生轻微交通事故，且妨碍交通时，不需移动车辆。

答案：×

6) 机动车之间发生轻微碰擦事故后，为了保证理赔，必须等保险公司人员到场鉴定后才能撤离现场。

答案：×

3 道路交通事故认定

机动车与行人之间发生交通事故，机动车一方没有过错的，承担不超过10%的赔偿责任。交通事故是由非机动车驾驶人、行人故意碰撞机动车造成的，机动车一方不承担赔偿责任。当事人故意破坏、伪造现场、毁灭证据的，承担全部责任。

单选题

驾驶机动车发生交通事故后，当事人故意破坏、伪造现场、毁灭证据的，应当承担什么责任？

A. 主要责任　　　　B. 次要责任

C. 同等责任　　　　D. 全部责任

答案：D

判断题

1) 驾驶机动车，与行人之间发生交通事故，造成人员伤亡，财产损失的，机动车一方没有过错的，不承担赔偿责任。

答案：×

2) 非机动车驾驶人、行人故意碰撞机动车造成交通事故的，机动车一方不承担赔偿责任。

答案：√

3) 驾驶机动车发生交通事故后，当事人故意破坏、伪造现场、毁灭证据的，承担全部责任。

答案：√

2 机动车基本知识

2.1 常见操纵装置

2.1.1 驾驶操纵装置

1 转向盘

操纵转向盘时，双手握在转向盘两侧盘缘，食指到小指四个指头由内向外自然地握住拇指自然按住转向盘。

练习题

判断题

这种握转向盘的动作是正确的。

答案：×

2 踏板、操纵杆

汽车踏板有离合器踏板、制动踏板、加速踏板。操纵杆有变速器操纵杆、驻车制动操纵杆。

踏板、操纵杆

练习题

单选题

1）这是什么踏板？

A. 加速踏板　　　　　　B. 离合器踏板
C. 制动踏板　　　　　　D. 驻车制动踏板

答案：B

2）这是什么踏板？

A. 加速踏板　　　　　　B. 离合器踏板
C. 制动踏板　　　　　　D. 驻车制动踏板

答案：C

3）这是什么踏板？

A. 加速踏板　　　　B. 离合器踏板
C. 制动踏板　　　　D. 驻车制动踏板

答案：A

4）这是什么操纵装置？

A. 节气门操纵杆　　　B. 驻车制动器操纵杆
C. 变速器操纵杆　　　D. 离合器操纵杆

答案：C

5）这是什么操纵装置？

A. 驻车制动器操纵杆　　B. 节气门操纵杆
C. 变速器操纵杆　　　　D. 离合器操纵杆

答案：A

2.1.2 各种开关

1 点火开关

点火开关用于接通或切断起动机、点火和电器线路。START 位置起动机起动；I 或 ACC 位置，发动机关闭，其他车用电器可正常使用；ON 位置，发动机工作；LOCK 位置，发动机熄火，拔出钥匙转向盘会锁住。

练习题

单选题

这是什么操纵装置？

A. 灯光开关　　　B. 空调开关
C. 点火开关　　　D. 雨刷开关

答案：C

判断题

1）将点火开关转到 ACC 位置，起动机工作。

答案：×

2）点火开关在 ON 位置，车用电器不能使用。

答案：×

3）点火开关在 LOCK 位置，拔出钥匙转向盘会锁住。

答案：√

4）点火开关在START位置起动机起动。

答案：√

2 灯光、信号组合开关

灯光、信号组合开关，可控制前照灯（远光灯和近光灯）、转向灯、示廓灯、雾灯和信号灯光。打开开关，旋转到标识灯光的图案，相应的灯点亮。将开关向上提，右转向灯亮；将开关向下拉，左转向灯亮。

灯光、信号组合开关

在这个位置，前照灯亮

上提，右转向灯亮；下拉，左转向灯亮

旋转开关这一挡控制前后雾灯

练习题

单选题

1）这是什么操纵装置？

A. 灯光、信号组合开关
B. 倒车灯开关
C. 刮水器开关
D. 危险报警闪光灯开关

答案：A

2）提拉这个开关控制机动车哪个部位？

A. 倒车灯　　　　　B. 左右转向灯
C. 示廓灯　　　　　D. 报警闪光灯

答案：B

3）旋转开关这一挡控制机动车哪个部位？

A. 左右转向灯　　　B. 近光灯
C. 前后雾灯　　　　D. 远光灯

答案：C

判断题

1）将转向灯开关向下拉，右转向灯亮。

答案：×

2）灯光开关旋转到这个位置时，全车灯光点亮。

答案：×

3）灯光开关在这个位置时，前雾灯点亮。

答案：√

4）灯光开关在这个位置时，后雾灯点亮。

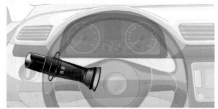

答案：√

3　刮水器与洗涤器开关

　　刮水器与洗涤器开关控制刮水器与洗涤器。上下搬动开关，前风窗玻璃刮水器开始工作。

（练习题）

单选题

1）这是什么操纵装置？

A. 除雾器开关　　　　B. 转向灯开关
C. 前照灯开关　　　　D. 刮水器开关

答案：D

2）这个开关控制机动车哪个部位？

A. 风窗玻璃除雾器　　B. 风窗玻璃刮水器
C. 危险报警闪光灯　　D. 照明、信号装置

答案：B

判断题

　　上下扳动这个开关前风窗玻璃刮水器开始工作。

答案：√

4　除雾器开关

　　上方的按钮是前风窗玻璃除雾开关，下方的按钮是后风窗玻璃除雾开关。

（练习题）

单选题

　　这是什么操纵装置？

A. 除雾器开关　　　　B. 转向灯开关
C. 前照灯开关　　　　D. 刮水器开关

答案：A

判断题 按下这个开关，后风窗玻璃除霜器开始工作。 答案：× ## 2.2 车辆主要安全装置 ### 1 仪表 速度和里程表：单位为公里/小时（km/h），指针所指的数字显示当前车辆的行驶速度。 发动机转速表：单位为1000转/分（r/min）；指针所指的数字显示当前发动机转速。 水温表：单位为℃。"C"表示温度低，"H"表示温度高，指针所指的位置显示当前冷却液的温度。 燃油表："E"表示空，"1/2"表示一半，"F"表示满。指针指在红色警告线以内时，提示燃油箱内燃油不足。  	**练习题** **单选题** 1）这个仪表是何含义？ A. 发动机转速表　　B. 行驶速度表 C. 区间里程表　　　D. 百公里油耗表 答案：A 2）这个仪表是何含义？ A. 百公里油耗表　　B. 速度和里程表 C. 发动机转速表　　D. 最高时速值表 答案：B 3）这个仪表是何含义？ A. 电流表　B. 压力表　C. 水温表　D. 燃油表 答案：C 4）这个仪表是何含义？ A. 电流表　B. 压力表　C. 水温表　D. 燃油表 答案：D 5）以下哪个仪表是发动机转速表？ 图1：　图2： 图3：　图4： A. 图1　　B. 图2　　C. 图3　　D. 图4 答案：A

6）以下哪个仪表是速度和里程表？

图1：　图2：

图3：　图4：

A. 图1　　B. 图2　　C. 图3　　D. 图4

答案：B

7）以下哪个仪表是冷却液温度表？

图1：　图2：

图3：　图4：

A. 图1　　B. 图2　　C. 图3　　D. 图4

答案：C

8）以下哪个仪表是燃油表？

图1：　图2：

图3：　图4：

A. 图1　　B. 图2　　C. 图3　　D. 图4

答案：D

判断题

1）仪表显示当前车速是20公里/小时。

答案：×

2）仪表显示当前发动机转速是6000转/分。

答案：×

3）仪表显示当前冷却液的温度是90℃。

答案：√

4）仪表显示油箱内存油量已在警告线以内。

答案：√

2　指示灯

图示	表示	图示	表示
 ⊯	前雾灯打开	 ⫤D	已开启近光灯
 ⫣	后雾灯打开	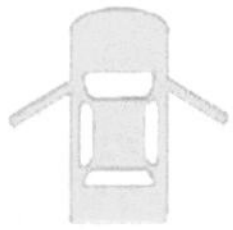 🚗	两侧车门开启或提示两侧车门未关闭

图示	表示	图示	表示
	前后位置灯开启		提示左侧车门未关闭
	已开启远光灯		提示右侧车门未关闭
	左转向指示灯开启		右转向指示灯开启

练习题

单选题

1）机动车仪表板上（如图所示）亮表示什么？

A. 前雾灯打开　　B. 后雾灯打开
C. 前照灯近光打开　D. 前照灯远光打开

答案：A

2）机动车仪表板上（如图所示）亮表示什么？

A. 前雾灯打开　　B. 后雾灯打开
C. 前照灯近光打开　D. 前照灯远光打开

答案：B

3）机动车仪表板上（如图所示）亮表示什么？

A. 危险报警闪光灯开启　B. 前照灯开启
C. 前后位置灯开启　　D. 前后雾灯开启

答案：C

4）机动车仪表板上（如图所示）亮时表示什么？

A. 已开启前照灯近光
B. 已开启前雾灯
C. 已开启前照灯远光
D. 已开启后雾灯

答案：C

5）机动车仪表板上（如图所示）亮时表示什么？

A. 已开启前照灯远光
B. 已开启前雾灯
C. 已开启后雾灯
D. 已开启前照灯近光

答案：D

6）机动车仪表板上（如图所示）亮表示什么？

A. 左转向指示灯闪烁
B. 右转向指示灯闪烁
C. 车前后位置灯亮起
D. 车前后示宽灯亮起

答案：B

7）机动车仪表板上（如图所示）亮表示什么？

A. 车前后位置灯亮起
B. 右转向指示灯闪烁
C. 左转向指示灯闪烁
D. 车前后示宽灯亮起

答案：C

8）机动车仪表板上（如图所示）亮表示什么？

A. 两侧车门开启 　　B. 行李舱开启
C. 发动机舱开启 　　D. 燃油箱盖开启

答案：A

9）下列那个指示灯亮表示车辆在使用近光灯？

A. 9a　　B. 9b　　C. 9c　　D. 9d

答案：C

10）下列那个指示灯亮表示车辆在使用远光灯？

A. 10a　　B. 10b　　C. 10c　　D. 10d

答案：D

11）为提示车辆和行人注意，雾天必须开启哪个灯？

A. 图1　　B. 图2　　C. 图3　　D. 图4

答案：D

12）车辆发生意外时，要及时打开哪个灯？

图1:　　　　图2:

图3:　　　　图4:

A. 图1　　B. 图2　　C. 图3　　D. 图4

答案：D

判断题

1）打开前雾灯开关，（如图所示）亮起。

答案：×

2）打开后雾灯开关，（如图所示）亮起。

答案：×

3）打开位置灯开关，（如图所示）亮起。

答案：√

4）开启前照灯远光时，仪表板上（如图所示）亮起。

答案：×

5）开启前照灯近光时，仪表板上（如图所示）亮起。

答案：×

6）打开左转向灯开关，（如图所示）亮起。

答案：×

7) 打开右转向灯开关，（如图所示）亮起。

答案：×

8) 机动车仪表板上（如图所示）亮，提示两侧车门未关闭。

答案：√

9) 机动车仪表板上（如图所示）亮，提示左侧车门未关闭。

10) 机动车仪表板上（如图所示）亮，提示右侧车门未关闭。

答案：×

答案：×

3 开关符号

符号图示	表示	开关符号	表示
车灯总开关		地板及前风窗玻璃吹风	
空气外循环		冷风暖气风扇	
空气内循环		前风窗玻璃刮水器开关	
地板及迎面出风		前风窗玻璃刮水器及洗涤器开关	
迎面吹风		车门锁住开锁开关	

练习题

单选题

1) 机动车仪表板上（如图所示）这个符号表示什么？

A. 近光灯开关　　　B. 远光灯开关
C. 车灯总开关　　　D. 后雾灯开关

答案：C

2) 机动车仪表板上（如图所示）亮表示什么？

A. 空气内循环　　　B. 空气外循环
C. 迎面吹风　　　　D. 风窗玻璃除霜

答案：B

3) 机动车仪表板上（如图所示）亮表示什么？

A. 迎面出风　　　　B. 空气外循环
C. 空气内循环　　　D. 风窗玻璃除霜

答案：C

4）机动车仪表板上（如图所示）这个符号表示什么？

A. 冷风暖气风扇　　B. 空调制冷
C. 空气循环　　　　D. 雪地起步模式

答案：A

5）机动车仪表板上（如图所示）亮表示什么？

A. 空气内循环　　　B. 地板及迎面出风
C. 空气外循环　　　D. 迎面及地板吹风

答案：B

6）机动车仪表板上（如图所示）亮表示什么？

A. 空气内循环　　　B. 迎面出风
C. 空气外循环　　　D. 迎面吹风

答案：D

7）（如图所示）这个符号的开关控制什么装置？

A. 前风窗玻璃刮水器
B. 后风窗玻璃除霜
C. 后风窗玻璃刮水器
D. 前风窗玻璃除霜

答案：A

8）（如图所示）这个符号的开关控制什么装置？

A. 后风窗玻璃除霜或除雾
B. 前风窗玻璃刮水器及洗涤器
C. 后风窗玻璃刮水器及洗涤器
D. 前风窗玻璃除霜或除雾

答案：B

9）（如图所示）这个符号的开关控制什么装置？

A. 儿童安全锁　　　B. 两侧车窗玻璃
C. 电动车门　　　　D. 车门锁住开锁

答案：D

判断题

机动车仪表板上（如图所示）亮表示启用地板及前风窗玻璃吹风。

答案：√

4 报警灯

亮灯图示	表示	亮灯图示	表示
	制动系统出现异常或故障		机油压力过低或机油量不足
	冷却液不足		充电电路故障或发电机不向蓄电池充电
	发动机温度过高		发动机控制系统故障

亮灯图示	表示	亮灯图示	表示
	危险报警闪光灯（故障停车信号灯）开启		安全气囊处于故障状态
	没系安全带或安全带插头未插好		防抱死制动系统出现故障
	驻车制动器处于制动状态		油箱内燃油已到最低液面

练习题

单选题

1）机动车仪表板上（如图所示）报警灯亮表示什么？

　A. 充电电流过大　　　B. 蓄电池损坏
　C. 电流表故障　　　　D. 充电电路故障
答案：D

2）机动车仪表板上（如图所示）报警灯亮表示什么？

　A. 制动液不足　　　　B. 洗涤液不足
　C. 冷却系统故障　　　D. 冷却液不足
答案：D

3）机动车仪表板上（如图所示）报警灯亮表示什么？

　A. 没有系好安全带　　B. 安全带出现故障
　C. 已经系好安全带　　D. 安全带系得过松
答案：A

4）危险报警闪光灯用于什么场合？
　A. 在道路上跟车行驶时
　B. 遇到道路拥堵时
　C. 机动车发生故障停车时
　D. 引领后车行驶时
答案：C

5）机动车仪表板上（如图所示）报警灯亮表示什么？

　A. 右转向指示灯闪烁
　B. 危险报警闪光灯闪烁
　C. 左转向指示灯闪烁
　D. 车前后位置灯闪烁
答案：B

6）发动机起动后仪表板上（如图所示）报警灯亮表示什么？

　A. 机油压力过高
　B. 发动机主油道堵塞
　C. 机油压力过低
　D. 发动机曲轴箱漏气
答案：C

7）机动车仪表板上（如图所示）报警灯亮表示什么？

A. 制动踏板没回位　　B. 驻车制动解除
C. 行车制动器失效　　D. 制动系统出现异常

答案：D

8）行车中仪表板上（如图所示）报警灯亮表示什么？

A. 发动机温度过低
B. 发动机温度过高
C. 发动机冷却系故障
D. 发动机润滑系故障

答案：B

9）机动车仪表板上（如图所示）报警灯亮表示什么？

A. 行车制动系统出现故障
B. 驻车制动器处于制动状态
C. 防抱死制动系统出现故障
D. 驻车制动器处于解除状态

答案：B

10）机动车仪表板上（如图所示）报警灯一直亮表示什么？

A. 防抱死制动系统故障
B. 安全气囊处于故障状态
C. 安全气囊处于工作状态
D. 安全带没有系好

答案：B

11）机动车仪表板上（如图所示）报警灯亮表示什么？

A. 防抱死制动系统故障
B. 驻车制动器处于解除状态
C. 安全气囊处于故障状态
D. 行车制动系统故障

答案：A

12）发动机起动后仪表板上（如图所示）报警灯亮表示什么？

A. 油箱内燃油已到最低液面
B. 发动机供油系统出现异常
C. 发动机点火系统出现故障
D. 燃油泵出现异常或者故障

答案：A

13）图中哪个警告灯亮提示充电电路异常或故障？

A. 图1　　B. 图2　　C. 图3　　D. 图4

答案：D

14）图中哪个警告灯亮提示发动机控制系统异常或故障？

A. 图1　　B. 图2　　C. 图3　　D. 图4

答案：C

15）图中哪个指示灯亮时，表示机油压力过低？

A. 图1　　B. 图2　　C. 图3　　D. 图4

答案：A

16) 图中哪个指示灯亮时，表示防抱死制动系统出现故障？

图1：　　　图2：

图3：　　　图4：

A. 图1　　B. 图2　　C. 图3　　D. 图4

答案：C

17) 行车中下列图中哪个灯亮，提示驾驶人车辆制动系统出现异常？

图1：　　　图2：

图3：　　　图4：

A. 图1　　B. 图2　　C. 图3　　D. 图4

答案：C

18) 图中哪个指示灯亮，表示油箱内燃油已到最低液面？

图1：　　　图2：

图3：　　　图4：

A. 图1　　B. 图2　　C. 图3　　D. 图4

答案：D

19) 图中哪个指示灯亮，表示发动机温度过高？

图1：　　　图2：

图3：　　　图4：

A. 图1　　B. 图2　　C. 图3　　D. 图4

答案：B

20) 行车中冷却液温度警告灯亮，可能是什么原因？

A. 缺少润滑油　　　B. 指示灯损坏

C. 缺少冷却液　　　D. 冷却液过多

答案：C

21) 图中哪个指示灯亮，提示驾驶人安全带插头未插入锁扣？

图1：　　　图2：

图3：　　　图4：

A. 图1　　B. 图2　　C. 图3　　D. 图4

答案：A

判断题

1) 机动车仪表板上（如图所示）报警灯亮时，提醒驾驶人座椅没调整好。

答案：×

2) 机动车仪表板上（如图所示）报警灯亮时，提醒驾驶人安全带插头未插入锁扣。

答案：√

3) 机动车发生故障时，（如图所示）报警灯闪烁。

答案：×

4) 开启故障停车信号灯时，（如图所示）报警灯闪烁。

答案：√

5）机动车仪表板上（如图所示）报警灯亮，提示发电机向蓄电池充电。

答案：✕

6）机动车仪表板上（如图所示）报警灯一直亮，表示发动机控制系统故障。

答案：√

7）机动车仪表板上（如图所示）报警灯亮表示发动机可能机油量不足。

答案：√

8）机动车仪表板上（如图所示）报警灯亮表示发动机可能机油压力过高。

答案：✕

9）机动车仪表板上（如图所示）报警灯亮时，提醒发动机冷却液可能不足。

答案：√

10）机动车仪表板上（如图所示）报警灯亮时提醒发动机需要加注机油。

答案：✕

11）机动车仪表板上（如图所示）报警灯亮，表示驻车制动器操纵杆可能没松到底。

答案：✕

12）机动车仪表板上（如图所示）报警灯亮，表示行车制动系统可能出现故障。

答案：√

13）机动车仪表板上（如图所示）报警灯亮时，不影响正常行驶。

答案：✕

14）机动车仪表板上（如图所示）报警灯亮时，表示驻车制动器处于制动状态。

答案：√

15）机动车仪表板上（如图所示）报警灯亮时，防抱死制动系统处于打开状态。

答案：✕

16）机动车仪表板上（如图所示）报警灯一直亮，表示安全气囊处于工作状态。

答案：✕

17）机动车仪表板上（如图所示）报警灯亮时，提醒发动机需要补充机油。

答案：✕

18）机油压力警告灯持续亮，可边行驶边观察，等待警告灯自行熄灭。

答案：✕

19）行车中，制动报警灯亮，应试踩一下制动踏板，只要有效，可正常行驶。

答案：✕

20）行车中，燃油警告灯亮，应及时到附近加油站加油，以免造成车辆滞留公路，发生交通事故。

答案：√

5 安全头枕

安全头枕的主要作用是在发生追尾事故时，能有效保护驾驶人的颈部不受伤害。调整安全头枕高度时，保持头枕中心与后脑中心平齐。

单选题

1）安全头枕在发生追尾事故时，能有效保护驾驶人的什么部位？

A. 腰部　　B. 胸部　　C. 颈部　　D. 头部

答案：C

2）驾驶机动车前，以下哪个说法错误？

A. 调整驾驶座椅，保证踩踏踏板舒适

B. 调整安全带的松紧与高低

C. 调整适合的转向盘位置

D. 调整安全头枕高度，使头枕正对驾驶人的颈椎

答案：D

判断题

安全头枕用于在发生追尾事故时保护驾驶人的头部不受伤害。

答案：✕

6 安全带

安全带的作用是在汽车发生碰撞时，减轻对驾乘人员的伤害。设有安全带装置的车辆，驾乘人员都应系好安全带。

单选题

1）机动车发生碰撞时安全带主要作用是什么？

A. 减轻驾乘人员伤害

B. 保护驾乘人员腰部

C. 保护驾乘人员颈部

D. 保护驾乘人员胸部

答案：A

2）图中安全带系法中，哪个是正确的？

图1：　　　　　图2：

图3： 　　　　　图4：

A. 图1　　B. 图2　　C. 图3　　D. 图4

答案：A

判断题

1）机动车发生碰撞时，安全带可以有效地保护驾驶人头部。

答案：✕

2）设有安全带装置的车辆，应要求车内乘员系安全带。

答案：√

3）机动车发生碰撞时，安全带可以减轻驾乘人员伤害。

答案：√

4）驾驶机动车在上道路行驶前驾驶人要按规定系好安全带。

答案：√

5）机动车上路行驶时，前排乘车人可不系安全带。

答案：✕

7 安全气囊

安全气囊是一种辅助驾乘人员保护装置。车辆发生正面碰撞时，只有安全气囊配合安全带的双重保护，才能充分发挥对驾乘人员的保护作用。

单选题

1）安全气囊是一种什么装置？

A. 驾驶人头颈保护系统

B. 防抱死制动系统

C. 电子制动力分配系统

D. 辅助驾乘人员保护装置

答案：D

2）安全气囊与什么配合才能充分发挥保护作用？

A. 座椅安全带　　　　B. 防抱死制动系统

C. 座椅安全头枕　　　D. 安全玻璃

答案：A

机动车发生正面碰撞时，安全气囊加上安全带的双重保护才能充分发挥作用。

答案：√

8 防抱死制动系统

汽车紧急制动时，防抱死制动系统（ABS）可防止车轮抱死，在提供最大制动力的同时能使车前轮保持转向能力。车辆紧急制动时，可用力踏制动踏板，但在紧急制动的同时转向，车轮还可能发生侧滑。另外，在冰雪路面上紧急制动时，ABS 无法有效缩短制动距离。

练习题

单选题

1）机动车在紧急制动时 ABS 会起到什么作用？

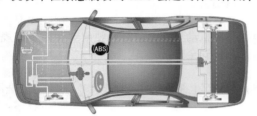

A. 缩短制动距离　　　B. 自动控制方向
C. 减轻制动惯性　　　D. 防止车轮抱死

答案：D

2）防抱死制动系统（ABS）在什么情况下可以最大限度发挥制动器效能？

A. 间歇制动　　　　　B. 持续制动
C. 缓踏制动踏板　　　D. 紧急制动

答案：D

判断题

1）机动车紧急制动时，ABS 在提供最大制动力的同时能使车前轮保持转向能力。

答案：√

2）装有 ABS 的机动车在冰雪路面上会最大限度地缩短制动距离。

答案：×

3）驾驶有 ABS 的机动车在紧急制动的同时转向会发生侧滑。

答案：√

4）安装防抱死制动系统（ABS）的机动车紧急制动时，可用力踏制动踏板。

答案：√

5）安装防抱死制动系统（ABS）的机动车制动时，制动距离会大大缩短，因此不必保持安全车距。

答案：×

6）防抱死制动系统（ABS）的主要功用是防止机动车紧急制动时出现轮胎打滑。

答案：×

3 场地与道路驾驶

货运驾驶员培训教材

3.1 场地驾驶

▶3.1.1 大型货车（B2）倒桩

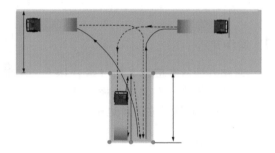

1 操作要求

驾驶大型货车从起点倒入乙库停正，随后两进两退移库至甲库停正，再前进从乙库出库至停止线，倒入甲库停正，前进返回起点线。

2 注意事项

（1）要按规定路线、顺序行驶；

（2）行驶中，车身不应超出道路边缘线或库位边线；

（3）车辆进退途中不应停车；

（4）项目完成时间不应超过8分钟。

▶3.1.2 重型牵引挂车（A2）倒桩

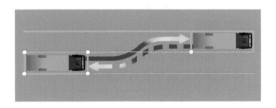

1 操作要求

驾驶半挂汽车从甲库向前驶入乙库停正，然后倒入甲库内停正。

2 注意事项

（1）要按规定路线、顺序行驶；

（2）行驶中，车身不应超出道路边缘线或库位边线；

（3）车辆进退途中不得停车。

▶3.1.3 坡道定点停车和起步

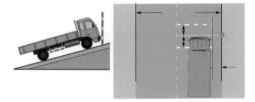

1 操作要求

驾驶大型货车在坡道上的停止线前准确平稳停车。停车后，拉紧驻车制动器，然后再平顺起步。

2 注意事项

（1）行驶过程中，车轮不应触轧道路边缘线；

（2）停车时，汽车前保险杠位于桩杆线上，车身距离右侧道路边缘线距离不应超过30厘米；

（3）起步时，车辆不应后溜，起步时间不应超过30秒。

▶ 3.1.4 侧方停车

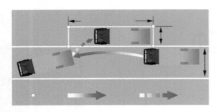

1 操作要求

车辆在库左前方一次倒车入库，再开启左转向灯后前进向左前方出库。出库后关闭转向灯。

2 注意事项

（1）车轮不应触轧道路边缘线或库位边线，车身不应触碰库位边线，车辆进退途中不应停车。

（2）重型牵引挂车完成时间不应超过2分钟，大型货车完成时间不应超过1.5分钟。

▶ 3.1.5 曲线行驶

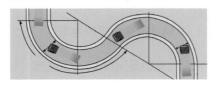

1 操作要求

驾驶大型货车从弯道的一端前进驶入，从另一端驶出。

2 注意事项

（1）重型牵引挂车、大型货车应以二挡（含）以上挡位通过。

（2）行驶中，车轮不应触轧车道边线，转向、速度应平稳，中途不应停车。

▶ 3.1.6 直角转弯

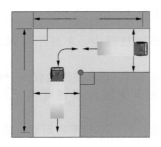

1 操作要求

驾驶大型货车按车道边线向右或向左直角转弯。转弯前，应开启转向灯，完成转弯后，应关闭转向灯。

2 注意事项

（1）行驶中，车轮不应触轧车道边线；

（2）中途不应停车。

▶ 3.1.7 通过单边桥

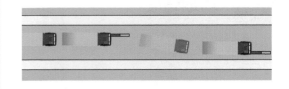

1 操作要求

驾驶大型货车应以2挡（含）以上，左前轮、左后轮依次从左侧单边桥上驶过，然后右前轮、右后轮依次从右侧单边桥上驶过。

2 注意事项

（1）行驶中，车轮不应落桥；

（2）中途不应停车。

▶ 3.1.8 通过限宽门

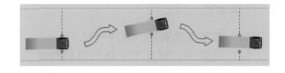

1 操作要求

驾驶大型货车以不低于8公里/小时的速度从三门之间穿越。

2 注意事项

（1）要按规定路线、顺序行驶；

（2）穿越过程中不应碰擦悬杆。

3.1.9 窄路掉头

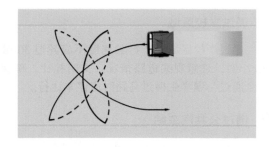

1 操作要求

驾驶大型货车行驶至掉头路段靠右停车后，确认安全后将车辆掉头。

2 注意事项

（1）掉头过程中，不应超过三进二退，进退途中车轮触地点不应触轧道路边缘线；

（2）完成时间不应超过 5 分钟。

3.1.10 模拟高速公路驾驶

驾驶大型货车驶至入口匝道后，开启左转向灯，向左侧回头观察来车情况，确认安全后，加速至最低限速后驶入行车道正常行驶，关闭转向灯。需要变更车道时，应当开启准备驶入车道一侧的转向灯，观察来车情况，确认安全后变更车道。驶出高速公路时，按照出口预告标志提前调整车速和车道。

3.1.11 模拟连续急弯山区路驾驶

驾驶大型货车行驶至弯道前减速，靠右行驶，鸣喇叭后驶入弯道。行驶时不应占用对方车道。

3.1.12 模拟隧道驾驶

驾驶大型货车行驶至隧道前观察隧道处道路交通标志，按标志要求操作。驶抵隧道时先减速，开启前照灯，鸣喇叭；禁止鸣喇叭的区域不应鸣喇叭。

3.1.13 模拟雨（雾）天驾驶

驾驶大型货车减速行驶，雨天视雨量大小选择刮水器挡位，雾天开启雾灯、示廓灯、前照灯、危险报警闪光灯。

3.1.14 模拟湿滑道路驾驶

驾驶大型货车进入湿滑路前，减速行驶；进入湿滑路后，使用低速挡匀速行驶，平稳控制大型货车方向通过。

3.1.15 模拟紧急情况处置

在正常行驶过程中，由系统随机选取一种紧急情况，用语音或灯光等进行模拟：

（1）前方突然出现障碍物时，应当立即制动，迅速停车，停车后开启危险报警闪光灯；

（2）模拟高速公路行驶遇爆胎等车辆故障时，应合理减速，观察后方跟车情况，确认安全后将车平稳停于应急车道，开启危险报警闪光灯，发出乘员撤离至护栏外的提示，正确摆放警告标志，驾驶人本人撤离至护栏外侧，模拟报警。

3.2 道路驾驶

3.2.1 上车起步

1 上车准备

上车前，应逆时针绕车一周，观察大型货车外观和周围环境，确认安全，打开车门前，应观察后方交通情况，确认安全后开门上车。

2 起步

起步前，检查车门是否完全关闭，调整座椅、内外后视镜，系好安全带。检查驻车制动器、挡位；起动发动机，检查仪表。开启转向灯，观察后视镜，向左回头观察后方交通情况，挂挡，松驻车制动，起步。起步过程应平稳、无闯动、无后溜，不熄火。气压制动货车必须保持气压充足。

3.2.2 直线行驶、换挡

1 直线行驶

直线行驶过程中应根据道路情况合理控制车速，正确使用挡位，保持车辆沿与车道分界线平行的直线行驶，跟车距离适当。行驶过程中适时观察内、外后视镜，视线离开行驶方向时间不应超过 2 秒。行驶距离应不大于或等于 100 米。

2 加减挡

根据路况和车速，合理平稳地加减挡，换挡及时、平顺，行驶过程中至少应加至次高挡不应越级加挡。

▶ 3.2.3 变更车道、通过路口

1 变更车道

变更车道前，正确开启转向灯，通过内、外后视镜观察，并向变更车道方向回头观察后方道路交通情况，确认安全后变更车道，变更车道完毕后关闭转向灯。变更车道时，判断车辆安全距离，控制行驶速度，不应妨碍其他车辆正常行驶。

2 直行通过路口、路口左转弯、路口右转弯

进入路口前减速观察路口交通情况，正确使用转向灯，根据不同路口采取正确的操作方法安全通过路口，通过时遵循以下原则：

（1）有信号灯控制的路口，应按信号灯指示通行；

（2）转弯的机动车应让直行的车辆、行人先行，相对方向行驶的右转弯机动车应让左转弯车辆先行；左转弯时，应靠路口中心点左侧转弯；

（3）有交通标志、标线控制的路口，应按交通标志、标线指示通行；划有导向车道的路口，应根据车辆行进方向驶入对应的导向车道；

（4）没有信号灯、标志、标线控制的路口，进入路口前应停车瞭望，遇有右方道路来车应让行；

（5）路口交通阻塞时，应依次停在路口以外等候，不应进入路口；

（6）环形路口，准备进入路口的机动车应让已在路口内的机动车先行。

▶ 3.2.4 通过人行横道、学校区域、公共汽车站

1 通过人行横道

驶抵人行横道线前减速，观察两侧交通情况，确认安全后，合理控制车速通过，遇行人通过时应停车让行。

2 通过学校区域

通过学校区域时，行驶速度不应超过 30 公里/小时，注意观察道路情况，文明礼让，确保安全通过；遇学生横过马路时应停车让行。

3 通过公共汽车站

驶抵公共汽车站前减速，观察公共汽车进、出站动态和乘客上下车动态，着重注意同向公共汽车前方或对向公共汽车后方有无行人横穿道路。

▶ 3.2.5 会车、超车

1 会车

正确判断会车地点，会车有危险时，控制车速，提前避让，调整会车地点，会车时与对方车辆保持安全间距。在没有中心隔离设施或者没有中心线但能同时通行的路段上会车时，应提前控制车速减速靠右行驶，并与其他车辆、行人保持必要的安全距离。

在无法同时通行或同时通行有危险的路段上时，应按以下要求提前避让：

（1）在有障碍的路段，无障碍的一方先行，但有障碍的一方已驶入障碍路段而无障碍的一方未驶入时有障碍的一方先行；

（2）在狭窄的坡路，上坡的一方先行，但下坡的一方已行至中途而上坡的一方未上坡时下坡的一方先行；

（3）在狭窄的山路，不靠山体的一方先行。

2 超车

超车前，保持与拟超越车辆的安全跟车距离。开启左转向灯，通过内、外后视镜观察后方及左侧交通情况，并回头观察确认安全后，选择合理时机，鸣喇叭或交替使用远、近光灯，从被超越车辆的左侧超越。超车时，观察被超越车辆的情况，保持横向安全距离。超越后，开启右转向灯，通过内、外后视镜观察后方和右侧交通情况，并回头观察确认不影响被超越车辆正常行驶的情况下，逐渐驶回原车道，关闭转向灯。

▶ 3.2.6　掉头、靠边停车

1　掉头

掉头时，开启左转向灯，观察前、后交通情况，选择合适的掉头地点，确认安全后减速或停车，在保证安全的条件完成掉头。掉头时不妨碍其他车辆和行人的正常通行。

2　靠边停车

靠边停车时，开启右转向灯，通过内、外后视镜观察后方和右侧交通情况，并回头观察确认安全后，减速，向右转向靠边，平稳停车；在前后无干扰的条件下，停车后不应再次移动车辆。考试完成后靠边停车时，停车后应挂空挡或驻车挡，拉紧驻车制动器，关闭转向灯，熄火，回头观察左后方交通情况，确认安全后缓慢打开车门，下车后关闭车门。停车后，车身应距离道路右侧边缘线或者人行道边缘 30 厘米以内。

▶ 3.2.7　夜间行驶

1　起步、停车

夜间起步前应开启前照灯。靠边停车后，应关闭前照灯、开启示廓灯、危险报警闪光灯。

2　灯光使用

行驶中应根据交通情况按以下要求正确使用灯光：

（1）在无照明、照明不良的道路上行驶时，使用远光灯；

（2）在照明良好的道路上行驶时，使用近光灯；

（3）在道路中间无防眩目设施的路段上相对方向来车时，使用近光灯；

（4）近距离跟车行驶时，使用近光灯；

（5）在有交通信号灯控制的路口转弯时，使用近光灯；

（6）超车时，交替使用远近光灯示意；

（7）通过急弯、坡路、拱桥、人行横道或没有交通信号灯控制的路口时，交替使用远近光灯示意。

4 安全文明驾驶常识

货运驾驶员培训教材

4.1 安全驾驶

▶ 4.1.1 车辆安全检查与调整方法

1 出车前检查的目的

出车前检查的目的是确认车辆附近是否存在安全隐患，周围是否有障碍物，车胎是否损坏及出车方向的安全性。

 练习题

多选题

出车前检查的目的是什么？
A. 确认车胎是否损坏
B. 确认周围是否有障碍物
C. 确认车辆附近是否存在安全隐患
D. 确认出车方向的安全性

答案：ABCD

2 机动车安全装置安全操作

安全带可以在遇紧急制动或发生碰撞时，能有效地减轻驾乘人员受伤程度。驾驶机动车不系安全带在遇紧急制动或发生碰撞时可能会发生撞击风窗玻璃、撞击风窗玻璃、被甩出车外的危险。驾驶装有安全气囊的汽车更要注意系好安全带。

安装防抱死制动系统（ABS）的机动车紧急制动时，可用力踏制动踏板，ABS 会起到保持转向能力的作用。但制动距离不会缩短，紧急制动的同时转向也会发生侧滑。

练习题

单选题

1）事故中造成这个驾驶人致命伤害的原因是什么？

A. 没有系安全带
B. 离转向盘距离过近
C. 没有握紧转向盘
D. 安全气囊没有打开

答案：A

2）机动车在紧急制动时 ABS 会起到什么作用？
A. 缩短制动距离　　　B. 保持转向能力
C. 减轻制动惯性　　　D. 自动控制方向

答案：B

3）驾驶装有 ABS 的机动车怎样采取紧急制动？
A. 用力踏制动踏板　　B. 间歇踏制动踏板
C. 缓慢踏制动踏板　　D. 逐渐踏下制动踏板

答案：A

多选题

1）驾驶机动车不系安全带在遇紧急制动或发生碰撞时可能会发生哪些危险？
A. 撞击风窗玻璃　　　B. 减少人员伤亡
C. 被甩出车外　　　　D. 造成胸部损伤

答案：ACD

2）车辆发生碰撞时，关于安全带作用，说法错误的是什么？
A. 保护颈部不受伤害

B. 减轻驾乘人员受伤程度

C. 减轻驾驶人疲劳

D. 保持正确驾驶姿势

答案：ACD

判断题

1）机动车的驾驶人不需要系安全带。

答案：×

2）安装防抱死制动系统（ABS）的机动车紧急制动时，可用力踏制动踏板。

答案：√

3）驾驶有 ABS 的机动车在紧急制动的同时转向会发生侧滑。

答案：√

4）安装防抱死制动系统（ABS）的机动车制动时，制动距离会大大缩短。

答案：×

5）驾驶装有安全气囊的汽车可以不系安全带。

答案：×

3 出车前的检查内容

出车前，对机动车驾驶室、发动机舱、车外部、轮胎进行检查。驾驶室内，要注意检查指示发动机冷却液温度的水温表；尽量不要在干燥的状态下检查刮水器。

发动机舱主要检查冷却液、机油、燃油等是否有渗漏现象；检查机油时，将车辆停在平坦处，在起动前检查。

轮胎重点检查磨损、损坏、紧固和气压情况；各轮胎气压不一致时，容易造成汽车行驶油耗增大、加剧轮胎磨损、发生爆胎、操纵失控等后果；如果胎侧顺线出现裂口，应及时更换；车上配备的专用备胎不可作为正常轮胎长期使用。

练习题

单选题

1）出车前对轮胎进行哪方面的检查？

A. 轮胎的型号　　B. 轮胎有没有清洗

C. 备胎在什么位置　D. 轮胎的紧固和气压

答案：D

2）水温表是用来指示哪个部件的温度？

A. 行驶系　　　　B. 转向系

C. 发动机　　　　D. 变速器

答案：C

3）检查机油时，以下做法正确的是什么？

A. 停在平坦的地方，在起动发动机前检查

B. 停在平坦的地方，在发动机怠速状态下检查

C. 无须停在平坦的地方，在发动机起动前检查

D. 无须停在平坦的地方，在发动机怠速状态下检查

答案：A

4）使用已有裂纹或损伤的轮胎容易引起什么后果？

A. 偏驶　　　　　B. 爆胎

C. 转向困难　　　D. 行驶阻力增大

答案：B

多选题

1）汽车各轮胎气压不一致时，容易造成的后果是什么？

A. 爆胎　　　　　B. 汽车油耗增大

C. 操纵失控　　　D. 加剧轮胎磨损

答案：ABCD

2）如果轮胎顺线出现裂口，以下做法错误的是什么？

A. 放气减压　　　B. 及时换胎

C. 给轮胎充气　　D. 不用更换

答案：ACD

判断题

1）出车前检查冷却液、机油、燃油等是否有渗漏现象。

答案：√

2）行车前应对机动车驾驶室、发动机舱、车外部、轮胎进行检查。

答案：√

3）出车前检查刮水器时，应尽量在干燥状态下进行。

答案：×

4）汽车的专用备胎可作为正常轮胎长期使用。

答案：×

4 上车检查

驾驶人进入驾驶室前，首先要仔细巡视观察机动车周围的状况，观察车底和车身周围是否有障碍物。上车后关好车门，调整好座位和后视镜，系好安全带。然后起动发动机，观察仪表，检查车辆工作是否正常。

练习题

单选题

驾驶人进入驾驶室前，首先要做什么？

A. 观察机动车周围情况

B. 不用观察周围情况

C. 开启车门直接上车

D. 注意观察天气情况

答案：A

多选题

出车前，应该做的准备工作是什么？

A. 仔细巡视车辆四周的状况，观察车底和车身周围是否有障碍物

B. 上车后关好车门，调整好座位，系好安全带

C. 起动发动机，观察仪表，检查车辆工作是否正常

D. 调整好后视镜

答案：ABCD

▶ 4.1.2 起步、汇入车流

1 调整座椅

起步前，将汽车座椅安全头枕的高度调整到头枕中心能支撑头部，系好安全带。

练习题

单选题

怎样调整汽车座椅安全头枕的高度？

A. 调整到头枕中心对正颈部

B. 调整到头枕中心与颈部平齐

C. 调整到头枕中心高出头顶

D. 调整到头枕中心能支撑头部

答案：D

判断题

安全头枕要调整到与颈部平齐的高度。

答案：×

2 安全起步

起步前，应对周围交通情况进行观察，确认安全，并要求乘车人系好安全带，不要把身体伸出车外，不要向车外抛洒物品。

起步后，应随时注意两侧道路情况，向左

缓慢转向，逐渐驶入正常行驶道路，不得急加速向左迅速转向驶入正常行驶道路。起步发现驻车制动器报警灯亮时，应及时松开驻车制动操纵柄。

练习题

单选题

车辆临时靠边停车准备起步时，首先应做什么？

A. 加油起步　　　　B. 鸣喇叭

C. 观察周围交通情况　D. 提高发动机转速

答案：C

多选题

驾驶机动车起步前，驾驶人对乘车人需要提出什么要求？

A. 系好安全带

B. 调整好后视镜

C. 不要把身体伸出车外

D. 不要向车外抛洒物品

答案：ACD

判断题

1）设有安全带的车辆，应要求车内乘员系安全带。

答案：√

2）车辆起步前，驾驶人应对车辆周围交通情况进行观察，确定安全时再开始起步。

答案：√

3）驾驶机动车在路边起步后应尽快提速，并向左迅速转向驶入正常行驶道路。

答案：×

4）驾驶机动车在路边起步后，应随时注意机动车两侧道路情况，向左缓慢转向，逐渐驶入正常行驶道路。

答案：√

5）如图所示，起步时此灯亮起表示驻车制动（手刹）放下。

答案：×

3 安全汇入车流

驾驶机动车汇入车流时，应当开启转向

灯，认真观察主路上车辆的行驶情况，在不妨碍主路车辆正常行驶的前提下汇入车流。驾驶机动车从支线道路汇入主干路车流前，提前开启左转向灯，仔细观察主干路内情况，确认安全后汇入车流。从主路进入辅路前，应注意观察减速慢行。从辅路汇入主路车流前，要观察主路内车辆通行情况，不得妨碍主路车辆正常行驶。

单选题

1）在这种情况下驾驶人需要注意什么？

A. 左侧机动车　　B. 右侧机动车
C. 后方机动车　　D. 前方机动车

答案：A

2）驾驶机动车在这种情况下怎样汇入主路车流？

A. 加速直接汇入车流
B. 从主路内灰色车后汇入车流
C. 从主路内红色车前汇入车流
D. 开启转向灯直接汇入车流

答案：B

3）在这种情况下从主路进入辅路怎样汇入车流？

A. 注意观察减速慢行
B. 加速进入辅路行驶
C. 从红车后汇入车流
D. 从红车前汇入车流

答案：A

4）驾驶机动车应当怎样汇入主路车流？
A. 加速直接汇入车流
B. 开启转向灯观察主路情况确保安全汇入车流
C. 开启转向灯直接汇入车流
D. 可不用开启转向灯加速汇入车流

答案：B

5）关于驾驶机动车汇入主路车流，以下说法正确的是什么？
A. 不得妨碍主路车辆正常行驶
B. 在不发生事故的前提下可随意行驶
C. 可以碾轧实线及导流线
D. 在不发生事故的前提下直接汇入

答案：A

6）如图所示，驾驶机动车驶离停车场进主路时，以下做法正确的是什么？

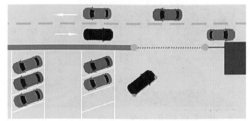

A. 加速汇入主路车流
B. 可以不避让主路车辆
C. 无须观察，鸣喇叭示意后汇入车流
D. 减速慢行，在不妨碍主路车辆行驶的前提下汇入车流

答案：D

7）如图所示，驾驶机动车遇到这种主路左侧来车的情况，以下说法正确的是什么？

A. 左侧来车应该让行
B. 应该给左侧来车让行
C. 不需要让行，车速快的先行
D. 不需要让行，有优先通行权

答案：B

8）车辆在主干道上行驶，驶近主支干道交汇处时，为防止与从支路突然驶入的车辆相撞，应怎样行驶？

A. 保持正常速度行驶

B. 提前减速、观察、谨慎驾驶

C. 鸣喇叭，迅速通过

D. 提前加速通过

答案：B

多选题

1）驾驶机动车从支线道路怎样安全汇入主干道车流?

A. 提前开启左转向灯

B. 仔细观察主干道内情况

C. 确认安全后汇入车流

D. 加速直接汇入车流

答案：ABC

2）如图所示，驾驶机动车遇这种情况应如何安全汇入车流？

A. 加速直接汇入车

B. 认真观察主路车流情况

C. 提前开启转向灯并降低车速

D. 不得妨碍主路正常行驶车辆

答案：BCD

判断题

1）驾驶机动车汇入车流时不能影响其他机动车通行。

答案：√

2）驾驶机动车从辅路汇入主路车流时要迅速。

答案：×

3）驾驶机动车汇入车流时，应当开启转向灯，认真观察主路上车辆的行驶情况，在不妨碍主路车辆正常行驶的前提下汇入车流。

答案：√

4）驾驶机动车驶离停车场进入主路时，驾驶人应当鸣喇叭示意主路车辆让行。

答案：×

5）驾驶机动车汇入车流时，应提前开启转向灯，保持直线行驶，通过后视镜观察左右情况，确认安全后汇入合流。

答案：√

6）行车中从其他道路汇入车流前，应注意观察

侧后方车辆的动态。

答案：√

▶ 4.1.3 跟车、变更车道安全驾驶

1 跟车行驶

驾驶机动车在道路上跟车行驶，要保持安全距离，注意观察前车动态，随时做好减速准备。同时，也要谨慎制动，防止被后车追尾。多车跟车行驶，为了避免追尾事故发生，应至少观察前方两到三辆车，从而能对减速或停车具有预见性。如遇交通流量较大的路段，即便是低速行驶，也需要保持一定的安全距离。在坡路发现前方车辆向后溜车时，应及时停车鸣喇叭提示。

跟车行驶留有足够的安全距离，在遇到紧急情况时能有足够的避让空间。跟车越近，越不容易掌握前车前方的情况，一旦前车尾灯损坏，不能及时发现前车制动，跟车太近容易发生追尾事故。跟随出租车行驶，要预防其随时可能靠边停车上下乘客。遇到出租车接送客人占道停车时，应停车等待。当前方是贴有"实习"标志的汽车时，应该增大跟车距离，预防其紧急制动。

遇到前方大货车行驶缓慢时，应加大安全车距，适时超车。跟随装满货物的大货车行驶时，应注意大型货车制动距离相对较长、容易遮挡视线、盲区较大、可能会出现货物抛洒现象。

遇到前方车辆正在停车时，应提前减速并停车等待。遇前车停车等待行人通过人行横道时，应与前车保持安全距离，排队等待。遇到前方道路中间有停驶的车辆，要预防可能会出现前车左侧车门突然打开、前车前方有行人横穿马路、前车突然掉头或倒车等危险情形。

单选题

1）关于驾驶机动车跟车行驶，以下做法正确的是什么？

A. 与前车保持足以采取紧急制动措施停车的安全距离

B. 与前车保持较近距离，以防其他车辆加塞

C. 将注意力全部集中在前方的车辆上

D. 将注意力全部集中在后方的车辆上

答案：A

2）驾驶机动车在雾天怎样跟车行驶？
   A. 保持大间距
   B. 开启远光灯
   C. 不断变换远近光灯
   D. 适时鸣喇叭

答案：A

3）驾驶机动车遇到前方车辆停车等待行人通过
   人行横道时，以下做法正确的是什么？
   A. 从左侧超越前车
   B. 鸣喇叭催促前车起步行驶
   C. 从右侧超越前车
   D. 与前车保持安全距离，排队等待

答案：D

4）如图所示，驾驶机动车跟车行驶遇到这种出
   租车停车的情况时，正确的做法是什么？

   A. 停车等待
   B. 从对向车道加速超越
   C. 连续鸣喇叭催促
   D. 从非机动车道通过

答案：A

5）如图所示，驾驶机动车遇到前方车辆正在停
   车时，正确的做法是什么？

   A. 提前减速并停车等待
   B. 借对向车道超越前车
   C. 鸣喇叭催促前车让路
   D. 继续行驶，靠近前车

答案：A

6）如图所示，驾驶机动车遇到前方大货车行驶
   缓慢时，正确的做法是什么？

   A. 连续鸣喇叭示意其让道
   B. 加大安全车距，适时超车
   C. 加速行驶，伺机超车
   D. 紧跟前方大货车

答案：B

7）驾驶机动车在这种情况下怎样做？

   A. 从前车左侧超越   B. 占对向车道超越
   C. 从前车右侧超越   D. 跟在前车后行驶

答案：D

8）如图所示，驾驶机动车发现前车向后溜车
   时，正确的做法是什么？

   A. 迅速向右方倒车躲避
   B. 停车鸣喇叭提示
   C. 迅速向左方倒车躲避
   D. 直接倒车躲避

答案：B

9）驾驶机动车遇到这种情况怎么办？

   A. 紧跟前车后方行驶
   B. 迅速从车左侧超越
   C. 保持较大跟车距离
   D. 迅速从车右侧超越

答案：C

多选题

1）驾驶机动车在道路上怎样安全跟车行驶？
- A. 注意观察前车动态
- B. 随时做好减速准备
- C. 尽量靠路左侧行驶
- D. 保持安全距离

答案：ABD

2）驾驶机动车跟车行驶时，为什么要留有足够的安全距离？
- A. 遇到紧急情况时，能有足够的避让空间
- B. 跟车越近，越不容易掌握前车前方的情况
- C. 防止因前车尾灯损坏，不能及时发现前车制动
- D. 跟车太近，容易发生追尾

答案：ABCD

3）驾驶机动车跟随装满货物的大货车行驶时，应当注意什么？
- A. 大货车制动距离相对较长
- B. 大货车可能抛洒货物
- C. 大货车盲区较大
- D. 大货车遮挡视线

答案：ABCD

5）跟车行驶应当注意哪些情形？
- A. 跟随出租车行驶时，要预防其随时可能靠边停车上下乘客
- B. 前方汽车贴有实习标志时，应该增大跟车距离，预防前车紧急制动
- C. 前方是装满货物的大货车时，应增大跟车距离并避免长时间跟随，以预防货物抛洒和车后盲区带来的危险
- D. 雾天跟车行驶，注意前车紧急制动

答案：ABCD

6）如图所示，驾驶机动车遇到前方道路中间有停驶车辆时，可能出现的危险情形有哪些？

- A. 前车左侧车门可能突然打开
- B. 前车前方可能有行人横穿马路
- C. 前车可能突然掉头
- D. 前车可能突然加速倒车

答案：ABC

判断题

1）在行驶中，驾驶人在注意与前车保持安全距离的同时，也要谨慎制动，防止被后车追尾。

答案：√

2）在道路上跟车行驶时，跟车距离不是主要的，只需要与前车保持相同的速度，即可防止发生追尾事故。

答案：×

3）在道路上行车时，安全跟车距离无须随着随度变化而变化。

答案：×

4）如遇交通流量较大的路段，跟车距离不重要，只需要保持低速行驶即可。

答案：×

5）驾驶机动车与前车距离过近时，容易发生追尾事故。

答案：√

6）驾驶机动车行驶过程中，驾驶人要随时注意与前车的安全距离，安全距离应随着车速的提高而增加。

答案：√

7）多车跟车行驶，为避免追尾事故发生，应至少观察前方两三辆车，从而能对减速或停车具有预见性。

答案：√

8）雪天行车，车轮的附着力大大减小，跟车距离不是主要的，只需要保持低速行驶便可以防止事故发生。

答案：×

9）驾驶机动车行驶过程中，如遇到前方车辆行驶速度缓慢时，应持续鸣喇叭催促。

答案：×

2 变更车道

驾驶大型货车向左或变更车道前，通过后视镜观察左侧道路情况，确认安全后提前3秒开启左转向灯，不得影响正常通行的车辆。准备变更车道前，观察后视镜发现有车辆从后方驶来或从左侧超越时，要放弃超车，减速让行，不能迅速向左变更车道。

在道路上频繁变更车道或突然变道加塞，会扰乱交通秩序，影响正常通行，造成道路拥堵，甚至易引发交通事故。

单选题

1）驾驶机动车在向左变更车道前，通过左后视镜看到图中情形时，正确的做法是什么？

A. 开启左转向灯后直接变更车道

B. 在确认左侧无其他车辆后，变更车道

C. 开启左转向灯稍向左行驶，后车让行后再变更车道

D. 开启左转向灯，让后方车辆通过后变更车道

答案：D

2）关于驾驶机动车频繁变更车道的危害，错误的说法是什么？

A. 扰乱交通秩序　　B. 易导致爆胎

C. 影响正常通行　　D. 易引发交通事故

答案：B

3）驾驶机动车向右变更车道前，为什么应仔细观察右侧车道车流情况？

A. 准备迅速停车

B. 准备抢行

C. 判断有无变更车道的条件

D. 迅速变更车道

答案：C

多选题

1）驾驶机动车怎样向左安全变更车道？

A. 观察左侧道路情况

B. 打开左转向灯

C. 不得影响正常通行车辆

D. 迅速向左变道

答案：ABC

2）驾驶汽车频繁变更车道有哪些危害？

A. 扰乱交通秩序　　B. 易导致爆胎

C. 影响正常通行　　D. 易引发交通事故

答案：ACD

3）下列关于驾驶机动车突然变道加塞，正确的说法是什么？

A. 缓解交通拥堵　　B. 易引发交通事故

C. 提高通行效率　　D. 造成道路拥堵

答案：BD

判断题

1）驾驶机动车向左变更车道遇到这种情况要注意让行。

答案：√

2）驾驶机动车遇到这种情况要迅速向左变更车道。

答案：×

3）如图所示，若车后50米范围内无其他车辆，可以不开启转向灯变更车道。

答案：×

4）驾驶机动车向左变更车道遇到这种情况要注意让行。

答案：√

5）变更车道前确认后方无来车时可以不开启转向灯变道。

答案：×

6）行车中变更车道不需要提前开启转向灯。

答案：×

7）驾驶人在确认后方无来车的情况下，可以不开启转向灯变更车道。

答案：×

8）驾驶车辆变更车道时，应提前开启转向灯，注意观察，保持安全距离，驶入要变更的车道。

答案：√

9）驾驶车辆向右变更车道时，应提前开启右转向灯，注意观察，在确保安全的情况下，驶入要变更的车道。

答案：√

10）变更车道时只需开启转向灯，并迅速转向驶入相应的车道，以不妨碍同道机动车正常行驶。

答案：×

4.1.4 会车、弯道安全驾驶

1 会车

驾驶大型货车在没有中心线的道路上会车时，要提前靠路右侧行驶。在一侧有障碍物的路段会车时，有障碍的一方要让对向先行。如果有障碍一侧的车辆已经开始超越障碍物时，无障碍的以防要主动礼让对方先行。会车遇到前方有非机动车或行人时，要减速靠右行驶，等对向车辆通过后，再缓慢超越。

在道路上会车，发现对面来车越过中心线时，最安全的做法及时向右减速或停车避让。会车前，发现有车辆强行超越对面来车时，最安全的做法是向右减速避让或停车让行。在没有中心线的弯道上会车时，要紧靠道路右侧，降低车速行驶，保持安全距离。

遇雨、雪、雾等视线不清或路面较滑时会车，应降低车速，加大横向间距，必要时停车避让。

【单选题】

1）驾驶机动车在这种道路上怎样会车最安全？

A. 靠路中心行驶　　　B. 靠路右侧行驶
C. 在路中间行驶　　　D. 靠路左侧行驶

答案：B

2）在这种情况下怎样会车最安全？

A. 靠中心线行驶　　　B. 开前照灯行驶
C. 向路右侧避让　　　D. 向车左侧避让

答案：C

3）驾驶机动车遇到这种情况怎样行驶最安全？

A. 减速或停车让行　　B. 紧靠路中心行驶
C. 鸣喇叭或开前照灯　D. 占对向车道会车

答案：A

4）会车中道路一侧有障碍，双方机动车应如何行驶？

A. 无障碍一方让对向先行
B. 无让路条件的一方让对向先行
C. 有障碍的一方让对向先行
D. 速度快的让速度慢的先行

答案：C

5）如图所示，驾驶机动车遇弯道会车时，正确的做法是什么？

A. 加速通过　　　　　B. 占用对向车道
C. 靠边停车　　　　　D. 减速靠右通过

答案：D

6）如图所示，驾驶机动车遇到这种情形时，正确的做法是什么？

A. 加速行驶，在对面来车交会前超过行人
B. 减速靠右，等对向车辆通过后，再缓慢超越行人
C. 鸣喇叭提示行人后，保持原速行驶
D. 鸣喇叭提示左侧车辆后，保持原速行驶

答案：B

7）驾驶机动车看到对面有车辆超车时，应该如何应对？
A. 减速，并向右侧避让
B. 保持原有驾驶方向和速度行驶
C. 加速向左侧越线行驶
D. 减速向左侧避让

答案：A

8）如图所示，驾驶机动车遇到对向来车正在强行超车时，正确的做法是什么？

A. 减速避让
B. 向左转向避让
C. 向右借用人行道避让
D. 迎着来车鸣喇叭

答案：A

9）行车中需要借道绕过前方障碍物，但对向来车已接近障碍物时，应怎样行驶？
A. 加速提前抢过
B. 鸣喇叭示意对向车辆让道
C. 迅速占用车道，迫使对向来车停车让道
D. 降低速度或停车，让对向来车优先通行

答案：D

10）驾驶机动车会车前选择的交会位置不理想时，应怎样行驶？
A. 减速、低速会车或停车让行
B. 向左占道，迫使对方减速让行
C. 打开前照灯，示意对方停车让行
D. 加速选择理想的位置

答案：A

11）行车中遇到对向来车占道行驶，应怎样行驶？
A. 紧靠道路中心行驶　B. 主动给对方让行
C. 用大灯警示对方　　D. 逼对方靠右行驶

答案：B

多选题

1）在这种情况下怎样安全会车？

A. 加速缩短会车时间
B. 减速靠右行驶
C. 保持安全间距
D. 注意避让非机动车

答案：BCD

2）在这种没有中心线的弯道上怎样安全会车？

A. 紧靠道路中心　　B. 紧靠道路右侧
C. 保持安全距离　　D. 降低车速行驶

答案：BCD

3）驾驶汽车遇雨、雪、雾等视线不清或路面较滑时怎样安全会车？
A. 降低车速行驶　　B. 加大横向间距
C. 应当加速行驶　　D. 必要时停车避让

答案：ABD

4）如图所示，驾驶机动车遇到这种情况时，驾驶人应注意哪些情况？

A. 道路左侧儿童可能会突然跑进路中
B. 前方行人可能未察觉有机动车驶近
C. 迎面来车可能会造成会车困难
D. 右侧停放的机动车可能会突然起步

答案：ABCD

判断题

1）驾驶机动车遇到这种情况时要向左占道行驶。

答案：×

2）如图所示，驾驶机动车在会车过程中遇到这种情况，应当持续鸣喇叭并加速迫使其驶回原车道。

答案：×

3）驾驶机动车会车时，当视线受阻不利于观察到对向来车时，双方都应做到减速靠右通过，并鸣喇叭示意。

答案：√

4）如图所示，在这种情况下要充分减速靠右行驶。

答案：√

5）如图所示，驾驶机动车遇到这种情况时，应减速或停车，待前方车辆通过后再通行。

答案：√

2 弯道行驶

驾驶机动车在进入弯道前要充分减速并靠右侧行驶。在道路急转弯处，要减速靠路右侧行驶、鸣喇叭示意，注意对面来车，不能占用对方车道，做到"左转转大弯，右转转小弯"。

转弯遇到对面有来车时，减速靠右侧行驶。转弯路段占对向道行驶、在弯道内急转转向盘、驶入弯道前不减速等驾驶行为，易引发事故。

练习题

单选题

1）驾驶机动车遇到这种情况怎样行驶最安全？

A. 鸣喇叭或开前照灯　　B. 减速靠右侧行驶
C. 尽量靠路中心行驶　　D. 沿道路左侧行驶

答案：B

2）在这种条件的道路上怎样行驶才安全？

A. 靠路左侧转大弯　　　B. 靠弯路中心转弯
C. 靠路右侧转小弯　　　D. 借对向车道转弯

答案：C

3）在这种条件的道路上怎样安全行驶？

A. 靠路右侧转小弯　　　B. 靠弯路中心转弯
C. 借对向车道转弯　　　D. 靠路右侧转大弯

答案：D

4）驾驶车辆行驶至道路急转弯处，应怎样

行驶？

    A. 急剧制动低速通过

    B. 靠弯道外侧行驶

    C. 充分减速并靠右侧行驶

    D. 借对向车道行驶

答案：C

5）驾驶机动车在这种条件的弯道处怎样转弯最安全？

    A. 减速靠右侧行驶   B. 骑轧路中心行驶

    C. 靠弯道外侧行驶   D. 借对向车道行驶

答案：A

多选题

1）机动车行驶至转弯路段时，易引发事故的驾驶行为是什么？

    A. 占对向道行驶

    B. 在弯道内急转转向盘

    C. 驶入弯道前不减速

    D. 靠路右侧行驶

答案：ABC

2）驾驶汽车在道路急转弯处怎样行驶？

    A. 减速靠路右侧行驶   B. 不能占用对方车道

    C. 注意对面来车   D. 鸣喇叭示意

答案：ABCD

判断题

1）驾驶机动车遇有急弯路时要在进入弯路后减速。

答案：×

2）如图所示，驾驶机动车行驶至此路段，应当减速靠右侧行驶。

答案：√

3）如图所示，在这种情况下要充分减速靠右行驶。

答案：√

4）如图所示，驾驶机动车遇到这种情况，可以借对向车道超越前车。

答案：×

5）机动车行经视线受阻的急弯路段时，如遇对方车辆鸣喇叭示意，应当及时鸣喇叭进行回应。

答案：√

6）车辆行驶至急转弯处时，应减速并靠右侧行驶，防止与越过弯道中心线的对方车辆相撞。

答案：√

7）车辆转弯时应沿道路右侧行驶，不要侵占对方的车道，做到"左转转大弯，右转转小弯"。

答案：√

8）驾驶汽车通过连续弯道时，尽量靠弯道右侧行驶。

答案：√

▶4.1.5 超车、让超车安全驾驶

1 超车

    驾驶机动车在道路上超车时，要选择视线良好、道路宽直、路面无障碍物、对面无来车的允许超车路段，从左侧超越。预计在超车过程中与对面来车有会车可能时，要提前减速，与前车保持距离跟车行驶，不得加速超车。

    在没有中心线的道路上超车，提前开启左转向灯，鸣喇叭示意（非禁鸣区），提醒前方被超车辆驾驶人，从前车左侧超越。超车完毕，

与被超车拉开必要的安全距离，开启右转向灯驶回原车道。

在有中心实线的道路上，不得越实线超车。超车时，发现前方机动车正在绕行施工路段时，要减速跟随前车行驶，依次通过施工路段，不得越过中心实线超车。

在有中心虚线或分道线的道路上，遇到前车行驶缓慢、减速、停车时，若对方没又来车，在不影响其他车辆通行的情况下，可以临时越虚线超车。超越公交车时，要提前减速，保持安全距离，不得借专用车道超车。

超车时，发现前车正在超越停在路边的车辆时，要减速行驶，让前方车辆先超车，预防路边车辆突然起步向左行驶。遇前车不向右减速让行，对面又有来车的情况下，即便是右侧有超车空间，也不能从右侧超车。遇前方机动车没有让车条件或者不减速、不让道或超车过程中被超车突然加速时，要及时减速放弃超车，保持安全距离跟前车后行驶。通过交叉路口、急转弯路段、下坡路段、涵洞或有禁止超车标志的路段，不得超车。

练习题

单选题

1）驾驶机动车遇到这种情况怎样做最安全？

A. 尽快加速超越前车
B. 主动减速放弃超车
C. 鸣喇叭让前车让路
D. 开前照灯让对向让速

答案：B

2）驾驶机动车在这种道路上怎样行驶最安全？

A. 尽快加速超越前车
B. 鸣喇叭让前车让路

C. 保持距离跟车行驶
D. 从前车的右侧超越

答案：C

3）驾驶机动车超车时遇到这样的情况怎样保证安全？

A. 减速保持安全距离
B. 连续鸣喇叭提示
C. 保持距离加速通过
D. 占用对向车道超越

答案：A

4）驾驶机动车遇到这种情况怎样礼让？

A. 迅速加速行驶　　B. 及时减速慢行
C. 靠右加速行驶　　D. 靠右减速让行

答案：D

5）如图所示，行驶过程中遇到前方有障碍物的情况怎么办？

A. 减速靠右行驶
B. 抢在绿车前绕过障碍
C. 开启左转向灯
D. 借对向车道绕过障碍

答案：A

6）超车时，前方机动车不减速、不让道怎么办？

A. 连续鸣喇叭加速超越
B. 加速继续超越
C. 停止继续超车
D. 紧跟其后，伺机再超

答案：C

7）超车时，发现前方机动车正在超车怎么办？

A. 紧跟其后，伺机超越
B. 加速强行超越
C. 连续鸣喇叭催前车让路
D. 停止超车，让前方机动车先超车

答案：D

8）超车过程中，被超车辆突然加速怎么办？
　　A. 加速迅速超越　　B. 变换远近光灯超越
　　C. 减速放弃超车　　D. 持续鸣喇叭超越

答案：C

9）进入左侧道路超车无法保证与正常行驶前车横向安全间距时，应怎样做？
　　A. 谨慎超越
　　B. 放弃超车
　　C. 并行一段距离后再超越
　　D. 加速超越

答案：B

10）超越右侧停放的车辆时，为预防其突然起步或开启车门，应怎样做？
　　A. 预留出横向安全距离，减速行驶
　　B. 保持正常速度行驶
　　C. 长鸣喇叭随时准备停车
　　D. 连续鸣喇叭加速通过

答案：A

11）驾驶机动车在这种情况下怎样做？

　　A. 从前车左侧超越　　B. 占对向车道超越
　　C. 从前车右侧超越　　D. 跟在前车后行驶

答案：D

多选题

1）驾驶机动车行车中怎样选择超车路段？
　　A. 视线良好　　　　　B. 对面无来车
　　C. 路面无障碍物　　　D. 道路宽直

答案：ABCD

2）关于超车，以下说法正确的是什么？
　　A. 提前开启左转向灯
　　B. 夜间交替使用远近光灯
　　C. 鸣喇叭示意
　　D. 加速从右侧超越

答案：ABC

3）关于超车，以下说法正确的是什么？
　　A. 超车时从前车左侧超越

B. 超车时从前车右侧超越
C. 超车完毕，立即开启右转向灯驶回原车道
D. 超车完毕，与被超车拉开必要的安全距离后，开启右转向灯驶回原车道

答案：AD

4）关于超车，以下说法正确的是什么？
　　A. 超车前提前开启左转向灯，提醒前方被超车辆驾驶人
　　B. 变换远近光灯提醒前方被超车辆驾驶人
　　C. 长时间鸣喇叭警示被超车辆驾驶人
　　D. 完成超车后驶回原车道要开启右转向灯

答案：ABD

判断题

1）驾驶机动车在这个路段允许超车。

答案：×

2）驾驶机动车在这种道路上从前车右侧超越最安全。

答案：×

3）驾驶机动车在这样的道路上只能从左侧超车。

答案：√

4）驾驶机动车在这种情况下可以越过中心实线超车。

答案：×

5）驾驶机动车在这种道路上超车可借对向车道行驶。

6）预计在超车过程中与对面来车有会车可能时，应提前加速超越。

答案：×

7）驾驶机动车通过急转弯路段时，在机动车较少的情况下可以超车。

答案：×

8）道路划设专用车道的，其他机动车可以借专用车道超车。

答案：×

9）驾驶机动车行经交叉路口，不得超车。

答案：√

10）驾驶机动车不得超越正在超车的车辆。

答案：√

11）可以选择下坡路段超车。

答案：×

12）如图所示，在这种情况下可以借用快速车道超车。

答案：√

13）如图所示，当与对向车辆有会车可能时，不得超车。

答案：√

14）如图所示，在这种情况下可以借用快速车道超车。

答案：√

15）如图所示，当与对向车辆有会车可能时，不得超车。

答案：√

16）通过窄路、窄桥时，不得超车。

答案：√

17）驾驶机动车超车时，前方车辆不减速让路，应停止超车并适当减速，与前方车辆保持安全距离。

答案：√

18）驾驶机动车超车时，被超越车辆未减速让路，应迅速提速超越前方车辆完成超车。

答案：×

19）在道路上超车时，应尽量加大横向距离，必要时可越实线超车。

答案：×

2 让超车

遇到后车发出超车信号或者通过后视镜发现后方有车辆超越时，只要前方道路条件允许，应及时向右减速让行。遇到后方车辆超越后，没有留出足够的安全距离迅速向右行驶时，应及时减速或靠右停车。被其他车辆超越时，发现后方有跟随行驶的车辆，应稍向右侧行驶，保持横向安全距离。

练习题

单选题

1）在这种情况下被超机动车驾驶人怎样应对？

A. 鸣喇叭进行警告　　B. 减速或靠右停车
C. 开远光灯抗议　　　D. 加速反超后告诫

答案：B

2）驾驶的车辆正在被其他车辆超越时，应怎样做？

A. 靠道路中心行驶　　B. 加速让路

C. 继续加速行驶　　D. 减速，靠右侧行驶

答案：D

3）行车中遇后车发出超车信号后，只要具备让超条件应怎样做？

　　A. 靠道路右侧加速行驶

　　B. 主动减速并靠右侧行驶

　　C. 让出适当空间加速行驶

　　D. 迅速减速或紧急制动

答案：B

4）驾驶的车辆正在被其他车辆超越时，若后方有跟随行驶的车辆，应怎样做？

　　A. 继续加速行驶

　　B. 稍向右侧行驶，保持横向安全距离

　　C. 开启左转向灯靠道路中心行驶

　　D. 加速向右侧让路

答案：B

5）行车中遇到后方车辆要求超车时，应怎样做？

　　A. 及时减速、观察后靠右行驶让行

　　B. 保持原有车速行驶

　　C. 靠右侧加速行驶

　　D. 开启左转向灯告知不让行

答案：A

6）驾驶机动车发现后车开启左转向灯发出超车信号时，正确的做法是什么？

　　A. 在有让超车条件，保证安全的情况下，减速靠右让路

　　B. 加速行驶，不让超越

　　C. 开启危险报警闪光灯，暗示不要超越

　　D. 向左行驶，阻止超越

答案：A

判断题

驾驶机动车遇到这种情况要主动减速让后车超越。

答案：√

4.1.6 掉头、倒车安全驾驶

1 掉头

驾驶机动车在有中心虚线的道路上，只要

不影响正常交通可以掉头。在路口掉头，要提前开启左转向灯，进入掉头导向车道，在路口虚线处缓慢完成掉头，严禁在人行横道或有禁止掉头、禁止左转标志、标线、信号灯的路口掉头，掉头不得妨碍行人和其他车辆正常通行。

掉头过程中，应严格控制车速，仔细观察道路前后方情况，确定安全后可前进或倒车。

练习题

单选题

1）驾驶机动车在前方路口怎样掉头？

　　A. 经左弯待转区进行掉头

　　B. 在路口虚线处进行掉头

　　C. 左转信号灯亮时方可掉头

　　D. 直行信号灯亮时方可掉头

答案：B

2）如图所示，驾驶机动车在这个路段掉头时，正确的做法是什么？

　　A. 鸣喇叭提示行人后掉头

　　B. 在对面黄色车辆通过后掉头

　　C. 行人通过后掉头

　　D. 继续直行，寻找可掉头路段

答案：D

多选题

驾驶机动车掉头时，正确的做法是什么？

　　A. 不开转向灯掉头　　B. 提前开启左转向灯

　　C. 在掉头车道掉头　　D. 在直行车道掉头

答案：BC

判断题

1）驾驶机动车在前方路口掉头前先进入左转直行车道。

答案：×

2）驾驶机动车在这个路口允许掉头。

答案：×

3）驾驶机动车进入左侧车道可以掉头。

答案：√

4）如图所示，驾驶机动车需要掉头时，只要不影响正常交通，可以在虚线处掉头。

答案：√

5）驾驶机动车在该处不影响行人正常通行时可以掉头。

答案：×

6）驾驶机动车在这个路口可以沿掉头车道直接掉头。

答案：×

7）驾驶机动车在路口掉头时，应提前开启左转向灯进入导向车道，不得妨碍行人和其他车辆正常通行。

答案：√

8）驾驶机动车在路口掉头时，为了保证畅通，应加速迅速完成掉头。

答案：×

9）驾驶机动车在路口掉头时，可以不避让直行车辆。

答案：×

10）驾驶机动车在路口掉头时，只要不妨碍行人通行可以在人行横道完成掉头。

答案：×

11）驾驶机动车掉头过程中，应严格控制车速，仔细观察道路前后方情况，确定安全后方可前进或倒车。

答案：√

12）驾驶机动车行驶到这个路口应驶过斑马线后掉头。

答案：×

2　倒车

　　驾驶机动车倒车前，要仔细观察车辆周围的情况，确认安全。倒车时，要随时注意观察后方情况，缓慢倒车，即便是后方道路条件较好，也不能加速倒车。倒车过程中，要缓慢行驶，注意观察两侧和后方情况，遇到后方有来往车辆行驶的情况，要主动停车避让，保证安全。不得在路口、隧道中倒车。

练习题

单选题

1）驾驶机动车倒车时遇到这种情况怎样做以保证安全？

A. 低速缓慢倒车　　　B. 主动停车避让
C. 连续鸣喇叭示意　　D. 向右转向倒车

答案：B

2）驾驶机动车在一般道路倒车时，若发现有过往车辆通过，应怎样做？
A. 鸣喇叭示意　　　　B. 主动停车避让
C. 加速倒车　　　　　D. 继续倒车

答案：B

判断题

1）发生该事故的主要原因是驾驶人倒车前没有进行安全确认。

答案：√

2）倒车时，后方道路条件较好的，应加速倒车，迅速完成操作。

答案：×

3）机动车可以选择交叉路口进行倒车。

答案：×

4）机动车不得在隧道中倒车。

答案：√

5）倒车过程中要缓慢行驶，注意观察车辆两侧和后方的情况，随时做好停车准备。

答案：√

▶ 4.1.7　安全停车

1　影响制动停车距离的因素

车辆行驶速度、驾驶人的反应时间、路面状况、载货量的多少以及制动器的结构形式等都是影响制动停车距离的因素。

练习题

多选题

关于影响制动停车距离的因素，正确的说法是什么？
A. 车辆行驶速度
B. 驾驶人的反应时间
C. 路面状况
D. 载货量的多少以及制动器的结构形式等

答案：ABCD

2　在道路上临时停车

驾驶机动车在道路上临时停车要选择道路施划的停车泊位内、停车场或者路面平坦坚实、无禁止停车标志、不妨碍交通的路段和地点。停车要按顺行方向停放，车身不得超出停车泊位，停车后要关闭电路，锁好车门。

路边临时停车，要靠道路右侧，尽量避开坡道、积水、结冰或松软路面，不得妨碍其他机动车和行人通行，不得随意停车。人行横道、弯道、交叉路口 50 米以内、铁路道口、隧道内、立交桥上都不能停车。社会车辆不得在出租车停车位临时停车。雨天临时停车时，要开启示廓灯、后位灯、危险报警闪光灯。雾、雪天临时停车，开启危险报警闪光灯、示廓灯和后位灯。

停车后，驾驶人在下车前要先观察后视镜和侧头观察左侧后方情况，并提醒乘车人开启车门前注意观察后方来车。开车门的动作要缓慢，幅度不要过大。开关车门不得妨碍其他车辆和行人通行，确保安全。

单选题

1）驾乘人员下车时要怎样做以保证安全？
A. 停车后立即开门下车
B. 观察前方交通情况
C. 先开车门再观察侧后情况
D. 先观察侧后情况，再缓开车门

答案：D

2）机动车在雨天临时停车时，应开启什么灯？
A. 前后防雾灯　　　　B. 危险报警闪光灯
C. 远光灯　　　　　　D. 倒车灯

答案：B

3）机动车在雾天临时停车时，应开启什么灯？
A. 危险报警闪光灯、示廓灯和后位灯
B. 左转向灯、示廓灯和后位灯
C. 远光灯、示廓灯和后位灯
D. 倒车灯、示廓灯和后位灯

答案：A

4）机动车在雪天临时停车时，应开启什么灯？
A. 前后防雾灯、示廓灯和后位灯
B. 倒车灯、示廓灯和后位灯
C. 远光灯、示廓灯和后位灯
D. 危险报警闪光灯、示廓灯和后位灯

答案：D

5）机动车停车的错误做法是什么？

A. 在规定地点停放

B. 禁止在人行道上停放

C. 在道路上临时停车时，不得妨碍其他机动车和行人通行

D. 可以停放在非机动车道上

答案：D

6）驾驶机动车在雨天临时停车注意什么？

A. 开启危险报警闪光灯

B. 开启前后雾灯

C. 开启远光灯

D. 在车后设置警告标志

答案：A

7）机动车在道路边临时停车时，应怎样做？

A. 不得逆向或并列停放

B. 只要出去方便，可随意停放

C. 可逆向停放

D. 可并列停放

答案：A

8）驾驶车辆在交叉路口前变更车道时，应怎样驶入要变更的车道？

A. 在路口前实线区内根据需要变更车道

B. 进入路口实线区内变更车道

C. 在虚线区按导向箭头指示变更车道

D. 在路口停止线前变更车道

答案：C

多选题

1）驾驶人在下车前应注意是什么？

A. 车门开的幅度不要过大

B. 开门下车动作要迅速

C. 仔细观察左后方情况

D. 开车门的动作要缓慢

答案：ACD

2）驾驶机动车在道路上临时停车怎样选择停车路段和地点？

A. 路面平坦坚实的地点

B. 可以随意停车

C. 无禁止停车标志

D. 不妨碍交通的地点

答案：ACD

3）关于停车，正确的做法是什么？

A. 应靠道路右侧

B. 开关车门不得妨碍其他车辆和行人通行

C. 交叉路口 50 米以内不得停车

D. 开左转向灯

答案：ABC

4）应该选择什么地点停车？

A. 停车场

B. 道路施划的停车泊位内

C. 人行横道

D. 施工路段

答案：AB

5）以下哪些地点不能停车？

A. 人行横道

B. 停车场

C. 山区容易塌方、泥石流路段

D. 道路施划的停车泊位内

答案：AC

6）关于停车，错误的做法是什么？

A. 在交叉路口停车

B. 在铁路道口停车

C. 在山区易落石路段停车

D. 在停车场停车

答案：ABC

7）关于停车，正确的做法是什么？

A. 按顺行方向停放

B. 车身不得超出停车泊位

C. 关闭电路

D. 锁好车门

答案：ABCD

8）停车时，哪些做法是不正确的？

A. 在交叉路口停车　　B. 在铁道路口停车

C. 停车泊位内停车　　D. 在停车场内停车

答案：AB

判断题

1）驾驶人下车前，要观察后视镜和侧头观察左后侧情况。

答案：√

2）驾驶机动车在道路上停车时，要尽量避开坡道、积水、结冰或松软路面。

答案：√

3）在立交桥上可以临时停车。

答案：×

4）如图所示，红色汽车在此地点停车等候是违法行为。

答案：√

5）如图所示，没有警察在场的情况下可以在此地点停车。

答案：×

6）如图所示，D车的停放方式是正确的。

答案：×

7）驾驶机动车在大雾天临时停车后，只能开启雾灯和近光灯。

答案：×

8）社会车辆可以在出租车停车位临时停车。

答案：×

9）机动车可以在人行横道上临时停放，但不得长时间停放。

答案：×

10）车辆停车后，驾驶人应当提醒乘车人开启车门前注意观察后方来车。

答案：√

11）车辆长时间停放时，应选择停车场停车。

答案：√

12）在雪天临时停车要开启前照灯和雾灯。

答案：×

4.1.8 路口安全驾驶

1 通过有交通信号灯的路口

通过有交通信号灯的路口，要遵守交通信号灯，遇到行人和非机动车横过路口时，要及时减速或停车让行。路口绿灯亮时，直行车辆有优先权，转弯车辆要让直行车辆先行。直行通过前方路口，遇到对面车辆抢行左转时，要及时减速或停车让行。通过交叉路口遇到黄色信号灯持续闪烁时，要注意观察路口内的通行情况，要在确保安全的前提下，低速通过路口。遇到其他机动车抢行进入路口时，要降低车速，确认安全后通过。

在前方交叉路口直行时，要提前在虚线区按导向箭头指示变更到直线车道，变更车道前一定要开启转向灯。在前方路口转弯时，要在路口导向车道虚线区域按导向箭头指示提前变更车道进入转弯车道；进入实线区后，严禁向左或向右变更车道。

在有箭头信号灯路口左转弯，要提前导向箭头指示向左变更车道，在直行车道绿灯或绿色箭头灯亮时进入左转弯待转区。路口右转弯，要在右转弯车道绿色箭头灯亮时，直接向右转弯。红色箭头灯亮时，不得向右转弯。

在没有箭头灯路口右转弯时，要开启右转向灯，提前在虚线区进入右转弯导向车道。进入路口遇路口红灯亮时，在不影响直行车辆和行人的的情况下，可以沿右侧道路右转弯。

练习题

单选题

1）驾驶机动车在这个路口怎样左转弯行驶？

A. 沿直行车道左转　　　B. 进入左转弯待转区
C. 进入直行等待区　　　D. 沿左车道左转弯

答案：B

2）驾驶机动车在这个路口怎样右转弯行驶？

A. 沿直行车道右转弯
B. 停止线前停车等待
C. 沿右侧道路右转弯
D. 借非机动车道右转

答案：C

3）驾驶机动车在路口直行遇到这种情况怎么办？

A. 鸣喇叭示意其让行
B. 加速从车前通过
C. 开前照灯示意其让行
D. 减速或停车让行

答案：D

多选题

1) 如图所示，驾驶机动车跟随前车右转弯时，应当注意什么？

A. 前面的车可能停下
B. 右侧视野盲区内可能有自行车直行
C. 行人可能突然进入本车前的人行横道
D. 直行的黄色车辆可能影响本车右转弯

答案：ABC

2) 车辆在交叉路口有优先通行权的，遇有车辆抢行时，应怎样行驶？
A. 加速行驶　　　　　B. 绕道行驶
C. 保持正常车速行驶　D. 谨慎选择行车速度

答案：D

3) 在前方交叉路口直行时，要提前在虚线区按导向箭头指示向右变更车道。

答案：√

4) 驾驶机动车在这个路口左转弯要提前按导向箭头指示向左变更车道。

答案：√

判断题

1) 驾驶机动车在交叉路口遇到这种情况可以不让行。

答案：×

2) 驾驶机动车在这个路口左转弯要提前按导向箭头指示向左变更车道。

答案：√

3) 如图所示，这种情况下，B 车优先通行。

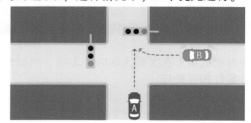

答案：×

4) 驾驶机动车行驶到路口绿灯亮时，拥有优先通行权，可以不给行人或非机动车让行。

答案：×

5) 如图所示，驾驶机动车在这种情况下，可以直行，也可以右转。

答案：×

6) 如图所示，驾驶机动车直行通过路口，遇对向车辆左转时，让已在路口内的左转车辆优先通过路口。

答案：√

7) 车辆行驶至交叉路口时，左转弯车辆在任何时段都可以进入左弯待转区。

答案：×

8) 如图所示，驾驶机动车驶近这样的路口时，应保持视线移动，时刻关注周围可能出现的潜在危险。

答案：√

9) 如图所示，驾驶机动车通过这样的路口时，应注意行人、非机动车，提前减速，随时准备停车避让。

答案：√

10) 驾驶机动车在这个位置不能变更车道。

答案：√

11) 驾驶机动车可在这个路口处向右变更车道。

答案：×

12) 如图所示，进入交叉口前，不允许跨越白色实线变更车道。

答案：√

2 通过没有交通信号灯的路口

通过没有交通信号灯的路口直行，要在接近路口时减速慢行，两侧有建筑物阻挡视线时，要提前减速慢行，注意前方可能出现的行人及车辆。路口左转弯应靠路口中心点左侧转弯，右转弯要减速或停车礼让横过道路的行人和非机动车。遇到路口情况复杂时，应做到"宁停三分，不抢一秒"。

练习题

单选题

1) 驾驶机动车直行通过前方路口，应怎样行驶？

A. 接近路口时减速慢行
B. 进入路口后再减速慢行
C. 可以不减速直接通过
D. 提前加速通过交叉路口

答案：A

2) 如图所示，在这种无信号灯控制情况下，A、B、C 车的通行权顺序是怎样的？

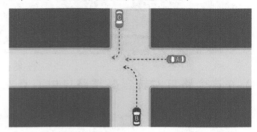

A. B 车、A 车、C 车　　B. C 车、A 车、B 车
C. A 车、B 车、C 车　　D. A 车、C 车、B 车

答案：C

3) 如图所示，驾驶机动车遇到左侧支路白色汽车不减速让行时，正确的做法是什么？

A. 加速超越白色汽车通过路口
B. 减速，注意避让
C. 持续鸣喇叭，保持原有车速行驶
D. 用车灯闪烁，示意对方让行

答案：B

4）车辆行驶至交叉路口，遇有转弯的车辆抢行，应怎样做？

A. 提高车速抢先通过
B. 鸣喇叭抢先通过
C. 停车避让
D. 保持正常车速行驶

答案：C

判断题

1）驾驶机动车通过这个路口要注意观察左侧情况。

答案：×

2）驾驶机动车在这个路口右转弯可以不变更车道。

答案：×

3）在这个路口左转弯要靠路口中心点左侧转弯。

答案：√

4）驾驶机动车在这个路口右转弯时要避让非机动车。

答案：√

5）如图所示，驾驶机动车行驶至此路段时，应当提前减速慢行，注意前方可能出现的行人及车辆。

答案：√

6）驾驶车辆进入交叉路口前，应降低行驶速度，注意观察，确定安全。

答案：√

7）遇到路口情况复杂时，应做到"宁停三分，不抢一秒"。

答案：√

8）驾驶机动车接近路口时，可以加速鸣喇叭通过。

答案：×

3 通过环岛路口

进入环岛路口，不用开启转向灯。驶出环岛路口，要开启右转向灯。准备进入环岛路口的车辆，应该让路口内通行的车辆先行。在环岛内行驶，遇有其他车辆强行驶入时，即便是有优先权，也要减速避让。

练习题

单选题

1）驾驶机动车进入这个路口怎样使用灯光？

A. 开启右转向灯
B. 开启危险报警闪光灯

C. 不用开启转向灯

D. 开启左转向灯

答案：C

2）驾驶机动车驶出这个环岛路口怎样使用灯光？

A. 开启左转向灯　　B. 开启危险报警闪光灯

C. 不用开转向灯　　D. 开启右转向灯

答案：D

判断题

1）如图所示，驾驶机动车驶出环岛时，应先驶入最右侧车道，不用开启转向灯驶离即可。

答案：×

2）如图所示，在这种情况下，A 车应该让路口内的 B 车先行。

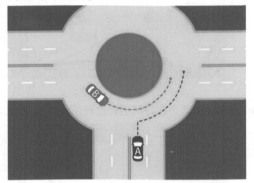

答案：√

3）机动车在环形路口内行驶，遇有其他车辆强行驶入时，只要有优先权，就可以不避让。

答案：×

▶ 4.1.9　人行横道、学校区域、居民小区、公交车站安全驾驶

1 通过人行横道

通过人行横道前，要提前减速观察，随时

准备停车避让行人和非机动车。遇到没有行人通过的人行横道，也要减速通过。遇到行人或非机动车正在人行道上行走时，要停车等待行人通过。在人行横道前，发现绿灯亮时还有行人或非机动车横过道路的情况，要停车礼让行人通过后在起步。

通过人行横道看到右侧停有大型车辆时，一定要停车观察，以防停的车辆遮挡的盲区里有行人、非机动车正在通过人行横道。超越停在人行横道线前的车辆时，一旦发现有行人或非机动车从停的一侧车前过人行道时，立即停车让行。

练习题

单选题

1）如图所示，驾驶机动车遇到这种情况如何处置？

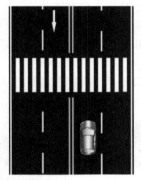

A. 鸣喇叭加速通过

B. 立即停车

C. 鸣喇叭示意行人让道

D. 先注意观察行人、非机动车动态，再通过

答案：D

2）驾驶机动车在这个位置怎样安全通过？

A. 加速从行人前通过

B. 从行人后绕行通过

C. 减速、鸣喇叭示意

D. 停车等待行人通过

答案：D

3）驾驶机动车遇到这种情况的人行横道怎样通过？

A. 减速通过　　　　B. 加速通过
C. 鸣喇叭通过　　　D. 紧急制动

答案：A

4）驾驶机动车在这种情况下怎样礼让行人？

A. 等行人通过后再起步
B. 起步从行人前方绕过
C. 鸣喇叭告知行人让道
D. 起步后缓慢靠近行人

答案：A

5）在路口遇到这种情况的行人，如何做到礼让？

A. 在远处鸣喇叭催促
B. 从行人间低速穿过
C. 加速从行人前绕行
D. 停车等待行人通过

答案：D

6）驾驶机动车遇到这样的行人怎样行驶？

A. 从其前方绕过　　B. 从其身后绕行
C. 鸣喇叭提醒　　　D. 主动停车礼让

答案：D

7）如图所示，驾驶机动车遇到这种情况时，正确的做法是什么？

A. 适当鸣喇叭，加速通过
B. 在行人或骑车人通过前提前加速通过
C. 减速，停车让行
D. 连续鸣喇叭使其让行

答案：C

8）如图所示，驾驶机动车遇到这种情况时，应当停车让行。

答案：√

9）驾驶机动车在这种情况下可以适当鸣喇叭加速通过。

答案：×

10）驾驶机动车在路口遇到这种情况的行人怎么办？

A. 及时减速停车让行
B. 鸣喇叭示意其让道
C. 加速从行人前通过
D. 开前照灯示意其让道

答案：A

11）车辆驶近人行横道时，应怎样做？
A. 鸣喇叭加速通过

B. 立即停车

C. 先减速注意观察行人、非机动车动态，确认安全后再通过

D. 鸣喇叭示意行人让道

答案：C

12）行车道绿灯亮时，但车辆前方人行横道仍有行人行走，应怎样做？

A. 直接起步通过

B. 起步后从行人后方绕过

C. 起步后从行人前方绕过

D. 等行人通过后再起步

答案：D

13）驾车遇到这种情形时，应怎么办？

A. 从行人前方绕行　　B. 停车礼让行人先行

C. 鸣喇叭提醒行人　　D. 从行人后方绕行

答案：B

14）如图所示，驾驶机动车通过交叉路口右转遇到人行横道有行人通过时，正确的做法是什么？

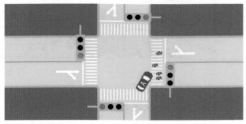

A. 保持较低车速通过

B. 停车让行，等行人通过后再通过

C. 连续鸣喇叭冲开人群

D. 确保安全的前提下绕行通过

答案：B

15）如图所示，驾驶机动车行经交叉路口遇到这种情况时，以下做法正确的是什么？

A. 提前减速观察

B. 注意避让行人

A. 加速通过

B. 在骑车人通过前提前加速通过

C. 停车让行

D. 连续鸣喇叭使其让行

答案：C

16）驾驶机动车遇到这种情况怎样应对？

A. 连续鸣喇叭警告　　B. 加速从前方绕过

C. 出现危险再减速　　D. 主动减速让行

答案：D

多选题

1）驾驶机动车通过人行横道时应注意哪些情况？

A. 突然横穿的儿童　　B. 急速通过的自行车

C. 缓慢通过的行人　　D. 准备横过的行人

答案：ABCD

2）如图所示，驾驶机动车遇到这种情形时，错误的做法是什么？

A. 加速通过

B. 连续鸣喇叭警示

C. 停车让行

D. 迅速超越前方非机动车

答案：ABD

3）如图所示，接近人行横道线时怎样安全行驶？

A. 提前减速观察

B. 注意避让行人

C. 随时准备停车

D. 抢先加速通过

答案：ABC

判断题

1）造成这起事故的主要原因是行人从车前横穿。

答案：×

2）驾驶机动车遇到这种情况的人行横道线可以加速通过。

答案：×

3）驾驶机动车在人行横道前遇到这种情况一定要减速慢行。

答案：×

4）如图所示，造成这起事故的主要原因是机动车未按规定避让行人。

答案：√

5）驾驶机动车在这种情况下可以适当鸣喇叭加速通过。

答案：×

6）驾驶机动车接近人行横道在无人通行的情况下，可以加速通过人行横道。

答案：×

7）驾驶车辆通过人行横道时，应注意礼让行人。

答案：√

8）如图所示，遇有这种情况要停车让行。

答案：√

9）如图所示，驾驶机动车右转遇到这种情况时，可以不给非机动车和行人让行。

答案：×

2 安全通过学校区域

行车中，看到路边注意儿童标志，要提前减速注意观察。路边车辆停放较多时，一般是上学或放学时段，要预防儿童突然横过道路或路边停的车突然开启外侧车门。通过学校时，要减速慢行，注意观察标志标线，禁止鸣喇叭。遇到儿童列队横过道路时，及时停车让行。发现一侧有人向路对面学生招手，要及时减速或停车，预防小学生突然横穿道路扑向对面家长。

练习题

单选题

1）驾驶机动车看到路边有这种标志时怎样

行驶？

A. 采取紧急制动　　B. 减速注意观察
C. 断续鸣喇叭　　　D. 做好绕行准备

答案：B

2）驾驶机动车在学校门口遇到这种情况怎样
行驶？

A. 从列队前方绕过　B. 减速慢行通过
C. 及时停车让行　　D. 从列队空隙穿过

答案：C

3）如图所示，驾驶机动车行经该路段时，错误
的说法是什么？

A. 注意儿童　　　　B. 禁止停车
C. 禁止鸣喇叭　　　D. 前方禁止通行

答案：D

4）驾驶机动车遇到这种情形应该注意什么？

A. 预防机动车侧滑　B. 预防行人横穿
C. 尽快加速通过　　D. 持续鸣喇叭

答案：B

5）行车中遇列队横过道路的学生时，应怎
样做？
A. 提前加速强行

B. 停车让行
C. 降低车速、缓慢通过
D. 连续鸣喇叭催促

答案：B

6）行车中看到注意儿童标志时，应怎样做？
A. 加速行驶
B. 绕道行驶
C. 保持正常车速行驶
D. 谨慎选择行车速度

答案：D

多选题

驾驶机动车通过学校门口时应注意什么？
A. 注意观察标志标线
B. 注意减速慢行
C. 不要鸣喇叭
D. 快速通过

答案：ABC

判断题

1）驾驶机动车看到这个标志时要及时减速。

答案：√

2）在学校门口遇到这种情况要做好随时停车的
准备。

答案：√

3）驾驶机动车在学校附近遇到这种情况要尽快
加速通过。

答案：×

4）驾驶机动车行经学校门前遇到放学时段，为了保证道路的车流通畅，应勤鸣喇叭督促学生让开主车道。

答案：×

5）如图所示，驾驶机动车看到路边有这种标志时，表示前方接近学校区域，要提前减速注意观察。

答案：√

6）驾驶机动车遇到这样的情况要停车让行。

答案：√

7）驾驶机动车遇到这种情况时，要快速向左绕过。

答案：×

8）车辆通过学校和小区应注意观察标志、标线，低速行驶，不要鸣喇叭。

答案：√

3　通过居民小区

驾驶机动车通过居民小区，要遵守限速标志的规定，按照限速低速行驶，注意避让居民，不得鸣喇叭。进入小区前要降低车速，注意观察，随时准备停车，不与行人抢行。在小区内行车，要随时注意两侧的情况，做好停车避让居民的准备，要注意避让儿童，如发现有皮球滚出要立即停车，预防撞上追出的儿童。遇到居民或行人占道行驶，保持安全距离行驶，等

待居民或行人让行。发现行人或非机动车突然从一侧巷子或停放的车后横穿时，要及时采取减速或停车让行措施。

选择题

1）驾驶机动车在居民小区看到这种情况怎样安全行驶？

A．鸣喇叭提示行人　　B．加速，尽快通过
C．保持正常行驶　　　D．减速，准备停车

答案：D

2）驾驶机动车通过居民小区遇到这种情况怎样处置？

A．立即停车　　　　　B．加速通过
C．连续鸣喇叭　　　　D．减速慢行

答案：A

3）行车过程中遇到以下情况，正确的做法是什么？

A．鸣喇叭并继续直行
B．减速并随时准备停车
C．匀速驶过该区域
D．转向道路左侧并继续行驶

答案：B

4）驾驶机动车驶出小区上道路行驶，正确的做法是什么？

A．无需观察直接汇入主路车流

B. 无需避让主路车辆

C. 在不妨碍主路车辆正常行驶的前提下汇入车流

D. 鸣喇叭示意主路车避让

答案：C

5）驾驶机动车遇到这样的情景怎样行驶？

A. 连续鸣喇叭　　　B. 快速通过

C. 减速慢行　　　　D. 从一侧绕行

答案：C

多选题

1）通过居民小区时应注意什么？

A. 遵守标志　　　　B. 低速行驶

C. 不鸣喇叭　　　　D. 避让居民

答案：ABCD

2）如图所示，在居民区内为了预防突发情况出现，应如何安全驾驶？

A. 注意观察，随时准备停车

B. 进入小区前应降低车速

C. 不与行人抢行

D. 鸣喇叭示意行人让行

答案：ABC

3）如图所示，驾驶机动车在居民区遇到这种情形，应如何安全驾驶？

A. 紧跟其后行驶

B. 低速慢行

C. 连续鸣喇叭示意

D. 保持必要的安全距离

答案：BD

判断题

1）驾驶机动车在居民小区遇到这种情形要连续鸣喇叭。

答案：×

2）驾驶机动车在居民小区遇到这种情形要紧跟其后行驶。

答案：×

3）驾驶机动车进入居民小区不能超过限速标志限定的速度行驶。

答案：√

4）驾驶机动车在小区内遇到这样的情况要在自行车前加速通过。

答案：×

5）如图所示，驾驶机动车在通过小区遇到这种情况，应减速行驶，随时准备停车。

答案：√

6）如图所示，驾驶机动车居民小区遇到这种情形要连续鸣喇叭，示意行人让路。

答案：×

7）如图所示，驾驶机动车进入居民小区时，车速不能超过5公里/小时。

答案：√

8）驾驶机动车驶入居民小区时，为了警告出入口处车辆及行人，应连续鸣喇叭。

答案：×

4 通过公交车站

　　驾驶机动车通过停有公交车的车站时，要提前减速，注意公交的转向灯和动态，缓慢超越，预防公交车突然起步或行人从车前穿出。公交车站附近人较多时，要仔细观察人群的动态，发现有人横过道路时，要停车避让，不得迅速向左变更车道绕行。遇到有非机动车或行人超越公交车时，及时采取减速或停车避让措施。与对面公交车站内公交车交会时，要减速观察公交车后方的情况，发现有人从车后横过道路，及时减速或停车让行。不得在公交车站停车。

练习题

单选题

1）驾驶机动车在这种情况下注意什么？

A. 行人从车后穿出　　B. 行人从车前穿出
C. 公交车突然倒车　　D. 公交车突然起步

答案：B

2）在这种公交车站怎样预防公交车突然起步？

A. 在公交车后停车　　B. 迅速超越公交车
C. 减速，缓慢超越　　D. 连续鸣喇叭提醒

答案：C

3）驾驶机动车遇到这种情况怎样行驶？

A. 加速从左侧超越　　B. 连续鸣喇叭告知
C. 紧跟在自行车后　　D. 减速避让自行车

答案：D

多选题

1）驾驶机动车驶近停有公交车的车站时，需要注意什么？
A. 做好随时停车的准备
B. 预防公交车突然起步
C. 预防行人从车前穿出
D. 与公交车保持安全距离

答案：ABCD

2）如图所示，驾驶机动车临近停在车站的公交车时，正确的做法是什么？

A. 降低车速　　B. 随时准备停车
C. 尽快超车　　D. 加大横向安全距离

答案：ABD

3）如图所示，驾驶机动车遇到这种情形，应如何安全通过？

A. 减速慢行
B. 注意观察
C. 保持横向安全距离
D. 预防突然横穿的行人

答案：ABCD

4）如图所示，驾驶机动车驶近公交车站时，应注意什么？

A. 下车乘客可能从公交车前方横穿道路
B. 公交车可能即将起动并向左变更车道
C. 右侧摩托车可能驶入机动车道并穿插变更车道
D. 对向车道内的机动车可能违法跨越道路中心线超车

答案：ABCD

判断题

1）驾驶机动车在这种情况下可以占用公交车站临时停车。

答案：×

2）驾驶机动车在公交车站遇到这种情况要迅速停车让行。

答案：√

3）在这种情况下要避让左侧从公交车后横穿的行人。

答案：√

4）如图所示，在这种情况下要注意右侧的非机动车。

答案：√

5）如图所示，驾驶机动车在公交车站遇到这种情况时，要迅速向左变更车道绕行。

答案：×

6）如图所示，在这种情况下可以在公交车站临时停车。

答案：×

7）如图所示，驾驶机动车驶近这样的公交车站时，既要注意到路侧行人的活动情况随时准备减速避让，又要考虑前方道路可能存在拥堵，不应跟车过近，防止视线受阻。

答案：√

4.2 文明礼让

▶4.2.1 保护交通参与者

1 保护行人

行车中看到在机动车道边行走的行人时，要降低车速，注意观察动态。遇到在路边玩耍的儿童时，应该考虑到路边儿童可能会因为打闹而突然冲入路内。看到行动不便的老年人在路边缓慢行走时，不可连续鸣喇叭催其让道，要减速慢行，做好随时停车礼让的准备。遇到缓慢横过道路的老年人，要及时减速或停车让行。遇到专注于使用手机的行人时，应注意观察动态，谨慎驾驶，做好停车准备。

发现有行人或儿童正在随意横过道路时，要正确判断行人或儿童的动态，减速行驶，做好停车避让准备。遇到到有人翻越中间护栏时，要迅速减速或及时停车避让行人。在没有交通信号的路口出发现有行人突然横穿道路时，要迅速减速或停车让行。

在乡间道路行驶，要注意避让两侧行走的行人和在路边玩耍的儿童，可鸣喇叭提示，做好随时停车准备。遇到在路边挑担子的行人时，要保持较大的安全距离超越，预防挑担人突然换肩或将担子横出发生危险。通过路边有行人的积水路面时，一定要低速缓慢行驶，以免溅起的泥水弄脏行人的衣物。

单选题

1）驾驶机动车遇到这种行人应该注意什么？

A. 在路中心行驶　　B. 持续鸣喇叭
C. 加速超越　　　　D. 注意观察动态

答案：D

2）驾驶机动车突然遇到这种情况怎样做？

A. 减速或停车让行　　B. 从行人前方绕行
C. 持续鸣喇叭提醒　　D. 从行人后方绕行

答案：A

3）驾驶机动车遇到这种情况要如何行驶？

A. 低速缓慢通过　　B. 加速通过
C. 连续鸣喇叭通过　D. 保持正常车速通过

答案：A

4）驾驶机动车看到这样的儿童怎样行驶？

A. 紧跟在后面行驶　　B. 从左侧加速让过
C. 鸣喇叭示意让道　　D. 减速或停车避让

答案：D

5）驾驶机动车遇到这样的行人怎样礼让？

A. 加速从前方绕过　　B. 加速从身后绕行
C. 减速或停车让行　　D. 连续鸣喇叭提醒

答案：C

6) 在这种路口遇到行人突然横穿怎么办？

A. 减速或停车让行　　B. 鸣喇叭示意其让路
C. 抢在行人之前通过　D. 向右变道绕过行人

答案：A

7) 如图所示，驾驶机动车在乡间道路上行驶，正确的做法是什么？

A. 在成人和儿童之间快速通过
B. 连续鸣喇叭提示后通过
C. 从成人身后绕行
D. 减速鸣喇叭提示，做好随时停车准备

答案：D

8) 驶近没有人行横道的交叉路口时，发现有人横穿道路，应怎样行驶？
A. 减速或停车让行
B. 鸣喇叭示意其让道
C. 抢在行人之前通过
D. 立即变道绕过行人

答案：A

9) 当驾驶车辆行经两侧有行人且有积水的路面时，应怎样行驶？
A. 加速通过　　　　　B. 正常行驶
C. 减速慢行　　　　　D. 连续鸣喇叭

答案：C

10) 驶近没有人行横道的交叉路口时，发现有人横穿道路，应怎样行驶？
A. 减速或停车让行
B. 鸣喇叭示意其让道
C. 立刻变道绕过行人
D. 抢在行人之前通过

答案：A

11) 行车遇儿童时，应怎样做？
A. 减速慢行，必要时停车避让
B. 长鸣喇叭催促
C. 迅速从一侧通过

D. 加速绕行

答案：A

多选题

1) 驾驶机动车过程中遇到专注于使用手机的行人时，正确的做法是什么？
A. 注意观察　　　　B. 从一侧加速绕过
C. 谨慎驾驶　　　　D. 做好停车准备

答案：ACD

2) 机动车行经没有交通信号的道路，遇行人横过道路时，错误的做法是什么？
A. 鸣喇叭催促　　　　B. 寻找间隙穿插驶过
C. 减速或停车避让　　D. 绕前通过

答案：ABD

判断题

1) 行车中对出现这种行为的人不能礼让。

答案：×

2) 行车中遇到这种行人需要保持较大的安全距离。

答案：√

3) 突然出现这种情况，驾驶人要及时减速或停车避让。

答案：√

4) 驾驶机动车遇到这种情况的行人可连续鸣喇叭催其让道。

答案：×

5）驾驶机动车通过积水路段时，应注意两侧的行人和非机动车，降低车速，防止路面积水飞溅。

答案：√

6）如图所示，驾驶机动车遇到这种情况时，应该预防到路边儿童可能会因为打闹而突然冲入路内。

答案：√

7）如图所示，驾驶机动车遇到这种情况时，应预防左前方行人可能在前方机动车驶过后马上横穿道路。

答案：√

8）驾驶机动车遇到成群的青少年绕过路边停放的机动车时，应主动减速让行。

答案：√

9）行车中，发现行人突然横过道路时，应迅速减速会停车避让。

答案：√

10）行人出现交通安全违法行为时，车辆可以不给行人让行。

答案：×

11）行车中遇残疾人影响通行时，应主动减速会停车礼让。

答案：√

12）驶近没有人行道的交叉路口时，发现有人横穿道路，应减速或停车让行。

答案：√

2 保护骑车人

行车中，遇到在右侧同向行驶非机动车占道影响通行时，要适当减速慢行，注意观察动态，保持安全间距，不得鸣喇叭加速超越。

遇到成群的青少年骑自行车占道行驶，要保持安全距离超越或主动减速让行。通过路边两侧有非机动车通行的积水路面时，一定要低速缓慢行驶，不得加速或连续鸣喇叭通过。

驾驶机动车在转弯之前应留意旁边行驶的自行车，是因为自行车比较小，不易被看到。看到路口有非机动车准备横过人行横道时，要主动减速让行。

练习题

单选题

1）驾驶机动车在这种情况下正确的做法是什么？

A. 低速跟在后面行驶
B. 连续鸣喇叭提醒
C. 保持安全距离超越
D. 鸣喇叭加速超越

答案：C

2）驾驶机动车行经两侧有非机动车行驶且有积水的路面时，应怎样行驶？

A. 减速慢行　　　　B. 正常行驶
C. 加速通过　　　　D. 连续鸣喇叭

答案：A

3）驾驶机动车遇到非机动车违法在机动车道上阻碍行驶时，错误的做法是什么？

A. 注意非机动车辆的动向，减速行驶
B. 谨慎驾驶低速通过
C. 持续鸣喇叭警告非机动车避让
D. 保持与非机动车安全车距

答案：C

4）行车中遇有非机动车准备绕过停放的车辆时，应怎样行驶？

A. 鸣喇叭示意其让道　B. 让其先行
C. 紧随其后鸣喇叭　　D. 加速绕过

答案：B

5）行车中，遇非机动车抢行时，应怎样行驶？

A. 加速通过　　　　B. 鸣喇叭警告
C. 减速让行　　　　D. 临近时突然加速

答案：C

6）行车中超越同向行驶的自行车时，应怎样行驶?

A. 鸣喇叭,迅速超越自行车

B. 注意观察动态,减速慢行,留有足够的安全距离

C. 连续鸣喇叭提醒自行车让路

D. 持续鸣喇叭并加速超越

答案:B

7) 如图所示,驾驶机动车遇到非机动车占道行驶时,正确的做法是什么?

A. 减速并鸣喇叭提示

B. 交替变换远近光灯提示

C. 加速从一侧通过

D. 持续鸣喇叭催促

答案:A

8) 驾驶机动车遇到这种情况怎样行驶?

A. 减速让非机动车先行

B. 连续鸣喇叭告知让道

C. 从非机动车左侧绕过

D. 占对向车道加速超越

答案:A

9) 如图所示,A 车正确的做法是什么?

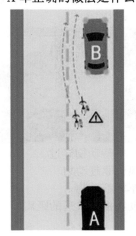

A. 鸣喇叭从左侧超越自行车

B. 减速待自行车通过后再从 B 车左侧超越

C. 停车等待 B 车驶离后,在原车道行驶

D. 借用对向车道加速通过

答案:B

10) 如图所示,图中车辆怎样通行符合安全文明行车要求?

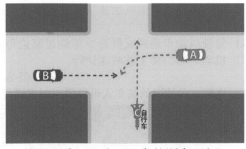

A. 按照 B 车、C 车、A 车的顺序通行

B. 按照 A 车、B 车、C 车的顺序通行

C. 按照 C 车、A 车、B 车的顺序通行

D. 按照 C 车、B 车、A 车的顺序通行

答案:D

11) 如图所示,驾驶机动车遇到这种情况,B 车正确的做法是什么?

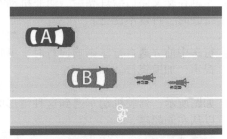

A. 鸣喇叭加速通过　　B. 长鸣喇叭催促

C. 挤靠自行车　　　　D. 减速让行

答案:D

多选题

遇到这种同向行驶的非机动车时怎样行驶?

A. 注意观察动态　　B. 适当减速慢行

C. 保持安全间距　　D. 鸣喇叭加速超越

答案:ABC

判断题

1) 驾驶机动车在这种情况下要尽快加速通过。

答案：×

2）驾驶机动车遇到骑自行车人占道影响通行时，可连续鸣喇叭加速从其左侧绕行。

答案：×

3）驾驶机动车遇到成群青少年绕过路边停放的机动车时，要主动减速让行。

答案：√

4）遇到这种情况的骑车人可以借对向车道超越。

答案：×

5）驾驶机动车在转弯之前应留意旁边行驶的自行车，是因为自行车体积比较小，不太容易被看到。

答案：√

6）车辆在交叉路口绿灯亮后，遇非机动车抢道行驶时，可以不让行。

答案：×

7）行车中前方遇自行车影响通行时，可鸣喇叭提示，加速绕行。

答案：×

8）如图所示，驾驶机动车遇到这种情形时，可以从左侧超越。

答案：×

9）如图所示，驾驶机动车遇到这种情形时，应减速与自行车保持安全距离通过路口。

答案：√

10）如图所示，A车在这样的路口可以借用非机动车道右转弯。

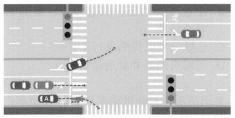

答案：×

11）机动车行驶中遇有自行车借道通行时，可急促鸣喇叭示意让道。

答案：×

3 安全避让畜力车

　　行车中，看到路边有牲畜时，要减速慢行，注意观察牲畜的动态，缓慢通过。遇牲畜或野生动物占道影响通行时，要注意观察牲畜或动物的动向，随时避让横过道路的动物。发现牲畜或野生动物横穿抢道或突然横穿道路时，要及时停车，与动物保持较远的距离，等待动物穿过，不可鸣喇叭或下车驱赶动物。

单选题

　　夜间驾驶机动车在农村道路行驶，遇到对向驶来畜力车时，正确的做法是什么？
　　A. 持续鸣喇叭警示
　　B. 交替使用远近光灯提示
　　C. 使用近光灯，减速靠右避让
　　D. 加速通过

答案：C

多选题

1）如图所示，驾驶机动车遇到这种情况，正确的做法是什么？

　　A. 停车等待动物穿过
　　B. 鸣喇叭驱赶动物
　　C. 下车驱赶动物
　　D. 与动物保持较远的距离

答案：AD

2）如图所示，驾驶机动车遇到这种情况，正确的做法是什么？

A. 减速缓慢通过

B. 鸣喇叭警示牲畜，以免牲畜冲入行车道发生事故

C. 不能鸣喇叭，避免牲畜因惊吓窜入行车道

D. 加速通过

答案：AC

判断题

1）驾驶机动车在这样的路段要注意观察，随时避让横过道路的野生动物。

答案：√

2）驾驶汽车遇到牲畜横穿抢道的情况，要及时鸣喇叭驱赶。

答案：×

3）行车中遇牲畜通过道路影响通行时，可采取连续鸣喇叭的方式驱赶。

答案：×

4）驾驶机动车在这样的路段要注意观察，随时避让横过道路的动物。

答案：√

▶ 4.2.2　与其他车辆共用道路的文明礼让

1 遇紧急车辆的处置

行车中遇到执行任务的警车、消防车、救

护车，要及时减速让行。发现特种车辆从右侧超越时，要及时减速向左侧让行。遇到执行任务的消防车或抢救伤员的救护车逆向驶来时，要迅速靠右侧减速让行。

练习题

单选题

1）驾驶机动车遇到这种特殊情况怎样行驶？

A. 靠左侧减速让行　　B. 靠右侧减速让行

C. 加速靠左侧让行　　D. 保持原行驶路线

答案：A

2）如何为从右侧超越的特种车辆让路？

A. 向左减速让路，直到紧急车辆过去

B. 向右减速让行，直到紧急车辆过去

C. 立即停车，即使在交叉路口也是如此

D. 鸣喇叭，在特种车辆前开路

答案：B

3）行车中遇抢救伤员的救护车从本车道逆向驶来时，应怎样让行？

A. 靠边减速或停车让行

B. 占用其他车道行驶让行

C. 加速变更车道避让

D. 在原车道内继续行驶

答案：A

4）如图所示，驾驶机动车遇到执行紧急任务的救护车时，正确的做法是什么？

A. 救护车违反交通信号通行，不予避让

B. 减速，避让救护车

C. 按照信号灯指示，正常通行

D. 加速通过路口

答案：B

5）驾驶机动车，遇到后方执行任务的特种车辆时，正确的做法是什么？

A. 主动减速让行

B. 加速行驶

C. 即使有让行条件也不让

D. 靠到路中心行驶

答案：A

驾驶机动车遇到哪些车辆需要及时礼让？

A. 救护车　　　　　B. 消防车

C. 警车　　　　　　D. 校车

答案：ABCD

判断题

1）驾驶机动车遇到这种情形要迅速靠右侧减速让行。

答案：√

2）驾驶机动车遇到同车道行驶的执行紧急任务的特种车辆时不得超车。

答案：√

2　礼让校车

　　行车中遇到运送学生的校车停车时，要立即停车等待，直到校车离开。遇到校车在道路右侧停车上下学生，同向只有 1 条机动车道时，后方机动车应当停车等待。同向有 2 条机动车道时，左侧车道后方机动车应当停车等待。同向只有 3 条机动车道时，中间车道后方机动车应当停车等待，左侧车道后方机动车可以减速通过。

单选题

1）如图所示，驾驶机动车遇到这种情况时，正确的做法是什么？

A. 放慢车速，缓缓绕过

B. 鸣喇叭示意该车让路

C. 立即停车等待，直至该车离开

D. 保持原车速绕行

答案：C

2）如图所示，驾驶机动车遇到校车停车上下学生时，正确的做法是什么？

A. 停车等待

B. 借对向车道绕行

C. 鸣喇叭催促

D. 变换远近光灯示意学生让行

答案：A

驾驶机动车遇到校车在道路右侧停车上下学生时，应注意什么？

A. 同向只有 1 条机动车道，后方机动车应当停车等待

B. 同向有 2 条机动车道，左侧车道后方机动车可以减速通过

C. 同向有 3 条机动车道，中间车道后方机动车应当停车等待

D. 同向有 3 条机动车道，左侧车道后方机动车可以减速通过

答案：ACD

判断题

1）驾驶机动车遇到校车在道路右侧停车上下学生，同向只有 1 条机动车道时，后方机动车应当停车等待。

答案：√

2）驾驶机动车遇到校车在道路右侧停车上下学生，同向有 2 条机动车道时，左侧车道后方机动车应当停车等待。

答案：√

3）驾驶机动车遇到校车在道路右侧停车上下学生，同向只有 3 条机动车道时，左侧车道后方机动车应当停车等待。

答案：×

4）同方向有 3 条机动车道的路段，校车在右侧车道停靠上下学生时，校车停靠车道后方和

相邻机动车道上的机动车应停车等待。

答案：√

3 遇异常行驶机动车的礼让

行车中看到在道路上频繁变更车道、曲线或左右摆动行驶的车辆时，要考虑前车出现机械故障，或者驾驶人可能是酒后、吸毒、不良心态情况下驾驶，注意保持较大的跟车距离，不得加速超越或绕行。

遇有其他车辆不遵守通行规定，突然变道、加塞时，要减速礼让。遇有大型拉土（石）货车，应当尽量远离，避让。遇到前车扬起的飞石或遗撒物将挡风玻璃击裂造成视线模糊不清的状况，要逐渐降低车速、开启危险报警闪光灯并将机动车移至不妨碍交通的地点。

单选题

1）驾驶机动车遇到这种情形怎么办？

A. 迅速从车左侧超越
B. 保持较大跟车距离
C. 连续鸣喇叭告知
D. 迅速从车右侧超越

答案：B

2）看到前方车辆行驶线路左右摆动，正确的做法是什么？

A. 前车驾驶人可能为酒后驾车，应当保持距离
B. 前车驾驶人可能为酒后驾车，可以加速超过
C. 前车驾驶人可能为吸毒后驾车，可以加速超过
D. 此情况较为安全，可以紧密跟随

答案：A

3）驾驶机动车，遇前方停驶的油料运输车起火冒烟时，正确的做法是什么？

A. 为减少交会时间，加速通过
B. 立即停车，上前查看是否有被困人员
C. 停车后观望
D. 立即停车，尽量远离，拨打报警电话

答案：D

4）如图所示，驾驶机动车遇到右侧车道车辆突然变更车道时，应当如何避让？

A. 减速让行
B. 加速行驶
C. 向左打转向迅速超越
D. 连续鸣喇叭

答案：A

多选题

如图所示，A 车在交叉路口左转时遇到 B 车强行超越，错误的做法是什么？

A. 持续鸣喇叭警告　　B. 保持车速继续行驶
C. 与其抢行　　　　　D. 加速靠左侧绕行

答案：ABCD

判断题

1）如图所示，机动车 A 遇到异常行驶的车辆 B，A 车应当减速避让，确保安全。

答案：√

2）前方遇有大型拉土（石）货车，应当尽量远离，避让。

答案：√

3）如图所示，驾驶机动车遇到右侧有车插入本车道时，可以向右转向，从前车右侧加速超越。

答案：×

4）机动车在高速行驶时，前车扬起的飞石或遗撒物将挡风玻璃击裂，造成视线模糊不清的状况下，驾驶人应逐渐降低车速、开启危险报警闪光灯并将机动车移至不妨碍交通的地点。

答案：√

4 遇拥堵时的礼让

行车中遇到前方道路车辆拥堵行驶缓慢时，要依次跟车行驶，不得从两侧穿插超车。遇前方路段车道减少，车辆行驶缓慢，为了保证安全有序，应依次交替通行。

进入交叉路口前，看到因路口对面拥堵造成车辆停车等待时，即便是绿灯亮，也要在路口停止线外停车等待，不得进入网状线区域停车。通过没有交通信号控制的路口，看到路口内车辆通行混乱时，要注意观察路口车辆的通行情况，进入路口后随时准备停车礼让。在接近交叉路口遇到左侧有车辆强行加塞后迅速向右转向时，要礼让通行。

在非禁鸣路段，遇复杂交通情况时，可合理使用喇叭。

单选题

1）驾驶机动车在交叉路口遇到这种情况如何对待？

A. 直接进入路口内等待
B. 在路口停止线外等待
C. 从右侧非机动车道通过
D. 借对向车道通过路口

答案：B

2）驾驶机动车在拥堵的路口遇到这种情况怎样处置？

A. 逼其回原车道
B. 紧跟前车不让行
C. 礼让通行
D. 鸣喇叭，开前照灯

答案：C

3）遇前方路段车道减少，车辆行驶缓慢，为了保证安全有序应该怎样行驶？

A. 依次交替通行
B. 借对向车道迅速通过
C. 加速从前车左右超越
D. 穿插到前方排队车辆中通过

答案：A

4）行车中发现前方道路拥堵时，应怎样行驶？

A. 寻找机会超越前车
B. 从车辆空间穿插通过
C. 减速停车，依次排队等候
D. 鸣喇叭催促

答案：C

5）遇到这种前方拥堵路段通行缓慢时怎样行驶？

A. 依次跟车行驶
B. 从右侧超越
C. 靠边停车等待
D. 从左侧超越

答案：A

6）车辆在拥挤路段低速行驶时，遇其他车辆强行插队，应怎样行驶？

A. 鸣喇叭警告，不得进入
B. 加速行驶，紧跟前车，不让其进入
C. 主动礼让，确保行车安全
D. 挤靠"加塞"车辆

答案：C

7）发现前方道路堵塞，正确的做法是什么？

A. 继续穿插绕行
B. 选择空当逐车超越
C. 鸣喇叭示意前方车辆快速行驶

D. 按顺序停车等候

答案：D

8）驾驶机动车驶入拥堵的环形路口，正确的做法是什么？

A. 注意避让已在路口内车辆

B. 优先驶入环形路口

C. 鸣喇叭示意其他车辆让行

D. 超越前方车辆进入路口

答案：A

9）在堵车的交叉口绿灯亮时，车辆应怎样通行？

A. 可直接驶入交叉路口

B. 不可驶入交叉路口

C. 可借对向车道通过路口

D. 在保证安全的情况下驶入交叉路口

答案：B

[多]选[题]

驾驶机动车准备进入拥堵的环形路口时，错误的做法是什么？

A. 继续驶入拥堵路口

B. 鸣喇叭让路口内的车辆让行

C. 快速驶入路口

D. 让路口内的车先行

答案：ABC

[判][断][题]

1）驾驶机动车在路口遇到这种情况要随时准备停车礼让。

答案：√

2）驾驶机动车在这种情况下要跟前车进入路口等待。

答案：×

3）如图所示，机动车 A 的行为是正确的。

答案：×

4）驾驶机动车在遇到有前方机动车停车排队等候或者缓慢行驶时，可进入网状线区域停车等候。

答案：×

5）如图所示，驾驶机动车遇到这种情况，应及时降低车速，遇交通堵塞可以鸣喇叭。

答案：×

6）驾驶汽车在非禁鸣路段，遇复杂交通情况时可合理使用喇叭。

答案：√

5 会车时的礼让

在狭窄路段会车，要减速靠右行驶，并保持横向安全距离，做到礼让三先：先慢、先让、先停。

会车中遇到对方来车行进有困难需要借道时，应尽量力礼让对方先行。当感觉与对向驶来的车辆有会车困难的时候，应及时减速靠边行驶，或停车让行。

行经驼峰桥会车时，应降低车速，可鸣喇叭示意，靠右通行。在窄桥上会车，选择的交会位置不理想时，要停车选择会车地点，必要时倒车，让对方通过。

练习题

[单]选[题]

1）如图所示，驾驶机动车在窄桥上会车，选择的交会位置不理想时，正确的做法是什么？

A. 加速行驶，在前方继续选择理想位置

B. 停车选择会车地点，必要时倒车，让对方通过

C. 靠左占道行驶，让对方停车让行

D. 变换远近光灯，示意对方停车让行

答案：B

2) 如图所示，行车中遇到这种情况应当如何安全会车？

A. 鸣喇叭，加速通过

B. 减速靠右，让其先行

C. 靠道路左侧停靠让其先行

D. 抢在对方前先行通过

答案：B

3) 如图所示，行车中遇到这种情况应当如何安全会车？

A. 鸣喇叭，加速通过

B. 减速靠右，让其先行

C. 靠道路左侧停靠让其先行

D. 抢在对方前先行通过

答案：B

多选题

驾驶机动车行经驼峰桥会车时，正确的做法是什么？

A. 靠右通行   B. 鸣喇叭示意

C. 抢行通过   D. 降低车速

答案：ABD

判断题

1) 当感觉与对向驶来的车辆有会车困难的时候，应及时减速靠边行驶，或停车让行。

答案：√

2) 会车中遇到对方来车行进有困难需要借道时，应尽量力礼让对方先行。

答案：√

3) 会车遇到这种情况要低速会车或停车让行。

答案：√

4) 如图所示，驾驶机动车在这样的狭窄路段会车，应当减速靠右并保持安全横向距离。

答案：√

5) 在狭窄的路段会车时，应做到礼让三先：先慢、先让、先停。

答案：√

6 常见不文明行为

合格的驾驶人，不仅表现在技术的娴熟上，更重要的是应该具有良好的驾驶行为习惯和道德修养。行车中，要牢记谨慎驾驶的三原则——集中注意力、仔细观察和提前预防。在道路上行驶时，应当按照规定的速度安全行驶，文明驾驶，礼让行车，做到不开英雄车、冒险车、赌气车和带病车。

常见的违法驾驶行为和驾驶陋习有：

（1）长时间右手抓住变速器操纵杆球头或左臂搭在车门窗上驾车；

（2）在道路上行驶时，随意向车外抛洒物品；

（3）穿拖鞋、高跟鞋、松糕鞋或赤脚驾驶机动车；

（4）一边驾车，一边吸烟；

（5）一边驾车，一边接打手持电话；

（6）长时间靠近中心线或轧线行驶；

（7）变更车道或超车不开转向灯，强行（或随意）并线；

（8）前方机动车停车排队缓慢行驶时加塞抢行；

（9）遇有自行车借道通行时，急促鸣喇叭；

（10）夜间会车或近距离跟车开启远光灯；

（11）驾驶室前风窗玻璃处悬挂、放置妨碍驾驶人视线的物品。

练习题

单选题

1）驾驶机动车变更车道时，属于驾驶陋习的行为是什么？
    A. 提前开启转向灯
    B. 仔细观察后变更车道
    C. 随意并线
    D. 不得妨碍其他车道正常行驶

答案：C

2）机动车在道路上行驶时，什么行为属于交通陋习？
    A. 按规定使用灯光
    B. 携带行驶证、驾驶证
    C. 随意向车外抛洒物品
    D. 遵守交通信号

答案：C

3）行车中发现前方机动车停车排队缓慢行驶时，什么行为属于驾驶陋习？
    A. 加塞抢行
    B. 不强行超车
    C. 停车或依次行驶
    D. 不占用非机动车道行驶

答案：A

4）驾驶人边驾车边吸烟会有什么影响？
    A. 妨碍安全驾驶   B. 可提高注意力
    C. 可缓解驾驶疲劳   D. 不影响驾驶操作

答案：A

5）驾驶机动车时接打电话容易引发事故，原因表述错误的是什么？
    A. 单手握转向盘，对机动车控制力下降
    B. 驾驶人注意力不集中，不能及时判断危险
    C. 电话的信号会对汽车电子设备的运行造成干扰
    D. 驾驶人对路况观察不到位，容易导致操作失误

答案：C

多选题

1）行车中驾驶人接打手机或发短信有什么危害？
    A. 影响乘车人休息
    B. 分散驾驶注意力
    C. 影响正常驾驶操作
    D. 遇紧急情况反应不及时

答案：BCD

2）哪些做法可以有效避免驾驶疲劳？
    A. 连续驾驶不超过4小时
    B. 用餐不宜过饱
    C. 保持良好的睡眠
    D. 餐后适当休息后驾车

答案：ABCD

3）驾驶机动车超速行驶有哪些危害？
    A. 反应距离延长   B. 视野变窄
    C. 加重事故后果   D. 制动距离延长

答案：ABCD

4）行车中不应该有哪些行为？
    A. 经常观察后视镜
    B. 变更车道不开启转向灯
    C. 左臂长时间搭在车门窗上
    D. 右手长时间抓变速杆

答案：BCD

判断题

1）驾驶人一边驾车，一边吸烟对安全行车无影响。

答案：×

2）行车中不开转向灯强行并线是违法行为。

答案：√

3）驾驶人在确认后方无来车的情况下，可以不开转向灯变更车道。

答案：×

4）驾驶人一边驾车，一边接打手持电话是违法行为。

答案：√

5）在正常行车中，尽量靠近中心线或轧线行驶，不给对向机动车留有侵占行驶路线的机会。

答案：×

6）女驾驶人穿高跟鞋驾驶机动车，不利于安全行车。

答案：√

7）驾驶机动车时，长时间左臂搭在车门窗上，或者长时间右手抓住变速器操纵杆球头，是一种驾驶陋习。

答案：√

8）驾驶机动车频繁变更车道不属于驾驶陋习。

答案：×

9）变更车道前确认后方无来车时可以不开转向灯变道。

答案：×

10）变更车道或超车不开启转向灯属于违法行为。

答案：√

11）驾驶机动车应尽量骑轧可跨越车道分界线行驶，便于根据前方道路情况选择车道。

答案：×

12）行车中不开转向灯强行并线不是违法行为。

答案：×

13）机动车行驶中遇有自行车借道通行时，可急促鸣喇叭示意让路。

答案：×

14）如图所示，前车乘车人的行为是不文明的。

答案：√

15）变更车道时只需开启转向灯，便可迅速转向驶入相应的行车道。

答案：×

16）变更车道时，应开启转向灯，迅速驶入侧方车道。

答案：×

17）如图所示，驾驶机动车接打电话容易导致发生交通事故。

答案：√

18）驾驶机动车遇紧急事务，可以边开车边接打电话。

答案：×

19）如图所示，驾驶机动车时，前风窗玻璃处悬挂放置干扰视线的物品是违法的。

答案：√

20）合格的驾驶人，不仅表现在技术的娴熟上，更重要的是应该具有良好的驾驶行为习惯和道德修养。

答案：√

21）行车中要文明驾驶，礼让行车，做到不开英雄车、冒险车、赌气车和带病车。

答案：√

22）驾驶人在观察后方无来车的情况下，未开转向灯就变车道也是合理的。

答案：×

23）谨慎驾驶的三原则是集中注意力、仔细观察和提前预防。

答案：√

24）驾驶车辆在道路上行驶时，应当按照规定的速度安全行驶。

答案：√

25）驾驶机动车在交叉路口违法抢行容易引发交通事故。

答案：√

4.3 道路交通信号辨识

4.3.1 路口交通信号综合应用

1 交通信号灯

驾驶大型货车通过交叉路要严格遵守交通信号灯的指挥。绿灯亮时，要控制车速通过路口。红灯亮时，直行车辆要停在停止线以外停车等待绿灯放行，右转弯车辆在不影响放行车辆和行人通行的情况下沿路右侧转弯通行。

黄灯亮时，要在停止线以外停车等待放行信号，已经越过停止线的车辆可以继续通行，不得在黄灯亮抢行通过停止线进入路口。遇到黄色警示信号灯不断闪烁时，要注意瞭望安全通过。

通过有方向信号灯的路口时，绿色箭头灯

亮指的方向允许通行，红色箭头灯指的方向禁止通行。在设有掉头信号灯的交叉路口，红色掉头信号灯亮禁止车辆直接掉头，绿色掉头信号灯亮允许车辆掉头。

练习题

单选题

1）这个路口允许车辆怎样行驶？

A. 向左或向右转弯　　B. 直行或向左转弯
C. 向左转弯　　　　　D. 直行或向右转弯

答案：D

2）驾驶机动车遇到这种信号灯不断闪烁时怎样行驶？

A. 尽快加速通过　　B. 靠边停车等待
C. 注意瞭望安全通过　D. 禁止通行

答案：C

3）遇到这样的路口，以下哪种做法是正确的？

A. 快速闪烁前照灯，提醒前方车辆快速离
　　开路口
B. 紧急制动保证车辆能够在停车线前停止
C. 降低车速确认安全后通过
D. 加速以两侧绕行

答案：C

4）这个路口允许车辆怎样行驶？

A. 向左或向右转弯　　B. 直行或向左转弯
C. 向左转弯　　　　　D. 直行或向右转弯

答案：D

5）驾驶机动车在铁路道口看到这种信号灯时怎样行驶？

A. 一边观察一边缓慢通过
B. 不换挡加速通过
C. 在火车到来前通过
D. 不得越过停止线

答案：D

判断题

1）驾驶机动车在这种信号灯亮的路口，可以右转弯。

答案：√

2）驾驶机动车此时可以加速通过路口。

答案：✕

3）驾驶机动车在路口看到这种信号灯亮时，要加速通过。

答案：✕

4）如图所示，驾驶机动车在路口前遇到黄灯闪烁时，应停车等待。

答案：×

5）驾驶机动车在这种情况下不能左转弯。

答案：√

6）驾驶机动车在这个路口可以直接向右转弯。

答案：×

7）驾驶机动车在这种情况下不能直行和左转弯。

答案：√

8）如图所示，这种情况下，B车优先通行。

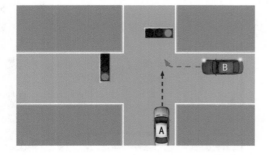

答案：×

9）右侧这个标志警告前方是无人看守的有多股铁路与道路相交铁路道口。

答案：×

10）这个标志警告前方铁路道口有多股铁路与道路相交。

答案：√

11）左侧标志警示前方道路右侧不能通行。

答案：×

12）在铁路道口遇到两个红灯交替闪烁时要停车等待。

答案：√

13）在铁路道口遇到一个红灯亮时要停车等待。

答案：√

2 交通警察手势信号

驾驶机动车在有交通警察指挥的交叉路口，应按照交通警察的手势信号通行。交通警察手势信号有停止信号、示意车辆靠边停车信号、直行信号、变道信号、左转弯信号、左转弯待转信号、右转弯信号、减速慢行信号。

单选题

1) 看到这种手势信号时怎样行驶？

A. 停车等待　　　　B. 直行通过路口
C. 在路口向右转弯　D. 在路口向左转弯

答案：A

2) 看到这种手势信号时怎样行驶？

A. 直行通过路口
B. 停在停止线外等待
C. 在路口向左转弯
D. 在路口减速慢行

答案：C

3) 看到这种手势信号时怎样行驶？

A. 直行通过路口　　B. 停车等待
C. 在路口向右转弯　D. 在路口向左转弯

答案：B

4) 看到这种手势信号时怎样行驶？

A. 在路口向左转弯　B. 停车等待
C. 在路口直行　　　D. 进入左弯待转区

答案：B

5) 看到这种手势信号时怎样行驶？

A. 直行通过路口　　B. 靠路边停车
C. 进入左弯待转区　D. 在路口向右转弯

答案：D

判断题

1) 交通警察发出的是禁止通行手势信号。

答案：√

2) 交通警察发出的是右转弯手势信号。

答案：×

3) 看到交通警察这种姿势时可以直行通过。

答案：√

4) 交通警察发出这种手势信号可以向左转弯。

答案：×

5) 交通警察发出这种手势信号可以向左转弯。

答案：√

6）交通警察发出这种手势信号可以直行通过。

答案：×

7）看到这种手势信号时可以向左转弯。

答案：√

8）交通警察发出的是左转弯待转手势信号。

答案：√

9）交通警察发出这种手势信号可以左转弯。

答案：×

10）交通警察发出这种手势信号时可以直行通过。

答案：×

11）交通警察发出这种手势信号时允许在路口向右转弯。

答案：√

12）交通警察发出这种手势信号时要减速慢行。

答案：√

3 路口交通标志

驾驶机动车通过路口时，应注意观察交通标志，按照交通标志的提示和指示通行。尤其是在没有信号灯的路口，要严格遵守交通标志。路口交通标志有警告标志、禁令标志、指示标志、指路标志。

练习题

单选题

1）右侧标志警示前方是什么路口？

A. T 型交叉路口　　　B. Y 型交叉路口
C. 十字交叉路口　　　D. 环行交叉路口

答案：D

2）右侧标志提示哪种车型不能通行？

A. 大型货车　　　　　B. 大型客车
C. 各种机动车　　　　D. 小型客货车

答案：C

3）驾驶机动车在有这种标志的路口怎样通过最安全？

A. 停车观察路口情况

B. 加速尽快进入路口

C. 减速观察左后方情况

D. 减速缓慢进入路口

答案：D

4）驾驶机动车在有这种标志的路口怎样通过最安全?

A. 停车观察路口情况

B. 加速尽快进入路口

C. 减速缓慢进入路口

D. 减速观察左后方情况

答案：A

判断题

1）右侧标志提示一切车辆都不能驶入。

答案：√

2）右侧标志表示前方路口要停车让行。

答案：√

3）右侧标志表示前方路段会车时停车让对方车先行。

答案：×

4）右侧标志表示前方路口不准车辆左转。

答案：√

5）右侧标志表示前方路口不准车辆右转。

答案：√

6）左侧标志表示前方路口不准掉头。

答案：√

7）右侧标志表示前方路口 7:00 – 10:00 允许车辆直行。

答案：√

8）右侧标志表示只能靠左侧道路行驶。

答案：√

9）右侧标志表示只能车辆向右转弯。

答案：√

10）右侧标志表示前方路口只能车辆向左转弯。

答案：√

11）左侧标志表示此处允许机动车掉头。

答案：√

12）右侧标志表示车辆按箭头示意方向选择行驶车道。

答案：√

13）前方标志预告交叉路口通往方向的信息。

答案：√

14）前方标志告知各个路口出口方向的信息。

答案：√

15）右侧标志指示前方路口绕行的路线。

答案：√

16）右前方标志指示前方路口左转弯绕行的路线。

答案：√

4 路口交通标线

驾驶机动车通过路口时，要注意观察交通标线，按照交通标线的指引通过路口。交通标线有指示标线、禁止标线和警告标线。

练习题

判断题

1）路口内白色虚线指示左转弯时可直接进入待转区等待放行信号。

答案：×

2）路口内白色虚线指示左转弯时在直行时段不能进入。

答案：×

3）路口内白色虚线连接同向车道分界线辅助转弯行驶。

答案：√

4）路口内黄色虚线连接对向车道分界线辅助转弯行驶。

答案：√

5）路面白色实线指示按导向方向行驶的导向车道的位置。

答案：√

6）路面可变车道导向线指示可以随意选择通行方向。

答案：×

7）路口内人行横道线警示行人优先横过道路。

答案：√

8）该车道路面导向箭头指示前方道路仅可左转。

答案：√

9）该车道路面导向箭头指示在前方路口仅可直行。

答案：×

10）该车道路面导向箭头指示在前方路口仅可右转弯。

答案：×

11）该车道路面导向箭头指示前方路口仅可左转弯。

答案：×

12）该车道路面导向箭头指示前方路口可左转弯或掉头。

答案：√

13）该车道路面导向箭头指示前方路口仅能掉头。

答案：×

14）该车道路面导向箭头指示前方道路仅可左右转弯。

答案：√

15）前方路口停车让行线表示减速让干道车先行。

答案：×

16）前方路口减速让行线表示要停车让干道车先行。

答案：×

17）路口两侧导流线表示直行或右转弯不得轧线或越线行驶。

答案：√

18）路口内中心圈表示左小转弯要沿内侧行驶。

答案：√

19）路面标记指示前方路口禁止车辆掉头。

答案：√

20）路面标记指示前方路口仅允许车辆向右转弯。

答案：×

21）如图所示，左转弯车辆可直接进入左转弯待转区，等待放行信号。

答案：×

22）如图所示，左转弯车辆不可以直接进入左转弯待转区，等待放行信号。

答案：×

23）如图所示，路口导向线用于辅助车辆转弯行驶。

答案：√

24）如图所示，路口导向线用于辅助车辆转弯行驶。

答案：√

▶4.3.2 路段交通信号综合应用

1 路段信号灯

在有车道信号灯的路段通行，要选择绿色箭头灯亮的车道通行，禁止驶入红色叉形灯亮的车道。

单选题

遇到这种情况时怎样行驶？

A. 禁止车辆在两侧车道通行

B. 减速进入两侧车道行驶

C. 进入右侧车道行驶

D. 加速进入两侧车道行驶

答案：A

判断题

这辆红色轿车可以在该车道行驶。

答案：×

2　警告标志

驾驶机动车看到路边的警告标志时，根据警告标志图形的含义判断前方的危险状态，谨慎通过。

单选题

1）驾驶机动车行驶至前方主支干道交汇处，要注意什么？

A. 提前减速，注意机动车

B. 保持正常速度行驶

C. 鸣喇叭，迅速通过

D. 提前加速，快速通过

答案：A

2）驾驶机动车看到这种标志需要注意什么？

A. 减速、观察、慢行

B. 鸣喇叭驱赶牲畜

C. 从牲畜的空隙中穿过

D. 低速行驶冲开牲畜群

答案：A

多选题

1）这种情况下怎样安全驾驶？

A. 提前减速行驶　　B. 观察交汇处车辆

C. 提前加速通过　　D. 谨慎驾驶通过

答案：ABD

2）如图所示，看到这个标志时，应该想到什么？

A. 前方有人行横道

B. 应当相应减速行驶

C. 视野范围内无行人可以保持原速行驶

D. 视野范围内无行人可以适当加速通过

答案：AB

判断题

1）右侧标志警告前方路段要注意儿童。

答案：×

2）右侧标志警告前方路段要注意儿童。

答案：√

3）右侧标志告知前方要注意残疾人。

答案：√

4）右侧标志提醒前方是非机动车道。

答案：×

5）右侧标志警告前方注意右侧路口有汇入
　　车辆。

答案：√

6）左侧标志警告前方注意左侧路口有汇入
　　车辆。

答案：√

7）右侧标志警告前方路段设有信号灯。

答案：√

8）右侧标志警告前方是向右急转弯路。

答案：√

9）右侧标志警告前方道路是向左连续弯路。

答案：×

10）右侧标志警示前方道路有连续三个或三个
　　以上的弯路。

答案：×

11）右侧标志警告前方是向右反向弯路。

答案：×

12）右侧标志警告前方是上陡坡路段。

答案：√

13）右侧标志警告前方是连续下坡路段。

答案：×

14）右侧标志警告前方是下陡坡路段。

答案：×

15）右侧标志警告前方路面两侧变窄长度为5公里。

答案：√

16）右侧标志警告前方道路右侧变宽。

答案：✗

17）右侧标志警告前方道路左侧变宽。

答案：✗

18）右侧标志提醒前方是左侧傍山险路。

答案：✗

19）右侧这个标志提醒注意左侧有落石危险。

答案：√

20）右侧这个标志提醒注意前方是傍山险路。

答案：√

21）右侧这个标志提醒注意前方200米是堤坝道路。

答案：√

22）右侧这个标志提醒前方山口注意横风。

答案：√

23）右侧这个标志提示前方是连续急转弯道路。

答案：✗

24）右侧这个标志警告进入隧道减速慢行。

答案：✗

25）右侧这个标志提醒前方是单向行驶隧道。

答案：✗

26）右侧标志提醒前方是野生动物保护区。

答案：✗

27）右侧标志提醒前方经常有牲畜横穿、出入。

答案：✕

28）右侧标志提醒前方 200 米有村庄。

答案：√

29）右侧标志提醒前方有村庄或集镇，建议速度 30 公里/小时。

答案：√

30）右侧标志提醒前方路面高突。

答案：✕

31）右侧标志提醒前方路面不平。

答案：√

32）右侧标志提醒注前方是驼峰桥。

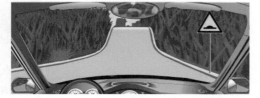

答案：✕

33）右侧这个标志提醒前方路面低洼。

答案：√

34）右侧标志警告前方进入两侧变窄路段。

答案：✕

35）右侧标志提醒前方是过水路面。

答案：√

36）图中标志提醒障碍物在路中，车辆从两侧绕行。

答案：√

37）图中标志提醒障碍物在路中，车辆从右侧绕行。

答案：✕

38）图中标志提醒障碍物在路中，车辆从左侧绕行。

答案：✕

39）右侧标志提醒前方路段有塌方禁止通行。

答案：✕

40）右侧标志提醒前方路段保持车距。

答案：✕

41）右侧标志提醒前方道路正在施工。

答案：√

42）右侧标志提醒前方右侧 500 米有避险车道。

答案：√

43）右侧标志提醒前方路交口向右 100 米是渡口。

答案：√

44）如图所示，驾驶机动车看到这个标志时，应及时减速注意观察。

答案：√

45）右侧这个标志警告前方是有人看守铁路道口。

答案：✕

46）右侧标志警告距前方有人看守铁路道口 100 米。

答案：✕

47）右侧标志警告距前方有人看守铁路道口 150 米。

答案：✕

48）右侧标志警告前方 150 米是无人看守铁路道口。

答案：√

3 禁令标志

驾驶机动车在有禁令标志的路段行驶时，要根据禁令标志图形的含义判断前方路段禁止、限制的内容，严格遵守标志通行。

练习题

单选题

1）右侧标志是何含义？

A. 不允许停放车辆　　B. 允许临时停车

C. 允许停车上下客　　D. 允许停车装卸货

答案：A

2）右侧标志是何含义？

A. 允许长时停放车辆　B. 临时停车不受限制
C. 允许长时停车等客　D. 不允许停放车辆

答案：B

3）如图所示，驾驶机动车驶入减速车道后，最高车速不能超过多少？

A. 60 公里/小时　　　B. 50 公里/小时
C. 40 公里/小时　　　D. 30 公里/小时

答案：C

判断题

1）左侧标志表示前方路段允许进入。

答案：✕

2）右侧标志表示前方路段允许超车。

答案：✕

3）这个标志表示前方路段不允许超车。

答案：✕

4）右侧标志表示前方路段解除时速 40 公里限制。

答案：✕

5）右侧标志表示前方路段解除时速 40 公里限制。

答案：✓

6）驾驶机动车看到这个标志时，应将车速迅速提高到 40 公里/小时以上。

答案：✕

7）右侧标志表示临时停车不受限制。

答案：✕

8）右侧标志表示不允许长时鸣喇叭。

答案：✕

9）右侧标志表示前方道路限宽 3 米。

答案：✓

10）隧道上方标志表示限制高度 3.5 米。

答案：√

11）右侧标志表示前方 100 米是停车接受检查的地点。

答案：√

12）在这个区域内可以临时停车。

答案：×

13）在这个区域内不允许长时间停放机动车。

答案：√

4 指示标志

　　驾驶机动车看到指示标志时，要根据指示标志图形的含义判断行驶的路线、方向，按照指示标志的指示通行。

单选题

1）立体交叉处这个标志提示什么？

A. 向右转弯　　　　B. 直行和左转弯
C. 直行和右转弯　　D. 在桥下掉头

答案：B

2）立体交叉处这个标志提示什么？

A. 向右转弯　　　　B. 直行和左转弯
C. 直行和右转弯　　D. 在桥下掉头

答案：C

3）右侧标志表示什么？

A. 前方道路靠右侧行驶
B. 前方道路不允许直行
C. 前方是直行单行路
D. 前方注意右侧路口

答案：C

判断题

1）前方标志表示向左是单向行驶道路。

答案：√

2）前方标志表示向右是单向行驶道路。

答案：√

3）右侧标志表示注意避让直行方向来的机动车。

答案：×

4）右前方标志表示该路段在规定时间内只供步行。

答案：√

5）右侧标志表示鸣喇叭提醒。

答案：✗

6）右侧标志表示最高车速不准超过每小时 50 公里。

答案：✗

7）右侧标志表示干路车辆优先通行。

答案：√

8）前方标志表示除公交车以外的其他车辆不准进入该车道行驶。

答案：√

9）前方标志表示除大客车以外的其他车辆不准进入右侧车道行驶。

答案：✗

10）红色圆圈内标志表示左侧道路只供小型车行驶。

答案：✗

11）红色圆圈内标志表示除非机动车以外其他车辆不准进入该车道行驶。

答案：√

12）这个标志表示前方立体交叉处可以直行和右转弯。

答案：✗

13）右侧标志表示此处不准鸣喇叭。

答案：✗

14）右侧标志表示会车时对向车辆先行。

答案：✗

15）按照下图红框内的标志，机动车应当在 B 区内行驶。

答案：×

5 指路标志

驾驶机动车行车中，要根据指路标志传递的道路方向、地点、距离等信息，选择行驶路线和地点。

单选题

1）以下这个标志的含义是什么？

A. 设有电子不停车收费（ETC）车道的收费站
B. 停车领卡标志
C. 服务区标志
D. 紧急停车带

答案：A

2）以下这个标志的含义是什么？

A. 电子不停车收费专用车道
B. 应急车道
C. 绿色通道
D. 快速公交车道

答案：A

判断题

1）前方标志告知前方道路各行其道的信息。

答案：×

2）右侧标志指示前方是 T 型路口。

答案：×

3）前方标志指示前方所要经过的重要地名和距离。

答案：√

4）前方标志预告互通式立交桥通往方向的信息。

答案：√

5）前方标志告知前方 200 米处是露天停车场。

答案：√

6）前方标志告知向右 100 米为室内停车场。

答案：√

7）右侧标志指示前方设有避让来车的处所。

答案：√

8）右侧标志告知右前方 100 米是应急避难场所。

答案：√

9）这个标志表示前方车道数量增加。

答案：✕

10）右侧标志表示前方是分流路口。

答案：✕

11）这个标志提示该路段已实行交通监控。

答案：√

12）右侧标志警示前方道路两侧不能通行。

答案：✕

13）前方标志预告距离高速公路入口 1 公里。

答案：√

14）前方标志预告高速公路入口在路右侧。

答案：✕

15）左侧标志指示高速公路两个行驶方向的目的地。

答案：√

16）前方标志预告高速公路终点距离信息。

答案：✕

17）前方标志指示高速公路的名称和编号。

答案：√

18）前方标志预告距离下一出口 4 公里。

答案：√

19）前方标志预告距离下一左侧出口 1 公里。

答案：×

20）右侧标志指示前方是高速公路的终点。

答案：×

21）前方标志预告前方距高速公路终点还有 2 公里。

答案：√

22）这个标志指示高速公路交通广播和无线电视频道。

答案：×

23）左侧标志提示前方收费口停车领卡。

答案：√

24）右侧标志提示距离设有电子不停车收费车道的收费站 1 公里。

答案：×

25）右侧标志指示前方收费站设有电子不停车

收费行驶车道。

答案：√

26）右侧标志指示距离设有电子不停车收费车道的收费站 1 公里。

答案：√

27）右侧标志指示高速公路紧急电话的位置。

答案：×

28）右侧标志指示距离前方加油站入口 200 米。

答案：√

29）前方标志指示路右侧是高速公路临时停车处。

答案：×

30）右侧标志提示前方 200 米是车距确认路段。

答案：√

31）右侧标志预告距里高速公路东芦山服务区2公里。

答案：√

32）高速公路安全距离确认路段用于确认车速在每小时100公里时的安全距离。

答案：√

33）道路两侧的标志提示前方道路线形变化。

答案：√

6 隧道内特殊标志

疏散标识：隧道内的设置于隧道两侧墙上，每隔50米设置一处，标识上两侧数字代表距两侧疏散通道的长度。

紧急停车带标识：主要是指示驾驶人在遇到紧急情况时在何处可以暂时停车。

紧急电话标识：位于行车方向右侧，一般每隔150米设置一个。

消防设备箱标识：设置于消防设备箱上方。同时设有消防设备箱，箱内设有干粉灭火器、消火栓、泡沫灭火装置。

行车横（疏散）通道标志：设置于行车横通道口侧墙上，用于指示隧道内车行横通道的位置。

人行横（疏散）通道指示标志：设置于设置于行车横通道口侧墙上，横通道口侧墙上，用于指示隧道内人行横通道或人行疏散通道的位置。

练习题

单选题

1）隧道内这种标识是什么含义？

A. 疏散通道及长度
B. 避险设施的位置
C. 避险逃生出口方向
D. 紧急避难场所

答案：A

2）设置于隧道两侧墙上的疏散标识每隔多少米设置一处？
A. 50 米　　B. 80 米　　C. 100 米　D. 150 米
答案：A

3）隧道内这种安全标识的含义是什么？

A. 紧急停车带　　　　B. 会车让行处
C. 临时停车处　　　　D. 人员等候区
答案：A

4）图中隧道内的标识是什么含义？

A. 紧急电话　　　　B. 报警电话
C. 公用电话　　　　D. 救援电话
答案：A

5）隧道内位于行车方向右侧的紧急电话标识一般每隔多少米设置一个？

A. 60 米　　B. 100 米　　C. 150 米　　D. 200 米
答案：C

6）图中隧道内设置于消防设备箱上方的是什么标识？

A. 干粉灭火器标识　　B. 消防设备箱标识
C. 灭火器类别标识　　D. 泡沫灭火器标识
答案：B

7）图中隧道内右侧的标识是什么含义？

A. 紧急避险通道
B. 行车横（疏散）通道
C. 人行横（疏散）通道
D. 紧急救援通道
答案：B

8）图中隧道内右上角的标识是什么含义？

A. 紧急避险通道
B. 行车横（疏散）通道
C. 人行横（疏散）通道
D. 紧急救援通道
答案：C

多选题
隧道内的消防设备箱内设有哪些消防器材？
A. 干粉灭火器　　　　B. 消火栓
C. 泡沫灭火装置　　　D. 石棉手套
答案：ABC

判断题
1）疏散标识设置于隧道两侧墙上，每隔 100 米设置一处。
答案：×
2）隧道内疏散标识上两侧数字代表距两侧疏散通道的长度。
答案：√

3) 隧道内位于行车方向右侧的紧急电话标识一般每隔 100 米设置一个。

答案：×

7 指示标线

驾驶机动车在道路上行驶时，要遵守道路指示标线。根据指示标线图（线）形的含义判断行车道、行车方向、路面边缘、人行道、停车位、停靠站及减速丘等，按照指示标线的指示通行。

练习题

单选题

图中红框内所示车辆可以怎样行驶？

A. 不可左转弯
B. 可以左转弯，但要避让同向直行车辆
C. 可以左转弯，但要避让对向直行车辆
D. 可以直行

答案：B

判断题

1）路面中心黄色虚线指示在保证安全的情况下可以越线超车。

答案：√

2）路中黄色虚线指示任何情况都不允许越线绕行。

答案：×

3）路中两条双黄色虚线并列组成的双黄色虚线指示潮汐车道的位置。

答案：√

4）道路右侧车行道边缘白色虚线指示允许跨越。

答案：√

5）路面上菱形标识预告前方道路设置人行横道。

答案：√

6）路右侧白色矩形虚线框内表示允许长时间停车。

答案：×

7）该车道路面导向箭头指示前方道路仅可直行。

答案：√

8）该车道路面导向箭头提示前方道路需向左合流。

答案：√

9）该车道路面导向箭头提示前方道路右侧有路口。

答案：✕

10）路面标记指示这段道路最高限速为 50 公里/小时。

答案：✓

11）路面标记指示这段道路最高限速为 80 公里/小时。

答案：✕

12）路面标记指示这段道路最低限速为 60 公里/小时。

答案：✕

13）右侧车道路面标线表示可以临时借公交专用车道行驶。

答案：✕

14）路右侧黄色矩形标线框内表示允许临时停车。

答案：✕

15）路面上的出口标线用于引导驶出该高速公路。

答案：✓

16）允许沿着图中箭头方向驶入高速公路行车道。

答案：✕

17）高速公路上的白色折线为行车中判断行车速度提供参考。

答案：✕

18）高速公路两侧白色半圆状的间隔距离是 50 米。

答案：✓

19）道路右侧白色虚线指示可越线变更车道。

答案：✓

8 禁止标线

驾驶机动车在道路上行驶时，要遵守道路禁止标线。根据禁止标线的含义判断遵守、禁止、限制等特殊规定，按照禁止标线的告示通行。

练习题

判断题

1）道路右侧白色实线标示机动车道与人行道的分界线。

答案：✕

2）路面白色虚线实线指示实线一侧允许跨越。

答案：✕

3）右侧路面标记表示可以暂时借用超车。

答案：✕

4）路中心黄色虚实线指示允许超车时越过。

答案：✕

5）路中心黄色虚实线指示允许暂时越过超车。

答案：√

6）路中心黄色双实线指示可以暂时跨越超车。

答案：✕

7）黄色斜线填充线指示该区域禁止进入或轧线行驶。

答案：√

8）路面同向车行道分界线指示允许跨越变换车道。

答案：✕

9）路面白色虚实线指示实线一侧允许跨越。

答案：✕

10）路面同向车行道分界线指示不允许跨越超车。

答案：√

11）路缘石上的黄色虚线指示路边不允许停车上下人员或装卸货物。

答案：✕

12）路缘石的黄色实线指示路边允许临时停放车辆。

答案：×

13）路面白色虚实线指示变道或靠边停车时允许跨越。

答案：√

14）路面网状线表示允许进入该区域内等待。

答案：×

15）路面网状线表示不准进入该区域内停车等待。

答案：√

16）图中红框内行驶车辆存在交通违法行为。

答案：√

9 警告标线

驾驶机动车在道路上行驶时，要遵守道路警告标线。根据警告标线的含义了解道路上的特殊情况，提高警觉，准备应变方法措施。

练习题

判断题

1）路面白色反光虚线警告前方路段要减速慢行。

答案：√

2）路面菱形块虚线警告前方道路要减速慢行。

答案：√

3）路中黄色斜线填充标记警告前方有固定性障碍物。

答案：√

夜间和高速公路安全驾驶知识

5.1 夜间驾驶

▶ 5.1.1 夜间灯光的使用

1 开启灯光目的

夜间驾驶机动车开启灯光，不仅为了看清路况，更重要的是让其他交通参与者能够观察到车辆的存在。夜间通过交叉路口交替使用远近光灯示意的目的是让其他交通参与者更容易发现自己。

练习题

单选题

夜间驾驶汽车通过十字交叉路口交替使用远近光灯的目的是什么？
A. 使其他交通参与者更容易发现自己
B. 更容易看清路面情况
C. 提醒其他车辆我在让行
D. 以上说法都不对

答案：A

判断题

夜间驾驶机动车开启灯光，不仅为了看清路况，更重要的是让其他交通参与者能够观察到自己车辆。

答案：√

2 灯光的使用

夜间驾驶机动车起步，应首先开启近光灯。通过照明条件良好的路段，使用近光灯。遇到对面有非机动车的情况，应使用近光灯。夜间驾驶汽车驶通过没有交通信号灯控制的交叉路

口、近上坡路坡顶、拱桥时，应合理控制车速，交替变换远近光灯。

练习题

单选题

1）夜间驾驶机动车通过照明条件良好的路段怎样使用灯光？
A. 前后雾灯
B. 近光灯
C. 远光灯
D. 危险报警闪光灯

答案：B

2）机动车在夜间通过没有交通信号灯控制的交叉路口怎样使用灯光？
A. 使用远光灯
B. 使用近光灯
C. 使用危险报警闪光灯
D. 交替使用远近光灯示意

答案：D

3）在这种环境中安全起步怎样使用灯光？

A. 开启远光灯
B. 只开启左转向灯
C. 开启左转向灯、近光灯
D. 开启危险报警闪光灯

答案：C

多选题

夜间驾驶机动车驶近上坡路坡顶时，怎样行驶？
A. 加速冲过坡顶
B. 开启远光灯
C. 合理控制车速
D. 交替变换远近光灯

答案：CD

判断题

1）夜间驾驶机动车起步前应先开启近光灯。

答案：√

2）驾驶机动车在这种环境条件下起步前要开启远光灯。

答案：×

3）夜间驾驶机动车在照明条件良好的路段可以不使用灯光。

答案：×

4）驾驶机动车夜间通过拱桥时应当交替使用远近光灯示意。

答案：√

▶5.1.2 夜间安全驾驶

1 夜间行车主要影响因素

机动车在夜间行驶的主要影响是能见度低，不利于观察道路情况。在夜间行驶，要降低速度，谨慎驾驶。

练习题

单选题

1）机动车在夜间行驶的主要影响是什么？
A. 驾驶人易产生幻觉
B. 路面复杂
C. 驾驶人体力下降
D. 能见度低，不利于观察道路情况

答案：D

2）机动车在夜间行驶如何保证安全？
A. 以最高设计车速行驶
B. 降低速度，谨慎驾驶
C. 保持现有速度行驶
D. 以超过规定的最高车速行驶

答案：B

2 跟车行驶

在照明条件良好的路段跟车行驶，要使用近光灯，保持安全距离，注意前车信号灯变化，做好减速或停车准备。在路口遇到前车遮挡交通信号灯时，应减速做好停车准备。

练习题

单选题

1）如图所示，驾驶机动车跟车行驶遇到前车遮挡路口交通信号灯时，正确的做法是什么？

A. 紧跟前车通过交叉口
B. 减速做好停车准备
C. 立即变更车道
D. 立即停车

答案：B

2）夜间驾驶机动车在照明条件良好的路段跟车行驶怎样使用灯光？
A. 关闭前照灯　　　B. 使用远光灯
C. 关闭所有车灯　　D. 使用近光灯

答案：D

多选题

夜间在这种情况下怎样跟车行驶？

A. 注意前车信号灯变化
B. 使用近光灯
C. 保持安全距离
D. 做好减速或停车准备

答案：ABCD

判断题

夜间在这种情况下跟车要注意观察前车信号灯的变化，随时做好减速或停车的准备。

答案：√

3 超车、让超车

夜间驾驶机动车超车时，要交替使用远近光灯提示前车，待前车让行后超越。夜间超车遇前车不让路时，要保持距离等待让行，严禁在弯道超车。发现后车开启左转向灯发出超车信号时，在有让超车条件，保证安全的情况下，减速靠右让路。遇到其他车辆突然驶入前方时，应及时减速让行。

单选题

1）夜间驾驶机动车遇到这种情况怎样超车？

A. 开远光灯
B. 交替使用远近光灯
C. 开近光灯
D. 开危险报警闪光灯

答案：B

2）夜间驾驶机动车超车遇前车不让路时怎样处置？
A. 连续鸣喇叭提示
B. 开远光灯尾随行驶
C. 保持距离等待让行
D. 连续变换前照灯远近光

答案：C

3）夜间遇到这种后车发出超车信号时，怎样行驶？

A. 靠路中心减速行驶
B. 加速甩掉后车
C. 开启左转向灯警示
D. 减速靠右侧行驶

答案：D

4）如图所示，夜间驾驶机动车遇到其他机动车突然驶入本车道时，应当如何避让？

A. 及时减速让行
B. 向左猛打转向盘躲避
C. 向右猛打转向盘躲避
D. 加速从右侧绕行

答案：A

判断题

1）夜间行车，遇后方车辆提示超车，前方有这种情况时不能盲目让超。

答案：√

2）夜间驾驶机动车在急弯道超车时，应不断变换远近光灯。

答案：×

3）如图所示，夜间驾驶机动车遇到其他机动车突然驶入本车道，可加速从右侧车道绕行。

答案：×

4 会车

夜间会车前，为了便于双方观察前方情况，两车在相距150米之外交替变换远近光灯。在窄路或者窄桥遇到对面驶来非机动车时，应使用近光灯，减速或停车避让。

遇到对向来车未关闭远光灯时，可变换使用远近光灯提示，如遇对方持续开启远光灯，应当使用近光灯，视线向右平移防止目眩，及时减速让行，低速会车或靠边停车让行。如果对面来车近距离仍未关闭远光灯时，应减速行驶，以防两车灯光交汇处形成的视线盲区内有行人通过时发生事故。

练习题

单选题

1）夜间会车前，两车在相距 150 米之外交替变换远近光灯的作用是什么？
A. 会车前两车之间相互提示
B. 驾驶操作的习惯行为
C. 便于双方观察前方情况
D. 驾驶人之间的一种礼节

答案：C

2）夜间驾驶机动车遇到对向来车未关闭远光灯时，正确的做法是什么？
A. 变换使用远近光灯提示
B. 长时间鸣喇叭
C. 使用远光灯
D. 鸣喇叭并使用远光灯

答案：A

3）夜间驾驶机动车遇到这种情况时怎样处理？

A. 保持正常车速行驶　　B. 高速行驶避开灯光
C. 减速或停车让行　　　D. 开启远光灯对射

答案：C

4）夜间会车时，如遇对方持续开启远光灯，应当如何安全会车？
A. 鸣喇叭，加速通过
B. 及时开启远光灯
C. 使用近光灯，低速会车或停车让行
D. 使用远光灯，低速会车

答案：C

5）夜间驾驶机动车在道路上会车，为避免对方驾驶人目眩，应距离对向来车多远改用近光灯？
A. 150 米以内　　　　B. 150 米以外
C. 100 米以内　　　　D. 50 米以内

答案：B

6）夜间驾驶机动车在窄路遇到对面驶来非机动车时，正确的做法是什么？
A. 连续变换远近光灯
B. 开启危险报警闪光灯
C. 使用远光灯，减速避让

D. 使用近光灯，减速避让

答案：D

7）驾驶车辆夜间遇自行车对向驶来时，应怎么做？
A. 连续变换远近光灯
B. 不断鸣喇叭
C. 使用近光灯，减速或停车避让
D. 使用远光灯

答案：C

8）夜间驾驶机动车遇到这种情况怎样使用灯光？

A. 临近时关闭前照灯　　B. 使用近光灯
C. 使用远光灯　　　　　D. 提前关闭所有灯光

答案：B

9）夜间驾驶机动车在窄路或者窄桥遇自行车对向驶来时，应怎样使用灯光？
A. 连续变换远近光灯
B. 使用示廓灯
C. 使用远光灯
D. 使用近光灯

答案：D

多选题

1）夜间会车时，对面来车不关闭远光灯，怎么办？
A. 及时减速让行，必要时靠边停车
B. 开启远光灯，迫使来车变换灯光
C. 视线向右平移，防止目眩
D. 交替变换远近光灯，提醒来车

答案：ACD

2）如图所示，驾驶机动车遇到这种弯道时，应预防哪些情况？

A. 车辆灯光照向路外，前方即将进入弯道

B. 前方有灯光出现，可能即将会车
C. 左前方视线受阻，转弯后可能遇到突发情况
D. 为提高会车安全，改用远光灯

答案：ABC

3）夜间驾驶机动车会车时，对方来车一直使用远光灯，正确的做法是什么？
A. 不停变换远近光灯以及鸣喇叭提醒对方
B. 视线适当右移，避免直视灯光
C. 降低车速，靠右行驶
D. 开启远光灯行驶

答案：BC

判断题

1）如图所示，该车在会车过程中未关闭远光灯的做法是违法的。

答案：√

2）夜间行车，遇对面来车未关闭远光灯时，应减速行驶，以防两车灯光的交汇处有行人通过时发生事故。

答案：√

3）夜间会车遇到这种情况，要警惕两车前照灯交汇处（视线盲区）的危险。

答案：√

5　通过人行横道

夜间通过没有交通信号灯的人行横道，有行人横过时，应减速，停车让行人优先通过。行经没有行人通过的人行横道，也应减速观察，确认安全通过。

练习题

单选题

1）如图所示，夜间驾驶机动车通过没有交通信

号灯的人行横道时，正确的做法是什么？

A. 减速，停车让行
B. 交替变换远近光灯加速通过
C. 连续鸣喇叭后通过
D. 确保安全加速通过

答案：A

2）夜间驾驶机动车在人行横道前遇行人横过时，怎样行驶？

A. 交替变换远近光灯绕过行人
B. 开启近光灯绕过行人
C. 使用远光灯绕过行人
D. 停车让行人优先通过

答案：D

判断题

如图所示，夜间驾驶机动车行经没有行人通过的人行横道时可加速通过。

答案：×

6　停车

驾驶机动车夜间在路边临时停车时，要开启示廓灯、后位灯、危险报警闪光灯。在夜间发生故障时，选择安全区域缓慢停车，开启危险报警闪光灯、示廓灯和后位灯，按规定设置警告标志，驾乘人员下车到安全的地方等待，禁止在急弯道停车。

单选题

机动车在夜间临时停车时，应开启什么灯？

A. 前后防雾灯、示廓灯和后位灯

B. 前照灯、示廓灯和后位灯

C. 危险报警闪光灯、示廓灯和后位灯

D. 倒车灯、示廓灯和后位灯

答案：C

多选题

1）驾驶机动车在夜间发生故障时，正确的做法是什么？

A. 选择安全区域停车

B. 开启危险报警闪光灯、示廓灯和后位灯

C. 按规定设置警告标志

D. 给朋友打电话，坐在车内等待救援

答案：ABC

2）机动车在夜间发生故障时，怎样做以确保安全？

A. 选择安全区域停车

B. 开启危险报警闪光灯

C. 开启示廓灯和后位灯

D. 按规定设置警告标志

答案：ABCD

3）夜间行车中机动车发生故障需要停车时，怎么办？

A. 尽量选择安全区域停车

B. 开启危险报警闪光灯

C. 开启示廓灯和后位灯

D. 按规定设置警告标志

答案：ABCD

4）夜间在路边临时停车时，错误的做法是什么？

A. 不开启灯光

B. 开远光灯

C. 开危险报警闪光灯

D. 开启示廓灯、后位灯

答案：AB

5）夜间行车中车辆发生故障需要停车时，怎么办？

A. 尽量选择安全区域停车

B. 开启危险报警闪光灯

C. 开启示廓灯和后位灯

D. 按规定设置警告标志

答案：ABCD

判断题

1）夜间驾驶机动车在急弯道停车时，要开启危险报警闪光灯。

答案：×

2）夜间临时停车时，只要有路灯就可以不开危险危险报警闪光灯。

答案：×

3）夜间行车时，全车灯光突然熄灭，应当立即迅速制动，靠边停车。

答案：×

5.2 高速公路驾驶

5.2.1 驶入高速公路

1 驶入收费口

驾驶机动车进入高速公路收费口，应减速慢行，有序行驶，选择绿灯亮起的收费口进入。安装 ETC 卡的车辆，可经 ETC 车道低速通过收费口。

判断题

1）驾驶机动车驶入高速公路收费口应减速慢行，有序行驶，选择绿灯亮起的收费口进入。

答案：√

2）驾驶机动车驶入高速公路收费口时，没有安装 ETC 卡的车辆，不能驶入 ETC 车道。

答案：√

2 安全汇入车流

驾驶机动车驶入高速公路匝道时，开启右转向灯，遵守限速规定，依次通行，不准超车、掉头、停车。从匝道驶入高速公路加速车道，应当开启左转向灯。进入加速车道后，尽快将车速提高到 60 公里/小时以上，选择适当时机汇入车流。从加速车道进入行车道不能影响其他机动车正常行驶，并避免在加速车道减速或停车。在高速公路上除遇障碍等必须停车外，不准停车上下人员或者装卸货物。

单选题

1）机动车从匝道驶入高速公路，应当开启什

么灯?

A. 左转向灯　　　　B. 转向灯

C. 危险报警闪光灯　　D. 前照灯

答案：A

2）驾驶机动车在高速公路匝道内行驶，正确的做法是什么?

A. 可以超车　　　　B. 可以倒车

C. 依次通行　　　　D. 可以掉头

答案：C

3）驾驶机动车驶入高速公路匝道后，正确的做法是什么?

A. 允许超车　　　　B. 不准掉头

C. 允许停车　　　　D. 可以倒车

答案：B

4）在高速公路进入匝道路段行驶时，正确的做法是什么?

A. 从匝道驶入高速公路，应当开启右转向灯

B. 驶离高速公路进入匝道时，应当开启右转向灯

C. 可在匝道上超车

D. 驶入错误的匝道后，可倒车行驶回高速公路

答案：B

5）机动车从高速公路加速车道汇入行车道车流时，正确的做法是什么?

A. 从正常行驶车辆后驶入行车道

B. 从正常行驶车辆前驶入行车道

C. 停车等待正常行驶车辆通过

D. 加速直接驶入行车道

答案：A

6）驾驶机动车进入高速公路加速车道后，尽快将车速提高到多少?

A. 30 公里/小时以上

B. 40 公里/小时以上

C. 50 公里/小时以上

D. 60 公里/小时以上

答案：D

7）驾驶机动车遇到这种情况怎样进入行车道?

A. 控制速度随尾车后进入

B. 加速从第二辆车前进入

C. 加速从第一辆车前进入

D. 可从任意两车之间插入

答案：A

8）驾驶机动车在匝道内行驶，正确的做法是什么?

A. 可以超车　　　　B. 可以倒车

C. 依次通行　　　　D. 可以掉头

答案：C

判断题

1）驾驶机动车在高速公路匝道上行驶，遇前方车辆速度过慢时，可以超车。

答案：×

2）驾驶机动车遇到这种情况可迅速从前车左侧超越。

答案：×

3）驾驶机动车在高速公路匝道上行驶，有打来的电话时，可以靠边停车，接打电话。

答案：×

4）驾驶机动车在高速公路匝道上不准停车。

答案：√

5）驾驶机动车进入高速公路加速车道后再开启左转向灯。

答案：×

6）驾驶机动车驶入高速公路加速车道后，应迅速将车速提高到每小时 100 公里以上。

答案：×

7）驾驶机动车在高速公路加速车道提速到每小时 60 公里以上时，可直接驶入行车道。

答案：×

8）驾驶机动车在高速公路加速车道上行驶，只要车速足够快，可以立刻插入车流。

答案：×

9）驾驶机动车在高速公路由加速车道汇入行车道时，操纵方向盘不应该过急过猛。

答案：√

10）驾驶机动车在高速公路上驶出匝道时，只要后方无来车，或者后方来车相距较远，可以不经过加速车道，直接驶入行车道。

答案：×

11）驾驶机动车在高速公路匝道上不准停车。

答案：√

12）驾驶机动车从加速车道进入行车道不能影响其他机动车正常行驶。

答案：√

13）驾驶机动车从加速车道汇入行车道有困难时可停车让行。

答案：×

14）在高速公路上除遇障碍、发生故障等必须停车外，不准停车上下人员或者装卸货物。

答案：√

▶5.2.2 高速公路安全驾驶

1 选择行车道

在同方向有 2 条车道的高速公路，车速低于每小时 100 公里，应在右侧车道上行驶。同方向有 3 条以上车道的，最左侧车道的最低车速为每小时 110 公里，车速高于每小时 90 公里、低于每小时 110 公里的机动车不应在最左侧车道上行驶。在高速公路不得频繁地变更车道，更不能从相距较近的正常行驶车流中间穿插行驶。行车中感到疲劳或瞌睡时，应选择就近的服务区休息，不允许用通过超车或者迅速变道提神的方法防止瞌睡。

高速公路、城市快速路行车不得有下列行为：

（1）倒车逆行，穿越中央分隔带掉头，或在车道内停车；

（2）骑轧车行道分界线或者在路肩上行驶；

（3）在匝道、加速车道或者在减速车道上超车；

（4）非紧急情况时在应急车道行驶或停车；

（5）试车或者学习驾驶机动车。

 练习题

单选题

1）在同向 3 车道高速公路上行车，车速高于每小时 90 公里、低于每小时 110 公里的机动车不应在哪条车道上行驶？

A. 最左侧　　　　B. 中间

C. 最右侧　　　　D. 任意

答案：A

2）如图所示，在同向 3 车道高速公路上行驶，车速低于每小时 80 公里的车辆应在哪条行车道上行驶？

A. 最左侧行车道　　B. 中间行车道

C. 最右侧行车道　　D. 任意行车道

答案：C

3）机动车上高速公路，正确的做法是什么？

A. 可在匝道、加速车道、减速车道上超车

B. 不准倒车、逆行、穿越中央分隔带掉头

C. 非紧急情况时可在应急车道行驶

D. 可以试车或学习驾驶

答案：B

4）机动车上高速公路，错误的做法是什么？

A. 不可骑轧车道分界线行驶

B. 不可在路肩上行驶

C. 可以在匝道、加速车道或者减速车道上超车

D. 不可学习驾驶

答案：C

多选题

1）为确保机动车在高速公路的行驶安全，不得有哪些行为？

A. 倒车逆行，穿越中央分隔带掉头，或在车道内停车

B. 骑轧车行道分界线或者在路肩上行驶

C. 在匝道、加速车道或者在减速车道上超车

D. 试车或者学习驾驶机动车

答案：ABCD

2）驾驶机动车在城市快速路上行驶，错误的做法是什么？

A. 在最左侧车道内停车

B. 在路肩上行驶

C. 学习驾驶机动车

D. 倒车

答案：ABCD

判断题

1）在高速公路上驾驶机动车不得频繁地变更车道。

答案：√

2）在高速公路上，遇尾随的机动车相距较近
时，可以选择时机迅速从中间插入。

答案：×

4）驾驶机动车在高速公路上行驶不得倒车、逆
行、穿越中央分隔带掉头或者在车道内
停车。

答案：√

5）驾驶机动车在高速公路上长时间行驶时，为
了防止瞌睡，可以通过超车或者迅速变道
提神。

答案：×

2 行车速度、安全距离确认

高速公路上遇高速公路限速标志标明的车
速与车道行驶车速的规定不一致的，应按照限
速标志标明的车速行驶。

机动车在高速公路上行驶，车速超过每小
时100公里时，应当与同车道前车保持100米以
上的距离，车速低于每小时100公里时，与同
车道前车距离可以适当缩短，但最小距离不得
少于50米。遇有雾、雨、雪、沙尘、冰雹等低
能见度气象条件下，能见度在100米以下时，
应开启危险报警闪光灯，车速不得超过每小时
40公里，与同车道前车至少保持50米的距离。
遇大雾视线受阻，应及时减速，能见度小于50
米时，应从最近的出口尽快离开高速公路。

练习题

单选题

1）驾驶机动车在高速公路上行驶，遇有雾、
雨、雪、沙尘、冰雹等低能见度气象条件
下，能见度在100米以下时，与同车道前车
至少保持多少米的距离？
A. 50米　　B. 40米　　C. 30米　　D. 20米

答案：A

2）驾驶机动车在高速公路上行驶，遇有雾、
雨、雪、沙尘、冰雹等低能见度气象条件
下，能见度在100米以下时，车速不得超过
每小时多少公里？
A. 40公里　　　　　　B. 50公里
C. 60公里　　　　　　D. 70公里

答案：A

多选题

1）机动车在高速公路上行驶，遇有能见度小于
100米的气象条件时，如何安全行驶？

A. 与前车保持50米以上的距离
B. 车速不得超过40公里/小时
C. 开启危险报警闪光灯
D. 在应急车道行驶

答案：ABC

2）机动车在高速公路上行驶，遇有雾、雨、雪且
能见度在100~200米之间时，应怎样处置？
A. 开启雾灯、近光灯、示廓灯、前后位灯
B. 车速不超过60公里/小时
C. 与同车道前车保持100米以上的距离
D. 从最近的出口尽快驶离高速公路

答案：ABC

判断题

1）遇高速公路限速标志标明的车速与车道行驶
车速的规定不一致的，应按照车道行驶规定
的车速行驶。

答案：×

2）驾驶机动车在高速公路上行驶，车速超过
100公里/小时，只要与同车道前车保持80
米的距离即可。

答案：×

3）驾驶机动车在高速公路上行驶，能见度小于
200米时，与同车道前车应保持100米以上
的距离。

答案：√

4）机动车因故障不能离开高速公路时，驾乘人
员要在车上等候救援。

答案：×

3 应急车道的使用

高速公路行车需要临时停车时，要选择到
服务区停车，非紧急情况时不得在应急车道行
驶或者停车。机动车在高速公路上发生故障需
检查时，应在应急车道停车。因故障或者事故
在高速公路行车道上紧急停车时，驾乘人员要
迅速转移至右侧路肩上或应急车道内。不得在
行车道抢救车辆。

练习题

单选题

1）机动车在高速公路行驶，正确的做法是
什么？
A. 可在应急车道停车上下人员
B. 可在紧急停车带停车装卸货物
C. 可在减速或加速车道上超车、停车

D. 非紧急情况时不得在应急车道行驶或者停车

答案：D

2）需要在高速公路停车时，应选择在什么地方停车？

A. 匝道　　　　　　B. 加速车道
C. 减速车道　　　　D. 服务区

答案：D

3）机动车因故障或者事故在高速公路行车道上紧急停车时，驾乘人员应怎么办？

A. 站在机动车前方
B. 留在车上等待救援
C. 站在机动车后方
D. 迅速转移至右侧路肩上或应急车道内

答案：D

4）机动车在高速公路行驶，正确的做法是什么？

A. 非紧急情况时不得在应急车道行驶或者停车
B. 可在减速车道或加速车道上超车、停车
C. 可在紧急停车带停车装卸货物
D. 可在路肩上停车上下人员

答案：A

5）机动车在高速公路上发生故障需检查时，应怎样停车？

A. 在最外侧行车道上停车
B. 在内侧行车道上停车
C. 在应急车道停车
D. 在匝道口三角地带停车

答案：C

6）在高速公路行车选择什么地方停车？

A. 服务区　　　　　B. 加速车道
C. 减速车道　　　　D. 匝道

答案：A

7）发生紧急故障必须停车检查时，要在什么地方停车？

A. 最外侧行车道上　B. 内侧行车道上
C. 应急车道　　　　D. 匝道口

答案：C

8）当高速公路上车辆发生故障时，人员应当疏散到下图哪个位置？

A. 位置A　　　　　B. 位置B
C. 位置C　　　　　D. 位置D

答案：D

判断题

1）在高速公路上，机动车因故障暂时不能离开应急车道或路肩时，驾乘人员要下车在路边等候，但不得离开高速公路。

答案：×

2）驾驶机动车在高速公路上行驶，能见度小于50米时，只要车速不超过20公里/小时，可以不驶离高速公路。

答案：×

3）行驶在高速公路上遇大雾视线受阻时，要立即紧急制动停车。

答案：×

4）驾驶机动车在高速公路上发生故障时，车上人员应当迅速转移到故障车前方躲避。

答案：×

5）机动车在高速公路上，因故障不能离开行车道时，可在行车道上迅速抢修。

答案：×

4 安全通过隧道、桥梁

进入高速公路隧道前，观察隧道口的指示灯，按照隧道口标志上规定的速度调整车速，按照指示灯的指示行驶，隧道内注意观察隧道上方的情报板内容，开启近光灯进入隧道，保持合理的安全距离和车速。驶出隧道前，要通过车速表确认行车速度，不能凭直觉判断车速。驶出高速公路隧道口时，要握稳转向盘，遇横风会明显出现方向偏移情况。

如果车辆在隧道内出现故障，只要车辆还能继续行驶，应尽可能把车驶出隧道；当车辆无法驶出隧道时，及时打开危险报警闪光灯，在车后方150米以外设警告标志，并通过紧急电话向高速公路管理中心报警。车上人员必须迅速离开车辆转移到紧急停车带、逃生通道或其他安全的地点等待救援。

练习题

单选题

1）驾驶机动车进入高速公路隧道前需要注意什么？

A. 开启远光灯行驶
B. 开启示廓灯、尾灯行驶
C. 开启近光灯行驶
D. 到达隧道口时鸣喇叭

答案：C

2）机动车驶出高速公路隧道口时，如遇横风会明显出现什么情况？
A. 减速感　　　　B. 加速感
C. 压力感　　　　D. 方向偏移

答案：D

3）在高速公路上驶出隧道前怎样判断车速？
A. 凭经验和直觉判断车速
B. 通过车速表确认行车速度
C. 根据与前车的距离判断车速
D. 观察隧道壁判断车速

答案：B

多选题

如果车辆在隧道内出现故障，车辆无法驶出隧道时，驾驶人应怎么办？
A. 打开危险报警闪光灯
B. 在车后方 150 米以外设警告标志
C. 通过紧急电话向高速公路管理中心报警
D. 车上人员必须迅速离开车辆转移到紧急停车带

答案：ABCD

判断题

1）驾驶机动车进入隧道口前，应按照隧道口标志上规定的速度调整车速。

答案：√

2）进入高速公路隧道前，观察隧道口的指示灯，按照指示灯的指示行驶。

答案：√

3）进入高速公路隧道内注意观察隧道上方的情报板内容，保持合理的安全距离和车速。

答案：√

4）在高速公路上驶出隧道前，要通过车速表确认行车速度，也可凭直觉判断车速。

答案：×

5）如果车辆在隧道内出现故障，只要车辆还能继续行驶，应尽可能将车驶出隧道。

答案：√

6）如果车辆在隧道内出现故障，车辆无法驶出隧道时，车上人员必须迅速离开车辆转移到紧急停车带、逃生通道或其他安全的地点等待救援。

答案：√

5 驶离高速公路

驶离高速公路时，提前开启右转向灯，驶入减速车道减速，按规定的时速进入匝道。进入匝道后，按照标志限定时速行驶。如果因疏忽驶过出口且下一出口距离较远时，要继续向前行驶，寻找下一路口驶回。

练习题

单选题

1）机动车驶离高速公路时，应当开启什么灯？
A. 左转向灯　　　　B. 右转向灯
C. 危险报警闪光灯　　D. 前照灯

答案：B

2）驶入高速公路减速车道后，应关闭转向灯，注意观察限速标志，将车速降到每小时多少公里以下？
A. 标志规定车速　　B. 每小时 80 公里
C. 每小时 60 公里　　D. 每小时 40 公里

答案：A

3）高速公路上行车，如果因疏忽驶过出口且下一出口距离较远时怎样办？
A. 沿路肩倒车驶回　　B. 继续向前行驶
C. 立即停车　　　　D. 在原地掉头

答案：B

4）如图所示，驾驶机动车驶入减速车道后最高车速不能超过多少公里/小时？

A. 60 公里/小时　　B. 50 公里/小时
C. 40 公里/小时　　D. 30 公里/小时

答案：C

5）驾驶机动车在高速公路减速车道行驶时，正确的做法是什么？
A. 可以超车　　　　B. 可以倒车
C. 依次通行　　　　D. 可以掉头
答案：C

多选题

驶离高速公路的正确做法是什么？
A. 提前开启右转向灯
B. 驶入减速车道
C. 按减速车道规定的时速行驶
D. 加速直接驶离高速公路
答案：ABC

判断题

1）驾驶机动车驶离高速公路要经过减速车道减速后进入匝道。
答案：√

2）如图所示，货车驶出高速公路的做法是正确的。

答案：×

3）驶机动车驶离高速公路时，在进入减速车道前，应提前开启右转向灯，警示后方车辆。
答案：√

4）驾驶机动车在高速公路减速车道行驶时要依次通行。
答案：√

5）驾驶机动车进入减速车道后，应平顺减速，避免猛烈制动，同时注意与前车保持距离。
答案：√

6）机动车在高速公路上行车，如果因疏忽驶过出口，可沿路肩倒车退回出口处。
答案：×

7）驾驶机动车驶离高速公路时，若车辆制动性能良好，可直接驶入匝道。
答案：×

8）驾驶机动车驶离高速公路进入匝道时，应当加速驶离。
答案：×

9）机动车驶离高速公路进入匝道后，应将车速降到限定时速以下。
答案：√

10）驾驶机动车在高速公路减速车道上行驶，如遇前方有低速行驶的车辆时，应伺机超车，以防止交通堵塞。
答案：×

6 复杂道路和恶劣气象条件下的安全驾驶知识

6.1 复杂道路安全驾驶知识

▶ 6.1.1 山区道路安全驾驶

1 安全跟车

驾驶机动车在山区道路跟车行驶时，应加大安全距离。上坡路段的安全跟车距离应比平坦路段的大。跟车行驶要与前车保持安全距离，注意观察前车信号灯的变化，随时预防前车突然停车。遇前车停车时，应保持较大距离停车，以防前车停车后溜发生碰撞事故。

驾驶机动车在沙土路段跟车行驶，遇到前车行驶扬起的沙土，遮挡视线无法看清前方道路情况时，要适当加大跟车距离，不得加速盲目超车。

单选题

1）驾驶机动车在山区道路怎样跟车行驶？
A. 紧随前车之后　　　B. 加大安全距离
C. 减小纵向间距　　　D. 尽快超越前车
答案：B

2）驾驶机动车在山区上坡路段跟车过程中遇前车停车时怎么办？
A. 从前车两侧超越　　B. 紧跟前车后停车
C. 保持大距离停车　　D. 连续鸣喇叭提示
答案：C

3）在这种山区道路怎样跟车行驶？

A. 紧跟前车行驶　　　B. 加大安全距离
C. 减少跟车距离　　　D. 尽快超越前车
答案：B

4）如图所示，驾驶机动车在这样的路段怎样跟车行驶？

A. 紧随前车之后　　　B. 加大安全距离
C. 减小纵向间距　　　D. 尽快超越前车
答案：B

5）如图所示，驾驶机动车遇前方白色车辆，正确的做法是什么？

A. 快速超越前车
B. 只要对向无来车，可进行超车
C. 保持安全距离，跟车行驶
D. 鸣喇叭示意让行
答案：C

6）驾驶机动车在山区道路跟车行驶时，正确的说法是什么？

A. 上坡路段的安全距离应比平坦路段的大
B. 下坡路段的安全距离应比平坦路段的小
C. 急弯路段应当紧随前车
D. 急弯路段可以超车

答案：A

多选题

在山区道路行驶时，驾驶人应注意什么？
A. 保持与前车的安全距离
B. 避免转弯时占道行驶
C. 上陡坡提前换低速挡
D. 下长坡时，充分利用发动机制动

答案：ABCD

判断题

1）在山区道路跟车行驶的距离要比平路时大。

答案：√

2）驾驶机动车在山区道路遇到这种情况要加速超越前车。

答案：×

3）如图所示，驾驶机动车在这样的山区道路跟车行驶时，由于视线受阻，应预防前车突发情况和对向来车，适当减速加大跟车距离保证安全。

答案：√

4）驾驶机动车在山区道路不能紧跟前车行驶。

答案：√

5）驾驶机动车在上坡道路跟车行驶，遇前车停车时，为防止前车起步时溜车，应适当加大安全距离。

答案：√

6）驾驶机动车在坡道路段跟车行驶时，应保留比平路跟车时更大的安全距离。

答案：√

2 安全超车

山区道路行车尽量避免超车，尤其是下坡路段由于车辆重力作用，车速容易过快，车辆比平路时操控困难。需要超车时，要选择路面宽阔的上坡路段，应提前开启左转向灯，鸣喇叭示意，确认前车让超后超越。不得在路面狭窄、急转弯、连续转弯等不具备条件的路段超车。

练习题

多选题

1）驾驶机动车在山区道路下坡路段尽量避免超车的原因是什么？
A. 下坡路段由于重力作用，车速容易过快
B. 下坡路段由于重力作用，车辆比平路时操控困难
C. 下坡路段行驶阻力很大
D. 下坡路段前车车速较快，难以超越

答案：AB

2）驾驶机动车在山区路段超车时，哪些做法是正确的？
A. 提前开启左转向灯
B. 提前鸣喇叭
C. 确认前车让超后超越
D. 直接加速超越

答案：ABC

判断题

1）驾驶机动车在对向没有来车的情况下可以超车。

答案：×

2）驾驶机动车可以在这种急转弯处超车。

答案：×

3 安全会车

　　驾驶机动车在山区道路会车，应选择路面较宽的路段会车。在山区危险路段行车，遇对面来车在临崖一侧，靠山体一侧车辆要选择安全的地点让行，做到先让、先慢、先停，为临崖车辆留出足够的时间、空间会车。在狭窄坡路会车时，下坡车让上坡车先行。转弯下陡坡路段遇对面来车，要在转弯前减速行驶，靠路右侧行驶会车。傍山险路靠山体一侧行车遇对面有来车时，要靠右侧低速行驶，尽量给对面来车让出路面，确保通行安全。

单选题

1）驾驶机动车在山区道路遇到这种情况如何处理？

A. 各行其道加速交会
B. 紧靠路中心行驶
C. 保持正常车速行驶
D. 减速行驶

答案：D

2）驾驶机动车遇到这种山路怎样通过？

A. 前方左侧是傍山险路
B. 靠路左侧行驶
C. 选择路中心行驶
D. 靠右侧低速通过

答案：D

3）机动车在狭窄的坡路会车时，正确的会车方法是什么？
A. 下坡车让上坡车
B. 坡顶交会时距离坡顶远的一方让行
C. 上坡车让下坡车
D. 下坡车已行至中途而上坡车未上坡时，让上坡车

答案：A

4）如图所示，驾驶机动车遇到这种情况，A车应当主动减速让行的原因是什么？

A. 靠近山体一侧的车危险性更高
B. 靠近山体一侧的车更容易减速
C. 临崖一侧的车危险性更高
D. 临崖一侧的车更容易通过

答案：C

多选题

1）在这种山区危险路段怎样安全会车？

A. 选择安全的地点
B. 做到先让、先慢、先停
C. 靠山体一侧的让行
D. 不靠山体一侧的让行

答案：ABC

2）驾驶汽车在山区道路转弯下陡坡路段遇对面来车怎样行驶？
A. 转弯前减速　　　B. 进入弯道后加速
C. 靠路右侧行驶　　D. 挂空挡滑行

答案：AC

判断题

1）驾驶机动车在山区道路会车时，应该尽量提前让行，为临崖车辆留出足够的时间、空间会车。

答案：√

2）如图所示，驾驶机动车在这样的路段遇前方两车交会应及时减速。

答案：√

4 上坡路段安全行驶

驾驶机动车在山区上坡路段行驶，应尽量匀速前进，尽量避免换挡，时刻注意下行车辆。山区道路上坡行驶时，要在车速下降前减挡，以保持充足动力。驶近坡道顶端等影响安全视距的路段时，要考虑到潜在的风险：接近坡顶时视线受阻，无法观察坡顶之后道路走向、对向来车情况和是否有障碍物。坡顶可能停放一辆车，对面驶来的车辆可能会占用车道，前方道路可能有障碍物或有弯道，要减速慢行并鸣喇叭示意，不得加速冲过坡顶。上陡坡路段，应提前观察坡道长度，上坡前减挡保持动力，尽量避免途中减挡。在上坡路段停车时，使用行车制动要比平路时推迟。

驾驶机动车在山区道路行驶时，应该尽量避免停车。在山区道路因故障停车，尽量选择平缓路段停放。因发生故障需在上坡路段停车检修时，为避免机动车后溜可将转向盘向左转，拉起驻车制动器，开启危险报警闪光灯，在后方用塞车木或石块塞住车轮以防车辆后溜，按规定在车后方设置警示标志。

单选题

1）驾驶机动车上坡行驶如何保持充足动力？
　　A. 在车速下降前减挡
　　B. 在车速下降后减挡
　　C. 在车速过低时减挡
　　D. 尽量使用越级减挡

答案：A

2）机动车驶近坡道顶端等影响安全视距的路段时，要如何保证安全？
　　A. 快速通过
　　B. 使用危险报警闪光灯
　　C. 减速慢行并鸣喇叭示意
　　D. 随意通行

答案：C

3）驾驶机动车在上坡路段停车怎样使用行车制动？
　　A. 比在平路时提前　　B. 比在平路时推迟
　　C. 和平路时一样　　　D. 要重踏制动踏板

答案：B

4）驾驶机动车在山区道路因故障停车需要注意什么？
　　A. 选择下坡路段停放
　　B. 选择上坡路段停放
　　C. 选择平缓路段停放
　　D. 选择坡顶位置停放

答案：C

多选题

1）驾驶机动车在山区上陡坡路段怎样行驶？
　　A. 挂高速挡加速冲坡
　　B. 提前观察坡道长度
　　C. 尽量避免途中减挡
　　D. 上坡前减挡保持动力

答案：BCD

2）驾驶机动车途经这个路段时，可能潜在哪些风险？

　　A. 坡顶可能停放一辆车
　　B. 对面驶来的车辆可能占用车道
　　C. 前方道路可能有障碍物
　　D. 前方道路可能有弯道

答案：ABCD

3）驾驶机动车在山区上坡路段行驶，哪些做法是正确的？
　　A. 应尽量匀速前进
　　B. 应尽量避免换挡
　　C. 时刻注意下行车辆
　　D. 应选择高速挡

答案：ABC

4）驾驶机动车在山区道路上坡路段行驶，因发生故障需停车检修时，正确的做法是什么？
　　A. 拉起驻车制动器
　　B. 开启危险报警闪光灯

C. 在后方用塞车木或石块塞住车轮，以防
　　车辆后溜

D. 按规定在车后方设置警示标志

答案：ABCD

5）驾驶机动车在山区道路上坡接近坡顶时，为
什么说超车存在风险？

A. 接近坡顶时视线受阻，无法观察坡顶之
　　后道路走向

B. 接近坡顶时视线受阻，无法观察对向来
　　车情况

C. 接近坡顶时车速较慢

D. 接近坡顶时视线受阻，无法观察坡顶之
　　后是否有障碍物

答案：ABD

[判][断]题

1）驾驶机动车遇到这种道路要提前减挡，以保
持充足动力。

2）驾驶机动车在这种情况下要加速冲过坡顶。

答案：×

3）驾驶机动车通过短而陡的上坡坡道时，采用
加速冲坡的方法，在接近坡顶时应提前松开
加速踏板，利用惯性冲过坡顶。

答案：√

4）驾驶机动车在这种情况下临时停车后，为避
免机动车后溜可将转向盘向左转。

答案：√

5）因故障在山区上坡路段长时间停车时，要用
这种办法塞住车轮。

答案：√

6）因故障在山区上坡路段长时间停车时，要用
这种办法塞住车轮。

答案：×

5 下坡道安全驾驶

在山区道路下坡行驶时，要提前减速减挡，
利用发动机制动控制速度。下长坡或下陡坡时，
要根据坡度的大小，提前选择中速挡或低速挡
行驶，用挡位控制车速。下长坡连续使用行车
制动，会使制动器温度升高而使制动效能急剧
下降，造成制动器制动效果下降或车制动器失
灵。下长坡严禁使用空挡滑行，以免导致再次
挂挡困难引发事故。

在下坡路段停车时，使用行车制动器要比在
平路时提前。为避免机动车后溜可将转向盘向右
转，因故障在山区下坡路段长时间停车时，应在
前方用塞车木或石块塞住车轮以防车辆后溜。

练习题

[单][选]题

1）驾驶机动车下长坡时，控制车速的正确方法
是什么？

A. 空挡滑行

B. 挂低速挡

C. 踏下离合器踏板滑行

D. 使用驻车制动器

答案：B

2）驾驶机动车下长坡连续使用行车制动会造成
什么不良后果？

A. 缩短发动机使用寿命

B. 驾驶人容易疲劳

C. 容易造成机动车倾翻

D. 制动器制动效果下降

答案：D

3）驾驶机动车下长坡控制车速最安全的方法是什么？
A. 挂入空挡滑行　　B. 踏下离合器踏板滑行
C. 利用发动机制动　D. 持续踏制动踏板
答案：C

4）驾驶机动车下长坡时，连续使用行车制动器，存在什么隐患？
A. 会缩短发动机寿命
B. 增加车辆油耗
C. 会使制动器温度升高而使制动效能急剧下降
D. 容易造成车辆倾翻
答案：C

5）驾驶机动车下长坡时，车速会因为重力作用越来越快，控制车速的正确方法是什么？
A. 空挡滑行
B. 减挡，充分利用发动机制动
C. 踏下离合器踏板滑行
D. 长时间使用驻车制动器制动
答案：B

6）驾驶机动车在山区道路下陡坡时，怎样利用发动机制动控制车速？
A. 挂入空挡　　　　B. 挂入低速挡
C. 踏下离合器踏板　D. 挂入高速挡
答案：B

7）驾驶机动车在下坡路段停车怎样使用行车制动？
A. 比在平路时提前　B. 比在平路时推迟
C. 和平路时一样　　D. 要轻踏制动踏板
答案：A

8）如图所示，驾驶机动车遇到这种路段时，错误的做法是什么？

A. 应提前降低车速
B. 应提前降低挡位
C. 尽量利用发动机制动控制车速
D. 尽量利用驻车制动器控制车速
答案：C

判断题

1）驾驶机动车遇到这种道路要提前减速减挡，利用发动机制动控制速度。

答案：√

2）驾驶机动车遇到这种道路，可充分利用空挡滑行。

答案：×

3）驾驶机动车在这种情况下临时停车后，为避免机动车后溜可将转向盘向右转。

答案：√

4）因故障在山区下坡路段长时间停车时，要用这种办法塞住车轮。

答案：√

5）驾驶机动车下长坡时，利用惯性滑行可以减少燃油消耗，值得提倡。
答案：×

6）驾驶机动车下长坡时，仅靠行车制动器制动，容易引起行车制动器失灵。
答案：√

7）驾驶机动车下长坡时，空挡滑行会导致再次挂挡困难。
答案：√

6 弯道安全行车

山区道路弯道行车，要在转弯前减速，沿弯道右侧行驶，做到"减速、鸣号、靠右行"。行至转弯路段占对向车道，驶入弯道前不减速、弯道内急转转向盘，都容易引发事故。在路面较窄的急弯处行车时，要集中注意力、减速靠道路右侧行驶，注意对面来车，鸣喇叭示意、做好停车准备。

行至遮挡视线的弯道处，应预防对向可能有车辆驶来；由于转弯半径较小，车速过快容易引起车辆失控；转弯后路面可能存在落石、凹陷等特殊路况；遇前方有非机动车时，要注意预防骑自行车者可能由于上坡等原因突然改变方向。

练习题

单选题

1) 驾驶机动车在这种山区弯路怎样行驶？

A. 占对向车道行驶　　B. 靠右侧减速行驶
C. 在道路中心行驶　　D. 紧靠路右侧行驶

答案：B

2) 驾驶机动车在这种山区弯道怎样转弯最安全？

A. 靠弯道外侧行驶
B. 减速、鸣号、靠右行
C. 借用对向车道行驶
D. 靠道路中心行驶

答案：B

3) 驾驶机动车在山区道路进入弯道前，在对面没有来车的情况下，应怎样行驶？
A. 靠弯道外侧行驶
B. 短时间借用对方的车道
C. 加速沿弯道切线方向通过
D. 应"减速、鸣喇叭、靠右行"

答案：D

多选题

1) 在这种路面较窄的急弯处行车时应注意什么？

A. 集中注意力　　B. 降低车速
C. 注意鸣喇叭　　D. 做好停车准备

答案：ABCD

2) 驾驶机动车在山区上这种陡坡道转弯时怎样行驶？

A. 转弯前减速　　B. 靠右侧行驶
C. 鸣喇叭示意　　D. 转弯时加挡

答案：ABC

3) 怎样安全通过这种较窄的弯路？

A. 沿道路右侧行驶
B. 挂低速挡减速通过
C. 沿道路左侧行驶
D. 挂高速挡加速通过

答案：AB

4) 如图所示，驾驶机动车驶近这样的山区弯道时，应注意什么？

A. 对向可能有车辆驶来
B. 前方骑自行车者可能由于上坡等原因突然改变方向

C. 山区弯道可能转弯半径较小，车速过快容易引起车辆失控

D. 转弯后路面可能存在落石、凹陷等特殊路况

答案：ABCD

5）机动车行驶至转弯路段时，哪些行为易引发事故？

A. 占对向道行驶

B. 在弯道内急转转向盘

C. 在驶入弯道前不减速

D. 机动车靠路右侧行驶

答案：ABC

6）驾驶机动车在道路急转弯处怎样安全行驶？

A. 减速靠路右侧行驶

B. 不能占用对方车道

C. 注意对面来车

D. 鸣喇叭示意

答案：ABCD

7）驾驶机动车在转弯路段易引发事故的驾驶行为有哪些？

A. 占道行驶　　　　B. 急转转向盘

C. 弯道前不减速　　D. 靠路右侧行驶

答案：ABC

判断题

1）机动车在通过山区道路弯道时，要做到"减速、鸣号、靠右行"。

答案：√

2）驾驶机动车通过这段山区道路要靠路中心行驶。

答案：×

3）驾驶机动车通过这种傍山险路要靠右侧行驶。

答案：√

4）驾驶机动车通过这种傍山险路要靠左侧行驶。

答案：×

5）驾驶机动车通过这种路段时，应预防弯道后方可能有对面驶来的车辆占道行驶。

答案：√

7 其他情况安全通行

驾驶机动车在山区道路行驶时，应与前车保持安全距离，上陡坡提前换入低速挡，下长坡充分利用发动机制动，弯道行驶避免占对向车道。遇到凹凸路面时，应低速缓慢平稳通过。通过落石多发的山区道路，应注意观察，尽快通过，尽量避免临时停车。在山区道路应尽量避免停车，如确实要停车，尽量选择平整的路段。

练习题

单选题

1）驾驶机动车在山区道路遇到这种情况怎样行驶？

A. 靠路左侧，加速绕行

B. 停车瞭望，缓慢通过

C. 注意观察，尽快通过

D. 勤鸣喇叭，低速通行

答案：C

2) 如图所示，驾驶机动车在这种落石多发的山区道路行驶，安全的做法是什么？

A. 尽量靠道路左侧通行
B. 停车瞭望，缓慢通过
C. 尽量避免临时停车
D. 勤鸣喇叭，低速通行

答案：C

3) 车辆通过凹凸路面时，应怎样安全行驶？
A. 依靠惯性加速冲过
B. 挂空挡滑行驶过
C. 保持原速通过
D. 低速缓慢平稳通过

答案：D

4) 驾驶机动车在这样的路面如何安全行驶？

A. 空挡滑行通过　　　B. 保持高速通过
C. 适当加速通过　　　D. 低速缓慢通过

答案：D

判断题

驾驶机动车在山区道路行驶时，应该尽量避免停车，如确实需要停车，尽量选择平直的路段。

答案：√

▶ 6.1.2　安全通过桥梁

1　保持安全速度

驾驶机动车经过一般公路跨线桥时，要按照标志指引的车道和限定速度行驶。通过路面条件较好的窄桥，要控制车速不超过30公里/小时。距离漫水桥50米以内不得停车。

练习题

单选题

1) 驾驶机动车怎样经过公路跨线桥？

A. 加速行驶，尽快通过
B. 车速控制在15公里/小时以内
C. 按照标志限定速度行驶
D. 尽量靠桥中心行驶

答案：C

2) 遇到这种路面条件较好的窄桥怎样控制车速？

A. 不超过60公里/小时
B. 不超过50公里/小时
C. 不超过40公里/小时
D. 不超过30公里/小时

答案：D

3) 驾驶机动车行经此路段多少米内不得停车？

A. 30米　　B. 50米　　C. 80米　　D. 100米

答案：B

2　安全通过桥梁

通过桥梁时，要控制好方向，遵守限速规定，避免超车。遇窄桥时，要注意观察对向来车并提前做好停让准备，避免在桥面上会车，不得在立交桥上临时停车。

练习题

判断题

1) 车辆通过桥梁时，只要空间足够，尽可能超车提高通行效率。

答案：✕

2）车辆通过桥梁时，一般要减速慢行。

答案：√

3）遇窄桥时，要注意观察对向来车并提前做好停让准备，避免在桥面上会车。

答案：√

▶ 6.1.3 安全通过隧道

1 隧道内行车风险和事故诱因

隧道内的行车环境属于半封闭状态，一般都比较狭窄、光线暗淡，有时路面湿滑、行车环境相对较差。有的隧道由于地理位置原因，隧道内路面经常出现积水，有时路面湿滑，威胁行车安全。隧道内一旦发生交通事故，救援难度非常大，且容易引起二次事故甚至是引发连环事故。

隧道内光线较暗，如果隧道入口附近有因故障或事故停驶的车辆，且未作好安全警示处置措施，对刚驶入的车辆来说是极大的威胁。隧道口存在一定的视野盲区，出隧道前要谨慎驾驶，提前预防隧道口有行人横穿。特别是在隧道与桥梁连接路段要提前防范，小心应对隧道口横风或路面结冰的情况。

进入光线不足的隧道，驾驶人的眼睛会有一个暗适应过程，影响对隧道出入口附近险情的判断，容易引发事故。有的驾驶人在进入隧道后会感到不舒服，并产生与隧道内壁相撞的感觉；有的驾驶人看到两侧墙壁飞快地向后移去，甚至会产生恐惧感。这些都大大增加了驾驶人的心理负担，可能因此向左或向右打转向盘，很容易与两侧墙壁或并行的车辆相撞，造成事故。车辆通过隧道时，常见的交通事故类型包括追尾、同向剐擦、碰撞隧道壁等。如果在隧道内超速极易引发追尾、碰撞隧道壁等事故。

练习题

单选题

1）进入光线不足的隧道，驾驶人的眼睛会有一个什么过程？

A. 明适应过程　　　　B. 暗适应过程

C. 失明的过程　　　　D. 刺眼的过程

答案：B

2）长时间在隧道内行驶，驾驶环境单一，驾驶人容易产生什么心理？

A. 压抑或烦躁　　　　B. 兴奋或刺激

C. 紧张或不适　　　　D. 寂寞或孤单

答案：A

多选题

1）隧道对通行的车辆都有哪些限制要求？

A. 限高　　B. 限速　　C. 限宽　　D. 限行

答案：ABC

2）一般隧道口前都会有哪些标志？

A. 限高标志　　　　B. 限速标志

C. 隧道开灯标志　　D. 注意行人标志

答案：ABC

3）隧道内的行车环境具有哪些特点？

A. 空间狭小　　　　B. 能见度低

C. 疏导救援难度大　D. 路面条件差

答案：ABC

4）隧道内光线较暗，对刚驶入隧道车辆威胁极大的是入口附近有什么？

A. 未做安全警示处置措施的因故障停驶的车辆

B. 未做安全警示处置措施的因事故停驶的车辆

C. 做好安全警示处置措施的因故障停驶的车辆

D. 做好安全警示处置措施的因事故停驶的车辆

答案：AB

5）驶出隧道口时应注意什么？

A. 隧道口存在视野盲区

B. 隧道口有行人横穿

C. 隧道口有横风

D. 隧道口路面结冰

答案：ABCD

判断题

1）隧道内虽然光线暗淡，但行车环境相对较好。

答案：×

2）由于地理位置原因，有的隧道内路面经常出现积水，威胁行车安全。

答案：√

3）隧道内一旦发生交通事故，救援难度非常大，且容易引起二次事故甚至是引发连环事故。

答案：√

4）隧道内的行车环境属于全封闭状态。

答案：×

5）在隧道内行车应避免变更车道和超车，尽量保持低速匀速行驶。

答案：√

6）隧道口存在一定的视野盲区，出隧道前要谨慎驾驶，避免隧道口有行人横穿。

答案：√

7）出隧道前，特别是在隧道与桥梁连接路段，要提前防范，小心应对隧道口横风或路面结冰的情况。

答案：√

8）驾驶人在进入隧道后会感到不舒服，并产生与隧道内壁相撞的感觉。

答案：√

9）驾驶人看到两侧墙壁飞快地向后移去，甚至会产生恐惧感。

答案：√

10）车辆通过隧道时，常见的交通事故类型包括追尾、同向刮擦、碰撞隧道壁等。

答案：√

11）隧道内超速极易引发追尾、碰撞隧道壁等事故。

答案：√

12）隧道内壁相撞的感觉、恐惧感，大大增加驾驶人的心理负担，可能因此向左或向右打转向盘，很容易与两侧墙壁或并行的车辆相撞，造成事故。

答案：√

2 安全进入隧道

驾驶机动车进入隧道前，要提前减速，注意观察隧道口前的限速、限宽、限高、隧道开灯标志和其他注意事项，提前按标志要求操作，提前降低车速、开启前照灯。进入隧道前减速，还可以使后面的车辆速度降下来，这样可以减少被追尾的风险。进入隧道内开启近光灯，一方面是为自己照明，更重要的作用是提示其他车辆自己所在的位置，让他人及时发现自己的车辆。距离隧道50米以内的路段，不得停车。

隧道入口处有情报板的，驾驶人一定要注意情报板上的提示信息，第一时间了解隧道内是否有紧急情况，不要贸然驶入。进入隧道前的路面标线一般会变为实线，不得在隧道口超车。隧道口外看着无排队车辆的车道，预防其他车道内有停驶的车辆或障碍，避免引起事故。遇到隧道入口处有车辆排队通行时，要尽量按顺序排队通行，不可贸然进入。进入高速路以

外的隧道前，要提前选择安全的地点停车检查车辆，驾驶人做适当休息。

练习题

单选题

1）进入隧道前减速可以减少哪些风险？

A. 被追尾 B. 侧滑

C. 侧翻 D. 剐碰事故

答案：A

2）驾驶机动车在距离隧道前多少米内不得停车？

A. 30 米 B. 50 米

C. 80 米 D. 100 米

答案：B

多选题

1）进入隧道前，驾驶人要注意什么？

A. 提前减速 B. 观察标志

C. 开启前照灯 D. 开启远光灯

答案：ABC

2）进入隧道前，驾驶人要提前减速，注意观察隧道口前的哪些标志？

A. 限速标志 B. 限宽标志

C. 限高标志 D. 开灯标志

答案：ABCD

3）进入隧道前减速，有哪些作用？

A. 可以使后面的车辆速度降下来

B. 可以减少被追尾的风险

C. 可以提高隧道的通过率

D. 可以有效地避免交通事故

答案：AB

4）进入隧道内为什么要开启近光灯？

A. 为自己照明

B. 提示车辆位置

C. 让他人及时发现

D. 告知后车保持车距

答案：ABC

5）隧道入口处有情报板的，驾驶人需要注意什么？

A. 情报板上的提示信息

B. 了解隧道内是否有紧急情况

C. 不要贸然驶入

D. 观察隧道口内的情况

答案：ABC

判断题

1）进入隧道内开启近光灯，一方面是为自己照

明，更重要的作用是提示其他车辆自己所在的位置，让他人及时发现自己的车辆。

答案：√

2）进入隧道前，驾驶人要提前按标志要求操作，提前降低车速、开启远光灯。

答案：×

3）进入隧道前减速，可以使后面的车辆速度降下来。

答案：√

4）进入隧道前减速，可以减少被追尾的风险。

答案：√

5）进入隧道前的路面标线一般会变为实线，可以在隧道口超车。

答案：×

6）遇到隧道入口处有车辆排队通行时，要尽量按顺序排队通行，不可贸然进入。

答案：√

7）隧道口外看到无排队车辆的车道，要预防车道内有停驶的车辆或障碍，避免引起事故。

答案：√

8）隧道入口处有情报板的，驾驶人一定要注意情报板上的提示信息，第一时间了解隧道内是否有紧急情况，要迅速绕过。

答案：×

9）进入高速公路外的隧道前，要提前选择安全的地点停车检查车辆，驾驶人适当休息。

答案：√

10）距离隧道150米以内的路段，不得停车。

答案：×

11）驾驶机动车在这种情况下可以超车。

答案：×

12）在隧道中可以临时停车休息一会儿，避免疲劳驾驶。

答案：×

3 隧道内安全通行

驾驶机动车进入隧道后，将视线注意点移到隧道的远处，不要看两侧隧道壁，使用限速范围内的车速行驶，注意保持行车间距，加大跟车距离，跟随车流行驶。后车应当与前车保持足以采取紧急制动措施的安全距离，以防前车因紧急制动或减速。严禁在隧道内变更车道、超车和随意停车。

通过隧道时要合理使用灯光和控制车速，并注意观察隧道内的交通情况，尤其要注意是否有行人和非机动车。如果在隧道内遇到行人或骑自行车的人（非机动车），驾驶人一定要观察行人和骑车人的动态，注意避让。通过机动车、非机动车和行人混合使用的隧道时，尽量降低车速，在路面中央行驶。提高警惕，随时注意观察两侧的非机动车、行人的动态。

隧道行驶时，如果遇到隧道内施工或临时管制，应根据交通信号灯或交通标志标线的指示行驶。

隧道内遇堵车时，应耐心等待，不得随意变更车道、穿插等候车辆。并随时关注前方交通堵塞原因及拥堵状态，遇前方有人告知险情时，及时逃生。

隧道内行驶发现行驶路线错误，但已经进入隧道，则需要继续行驶，待驶出隧道后再寻找合适地点掉头返回。隧道内不得掉头、倒车。隧道内结冰或路面湿滑时，应保持低速行驶，不要急踩制动踏板，以免发生侧滑。

练习题

单选题

隧道内结冰或路面湿滑时怎么办？
A. 保持低速行驶　　B. 急踩制动踏板
C. 尽快制动停车　　D. 加速驶出隧道

答案：A

多选题

1）隧道内遇堵车时怎么办？
A. 耐心等待
B. 不得随意变更车道
C. 不得随意穿插等候车辆
D. 开启远光灯

答案：ABC

2）机动车通过隧道时，禁止以下哪些行为？
A. 超车　　B. 停车　　C. 掉头　　D. 倒车

答案：ABCD

3）在隧道内通行时，哪些行为是不正确的？
A. 会车使用远光灯
B. 在隧道内超车
C. 会车时保持安全距离
D. 开启近光灯行驶

答案：AB

4) 通过机动车、非机动车和行人混合使用的隧道时怎样安全行驶?
   A. 尽量降低车速　　B. 在路面中央行驶
   C. 在路面左侧行驶　D. 靠路面右侧行驶
   答案: AB

判断题

1) 进入隧道后,后车应当与前车保持足以采取紧急制动措施的安全距离。
   答案: √

2) 进入隧道后,不得变更车道和超车,要跟随车流行驶。
   答案: √

3) 隧道内行驶,要使用限速范围内的车速行驶,加大跟车距离,以防前车因紧急制动或减速。
   答案: √

4) 隧道内行驶,要使用限速范围外的车速行驶。
   答案: ✕

5) 隧道内遇堵车时,应耐心等待,并随时关注前方交通堵塞原因及拥堵状态,遇前方有人告知险情时,及时逃生。
   答案: √

6) 进入隧道后,将视线注意点移到隧道的远处,注视两侧隧道壁。
   答案: ✕

7) 进入隧道后,注意保持行车间距,严禁在隧道内变更车道、超车和随意停车。
   答案: √

8) 驾驶机动车在隧道中超车时,应该注意观察、谨慎驾驶。
   答案: ✕

9) 如果发现行驶路线错误,但已经进入隧道,则需要继续行驶,待驶出隧道后再寻找合适地点掉头返回。
   答案: √

10) 隧道内行驶时,不得掉头。
   答案: √

11) 通过隧道时,不得超车。
   答案: √

12) 隧道内在确保安全的前提下可以倒车。
   答案: ✕

13) 隧道内结冰或路面湿滑时,应保持低速行驶,不要急踩制动踏板,以免发生侧滑。
   答案: √

14) 通过隧道时要合理使用灯光和控制车速,注意观察隧道内的交通情况,尤其要注意是否有行人和非机动车。
   答案: √

15) 如果在隧道内遇到行人或骑自行车的人(非机动车),驾驶人一定要观察行人和骑车人的动态,注意避让。
   答案: √

16) 隧道行驶时,如果遇到隧道内施工或临时管制,应根据交通信号灯或交通标志、标线的指示行驶。
   答案: √

17) 通过机动车、非机动车和行人混合使用的隧道,应提高警惕,随时注意观察两侧的非机动车、行人的动态。
   答案: √

4 安全驶出隧道

驶出隧道时,眼睛会经历一个明适应的过程,同时隧道口外会有横风。到达隧道出口时,要注意减速,握稳转向盘,以防隧道口外的横向风引起车辆偏离行驶路线。遇横风时,应缓踩制动踏板,低速行驶,握紧转向盘,稍微向逆风方向修正。待车辆完全驶出隧道且眼睛完全适应隧道外光线后,再关闭灯光,提高车速。

 练习题

多选题

车辆到达隧道出口遇横风时怎么办?
A. 缓踩制动踏板
B. 低速行驶
C. 握紧转向盘
D. 稍微向逆风方向修正
   答案: ABCD

判断题

1) 驶出隧道时,驾驶人的眼睛会经历一个暗适应的过程。
   答案: ✕

2) 驶出隧道时,隧道口外会有横风。
   答案: √

3) 待车辆完全驶出隧道,且眼睛完全适应隧道外光线后,再关闭灯光,提高车速。
   答案: √

4) 到达隧道出口时,要握稳转向盘,以防隧道口外的横向风引起车辆偏离行驶路线。
   答案: √

5）到达隧道出口遇横风时，应缓踩制动踏板，低速行驶，握紧转向盘，稍微向顺风方向修正。

答案：√

5 道内视觉变化

当人由黑暗环境突然进入非常明亮的环境或由光亮的地方突然进入黑暗的地方，眼睛会有短暂的"失明"现象，然后视力逐渐恢复，这个过程分别就是明适应、暗适应。眼睛的明暗适应依个人情况有所不同，一般从数秒到1分钟不等，但明适应比暗适应经历的时间短。要充分认识明暗适应的生理特点，善于利用车辆灯光改善这种适应过程，同时注意控制车速，避免发生危险。

戴墨镜驾驶时，进隧道前要摘掉墨镜。驶出隧道后，在明适应过程中，切勿盲目加速，以免因视力瞬时下降不适应环境而造成危险。

练习题

单选题

1）当车辆驶出隧道时，驾驶人易出现图中所示的"明适应"现象，以下做法正确的是什么？

A. 加速驶出隧道
B. 减少与前车距离，利用前车挡住强光
C. 与前车保持安全距离，降低车速，驶出隧道
D. 变更至车辆少的车道，迅速驶出隧道

答案：C

2）驾驶汽车在进出隧道时应注意什么？

A. 开启远光灯 B. 适当提高车速
C. 关闭近光灯 D. 提前降低车速

答案：D

判断题

1）当人由黑暗环境突然进入非常明亮的环境

时，眼睛会有短暂的"失明"现象，然后视力逐渐恢复，这个过程就是暗适应。

答案：✕

2）当人由光亮的地方突然进入黑暗的地方，眼睛会有短暂的"失明"现象，然后视力逐渐恢复，这个过程就是明适应。

答案：✕

3）眼睛的明暗适应依个人情况有所不同，一般从数秒到1分钟不等，但明适应比暗适应经历的时间短。

答案：√

4）驾驶人要充分认识明暗适应的生理特点，善于利用车辆灯光改善这种适应过程，同时注意控制车速，避免发生危险。

答案：√

5）驾驶人戴墨镜驾驶时，进隧道前要摘掉墨镜。

答案：√

6）驶出隧道后，在明适应过程中切勿盲目加速，以免因视力瞬时下降不适应环境而造成危险。

答案：√

7）驾驶机动车驶出隧道时，应该注意明暗视力的变化，控制车速。

答案：√

8）驾驶机动车在这个时候要减速慢行。

答案：√

6 安全通过单向隧道

通过仅能单车通行的窄隧道时，应提前减速，开启前照灯，观察有无对向来车，确认安全后方可通过。如发现隧道对向有来车时，应在隧道口外靠右停车让行，礼让对面车先通过后再驶入隧道。如遇有信号灯控制的隧道时，应严格遵守红灯停车、绿灯通行的规则。通过无管制的单车道隧道时，在接近隧道口时，应仔细观察，如隧道内已有对向来车行驶，应主动避让，避免在隧道内"顶牛"。

单选题

驾驶机动车遇到这种情况怎样安全通过?

A. 靠右侧正常通过

B. 鸣喇叭,加速通过隧道

C. 停车礼让对面车先通过

D. 开前照灯告知对面车让行

答案:C

多选题

通过仅能单车通行的窄隧道时,应怎么办?

A. 提前减速

B. 开启前照灯

C. 观察有无对向来车

D. 确认安全后方可通过

答案:ABCD

判断题

1)通过仅能单车通行的窄隧道发现对象有来车时,应在隧道口外靠右停车让行,待来车通过后再驶入隧道。

答案:√

2)遇有信号灯控制的隧道时,应严格遵守红灯停车、绿灯通行的规则。

答案:√

3)通过无管制的单车道隧道,在接近隧道口时,应仔细观察,如隧道内已有对向来车行驶,应主动避让,避免在隧道内"顶牛"。

答案:√

7 安全通过双向隧道

驶入双向通行的隧道时,应开示廓灯或近光灯,靠右侧行驶,注意对向来车。进入隧道后,要跟随车流行驶,隧道内尽量避免使用喇叭,不得借道超车。会车时,不可开启远光灯,使用远光灯容易因驾驶人目眩而引发交通事故。同时要提防对方远光灯的影响,发现对方有来车使用远光灯时,可变换远近光灯提示对方,减速并及时调整视线,避开对面远光灯的直接照射。

单选题

车辆驶入双向行驶隧道前,应开启什么灯?

A. 危险报警闪光灯　　B. 远光灯

C. 雾灯　　　　　　　D. 示廓灯或近光灯

答案:D

多选题

驾驶汽车进入双向通行的隧道时应注意什么?

A. 开启近光灯　　　　B. 靠右侧行驶

C. 开启远光灯　　　　D. 注意对向来车

答案:ABD

判断题

1)驶入双向通行的隧道时,应开启近光灯,靠右行驶,注意对向来车。

答案:√

2)双向通行的隧道内会车时,加大横向距离低速安全会车,会车可开启远光灯。

答案:×

3)在隧道内尽量多使用喇叭。

答案:×

4)双向通行的隧道内会车时,要提防对方远光灯的影响,因为继续使用远光灯,容易因驾驶人目眩而引发交通事故。

答案:√

5)驶入隧道时,要关闭远光灯开启近光灯,发现对方来车使用远光灯的情形,要变换远近光灯提示对方驾驶人,减速并及时调整视线,避开远光灯的直接照射。

答案:√

6)驾驶机动车在这种隧道内要尽量靠左侧行驶。

答案:×

7)驾驶机动车在双向行驶的隧道内行驶,如对向无来车,可借道超车。

答案:×

8 安全通过长隧道、特长隧道、隧道群

进入高速公路外的长隧道、特长隧道和隧道群行驶前，要提前选择安全的地点停车进行短暂的休息，再次检查车辆。较长的隧道，大多有直接通向地面的安全出口，安全出口的位置一般都在隧道出入口处标明，隧道内有标志提示，进入长隧道前就应提前注意观察标志。一旦遇到隧道内失火，可参照标志逃入通向地面的安全出口。

练习题

判断题

1）在进入长隧道、特长隧道和隧道群行驶前，应寻找合适的位置停车进行短暂的休息，再次检查车辆。

答案：√

2）较长的隧道安全出口的位置一般都在隧道出入口处标明，隧道内也有标志。

答案：√

3）驾驶人在进入长隧道前就应提前注意观察标志。

答案：√

4）假如隧道内失火，应参照标志逃入通向地面的安全出口。

答案：√

9 安全通过山区隧道

山区隧道有单向行驶隧道和双向行驶隧道。隧道内一般都比较狭窄、黑暗，有时路面湿滑。较短的隧道可从入口看到出口，而较长的隧道或路途有弯的隧道则从入口无法看到出口。有的隧道在入口处设有信号灯，只有当绿色信号灯亮时，车辆方可驶入。雨天驶入、驶出隧道时，由于明暗差大和雨水造成的水帘影响，视线变差，应降低车速行驶。注意观察隧道内的行人和非机动车的动态，在隧道内禁止停车、倒车和超车。

练习题

判断题

1）山区隧道有单向行驶隧道和双向行驶隧道。

答案：√

2）隧道内一般都比较狭窄、黑暗，有时路面湿滑。

答案：√

3）较短的隧道可从入口看到出口，而较长的隧道或路途有弯的隧道则从入口无法看到出口。

答案：√

4）有的隧道在入口处设有信号灯，只有当绿色信号灯亮时，车辆方可驶入。

答案：√

5）雨天驶入、驶出隧道时，由于明暗差大和雨水造成的水帘影响，视线变差，应快速通过。

答案：✕

6）雨天驶入、驶出隧道时，注意观察隧道内的行人和非机动车的动态。

答案：√

7）在隧道与特殊情况，在确保安全的前提下，允许停车、倒车和超车。

答案：✕

10 隧道内应急处置

机动车在隧道内行驶出现故障时，只要还能继续行驶，应减速慢行坚持驶出隧道。无法驶出隧道时，应选择在安全的区域停车后自行处理或打电话求援，不得在隧道内拦截过往车辆。

隧道内发生火灾时，驾驶人应第一时间弃车逃生，将钥匙留在车上（以便救援人员移动车辆），在车身后放置警示标志离开隧道，切不可贪恋财务。如果人员被困在车厢内，应果断地用车内消防锤、高跟鞋等尖利物体敲碎车窗，逃离车辆。逃离时，用浸湿的毛巾或衣物等随身物品捂住口鼻，以便滤烟防毒，弯腰快速撤离，向火势、烟雾飘散的反方向，也就是上风向处寻找逃生通道。特别注意不要高声喊叫，防止吸入过多的烟雾和有毒气体。靠近隧道出口的车辆应加速驶离隧道，离出口较远靠后的车辆，驾驶人和乘员应下车反方向逃离。切忌将车辆掉头后逆向驶出隧道。

练习题

多选题

如果隧道内发生火灾，驾驶员应怎么办？

A. 第一时间弃车逃生

B. 将钥匙留在车上

C. 在车身后放置警示标志离开隧道

D. 切不可贪恋财物

答案：ABCD

1）隧道内发生火灾时，靠近隧道出口的车辆应加速驶离隧道，离出口较远靠后的车辆，驾驶人和乘员应下车反方向逃离。

答案：√

2）隧道内发生火灾时，切忌将车辆掉头后逆向驶出隧道。

答案：√

3）隧道内的逃生通道一般位于隧道中央或右侧，有明确的指示牌，人员可以根据指示牌的指示疏散。

答案：√

4）如果隧道内发生火灾逃离时，用浸湿的毛巾或衣物等随身物品捂住口鼻，以便滤烟防毒，弯腰快速撤离，向下风向处寻找逃生通道。

答案：×

5）隧道内发生火灾逃离时，特别注意不要高声喊叫，防止吸入过多的烟雾和有毒气体。

答案：√

6）如果隧道内发生火灾逃生时，若视线不清，要手摸着墙壁，或打开手机手电筒功能，快速撤离。

答案：√

7）隧道内发生火灾逃生时，可以走"人行横洞"，能逃入通向地面的安全出口。

答案：√

8）隧道内发生火灾人员被困在车厢内，应果断地用车内消防锤、高跟鞋等尖利物体敲碎车窗，逃离车辆。

答案：√

9）驾驶机动车在隧道内行驶，车辆出现故障时，应立刻靠边停车，拦截过往车辆，帮助检修。

答案：×

6.2 恶劣气象条件下的安全驾驶知识

▶ 6.2.1 雨天安全驾驶

1 雨天行车特点

雨天影响安全行车的主要因素有视线受阻、路面滑湿、附着力变小，制动距离会增大，影响驾驶人视野。机动车在湿滑路面上行驶时，路面附着力随着车速的增加急剧减小，刚开始下雨时的路面最容易发生侧滑。雨天急踩制动踏板，易导致后车追尾、产生侧滑，在雨天湿滑路面行车要尽量避免紧急制动。大雨天行车，为避免发生"水滑"而造成危险，要控制速度行驶。车辆发生"水滑"时，逐渐松抬加速踏板，让车速逐渐减缓，不可急踩制动踏板，不得迅速转向。

练习题

单 选 题

1）机动车在湿滑路面上行驶时，路面附着力随着车速的增加如何变化？
   A. 急剧增大　　　　　B. 逐渐增大
   C. 急剧减小　　　　　D. 没有变化

答案：C

2）雨天行车最容易发生侧滑的路面是什么？
   A. 干燥水泥路面　　　B. 下雨开始时的路面
   C. 潮湿水泥路面　　　D. 大雨中的路面

答案：B

3）在雨天哪类路面行车最容易发生侧滑？
   A. 刚下雨的路面　　　B. 大雨过后路面
   C. 暴雨中的路面　　　D. 大雨中的路面

答案：A

多 选 题

1）雨天影响安全行车的主要因素有哪些？
   A. 视线受阻　　　　　B. 路面滑湿
   C. 附着力变小　　　　D. 行驶阻力增大

答案：ABC

2）车辆发生"水滑"时，以下做法正确的是什么？
   A. 不可急踩制动踏板
   B. 逐渐松抬加速踏板，让车速逐渐减缓
   C. 不得迅速转向
   D. 立刻猛踩制动踏板，降低车速

答案：ABC

3）雨天驾驶机动车，不可以急踩制动踏板的主要原因是什么？
   A. 易导致后车追尾　　B. 会相应增大油耗
   C. 易产生侧滑　　　　D. 会相应减少油耗

答案：AC

判 断 题

1）在大雨天行车，为避免发生"水滑"而造成危险，要控制速度行驶。

答案：√

2）雨天避免"水滑"现象的有效方法就是保持高速行驶。

答案：×

3）在雨天湿滑路面行车要尽量避免紧急制动。

答案：√

2 避让行人和非机动车

雨天行车，视线不清，驾驶人不能及时发现行人，注意与非机动车、行人保持安全距离，注意非机动车和行人动态，选择安全车速行驶，避免紧急制动、紧急转向，以免发生侧滑。行车中遇到行人，应当注意行人可能滑倒、突然进入行车道、突然横过道路等情况。遇到撑雨伞和穿雨衣的行人在路边行走或者行人占道行走时，要适当降低车速，保持安全距离，注意观察行人动态，可提前轻按喇叭提醒，随时准备停车，不得急加速绕行。临近行人时，保持低速缓慢通过，防止泥水溅到行人身上。

练习题

多选题

1）雨天安全行车应注意哪些事项？
 A. 避免紧急制动、紧急转向
 B. 保持足够的安全距离
 C. 注意非机动车和行人动态
 D. 选择安全车速行驶

答案：ABCD

2）雨天遇到这种行人占道行走时怎样通行？

 A. 提前减速行驶　　B. 提前鸣喇叭提醒
 C. 不得急加速绕行　D. 保持安全距离

答案：ABCD

3）如图所示，驾驶机动车在雨天行驶，应当注意什么？

 A. 视线不清，不能及时发现行人
 B. 行人可能滑倒
 C. 行人可能突然进入行车道
 D. 行人可能会横过道路

答案：ABCD

4）如图所示，驾驶机动车在雨天行驶遇到这种情形时，正确的做法是什么？

 A. 随时准备停车
 B. 减速行驶，防止泥水溅到行人身上
 C. 减速行驶，注意行人动态
 D. 鸣喇叭提醒行人后，加速通过

答案：ABC

5）雨天遇到这些撑雨伞和穿雨衣的行人在路边行走怎样行驶？

 A. 注意观察行人动态　B. 适当降低车速
 C. 保持安全距离　　　D. 提前轻按喇叭提醒

答案：ABCD

6）雨天驾驶机动车为什么要减速慢行？
 A. 影响驾驶人视野
 B. 过快的速度会使机动车油耗增加
 C. 制动距离会增大
 D. 紧急制动易发生侧滑

答案：ACD

7）驾驶机动车在雨天遇到撑雨伞或穿雨衣的行人在路边行走怎样礼让？
 A. 以正常速度行驶　　B. 临近鸣喇叭示意
 C. 加速从左侧绕行　　D. 提前减速鸣喇叭

答案：D

8）雨天行车，遇撑雨伞和穿雨衣的行人在公路上行走时，应怎样行驶？
 A. 持续鸣喇叭示意其让道
 B. 加速绕行
 C. 提前鸣喇叭，并适当降低车速
 D. 以正常速度行驶

答案：C

3 安全行驶

驾驶机动车在雨天起步前，应使用刮水器，起步时开启近光灯。

雨天跟车行驶，要保持安全距离。雨天行车，道路湿滑，车辆易出现侧滑现象，驾驶人不能准确判断周围的车辆距离，周围车辆驾驶人不容易看清超车信号，不能够及时发现危险情况，不宜超车。遇到对面来车占道行驶时，应提前采取减速和避让措施，不得等到临近再做调整。

遇暴雨，当刮水器无法改善驾驶人视线时，应立即减速靠边停驶，将机动车停到路外。雨天临时停车，应开启危险报警闪光灯。

单选题

1）在这种大雨中，跟车行驶时使用近光灯的目的是什么？

  A. 不干扰前车视线，有利于自己看清道路
  B. 提醒前方车辆让行
  C. 提醒前方车辆减速
  D. 提示后方车辆保持距离

答案：A

2）在普通道路行车遇暴雨，刮水器无法改善视线时，应采取的措施是什么？
  A. 减速行驶
  B. 集中注意力谨慎驾驶
  C. 立即减速靠边停驶
  D. 以正常速度行驶

答案：C

3）驾驶机动车在雨天临时停车应注意什么？
  A. 开启危险报警闪光灯
  B. 开启前后雾灯
  C. 开启近光灯
  D. 在车后设置警告标志

答案：A

4）如图所示，驾驶机动车在暴雨天气条件下行驶，当刮水器无法刮净雨水影响行车安全时，正确的做法是什么？

  A. 减速行驶
  B. 集中注意力谨慎驾驶
  C. 注意观察，减速靠边停车
  D. 以正常速度行驶

答案：C

5）驾驶机动车遇暴雨，无法看清路面情况，正确的做法是什么？
  A. 保持原速行驶
  B. 减速行驶
  C. 打开危险报警闪光灯，将机动车停到路外
  D. 减速行驶，不断鸣喇叭，提醒周边车辆和行人

答案：C

多选题

雨天驾驶机动车，不宜超车的主要原因是什么？
  A. 不能准确判断周围的车辆距离
  B. 周围车辆驾驶人不容易看清超车信号
  C. 道路湿滑，车辆易出现侧滑现象
  D. 不能及时发现危险情况

答案：ABCD

判断题

1）雨天超车要开启前照灯，连续鸣喇叭迅速超越。

答案：×

2）如图所示，在这种情况下，应减速慢行。

答案：√

3）如图所示，在这种情况下，应加大跟车距离。

答案：√

4）如图所示，驾驶机动车在这种情况下，由于与前车相隔较远，可先观察情况后，临近再做调整。

答案：×

5）驾驶机动车在雨天起步前要使用刮水器。

答案：√

6）驾驶汽车在雨天起步前要使用刮水器。

答案：√

4 安全通过路口

　　雨天驾驶机动车通过没有交通信号的路口，应减速或者停车观察，以应对两侧路口可能出现的危险。雨天通过绿灯亮的路口，遇到行人和非机动车横过路口时，可能会发生的危险有：行人通过速度较慢可能滞留在道路内，电动自行车可能发生故障无法及时通过道路，右侧驶来的机动车可能未能及时停车而进入路口，雨天路面湿滑，应注意按照限速规定控制车速。

（练习题）

多选题

1）如图所示，驾驶机动车遇到这种情况时，应预防哪些可能发生的危险？

A. 行人通过速度较慢可能滞留在道路内
B. 电动自行车可能发生故障无法及时通过道路
C. 右侧驶来的机动车可能未能及时停车而进入路口
D. 考虑雨天路面湿滑，应注意按照限速规定控制车速

答案：ABCD

2）如图所示，驾驶机动车在雨天行经交叉路口时必须鸣喇叭，并加速通过，以免造成交通混乱。

答案：×

3）如图所示，在这种情况下通过路口，应减速或者停车观察，以应对两侧路口可能出现的危险。

答案：√

▶6.2.2 冰雪道路的安全驾驶

1 冰雪道路行车特点

　　冰雪路面行车，稳定性降低，操控难度增大，制动距离延长，极易发生侧滑，加速过急时易产生车轮空转或溜滑。有积雪的道路，由于积雪对光线的反射，极易造成驾驶人目眩。

（练习题）

单选题

驾驶机动车在冰雪路面行车注意什么？
A. 制动距离延长　　B. 抗滑能力变大
C. 路面附着力变大　　D. 制动距离变短

答案：A

冰雪路面对行车有哪些不利影响？

A. 车辆操控难度增大
B. 制动距离延长
C. 易产生车轮滑转
D. 极易发生侧滑

答案：ABCD

判断题

1）冰雪道路行车，由于积雪对光线的反射，极易造成驾驶人目眩。

答案：√

2）在冰雪道路上行车时，机动车的稳定性降低，加速过急时车轮易空转或溜滑。

答案：√

2 冰雪道路安全行车

　　驾驶机动车在雪天起步，应开启近光灯。在冰雪道路行车，必须降低车速行驶，必要时可安装防滑链，减速或停车充分利用发动机牵制作用制动。在冰雪路面制动时，发现车辆偏离方向，应停止踩制动踏板，不得猛打方向调整。冰雪道路行车，由于路面湿滑，车轮附着力减小，跟车行驶要保持较大的安全距离。有车辙的路段要循车辙低速行驶，避免紧急制动和急转方向。在积雪覆盖的路面行车，可根据路边树木、电杆等参照物判断行驶路线。在有雪泥的路上不宜超车，超车时飞起的雪泥遮挡视线，遇紧急情况制动距离长，雪泥下的路面更容易打滑，危险性大。

　　山区冰雪道路行驶遇前车正在爬坡时，应选择适当地点停车，等前车通过后再爬坡。在结冰的道路上会车时，应提前减速，缓慢交会。雪天临时停车，要开启危险报警闪光灯提醒其他车辆。

练习题

单选题

1）驾驶机动车在冰雪路面上减速或停车，怎样降低车速？

A. 充分利用行车制动器
B. 充分利用发动机的牵制作用
C. 充分利用驻车制动器
D. 充分利用缓速器

答案：B

2）驾驶机动车在冰雪路面怎样跟车行驶？

A. 保持较大的安全距离
B. 开启危险报警闪光灯
C. 不断变换前照灯远近光
D. 适时鸣喇叭提示前车

答案：A

3）驾驶机动车在这种冰雪路面怎样跟车行驶？

A. 保持较大的跟车距离
B. 开启危险报警闪光灯
C. 不断变换远近光灯
D. 持续鸣喇叭提示前车

答案：A

4）驾驶机动车在山区冰雪道路上遇前车正在爬坡时如何处置？

A. 前车通过后再爬坡
B. 迅速超越前车爬坡
C. 低速超越前车爬坡
D. 紧随前车后爬坡

答案：A

5）驾驶机动车在结冰的道路上怎样会车？

A. 两车临近时减速
B. 适当加速交会
C. 提前减速缓慢交会
D. 尽量靠近中线交会

答案：C

6）在这种结冰的道路上怎样会车？

A. 车辆临近时减速
B. 适当加速交会
C. 提前减速缓慢交会
D. 尽量靠近中线交会

答案：C

7）在冰雪路面上减速或停车，要怎样降低车速？

A. 充分利用行车制动器
B. 充分利用发动机的牵制作用
C. 充分利用驻车制动器
D. 充分利用缓速器

答案：B

8）在冰雪路面制动时，发现车辆偏离方向，以下做法正确的是？
    A. 连续轻踩轻放制动踏板
    B. 停止踩制动踏板
    C. 用力踩制动踏板
    D. 向相反方向修正

        答案：B

9）在山区冰雪道路上遇到这种前车正在上坡的情况如何处置？

    A. 前车通过后再上坡
    B. 迅速超越前车上坡
    C. 低速超越前车上坡
    D. 紧随前车后上坡

        答案：A

多选题

1）驾驶汽车在冰雪道路上怎样安全行车？
    A. 必要时安装防滑链
    B. 必须降低车速
    C. 开启雾灯行驶
    D. 利用发动机制动

        答案：ABD

2）在这种有车辙的冰雪路段怎样行驶？

    A. 避免紧急制动   B. 循车辙行驶
    C. 避免急转方向   D. 降低车速行驶

        答案：ABCD

3）为什么大雪天气在有雪泥的路上超车危险？
    A. 飞起的雪泥遮挡视线
    B. 遇紧急情况制动距离长
    C. 雪泥下的路面更容易打滑
    D. 雪泥可以增加轮胎的附着力

        答案：ABC

判断题

1）雪天行车中，在有车辙的路段要循车辙行驶。

        答案：√

2）冰雪路面处理情况不能使用紧急制动，但可采取急转向的方法躲避。

        答案：×

3）在雪天临时停车要开启前照灯和雾灯。

        答案：×

4）在积雪覆盖的冰雪路行车时，可根据路边树木、电杆等参照物判断行驶路线。

        答案：√

5）由于冰雪路面不能使用紧急制动，遇到突然情况可采取急转向的方法躲避。

        答案：×

6）驾驶机动车在山区冰雪道路上行驶，遇到前车正在爬坡时，后车应选择适当地点停车，等前车通过后再爬坡。

        答案：√

7）雪天行车，车轮的附着力大大减小，跟车距离不是主要的，只需要保持低速行驶便可以防止事故发生。

        答案：×

8）驾驶机动车在冰雪道路低速会车可减小横向间距。

        答案：×

9）雪天行车，由于路面湿滑，车轮附着力减小，因此应加大两车之间的安全距离。

        答案：√

10）驾驶机动车在冰雪路面发生侧滑时，要猛打方向调整。

        答案：×

11）在这种能见度的情况下起步要开启近光灯。

        答案：√

▶ 6.2.3　雾（霾）天安全驾驶

1　正确使用灯光和喇叭

    雾天对安全行车的主要影响是能见度低。雾灯在雾天放射的灯光具有更好的穿透力，更容易引起道路中其他车辆注意。雾天行车，能见度低，要正确使用灯光，开启雾灯和危险报警闪光灯。雾天在公路行车可多使用喇叭引起对向注意，听到对向车辆鸣喇叭，要鸣喇叭回应。

练习题

单选题

1）雾天对安全行车的主要影响是什么？
   A. 易发生侧滑   B. 能见度低
   C. 行驶阻力大   D. 视野变宽
   答案：B

2）机动车在雾天行驶时，要开启什么灯？
   A. 雾灯和危险报警闪光灯
   B. 雾灯和转向灯
   C. 雾灯和远光灯
   D. 雾灯和近光灯
   答案：A

3）驾驶机动车在雾天怎样跟车行驶？
   A. 保持大间距   B. 开启远光灯
   C. 开启近光灯   D. 适时鸣喇叭
   答案：A

判断题

1）驾驶机动车在雾天行车要开启雾灯。
   答案：√

2）大雾天气能见度低，开启远光灯会提高能见度。
   答案：×

3）雾天公路行车可多使用喇叭引起对向注意；听到对向机动车鸣喇叭，也要鸣喇叭回应。
   答案：√

4）驾驶机动车在大雾天临时停车后，要开启雾灯和近光灯。
   答案：×

5）驾驶机动车遇浓雾或沙尘暴时，必须打开雾灯或危险报警闪光灯。
   答案：√

6）雾天行车开启雾灯是因为雾灯放射的灯光具有更好的穿透力，更容易让道路中其他车辆驾驶员注意到自己的车辆。
   答案：√

7）浓雾中行车听到对方车辆鸣喇叭时，只要视野中看不到，可不必理会。
   答案：×

8）驾驶机动车在雾天行车可以不开启雾灯。
   答案：×

2 雾天安全行车

雾天驾驶机动车起步前，应开启前后防雾灯。在道路上通行，要减速慢行，保持安全车距。雾天跟车行驶，要降低行车速度，加大跟车间距，注意前车动态和制动灯的变化。雾天两车交会，要低速大间距。浓雾天会车，要适当降低行驶车速，靠右行驶，集中注意力驾驶。雾天行车中，玻璃上出现因雾气形成的小水珠时，及时用刮水器刮净。遇到大雾或特大雾、浓雾等能见度过低，行车困难时，开启危险报警闪光灯和雾灯，选择安全地点停车，停车后开启危险报警闪光灯。

雾天在道路中抛锚不能移动时，立即打开危险警报灯，要求车内所有人员立即下车远离事故车辆，在车后设置危险警告标志警告来往车辆，立即拨打交通事故报警电话122请求援助。

驾驶机动车遇到沙尘、冰雹、雾、雨、雪等低能见度条件时，开启前照灯、示廓灯和后位灯；遇雨、雪、雾等视线不清或路面较滑时，降低车速行驶，加大横向间距，必要时停车避让。

练习题

单选题

1）在这种气象条件下起步要注意哪方面？

   A. 开启远光灯
   B. 开启前后雾灯
   C. 只开启左转向灯
   D. 长时间鸣喇叭
   答案：B

2）在这样的雾天跟车行驶，以下说法不正确的是？

A. 加大跟车间距　　B. 注意前车动态
C. 降低行车速度　　D. 缩小跟车距离

答案：D

3）雾天驾驶机动车跟车行驶，错误的做法是什么？
A. 加大两车间的距离
B. 时刻注意前车制动灯的变化
C. 降低行车速度
D. 鸣喇叭提醒前车提高车速，避免后车追尾

答案：D

4）驾驶机动车在雾天两车交会时怎样做最安全？
A. 开启远光灯　　B. 低速、大间距
C. 开启近光灯　　D. 开启雾灯

答案：B

5）如图所示，浓雾天气中驾驶机动车两车交会，错误的做法是什么？

A. 适当降低行驶车速
B. 靠右行驶
C. 集中注意力驾驶
D. 使用远光灯，提醒对方车辆

答案：D

6）大雾天气驾驶，正确的做法是什么？
A. 可以紧急制动
B. 可以紧急制动，但是需要停到紧急停车带上
C. 不可以紧急制动，因为会造成后面的车辆追尾
D. 以上说法都不对

答案：C

7）驾驶机动车遇到大雾或特大雾等能见度过低天气时如何行驶？
A. 开启前照灯低速行驶
B. 开启雾灯低速行驶
C. 选择安全地点停车
D. 紧靠路边低速行驶

答案：C

8）遇有浓雾或特大雾天能见度过低，行车困难时，应怎样行驶？

A. 开启前照灯，继续行驶
B. 开启示廓灯、雾灯，靠右行驶
C. 开启危险报警闪光灯，继续行驶
D. 开启危险报警闪光灯和雾灯，选择安全地点停车

答案：D

9）驾驶机动车遇到沙尘、冰雹、雾、雨、雪等低能见度条件时，应该怎样行驶？
A. 开启前照灯、示廓灯和后位灯
B. 高频率鸣喇叭使其他交通参与者知道自己的位置
C. 同向跟车较近时，应使用远光灯
D. 适当提高车速，尽快到达目的地，结束行车

答案：A

多选题

1）雾天机动车在道路上通行，应怎样行驶？
A. 减速慢行　　　　B. 保持安全车距
C. 正确使用灯光　　D. 高速行驶

答案：ABC

2）驾驶机动车遇雨、雪、雾等视线不清或路面较滑时，怎样安全会车？
A. 降低车速行驶　　B. 加大横向间距
C. 应当加速行驶　　D. 必要时停车避让

答案：ABD

3）驾驶机动车雾天在道路中抛锚不能移动，应采取什么措施？
A. 在车后设置危险警告标志，警告来往车辆
B. 立即拨打交通事故报警电话122请求援助
C. 立即打开危险报警闪光灯
D. 要求车内所有人员立即下车远离事故车辆

答案：ABCD

4）雾天驾驶机动车跟车行驶，正确的做法是什么？
A. 加大两车间的距离
B. 时刻注意前车制动灯的变化
C. 降低行车速度
D. 鸣喇叭提醒前车提速，避免追尾

答案：ABC

判断题

1）驾驶机动车遇浓雾或沙尘暴时，行驶速度不要过慢，避免后方来车追尾。

答案：×

2）如图所示，雾天驾驶机动车行驶时，玻璃上

出现因雾气形成的小水珠时，及时用刮水器刮净。

答案：√

3) 如图所示，雾天驾驶机动车行驶，旁边车道无车时，可变更车道，快速超越前车。

答案：×

4) 如图所示，雾天驾驶机动车跟车行驶，应加大与前车的距离。

答案：√

5) 如图所示，在这种雾天情况下，通过交叉路口时必须鸣喇叭，加速通过，以免造成交通拥堵。

答案：×

▶ 6.2.4 大风天气安全驾驶

1 大风天安全行车

大风天气行车中，由于风速和风向往往不断地发生变化，当感到转向盘突然"被夺"，或者感到转向盘突然难以控制，或者遇到较强横风或狂风袭来感觉机动车产生横向偏移时，要双手稳握转向盘，不得采取紧急制动或急转向以恢复行驶方向。

练习题

单选题

1) 大风天气行车，由于风速和风向往往不断地发生变化，当感到转向盘突然"被夺"时，应怎么办？
A. 逆风向转动转向盘
B. 顺风向转动转向盘
C. 采取紧急制动
D. 双手稳握转向盘

答案：D

2) 大风天气行车，由于风速和风向不断地发生变化，当感到转向盘突然难以控制时，应怎么办？
A. 逆风向转动转向盘
B. 顺风向转动转向盘
C. 采取紧急制动
D. 双手稳握转向盘

答案：D

判断题

1) 大风天气行车中，如果遇到狂风袭来，感觉机动车产生横向偏移时，应急转方向以恢复行驶方向。

答案：×

2) 如果遇到较强横风，感觉机动车产生横向偏移时，要握紧转向盘并紧急制动。

答案：×

2 大风天行车注意事项

大风天行车需要注意关紧车窗，尽量避免制动，注意车辆的横向移动。大风沙尘天气行车正确的做法是关紧车窗，降低行驶速度，握稳转向盘，注意观察路面情况。

练习题

多选题

1) 大风天行车需要注意什么？
A. 关紧车窗
B. 尽量避免制动
C. 尽量减少超车
D. 注意车辆的横向移动

答案：ABD

2）大风沙尘天气行车，正确的做法是什么？

A. 降低行驶速度　　　B. 注意观察路面情况
C. 关紧车窗　　　　　D. 握稳转向盘

答案：ABCD

▶ 6.2.5　泥泞、涉水、施工道路驾驶

1　泥泞道路安全驾驶

泥泞路行车，对安全行车的影响是车轮极易空转和侧滑。遇到泥泞或翻浆路段时，要停车观察，选择平整、坚实或有车辙的路段通过。通过泥泞路前，要选用中低速挡慢速行驶，用加速踏板控制速度，匀速一次性通过，尽量避免中途换挡和使用行车制动器。通过泥泞路段，要稳握转向盘，平稳地转动方向盘，避免由快速猛转动转向盘而引起侧滑，导致行驶方向失控，发生危险。在泥泞路上制动时，车轮易发生侧滑或甩尾，导致交通事故。

车辆在泥泞路段后轮发生侧滑时，要向车尾（后轮）侧滑的方向缓转转向盘转适量修正。在泥泞路段起步或者陷住，遇驱动车轮空转打滑时，切忌急加速，可在驱动轮下铺垫砂石等，增加摩擦力。

练习题

单选题

1）在泥泞路段行车，怎样控制速度，匀速一次性通过？

A. 使用驻车制动器　　B. 踏下离合器踏板
C. 踏制动踏板　　　　D. 用加速踏板

答案：D

2）在泥泞路段行车容易出现什么现象？

A. 行驶阻力大　　　　B. 车轮侧滑
C. 机动车颠簸　　　　D. 方向失控

答案：B

3）在泥泞路段遇车后轮向右侧滑时如何处置？

A. 加速　　　　　　　B. 向右转向
C. 向左转向　　　　　D. 紧急制动

答案：B

4）在泥泞路段遇驱动车轮空转打滑时如何处置？

A. 从动轮下铺垫砂石
B. 换高速挡加速猛冲
C. 在驱动轮下铺垫砂石
D. 猛打转向盘配合急加速

答案：C

5）车辆在泥泞路上发生侧滑时，以下做法正确的是？

A. 向侧滑的另一侧转动转向盘适量修正
B. 迅速制动停车
C. 迅速制动减速
D. 向侧滑的一侧转动转向盘适量修正

答案：D

多选题

1）通过泥泞道路时，以下做法正确的是什么？

A. 避免使用行车制动
B. 提前换入低速挡
C. 停车观察前方道路
D. 尽量避免中途换挡

答案：ABCD

2）泥泞道路上行车时，正确的做法是什么？

A. 尽量避免使用行车制动器
B. 选用中低速挡慢速行驶
C. 稳握转向盘
D. 加速通过

答案：ABC

判断题

1）机动车行至泥泞或翻浆路段时，要停车观察，选择平整、坚实或有车辙的路段通过。

答案：√

2）泥泞路对安全行车的影响是车轮极易空转和侧滑。

答案：√

3）在泥泞路段行车，要平稳地转动转向盘，避免由快速转动转向盘而引起侧滑。

答案：√

4）车辆在泥泞、溜滑路面猛转方向时，易导致行驶方向失控，容易发生危险。

答案：√

5）机动车在泥泞路段后轮发生侧滑时，要将转向盘向侧滑的相反方向缓转修正。

答案：×

6）在泥泞路段行车要牢牢握住转向盘加速通过。

答案：×

7）在泥泞路行车中发生侧滑时，要向后轮侧滑的方向转动转向盘适量修正。

答案：√

8）车辆在泥泞路段起步或者陷住时，切忌选择急加速。

答案：√

9）车辆在泥泞路段发生侧滑时，要向车尾侧滑方向缓打转向盘修正。

答案：√

10）在泥泞路上制动时，车轮易发生侧滑或甩尾，导致交通事故。

答案：√

2 涉水道路安全驾驶

行车中，遇到漫水路（桥）时，要停车察明水情，确认安全后，挂低速挡保持足够动力，匀速通过。通过漫水路，应减速慢行，不要注视水流的变化，避免中途停留。通过积水路段，要减速慢行，注意避让行人或非机动车。涉水后，间断轻踏制动踏板，排干制动器摩擦片与制动盘/鼓之间的积水，以恢复制动效能。

练习题

单选题

1）驾驶人在行车中经过积水路面时，要怎样做以保证安全？

A. 特别注意减速慢行　B. 迅速加速通过

C. 保持正常车速通过　D. 低挡加速通过

答案：A

2）驾驶机动车怎样安全通过漫水桥？

A. 挂高速挡快速通过

B. 时刻观察水流的变化

C. 做好随时停车准备

D. 挂低速挡匀速通过

答案：D

3）驾驶机动车通过漫水桥，停车观察水情确认安全后，怎样通过？

A. 挂高速挡快速通过

B. 时刻观察水流的变化

C. 做好随时停车准备

D. 挂低速挡匀速通过

答案：D

4）车辆涉水后，应保持低速行驶，怎样操作制动踏板，以恢复制动效果？

A. 持续重踏　　　B. 间断重踏

C. 持续轻踏　　　D. 间断轻踏

答案：D

5）驾驶人在行车中经过积水路面时，应怎样做？

A. 减速慢行　　　B. 保持正常车速通过

C. 空挡滑行通过　D. 加速通过

答案：A

多选题

驾驶机动车遇有漫水路时，要采取的正确做法是什么？

A. 停车察明水情

B. 确认安全后，低速通过

C. 机动车涉水后，间断轻踏制动踏板

D. 机动车涉水后，持续轻踏制动踏板

答案：ABC

判断题

1）如图所示，前车通过积水路段的方式是不文明的。

答案：√

2）机动车涉水后，驾驶人要间断轻踩制动踏板，以恢复制动效能。

答案：√

3）漫水道路行车时，要挂高速挡，快速通过。

答案：×

4）驾驶机动车通过漫水路时驾驶人要注意观察水流的变化。

答案：×

5）涉水驾驶要保持车速均匀有足够的动力，避免停留。

答案：√

6）驾驶机动车通过漫水路时驾驶人要挂低速挡匀速通过。

答案：√

7）机动车涉水后，制动器的制动效果不会改变。

答案：×

3 施工道路驾驶

行经施工路段时，享有优先通行权通的车辆先行。同方向只有 1 条车道施工封闭，需借用对向车道行驶时，要减速慢行，注意礼让对向来车。发现对向来车提前占道通行时，应提前减速或停车让对方先行。跟车行驶遇道路施工时，应提前减速慢行，注意施工地点情况，小心谨慎通过，预防前方机动车由于异常情况紧急减速停车。

单选题

驾驶机动车在这种情况下怎样安全行驶？

A. 加速抢先绕过障碍物
B. 占对向车道迫使对向让道
C. 停车让对向来车优先通行
D. 鸣喇叭或开启前照灯

答案：C

多选题

在这种情况下怎样安全会车？

A. 加速绕过障碍物　　B. 向左占道行驶
C. 停车让对方先行　　D. 提前减速让行

答案：CD

判断题

1）如图所示，驾驶机动车遇到这种情况时，享有优先通行权。

答案：√

2）驾驶机动车遇到这种情况时对向机动车优先通过。

答案：√

3）驾驶机动车遇到这种情况时对向机动车优先通过。

答案：√

4）驾驶机动车遇到这种情况不要减速。

答案：×

5）如图所示，驾驶机动车路遇这种情况时，注意施工地点情况，预防前方机动车由于异常情况紧急减速停车，应提前减速慢行，小心谨慎通过。

答案：√

6）如图所示，驾驶机动车路遇右前方施工路段，应提前减速慢行。

答案：√

6.2.6 通过铁路道口

1 通过无人看守的铁路道口

通过无人看守的铁路道口，要做到"一停、二看、三通过"。

通过有交通信号控制的铁路道口，在道口外提前减速、减挡，按照信号灯的指示低速通行，不得在路口内变换挡位。

练习题

单选题

1) 驾驶机动车怎样通过这个铁路道口？

　　A. 换入空挡，滑行通过
　　B. 一停、二看、三通过
　　C. 加速、观察、快通过
　　D. 减速、观察、慢通过

答案：B

2) 驾驶车辆驶入铁道口前减速降挡，进入道口后应怎样做？
　　A. 不能变换挡位　　B. 可以变换挡位
　　C. 可换为高挡　　　D. 停车观察

答案：A

判断题

1) 驾驶机动车不能快速通过这种情况的铁路道口。

答案：√

2) 车辆通过铁道路口时，应用低速挡安全通过，中途不得换挡，以避免发动机熄火。

答案：√

2 通过有人看守的铁路道口

通过有人看守的铁路道口，要注意减速慢行。看到铁路道口横杆开始下落时，要及时将

车停在停止线以外，不得加速抢行。通过铁路道口时，不得超车。

练习题

单选题

驾驶机动车怎样安全通过铁路道口？

　　A. 换空挡，利用惯性通过
　　B. 进入道口后换低速挡
　　C. 进入道口前减速减挡
　　D. 道口内停车左右观察

答案：C

判断题

1) 驾驶机动车通过这个铁路道口时要减速停车。

答案：√

2) 驾驶机动车在这种情况下不能超车。

答案：√

3) 通过铁路道口时，不得超车。

答案：√

6.3 紧急情况应急处置知识

6.3.1 紧急情况临危处置

1 紧急情况临危处置原则

紧急情况下避险处置始终要把人的生命安全放到第一位。驾驶大型货车遇紧急情况避险时，要沉着冷静，坚持先避人、后避物的处理

原则。在高速公路或其他道路高速行驶，遇到紧急情况避险时，要坚持采取制动减速，不急转向的原则，不要轻易急转向避让，以降低碰撞损坏程度。

练习题

单选题

1) 遇紧急情况避险时，要沉着冷静，坚持什么样的处理原则？
   A. 先避人、后避物　　B. 先避物、后避车
   C. 先避车、后避人　　D. 先避物、后避人
   答案：A

2) 在高速公路上遇到紧急情况避险时需注意什么？
   A. 采取制动措施减速
   B. 向左侧转向避让
   C. 迅速转动转向盘躲避
   D. 向右侧转向避让
   答案：A

判断题

1) 紧急情况下避险始终要把人的生命安全放到第一位。
   答案：√

2) 车速较高，前方发生紧急情况时，要先转方向避让，再采取制动减速，以减小碰撞损坏程度。
   答案：×

3) 高速公路上遇到紧急情况时不要轻易急转向避让。
   答案：√

2 轮胎漏气应急处置

轮胎漏气会造成轮胎气压过低时，高速行驶轮胎会出现波浪变形温度升高而导致爆胎。汽车各轮胎气压不一致时，容易造成油耗增大、操纵失控、加剧轮胎磨损或爆胎。行车中，发现轮胎漏气，要尽快将车驶离主车道时，缓慢制动减速，不要采用紧急制动，以免造成翻车或后车采取制动不及时导致追尾事故。

练习题

单选题

1) 轮胎气压过低时，高速行驶可能导致什么结果？
   A. 气压不稳　　　　　B. 气压增高

C. 行驶阻力减小　　　D. 爆胎
   答案：D

2) 行车中发现左侧轮胎漏气时怎样处置？
   A. 慢慢制动减速　　　B. 迅速制动减速
   C. 迅速向右转向　　　D. 采取紧急制动
   答案：A

3) 行车中发现右侧轮胎漏气时怎样处置？
   A. 迅速制动减速　　　B. 慢慢制动减速
   C. 迅速向左转向　　　D. 采取紧急制动
   答案：B

4) 轮胎气压过低时，高速行驶轮胎会出现波浪变形温度升高而导致什么情况发生？
   A. 气压不稳　　　　　B. 气压更低
   C. 行驶阻力增大　　　D. 爆胎
   答案：D

多选题

汽车各轮胎气压不一致时，容易造成的后果是什么？
   A. 爆胎
   B. 汽车行驶油耗增大
   C. 操纵失控
   D. 加剧轮胎磨损
   答案：ABCD

判断题

驾驶人发现轮胎漏气，将机动车驶离主车道时，不要采用紧急制动，以免造成翻车或后车采取制动不及时导致追尾事故。
   答案：√

3 突然爆胎应急处置

轮胎气压过高或过低、磨损严重、尖锐物体刺伤轮胎、车辆超载超员都能够引起或导致轮胎爆裂。避免爆胎的正确做法是定期检查轮胎，及时清理轮胎沟槽内的异物，及时更换有裂纹或损伤的轮胎，不要采用降低轮胎气压来避免爆胎的错误做法。汽车专用备胎只能用于应急临时使用，不可作为正常轮胎长期使用。

行车中，意识到爆胎时，要双手紧握转向盘，松开加速踏板，尽力控制车辆直线行驶的情况下，轻踏制动踏板，尽量采用抢挂低速档的方法，利用发动机制动缓慢减速停车，切忌慌乱中急踏制动踏板紧急停车。在尚未控制住车速前，不要冒险使用行车制动器停车，以避

免车辆横甩发生更大的险情。后轮爆胎，注意控制行驶方向并慢慢减速停车；前轮爆胎，要在控制住行驶方向后，采取抢挂低速挡的措施减速停车。

单选题

1）后轮胎爆裂时，驾驶人要如何处置？
A. 迅速转动转向盘调整
B. 控制行驶方向并慢慢减速
C. 迅速向相反方向转动转向盘
D. 迅速采取制动措施
答案：B

2）前轮爆胎时，驾驶人控制住行驶方向后，要采取什么措施减速停车？
A. 抢挂高速挡　　　B. 抢挂低速挡
C. 抢挂空挡　　　　D. 紧急制动
答案：B

3）行车中轮胎突然爆裂时的错误做法是什么？
A. 保持镇静，缓抬加速踏板
B. 紧握转向盘，控制机动车直线行驶
C. 采取紧急制动，在最短的时间内停车
D. 待车速降低后，再轻踏制动踏板
答案：C

4）行车中轮胎突然爆裂时的应急措施是什么？
A. 迅速制动减速
B. 紧握转向盘，尽快平稳停车
C. 迅速转动转向盘调整方向
D. 低速行驶，寻找换轮胎地点
答案：B

5）避免爆胎的错误做法是什么？
A. 降低轮胎气压
B. 定期检查轮胎
C. 及时清理轮胎沟槽里的异物
D. 更换有裂纹或有很深损伤的轮胎
答案：A

6）如果轮胎胎侧顺线出现裂口，以下做法正确的是什么？
A. 放气减压　　　　B. 及时换胎
C. 给轮胎充气　　　D. 不用更换
答案：B

多选题

1）机动车避免爆胎的正确做法是什么？
A. 降低轮胎气压
B. 定期检查轮胎
C. 及时清理轮胎沟槽内的异物
D. 更换有裂纹或损伤的轮胎
答案：BCD

2）以下哪些能够引起轮胎爆裂？
A. 轮胎磨损严重　　B. 轮胎气压过高
C. 尖锐物体刺伤轮胎　D. 车辆超载超员
答案：ABCD

判断题

1）行车中当机动车突然爆胎时，驾驶人切忌慌乱中急踏制动踏板，尽量采用抢挂低速挡的方法，利用发动机制动使机动车减速。
答案：√

2）行车中当突然爆胎时，驾驶人要双手紧握转向盘，尽力控制机动车直线行驶。
答案：√

3）汽车的专用备胎可作为正常轮胎长期使用。
答案：×

4）轮胎气压过高或过低都容易导致爆胎。
答案：√

5）避免机动车爆胎的正确做法是降低轮胎气压。
答案：×

6）驾驶人行车中意识到爆胎时，要轻踏制动踏板，缓慢减速停车。
答案：√

7）行车中遇突然爆胎时，驾驶人要急踏制动踏板减速停车。
答案：×

8）机动车发生爆胎后，驾驶人在尚未控制住车速前，不要冒险使用行车制动器停车，以避免机动车横甩发生更大的险情。
答案：√

9）行车中当驾驶人意识到机动车爆胎时，应在控制住方向的情况下采取紧急制动，迫使机动车迅速停住。
答案：×

4 转向突然失控应急处置

驾驶大型货车出现转向失控时，若前方道路条件能够保持直线行驶，要开启危险报警闪光灯，采用抢挂低速挡方法控制车速，并合理使用行车制动和驻车制动，避免紧急制动。在转向失控的情况下紧急制动，很容易造成翻车。在高速公路行驶，如果发生转向失灵，不能紧急制动。

当转向失控行驶方向偏离，事故已经不可避免时，应果断地连续踩踏、放松制动踏板或采取紧急制动，尽快减速停车，尽量缩短停车距离，减轻撞车力度。驾驶装有转向助力装置的机动车突然发现转向困难，操作费力时，要及时停车查明原因，不得继续行驶。

练习题

单选题

1）当机动车转向失控行驶方向偏离，事故已经无可避免时，要采取什么措施？
　　A. 紧急制动
　　B. 迅速转向进行调整
　　C. 迅速向无障碍一侧转向躲避
　　D. 迅速向有障碍一侧转向躲避
　　　　　　　　　　　　答案：A

2）驾驶装有动力转向的机动车发现转向困难怎样处置？
　　A. 停车查明原因
　　B. 控制转向缓慢行驶
　　C. 降低车速行驶
　　D. 保持机动车直线行驶
　　　　　　　　　　　　答案：A

3）行车中遇到转向失控，行驶方向偏离时怎样处置？
　　A. 迅速转向调整
　　B. 尽快减速停车
　　C. 向无障碍一侧躲避
　　D. 向有障碍一侧躲避
　　　　　　　　　　　　答案：B

4）转向失控后，若机动车偏离直线行驶方向，应怎样使机动车尽快减速停车？
　　A. 轻踏制动踏板
　　B. 拉紧驻车制动器操纵杆
　　C. 迅速抢挡减速
　　D. 果断地连续踩踏、放松制动踏板
　　　　　　　　　　　　答案：D

多选题

机动车高速行驶中出现转向失控时，驾驶人要如何处置？
　　A. 紧急制动
　　B. 抢挂低速挡
　　C. 合理使用行车制动和驻车制动，避免紧急制动
　　D. 开启危险报警闪光灯
　　　　　　　　　　　　答案：BCD

判断题

1）装有转向助力装置的机动车，驾驶人突然发现转向困难，操作费力，要紧握转向盘保持低速行驶。
　　　　　　　　　　　　答案：×

2）高速行驶的机动车，在转向失控的情况下紧急制动，不会造成翻车。
　　　　　　　　　　　　答案：×

3）机动车转向突然失控后，若前方道路条件能够保持直线行驶，不要紧急制动。
　　　　　　　　　　　　答案：√

4）高速行驶的机动车，在转向失控的情况下紧急制动，很容易造成翻车。
　　　　　　　　　　　　答案：√

5）当机动车已偏离直线行驶方向，事故已经不可避免时，应果断地连续踏制动踏板，尽量缩短停车距离，减轻撞车力度。
　　　　　　　　　　　　答案：√

6）驾驶机动车在高速公路行驶，如果发生转向失灵，不能紧急制动。
　　　　　　　　　　　　答案：√

5 制动突然失效应急处置

机动车在行驶中突遇制动失灵时，驾驶人要握稳转向盘，开启危险报警闪光灯，抢挂低速挡减速，同时使用驻车制动器辅助减速。

机动车在行驶中出现制动失效后，要首先控制方向，再设法控制车速。下坡路行驶，制动突然失效后，可利用道路边专设避险车道减速停车，停车后，拉紧驻车制动器，以防溜动发生二次险情。在不得已的情况下，可将车向上坡道方向行驶或用车身侧面擦撞山坡、靠向路旁的岩石或树木碰擦，迫使机动车减速停车。

有效预防机动车发生制动失效的措施是定期维护制动系统，行车前检查制动踏板的自由行程，正确使用制动，防止热衰退。采用液压制动的机动车，行车前检查制动液是否有滴漏。

练习题

单选题

1）高速行车中行车制动突然失灵时，驾驶人要如何制动？
　　A. 连续踩踏制动踏板
　　B. 抢挂低速挡减速后，使用驻车制动
　　C. 迅速踏下离合器踏板

D. 迅速拉紧驻车制动器操纵杆

答案：B

2）下坡路行车中制动突然失效怎样处置？

A. 可利用避险车道减速停车

B. 越二级挡位减挡

C. 挂倒挡迫使停车

D. 拉紧驻车制动器减速

答案：A

3）下坡路制动突然失效后，不可采用的办法是什么？

A. 将机动车向上坡道方向行驶

B. 用车身靠向路旁的岩石或树林碰擦

C. 利用道路边专设的避险车道停车

D. 拉紧驻车制动器操纵杆或越二级挡位减挡

答案：D

多选题

1）有效预防机动车发生制动失效的措施是什么？

A. 定期维护制动系统

B. 行车前检查制动踏板的自由行程

C. 正确使用制动，防止热衰退

D. 采用液压制动的机动车，行车前检查制动液是否有滴漏

答案：ABCD

2）机动车在行驶中突遇制动失灵时，驾驶人要采取什么措施？

A. 握稳方向

B. 抢挂低速挡减速

C. 使用驻车制动器减速

D. 开启危险报警闪光灯

答案：ABCD

3）下坡路行驶，制动突然失效后，可采用的减速方法是什么？

A. 利用道路边专设避险车道减速停车

B. 车身靠向路旁的岩石或树木碰擦

C. 首先拉紧驻车制动

D. 抢挂低速挡

答案：ABD

4）驾驶机动车在下坡行驶过程中行车制动器失效，以下做法正确的是什么？

A. 驶入紧急避险车道

B. 使用发动机制动

C. 使用驻车制动器制动

D. 必要时，可用车体刮擦路边障碍物减速

答案：ABCD

判断题

1）下坡路制动失效后，在不得已的情况下，可用

车身侧面擦撞山坡，迫使机动车减速停车。

答案：√

2）下坡路制动失效后，要迅速逐级或越一级减挡，利用发动机制动作用控制车速。

答案：√

3）出现制动失效后，要首先控制方向，再设法控制车速。

答案：√

4）下坡路制动失效后，驾驶人应立即寻找并冲入紧急避险车道；停车后，拉紧驻车制动器，以防溜动发生二次险情。

答案：√

5）下坡路制动失效后，若无可利用的地形和时机，应迅速逐级或越一级减挡，利用发动机制动作用控制车速。

答案：√

6　发动机突然熄火应急处置

驾驶大型货车行车中，出现发动机突然熄火后不能起动时，要立即开启危险报警闪光灯，缓慢减速，将车移到不妨碍交通的地方停车，并放置故障车警告标志，检查熄火原因。

练习题

单选题

行车中发动机突然熄火怎样处置？

A. 紧急制动停车　　B. 缓慢减速停车

C. 挂空挡滑行　　　D. 关闭点火开关

答案：B

多选题

行车中发动机突然熄火后，要采取什么措施？

A. 立即停车检修

B. 立即开启危险报警闪光灯

C. 将机动车移到不妨碍交通的地点停车

D. 放置故障车警告标志

答案：BCD

判断题

1）行车途中发动机突然熄火，不能继续起动时要采取紧急制动措施，迫使机动车迅速停住。

答案：×

2）行车中发动机突然熄火后不能起动时，及时靠边停车检查熄火原因。

答案：√

7 车辆侧滑应急处置

驾驶大型货车在冰雪路面上制动，车轮最容易抱死，前车轮抱死会出现丧失转向能力，后车轮抱死会出现侧滑甩尾，弯时速度过快容易发生侧滑。驾驶未安装防抱死制动系统（ABS）的大型货车在冰雪路面使用制动时，要轻踏或间歇踩踏制动踏板，发生侧滑时，不要猛打转向盘调整。前轮侧滑向侧滑相反方向转动转向盘进行调整，后轮侧滑向侧滑方向转动转向盘进行调整。

练习题

单选题

1）驾驶未安装防抱死制动系统（ABS）的机动车在冰雪路面怎样使用制动？
  A. 轻踏或间歇踩踏制动踏板
  B. 与其他路面一样踏制动踏板
  C. 重踏制动踏板
  D. 猛踏制动踏板

答案：A

2）机动车在什么样的路面上制动时车轮最容易抱死？
  A. 混凝土路 B. 土路
  C. 冰雪路面 D. 沙土路

答案：C

多选题

机动车发生侧滑时要如何调整方向？
  A. 前轮侧滑，向侧滑方向转动转向盘
  B. 前轮侧滑，向侧滑相反方向转动转向盘
  C. 后轮侧滑，向侧滑方向转动转向盘
  D. 后轮侧滑，向侧滑相反方向转动转向盘

答案：BC

判断题

1）制动时前车轮抱死会出现丧失转向能力的情况。
答案：√

2）制动时后车轮抱死可能会出侧滑甩尾的情况。
答案：√

3）机动车在行驶中，遇雨雪天气向右侧滑时，要向左打方向，使其稳定。
答案：×

4）机动车转弯时速度过快，容易发生侧滑。
答案：√

5）驾驶机动车在冰雪路面发生侧滑时，要猛打

方向调整。

答案：×

8 车辆碰撞、连续倾翻应急处置

驾驶大型货车在车速较高可能与前方机动车发生碰撞时，驾驶人要采取先制动减速，后转向避让的措施。与其他机动车发生正面碰撞已不可避免时，应迅速采取紧急制动，减轻碰撞力度。发生撞击的位置不在驾驶人一侧或撞击力量较小时，要紧握转向盘，两腿向前蹬，身体向后紧靠座椅，不得从一侧跳车。与对向来车发生正面碰撞且碰撞位置在驾驶人正前方时，要迅速躲离转向盘，往副驾驶座位躲避，并迅速将两腿抬起，避免身体受到挤压。机动车突然发生倾翻时，驾驶人要双手紧握转向盘，双脚勾住踏板，背部紧靠椅背。

练习题

单选题

1）在车速较高可能与前方机动车发生碰撞时，驾驶人要采取什么措施？
  A. 先制动减速，后转向避让
  B. 急转方向，向左避让
  C. 急打方向，向右避让
  D. 先转向避让，后制动减速

答案：A

2）机动车发生撞击的位置不在驾驶人一侧或撞击力量较小时，驾驶人错误的做法是什么？
  A. 紧握转向盘 B. 两腿向前蹬
  C. 从一侧跳车 D. 身体向后紧靠座椅

答案：C

3）行车中与其他机动车发生正面碰撞已不可避免时怎样处置？
  A. 变正面碰撞为侧面碰撞
  B. 向右急转转向盘躲避
  C. 迅速采取紧急制动
  D. 向左急转转向盘躲避

答案：C

多选题

1）与对向来车发生正面碰撞且碰撞位置在驾驶人正前方时，驾驶人正确的应急驾驶姿势是什么？
  A. 迅速躲离转向盘 B. 往副驾驶座位躲避

C. 迅速将两腿抬起 D. 两腿蹬直

答案：ABC

2）驾驶机动车突然发生倾翻时，以下做法正确的是什么？

A. 迅速跳车逃生 B. 双手紧握转向盘

C. 双脚勾住踏板 D. 背部紧靠椅背

答案：BCD

9 车辆落水应急处置

驾驶大型货车不慎意外落水后，要等到水快浸满驾驶室时，再设法开启车门或摇下车窗玻璃逃生。车门无法开启时，可选择敲碎侧窗玻璃的自救方法逃生。不可用迅速关闭车窗阻挡车内进水，短暂闭绝空气，打电话告知救援人员失事地点的方法等待救援。

练习题

单选题

机动车不慎落水，车门无法开启时，可选择的自救方法是什么？

A. 敲碎侧窗玻璃 B. 关闭车窗

C. 打电话求救 D. 用工具撬开车门

答案：A

判断题

1）机动车落水后，要迅速关闭车窗阻挡车内进水，短暂闭绝空气，可打电话告知救援人员失事地点，等待救援。

答案：×

2）机动车落水后要等到水快浸满车厢时，再设法开启车门或摇下车窗玻璃逃生。

答案：√

10 发生火灾、爆炸等情况的应急处置

机动车意外发生火灾时，要尽量将车驶离加油站、高压电线等易燃易爆的地段，设法将车停在远离城镇、建筑物、树木、机动车及易燃物的空旷地带，并及时把事故情况和地点通报给救援机构，不得将机动车驶进服务区或停车场灭火。

遇车辆出现燃烧现象，应迅速离开车内，以免对呼吸道造成伤害或发生窒息。发动机着火时，要迅速关闭发动机，用灭火器或覆盖法灭火，尽量不开启发动机舱盖，从车身通气孔、散热器及车底侧进行灭火。燃油、电器着火时，可用车载灭火器、路边沙土、浸湿的厚布、棉衣、工作服进行灭火，不能用水灭火。救火前，要脱去所穿的化纤服装，注意保护裸露的皮肤，以免伤害暴露的皮肤。救火时，要站在上风处，瞄准火源灭火，不要张嘴呼吸或高声呐喊，以免烟火灼伤上呼吸道。

练习题

单选题

1）机动车燃油着火时，不能用于灭火的是什么？

A. 路边沙土 B. 棉衣

C. 工作服 D. 水

答案：D

2）发动机着火后首先怎样处置？

A. 迅速关闭发动机 B. 用水进行灭火

C. 开启发动机舱盖灭火 D. 站在下风处灭火

答案：A

3）怎样正确使用灭火器灭火？

A. 人要站在下风处 B. 灭火器瞄准火源

C. 尽量接近火源 D. 灭火器瞄准火苗

答案：B

4）驾驶机动车行驶过程中发动机着火，以下做法错误的是什么？

A. 迅速关闭发动机 B. 用覆盖法灭火

C. 开启发动机舱盖灭火 D. 用灭火器灭火

答案：C

5）驾驶机动车时，为了预防行车中突然起火造成的危险，应随车携带以下哪项物品？

A. 安全帽 B. 灭火器 C. 安全锤 D. 冷冻液

答案：B

多选题

机动车行驶时突然发生自燃，驾驶人采取的以下紧急避险措施中，正确做法是什么？

A. 用清水喷洒扑灭

B. 及时报警

C. 使用车内备用的灭火器灭火

D. 在来车方向设置警告标志

答案：BCD

判断题

1）机动车发生火灾时，要设法将机动车停在远离城镇、建筑物、树木、机动车及易燃物的

空旷地带。

答案：√

2) 驾驶机动车起火时，要设法将机动车停在远离城镇、建筑物、树木、机动车及易燃物的空旷地带，并及时把事故情况和地点通报给救援机构。

答案：√

3) 发动机着火时，要迅速关闭发动机，开启发动机舱盖进行灭火。

答案：×

4) 机动车电器、汽油着火后可用水来熄灭。

答案：×

5) 救火时不要脱去所穿的化纤服装，以免伤害暴露的皮肤。

答案：×

6) 救火时不要张嘴呼吸或高声呐喊，以免烟火灼伤上呼吸道。

答案：√

7) 机动车遇车辆出现燃烧现象，应迅速离开车内，以免对呼吸道造成伤害或发生窒息。

答案：√

8) 高速公路行车发生火灾时，要将机动车驶进服务区或停车场灭火。

答案：×

▶ 6.3.2 高速公路行车紧急避险

1 高速公路紧急情况避险

高速公路行车紧急情况避险的处理原则是先避人、后避物，先减速、后转向，遇到紧急情况时不要轻易急转向避让。车辆发生故障或者交通事故，无法正常行驶时，必须由救援车、清障车拖曳、牵引，不得由同行机动车拖曳、牵引。

在高速公路上遇分流交通管制时，应在交通警察的指挥下有序行驶。

机动车在高速公路上发生交通事故后，要尽快疏散人员，开启危险报警闪光灯，正确放置危险警告标志。驾驶货车遇非常情况或者发生事故时，要力所能及地将损失降到最低限度，决不能因紧急避险造成二次事故或更大的损失。

练习题

单选题

1) 高速公路行车紧急情况避险的处理原则是什么？

A. 先避车、后避物　　B. 先避人、后避物
C. 先避车、后避人　　D. 先避物、后避人

答案：B

2) 在高速公路上遇到紧急情况避险时需要注意什么？
A. 采取制动措施减速
B. 向左侧转向避让
C. 迅速转动转向盘躲避
D. 向右侧转向避让

答案：A

多选题

发生交通事故后，防止二次事故的有效措施是什么？
A. 疏散人员
B. 开启危险报警闪光灯
C. 标记伤员的原始位置
D. 正确放置危险警告标志

答案：ABD

判断题

1) 在高速公路上遇到紧急情况时不要轻易急转向避让。

答案：√

2) 驾驶机动车在高速公路行驶过程中，发现前方有动物突然横穿时，可以采取急转向的方式避让。

答案：×

3) 驾驶货车遇非常情况或者发生事故时，要力所能及地将损失降到最低限度，决不能因紧急避险造成二次事故或更大的损失。

答案：√

4) 机动车在高速公路上发生故障或者交通事故，无法正常行驶的，可由同行机动车拖曳、牵引。

答案：×

5) 在高速公路上遇到紧急情况时，要迅速急转动转向盘避让。

答案：×

6) 在高速公路上遇分流交通管制时，可就地靠边停靠等待管制结束后继续行驶。

答案：×

2 发生"水滑"的处置

驾驶大型货车雨天在高速公路行车，为了避免发生"水滑"现象而造成方向失控，要降低车速行驶。雨天一旦发生"水滑"现象时，

双手握稳转向盘，缓抬加速踏板减速，逐渐降低车速，避免车辆发生侧滑。

 练习题

单选题

1）雨天机动车在高速公路行驶发生"水滑"现象时怎样处置？
    A. 急踏制动踏板减速
    B. 缓抬加速踏板减速
    C. 迅速转向进行调整
    D. 提速增大车轮排水量

答案：B

2）大雨天在高速公路行车时，怎样避免发生"水滑"现象？
    A. 安装防滑装置　　B. 提高车速行驶
    C. 降低车速行驶　　D. 断续使用制动

答案：C

多选题

驾驶机动车在高速公路行驶，雨天发生"水滑"现象时，正确的做法是什么？
    A. 双手握稳转向盘　　B. 迅速转向调整
    C. 逐渐降低车速　　　D. 急踏制动踏板减速

答案：AC

判断题

雨天在高速公路行车，为避免发生"水滑"现象而造成方向失控，要降低车速。

答案：√

3 雾（霾）天遇到事故的处置

驾驶大型货车大雾天在高速公路遇事故不能继续行驶时，应开启危险报警闪光灯和雾灯，车上人员尽快离开机动车，站到防护栏以外安全的地方，沿高速公路应急车道走到车后150米以外设置警告标志。

 练习题

单选题

1）大雾天在高速公路遇事故不能继续行驶时怎样处置？
    A. 车上人员要迅速从左侧车门离开
    B. 在来车方向100米处设置警告标志
    C. 开启危险报警闪光灯和远光灯
    D. 车上人员站到护栏以外安全的地方

答案：D

2）大雾天在高速公路遇事故不能继续行驶时，

危险的做法是什么？
    A. 尽快离开机动车
    B. 尽量站到防护栏以外
    C. 开启危险报警闪光灯和雾灯
    D. 沿行车道到车后设置警告标志

答案：D

判断题

雾天在高速公路上发生事故后，车上人员不要随便下车行走。

答案：×

4 高速公路爆胎的处置

机动车在高速行驶中，突然爆胎时，采取的安全措施是牢牢地握住转向盘保持车辆直行，松开加速踏板，轻踩制动踏板减速停车。车辆左前轮突然爆胎，行驶方向易发生变化，紧急制动容易引起侧翻。因此，驾驶人须第一时间紧握转向盘，然后轻踏制动踏板进行减速，并将车停靠在紧急停车带上。

 练习题

多选题

1）驾驶员在高速公路上行驶时，车辆左前轮突然爆胎，须第一时间紧握转向盘，然后轻踏制动踏板进行减速，并将车停靠在紧急停车带上。这样做的原因是什么？
    A. 爆胎后，车辆行驶方向易发生变化，须紧握转向盘
    B. 爆胎后，车辆自身开始减速，所以只需轻踏制动踏板
    C. 爆胎后，紧急制动容易引起侧翻
    D. 轻踏制动踏板进行减速是为了保护轮胎

答案：AC

2）机动车在高速行驶中，突然爆胎要采取的安全措施是什么？
    A. 紧急制动，靠边停车
    B. 牢牢地握住转向盘，保持直行
    C. 立即松开加速踏板
    D. 轻踩制动踏板

答案：BCD

5 意外碰撞护拦的处置

驾驶机动车在高速公路行车意外碰撞护拦时，要稳住方向，迅速向碰撞一侧转向，在采取制动措施的同时用挤压波形护拦的方法迫使车辆减速、停车，切忌向相反方向大幅度转向

或左右猛转转向盘。

练习题

单选题

在高速公路驾驶机动车意外碰撞护栏时采取什么保护措施？
A. 适量修正转向盘
B. 迅速向相反方向转向
C. 迅速采取紧急制动
D. 迅速向碰撞一侧转向

答案：D

判断题

1）机动车在高速公路意外撞击护栏时，有效的保护措施是向相反方向大幅度转向。

答案：×

2）机动车在高速公路意外撞击护栏时，要稳住方向，适当修正，切忌猛转转向盘。

答案：√

3）驾驶机动车在高速公路意外碰撞护栏时，应迅速向相反方向转向修正。

答案：×

6 遇到横风的处置

驾驶大型货车驶出高速公路隧道出口或山涧口，如遇横风明显出现方向偏移的情况时，要握稳转向盘，预防出口或山涧口处的强横向风影响行驶路线。通过高速公路跨江、河、海大桥，遇到江、河、海面的横风，要控制好行驶方向，应紧握方向盘，减速行驶。

练习题

单选题

机动车驶出高速公路隧道出口时，如遇横风会明显出现什么情况？
A. 减速感　B. 加速感　C. 压力感　D. 方向偏移
答案：D

判断题

1）驾驶机动车到达隧道出口时要握稳转向盘，预防出口处的强横向风。

答案：√

2）遇到这种跨江、河、海大桥时，可能会遇到横风，要控制好方向。

答案：√

3）驾驶机动车在高速公路行驶遇到横风时，应紧握方向盘，减速行驶。

答案：√

7 紧急情况停车的处置

驾驶大型货车在高速公路上发生故障必须停车检查时，要选择在应急车道或路肩停车，开启危险报警闪光灯，在车后150米意外设置故障警告标志，夜间还要开启示廓灯和后位灯。

练习题

多选题

机动车因故障必须在高速公路上停车时，应采取的正确做法是什么？
A. 在车后150米处设置故障警告标志
B. 在车后100米处设置故障警告标志
C. 夜间要开启示廓灯和后位灯
D. 要开启危险报警闪光灯

答案：ACD

判断题

驾驶机动车在高速公路行驶，遇意外情况需紧急停车时，可在行车道上直接停车。

答案：×

6.3.3　交通事故处置常识

1 事故处置原则

行车中，遇有前方发生交通事故，需要帮助时，协助保护现场，并立即报警。遇交通事故受伤者需要抢救时，应及时将伤者送医院抢救或拨打急救电话。

驾驶机动车发生交通事故后，应注意是否有燃油泄漏、管路破裂的情况，避免意外情况出现。在事故现场抢救伤员的基本要求是先救命，后治伤。受伤者在车内无法自行下车时，可设法将其从车内移出，尽量避免二次受伤。遇伤者被压于车轮或货物下时，要设法移动车辆货物，不得拉拽伤者的肢体将其拖出。

 练习题

单选题

1）在事故现场抢救伤员的基本要求是什么？
 A. 先治伤，后救命　　B. 先救命，后治伤
 C. 先帮助轻伤员　　　D. 后救助重伤员
　　　　　　　　　　　　　　　答案：B

2）行车中遇有前方发生交通事故，需要帮助时，应怎样处置？
 A. 尽量绕道躲避
 B. 立即报警，停车观望
 C. 协助保护现场，并立即报警
 D. 加速通过，不予理睬
　　　　　　　　　　　　　　　答案：C

3）行车中遇交通事故受伤者需要抢救时，应怎样处置？
 A. 及时将伤者送医院抢救或拨打急救电话
 B. 尽量避开，少惹麻烦
 C. 绕过现场行驶
 D. 借故避开现场
　　　　　　　　　　　　　　　答案：A

判断题

1）驾驶机动车发生交通事故后，应注意是否有燃油泄漏、管路破裂的情况，避免意外情况出现。
　　　　　　　　　　　　　　　答案：√

2）遇伤者被压于车轮或货物下时，要立即拉拽伤者的肢体将其拖出。
　　　　　　　　　　　　　　　答案：×

3）受伤者在车内无法自行下车时，可设法将其从车内移出，尽量避免二次受伤。
　　　　　　　　　　　　　　　答案：√

4）遇到道路交通事故，过往车辆驾驶人应当予以协助。
　　　　　　　　　　　　　　　答案：√

2　昏迷不醒的伤员急救

　　抢救昏迷失去知觉的伤员，要在抢救前先检查呼吸，再进行具体施救。搬运昏迷失去知觉的伤员要采取侧卧位。

 练习题

单选题

　　抢救昏迷失去知觉的伤员需注意什么？

 A. 马上实施心肺复苏
 B. 使劲掐伤员的人中
 C. 连续拍打伤员面部
 D. 抢救前先检查呼吸
　　　　　　　　　　　　　　　答案：D

判断题

1）搬运昏迷失去知觉的伤员要采取仰卧位。
　　　　　　　　　　　　　　　答案：×

2）抢救昏迷失去知觉的伤员要在抢救前先检查呼吸。
　　　　　　　　　　　　　　　答案：√

3　失血伤员的急救

　　抢救失血伤员时，要先采取止血措施。采用指压止血法为动脉出血伤员止血时，拇指压住伤口的近心端动脉位置。止血可使用绷带、三角巾和止血带包扎，在没有绷带急救伤员的情况下，可用毛巾、手帕、床单、棉质衣服、长筒尼龙袜等代替绷带包扎，不能用麻绳或细绳缠绕包扎，救助失血过多出现休克的伤员要采取保暖措施。

 练习题

单选题

1）抢救失血伤员时，要先采取什么措施？
 A. 观察　　B. 包扎　　C. 止血　　D. 询问
　　　　　　　　　　　　　　　答案：C

2）在没有绷带急救伤员的情况下，以下救护行为中错误的是什么？
 A. 用手帕包扎　　　　B. 用毛巾包扎
 C. 用棉质衣服包扎　　D. 用细绳缠绕包扎
　　　　　　　　　　　　　　　答案：D

3）采用指压止血法为动脉出血伤员止血时，拇指压住伤口的什么位置？
 A. 近心端动脉　　　　B. 血管下方动脉
 C. 远心端动脉　　　　D. 血管中部
　　　　　　　　　　　　　　　答案：A

4）包扎止血不能用的物品是什么？
 A. 绷带　　　　　　　B. 三角巾
 C. 止血带　　　　　　D. 麻绳
　　　　　　　　　　　　　　　答案：D

判断题

1）在没有绷带急救伤员的情况下，可用毛巾、手帕、床单、长筒尼龙袜等代替绷带包扎。
　　　　　　　　　　　　　　　答案：√

2）在紧急情况下为伤员止血时，须先用压迫法止血后再根据出血情况改用其他止血法。

答案：×

3）救助失血过多出现休克的伤员要采取保暖措施。

答案：√

4 烧伤伤员的急救

救助全身燃烧伤员，可采取向身上喷冷水灭火的方法。烧伤伤员口渴时，可喝少量的淡盐水。

练习题

单选题

救助全身燃烧伤员采取哪种应急措施？
A. 用沙土覆盖火焰灭火
B. 向身上喷冷水灭火
C. 用灭火器进行灭火
D. 帮助脱掉燃烧的衣服

答案：B

判断题

1）烧伤伤员口渴时，可喝少量的淡盐水。

答案：√

2）烧伤伤员口渴时，只能喝白开水。

答案：×

3）救助全身燃烧伤员可以采取向身上喷冷水灭火的措施。

答案：√

5 中毒伤员的急救

救助有害气体中毒伤员，要在第一时间将伤员将中毒人员移出毒区，移送到新鲜空气的地方，脱去接触有毒空气的衣服，用清水清洗暴露部位，防止伤员继续中毒。救助中毒伤员时，非专业人员不得对实施保暖、人工呼吸、胸外心脏按压等直接接触方法进行救护。

练习题

单选题

1）救助有害气体中毒伤员，首先采取的措施是什么？
A. 采取保暖措施
B. 将伤员移到有新鲜空气的地方
C. 进行人工呼吸
D. 进行胸外心脏按压

答案：B

2）交通事故中急救中毒伤员，以下做法错误的

是什么？
A. 尽快将中毒人员移出毒区
B. 脱去接触有毒空气的衣服
C. 用清水清洗暴露部位
D. 原地等待救援

答案：D

判断题

1）为防止有害气体中毒伤员继续中毒，首先将伤员转移到空气新鲜的地方。

答案：√

2）抢救有害气体中毒伤员时，应第一时间将伤员移送到有新鲜空气的地方，脱离危险环境，防止吸入更多有害气体。

答案：√

6 骨折伤员的处置

抢救骨折伤员时，不要移动身体骨折部位。伤员骨折处出血时，要先止血，然后固定包扎伤口。对无骨端外露的骨折伤员肢体固定时，要超过伤口上下关节。

抢救脊柱骨折的伤员，要用三角巾固定，需要移动时，切勿扶持伤者走动，要用硬担架运送。伤员大腿、小腿和脊椎骨折时，一般不要随便移动伤者。

练习题

单选题

1）抢救骨折伤员时注意什么？
A. 迅速抬上担架送往医院
B. 适当调整损伤时的姿势
C. 用绷带对骨折部位进行包扎
D. 不要移动身体骨折部位

答案：D

2）怎样抢救脊柱骨折的伤员？
A. 采取保暖措施　　B. 用软板担架运送
C. 用三角巾固定　　D. 扶持伤者移动

答案：C

判断题

1）伤员骨折处出血时，要先固定，然后止血和包扎伤口。

答案：×

2）移动脊柱骨折的伤员，切勿扶持伤者走动，可用软担架运送。

答案：×

3) 伤员大腿、小腿和脊椎骨折时，一般不要随便移动伤者。

答案：√

4) 对无骨端外露的骨折伤员肢体固定时，要超过伤口上下关节。

答案：√

5) 伤员骨折处出血时，先固定好肢体再进行止血和包扎。

答案：×

▶ 6.3.4 危险化学品处置常识

1 常见危化品的特性

火药、炸药和起爆药属于爆炸品。火柴、硫黄和赤磷属于易燃固体。易燃液体一旦发生火灾，不能用水扑救。腐蚀品着火时，不能用水柱直接喷射扑救。

练习题

单选题

1) 火药、炸药和起爆药属于哪类危险化学品？
   A. 氧化性物质　　B. 易燃固体
   C. 爆炸品　　　　D. 自燃物品

答案：C

2) 火柴、硫黄和赤磷属于哪类危险化学品？
   A. 爆炸品　　　　B. 氧化性物质
   C. 自燃物品　　　D. 易燃固体

答案：D

3) 下列属于危险化学品易燃固体的是什么？
   A. 火柴　B. 烟花　C. 电石　D. 炸药

答案：A

判断题

1) 易燃液体一旦发生火灾，要及时用水扑救。

答案：×

2) 腐蚀品着火时，不能用水柱直接喷射扑救。

答案：√

3) 危险化学品具有爆炸、易燃、毒害、腐蚀、放射性等特性。

答案：√

2 常见危险化学品的个人安全防护

因交通事故造成有害气体泄漏后，进入现场抢救伤员时，抢救人员须佩戴空气呼吸器或用湿毛巾捂住口鼻。扑救易散发腐蚀性蒸气或

有毒气体的火灾时，扑救人员应穿戴防毒面具和相应的防护用品，站在上风处施救。

练习题

判断题

1) 因交通事故造成有害气体泄漏后，进入现场抢救伤员时，抢救人员须佩戴空气呼吸器或用湿毛巾捂住口鼻。

答案：√

2) 扑救易散发腐蚀性蒸气或有毒气体的火灾时，扑救人员应穿戴防毒面具和相应的防护用品，站在上风处施救。

答案：√

3 危化品运输特殊情况处理

道路危险货物运输驾驶员、装卸人员和押运员必须了解所运载的危险化学品的性质、危害特性、包装容器的使用特性和发生意外时的应急措施。在交通事故现场，一旦遇到有毒有害物质泄漏，一定要第一时间疏散人员，并立即报警。

液化石油气罐车在运输途中发生大量泄漏时，要切断一切电源，戴好防护面具和手套，关闭阀门，制止渗漏，组织人员向上风方向疏散。

练习题

单选题

液化石油气罐车在运输途中发生大量泄漏时，下列措施中错误的是什么？
   A. 切断一切电源
   B. 戴好防护面具和手套
   C. 关闭阀门，制止渗漏
   D. 组织人员向下风方向疏散

答案：D

判断题

1) 道路危险货物运输驾驶员、装卸人员和押运员必须了解所运载的危险化学品的性质、危害特性、包装容器的使用特性和发生意外时的应急措施。

答案：√

2) 在交通事故现场，一旦遇到有毒有害物质泄漏，一定要第一时间疏散人员，并立即报警。

答案：√

货运驾驶员培训教材

7 典型事故案例分析

7.1 单项违法行为分析

7.1.1 疲劳驾驶

某日早上6时，冉某驾驶一辆大客车出发，连续行驶至上午11时，在宣汉县境内宣南路1公里处，坠于公路一侧垂直高度8.5米的陡坎下，造成13人死亡、9人受伤。

◉ 驾驶人违法行为分析 ◉

驾驶大客车从早上6时连续行驶至上午11时属于疲劳驾驶。

选择题

冉某的主要违法行为是什么？

A. 超速行驶

B. 不按交通标线行驶

C. 客车超员

D. 疲劳驾驶

答案：D

7.1.2 超速行驶

1. 某日13时10分，罗某驾驶一辆中型客车从高速公路0公里处出发，14时10分行至该高速公路125公里加200米处时，发生追尾碰撞，机动车驶出西南侧路外边坡，造成11人死亡、2人受伤。

◉ 驾驶人违法行为分析 ◉

13时10分到14时10分行驶125.2公里，时速超过高速公路限定的最高车速。

选择题

罗某的主要违法行为是什么？

A. 超速行驶

B. 不按交通标线行驶

C. 客车超员

D. 疲劳驾驶

答案：A

2. 罗某驾驶大型卧铺客车（乘载44人，核载44人）行至沿河县境内540县道58公里加500米处时，在结冰路面以每小时44公里速度行驶，导致机动车侧滑翻下公路，造成15人死亡、27人受伤。

◉ 驾驶人违法行为分析 ◉

结冰路面以每小时44公里速度行驶，超过限定车速。

选择题

罗某的主要违法行为是什么？

A. 客车超员　　　　B. 超速行驶

C. 疲劳驾驶　　　　D. 操作不当

答案：B

3. 佟某驾驶一辆大客车（乘载54人，核载55人）行至太原境内以45公里的时速通过一处泥泞路段时，机动车侧滑驶出路外坠入深沟，导致14人死亡、40人受伤。

◉ 驾驶人违法行为分析 ◉

驾驶大客车以45公里的时速通过一处泥泞路段，超过限定车速。

选择题

佟某的主要违法行为是什么？

A. 客车超员　　　　B. 超速行驶
C. 酒后驾驶　　　　D. 疲劳驾驶

答案：B

▶7.1.3　超员超载

1. 何某驾驶一辆乘载 53 人的大客车（核载 47 人），行至宁合高速公路南京境内 454 公里加 100 米处，被一辆重型半挂牵引车追尾，导致大客车翻出路侧护栏并起火燃烧，造成 17 人死亡、27 人受伤。

◉ 驾驶人违法行为分析 ◉

大客车核载 47 人，实载 53 人，超过核定载客人数。

选择题

何某的主要违法行为是什么？
A. 超速行驶
B. 客车超员
C. 驾驶逾期未年检机动车
D. 操作不当

答案：B

2. 徐某驾驶一辆中型客车（乘载 27 人）行至四都镇前岭村壶南头路段，在上坡过程中，机动车发生后溜驶出路外坠入落差约 80 米的山崖，造成 11 人死亡、7 人受伤。

◉ 驾驶人违法行为分析 ◉

中型客车规定核载 10～19 人，实载 27 人，严重超员。

选择题

徐某的主要违法行为是什么？
A. 疲劳驾驶　　　　B. 酒后驾驶
C. 客车超员　　　　D. 超速行驶

答案：C

3. 郝某驾驶一辆载有 84.84 吨货物的重型自卸货车（核载 15.58 吨），行至滦县境内 262 省道 34 公里加 623 米处，与前方同向行行的一辆载有 45.85 吨货物的货车（核载 1.71 吨）追尾碰撞后，侧翻撞向路边人群，造成 19 人死亡、17 人受伤。

◉ 驾驶人违法行为分析 ◉

核载 15.58 吨的重型自卸货车，载有 84.84 吨货物，严重超载。核载 1.71 吨的货车载有

45.85 吨货物，严重超载。

选择题

双方驾驶人共同的违法行为是什么？
A. 超速行驶　　　　B. 货车超载
C. 疲劳驾驶　　　　D. 酒后驾驶

答案：B

▶7.1.4　其他违法行为

1. 周某驾驶一辆轻型厢式货车（搭载 22 人）行驶至丙察公路 79 公里加 150 米处时，坠入道路一侧山崖，造成 12 人死亡、10 人受伤。

◉ 驾驶人违法行为分析 ◉

轻型厢式货车搭载 22 人，货车违法载客。

选择题

周某的主要违法行为是什么？
A. 驾驶逾期未检验的机动车
B. 货运机动车载客
C. 超速行驶
D. 疲劳驾驶

答案：B

2. 赵某（持有 A2 驾驶证）驾驶大型卧铺客车，行驶至叶城县境内 219 国道 226 公里加 215 米处转弯路段时，坠入道路一侧山沟，致 16 人死亡，26 人受伤。

◉ 驾驶人违法行为分析 ◉

持 A2 驾驶证驾驶大型卧铺客车，属于驾驶与准驾车型不符的机动车。

选择题

赵某的主要违法行为是什么？
A. 客车超员
B. 驾驶逾期未检验的机动车
C. 驾驶与准驾车型不符的机动车
D. 疲劳驾驶

答案：C

7.2　多项违法行为分析

▶7.2.1　货车事故案例

1. 叶某驾驶中型厢式货车，行至陂头镇上汶线 3 公里加 600 米弯道路段时，以 40 公里/小时

的速度与王某驾驶的乘载 19 人正三轮载货摩托车发生正面相撞，造成 10 人死亡、9 人受伤。

◎ 驾驶人违法行为分析 ◎

（1）叶某驾驶中型厢式货车在弯道以 40 公里/小时的速度超速行驶。

（2）王某驾驶正三轮载货摩托车非法载客 19 人。

选择题

双方驾驶人的主要违法行为是什么？
A. 叶某驾驶与准驾车型不符的机动车
B. 王某驾驶摩托车非法载客
C. 叶某超速行驶
D. 王某不按信号灯指示行驶

答案：BC

2. 彭某驾驶一辆重型半挂牵引车，载运 37.7 吨货物（核载 25 吨），行至大广高速公路一下坡路段，追尾碰撞一辆由李某驾驶在应急车道内行驶的重型自卸货车（货箱内装载 3.17 立方黄土并搭乘 24 人），造成 16 人死亡、13 人受伤。

◎ 驾驶人违法行为分析 ◎

（1）重型半挂牵引车核载 25 吨，载运 37.7 吨货物，超过核定载质量。

（2）重型自卸货车在应急车道内行驶，违反高速公路行驶规定。

（3）重型自卸货车货箱内装载 3.17 立方黄土并搭乘 24 人，货车违法载人。

选择题

此事故中的主要违法行为是什么？
A. 彭某超速行驶
B. 彭某驾驶机动车超载
C. 李某在应急车道内行驶
D. 李某货车车厢内违法载人

答案：BCD

3. 石某驾驶低速载货机动车，运载 4.05 吨货物（核载 1.2 吨），行驶至宁津县境内 314 省道 51 公里加 260 米处，在越过道路中心线超越前方同向行行的机动车时，与对向正常行驶的中型客车（乘载 12 人，核载 11 人）正面相撞，造成 10 人死亡、2 人受伤。

◎ 驾驶人违法行为分析 ◎

（1）低速载货机动车核载 1.2 吨，运载 4.05 吨货物，超过核定载质量。

（2）低速载货机动车违法越过道路中心线超越前方同向行驶的机动车。

（3）中型客车核载 11 人，乘载 12 人，超过核定载客人数。

选择题

此事故中的违法行为是什么？
A. 货车超载
B. 货车违法超车
C. 客车超员
D. 客车驾驶人疲劳驾驶

答案：ABC

4. 林某驾车以 110 公里/小时的速度在城市道路行驶，与一辆机动车追尾后弃车逃离被群众拦下。经鉴定，事发时林某血液中的酒精浓度为 135.8 毫克/百毫升。

◎ 驾驶人违法行为分析 ◎

（1）驾车以 110 公里/小时的速度在城市道路行驶，超过限定车速。

（2）与一辆机动车追尾后弃车逃离被群众拦下，属于肇事逃逸。

（3）血液中的酒精浓度为 135.8 毫克/百毫升，已是醉酒驾驶。

选择题

林某的主要违法行为是什么？
A. 醉酒驾驶 　　　　B. 超速驾驶
C. 疲劳驾驶 　　　　D. 肇事逃逸

答案：ABD

5. 周某夜间驾驶大货车在没有路灯的城市道路上以 90 公里/小时的速度行驶，一直开启远光灯，在通过一窄路时，因加速抢道，导致对面驶来的一辆小客车撞上右侧护栏。

◎ 驾驶人违法行为分析 ◎

（1）夜间驾驶大货车在没有路灯的城市道路上以 90 公里/小时行驶属于超速行驶。

（2）夜间驾驶大货车一直开启远光灯属于不按规定使用灯光。

（3）通过窄路时，加速抢道，导致对行小客车撞上右侧护栏属于不按规定会车。

周某的主要违法行为是什么?

    A. 超速行驶

    B. 不按规定会车

    C. 疲劳驾驶

    D. 不按规定使用灯光

答案:ABD

6. 贾某驾车在高速公路上行驶,遇到大雾,能见度小于 50 米,贾某开启了雾灯、示廓灯、危险警报灯,以时速 40 公里行驶,并与同车道保持 50 米距离,经过三个出口驶离高速公路。

◉ 驾驶人违法行为分析 ◉

(1) 遇到大雾,能见度小于 50 米没有及时驶离高速公路。

(2) 贾某驾车以时速 40 公里行驶,超过限定车速。

(3) 贾某没有开启近光灯。

选择题

    贾某的主要违法行为是什么?

    A. 与同车道前车距离不足

    B. 超速行驶

    C. 未按规定开启相应的灯光

    D. 未及时从最近的出口驶离高速公路

答案:BCD

7. 张某驾驶车辆在高速公路上发生故障不能移动,开启危险报警闪光灯后下车,联系朋友李某驾驶私家车帮忙拖曳到应急车道。李某拖曳故障车的过程中,刘某驾驶货运车辆以每小时 110 公里的速度驶来,导致三车相撞。

◉ 驾驶人违法行为分析 ◉

(1) 张某没有在故障车辆后设置警示标志。

(2) 联系朋友李某驾驶私家车帮忙拖曳到应急车道。

(3) 刘某驾驶货运车辆以每小时 110 公里的速度行驶。

选择题

    这起事故中的违法行为有哪些?

    A. 张某疲劳驾驶

    B. 李某用私家车拖曳故障车辆

    C. 刘某超速行驶

    D. 未在故障车辆后设置警示标志

答案:BCD

▶ 7.2.2 客车事故案例

1. 某日 19 时,杨某驾驶大客车,乘载 57 人(核载 55 人),连续行驶至次日凌晨 1 时,在金城江区境内 050 国道 3008 公里加 110 米处,因机动车左前胎爆裂,造成 12 人死亡、22 人受伤的特大交通事故。

◉ 驾驶人违法行为分析 ◉

(1) 杨某驾驶大客车从 19 时连续行驶至次日凌晨 1 时,已是疲劳驾驶。

(2) 大客车核载 55 人,乘载 57 人,超过核定载客人数。

选择题

    杨某的主要违法行为是什么?

    A. 疲劳驾驶   B. 客车超员

    C. 超速行驶   D. 操作不当

答案:AB

2. 唐某驾驶一辆大客车,乘载 74 人(核载 30 人),以每小时 38 公里的速度,行至一连续下陡坡转弯路段时,机动车翻入路侧溪水内,造成 17 人死亡、57 人受伤。

◉ 驾驶人违法行为分析 ◉

(1) 大客车核载 30 人,乘载 74 人,严重超过核定载客人数。

(2) 连续下陡坡转弯路段时速每小时 38 公里,超过规定车速。

选择题

    唐某的主要违法行为是什么?

    A. 酒后驾驶   B. 客车超员

    C. 疲劳驾驶   D. 超速行驶

答案:BD

3. 李某驾驶一辆大客车,乘载 21 人(核载 35 人),行驶途中察觉制动装置有异常但未处理,行至双岛海湾大桥时时速为 50 公里(该路段限速 40 公里),因制动失灵坠入海中,造成 13 人死亡、8 人受伤。

◉ 驾驶人违法行为分析 ◉

(1) 大客车行驶途中察觉制动装置有异常未处理,存在安全隐患。

(2) 双岛海湾大桥限速 40 公里,实际时速为 50 公里,超过限速规定。

李某的主要违法行为是什么？

A. 超速行驶

B. 疲劳驾驶

C. 客车超员

D. 驾驶具有安全隐患的机动车

答案：AD

4. 吴某驾驶一辆大客车，乘载 33 人（核载 22 人），行至 163 县道 7 公里加 300 米处时，机动车失控坠入山沟，造成 10 人死亡、21 人受伤。事后经酒精检测，吴某血液酒精含量为 26 毫克/百毫升。

◆ 驾驶人违法行为分析 ◆

（1）大客车核载 22 人，乘载 33 人，超过核定载客人数。

（2）血液酒精含量为 26 毫克/百毫升，属于酒后驾驶

吴某的主要违法行为是什么？

A. 超速行驶　　　　　B. 客车超员

C. 疲劳驾驶　　　　　D. 酒后驾驶

答案：BD

5. 钱某驾驶大型卧铺客车，乘载 45 人（核载 40 人），保持 40 公里/小时以上的车速行至八宿县境内连续下坡急转弯路段处，翻下 100 米深的山崖，造成 17 人死亡、20 人受伤。

◆ 驾驶人违法行为分析 ◆

（1）大型卧铺客车核载 40 人，乘载 45 人，超过核定载客人数。

（2）内连续下坡急转弯路段，保持 40 公里/小时以上的车速，超过限速规定。

钱某的主要违法行为是什么？

A. 驾驶时接听手持电话

B. 超速行驶

C. 客车超员

D. 疲劳驾驶

答案：BC

6. 某日 3 时 40 分，孙某驾驶大客车（乘载 54 人、核载 55 人）行至随岳高速公路 229 公里加 300 米处，在停车下客过程中，被后方驶来李某驾驶的重型半挂机动车追尾，造成 26

人死亡，29 人受伤。事后查明，李某从昨日 18 时许出发，途中一直未休息。

◆ 驾驶人违法行为分析 ◆

（1）孙某驾驶大客车在高速公路违法停车下客。

（2）李某驾驶重型半挂车从昨日 18 时至次日 3 时 40 分，途中一直未休息，已是疲劳驾驶。

双方驾驶人的主要违法行为是什么？

A. 孙某违法停车　　　B. 孙某客车超员

C. 李某超速　　　　　D. 李某疲劳驾驶

答案：AD

7. 陶某驾驶中型客车（乘载 33 人），行至许平南高速公路 163 公里处时，以 120 公里/小时的速度与停在最内侧车道上安某驾驶的因事故无法移动的小客车（未设置警示标志）相撞，中型客车撞开右侧护栏侧翻，造成 16 死亡、15 人受伤。

◆ 驾驶人违法行为分析 ◆

（1）中型客车规定核载 10～19 人，陶某驾驶中型客车乘载 33 人，严重超员。

（2）陶某驾驶中型客车在高速公路以 120 公里/小时的速度行驶，超过限定车速。

（3）安某驾驶的因事故无法移动的小客车未按规定设置警示标志。

双方驾驶人的主要违法行为是什么？

A. 陶某客车超员

B. 陶某超速行驶

C. 安某未按规定设置警示（告）标志

D. 安某违法停车

答案：ABC

8. 邹某驾驶大型卧铺客车（核载 35 人，实载 47 人），行至京港澳高速公路 938 公里时，因乘车人携带的大量危险化学品在车厢内突然发生爆燃，造成 41 人死亡，6 人受伤。

◆ 驾驶人违法行为分析 ◆

（1）大型卧铺客车核载 35 人，实载 47 人，超过核定载客人数。

（2）乘车人违法携带的大量危险化学品乘车。

选择题

此事故中的主要违法行为是什么？

A. 客车超员

B. 乘车人携带易燃易爆危险物品

C. 超速行驶

D. 不按规定停车

答案：AB

9. 杨某驾驶改装小型客车（核载9人，实载64人，其中62人为幼儿园学生），行至榆林子镇马槽沟村处，占用对向车道逆行时与一辆重型自卸货车正面碰撞，造成22人死亡、44人受伤。

◆ 驾驶人违法行为分析 ◆

（1）杨某驾驶非法改装的小型客车运输。

（2）小型客车核载9人，实载64人（其中幼儿62人），严重超过核定载客人数。

（3）小型客车违法占用对向车道逆行

选择题

该起事故中的主要违法行为是什么？

A. 货车超速行驶　　B. 非法改装机动车

C. 客车超员　　　　D. 客车逆向行驶

答案：BCD

10. 戚某驾驶大客车，乘载28人（核载55人），由南向北行至一无交通信号控制的交叉路口，以50公里的时速与由东向西行至该路口李某驾驶的重型半挂牵引车（核载40吨，实载55.2吨）侧面相撞，造成12人死亡、17人受伤。

◆ 驾驶人违法行为分析 ◆

（1）大客车以50公里的时速通过无交通信号控制的交叉路口，超过规定车速。

（2）重型半挂牵引车核载40吨，实载55.2吨，超过核定载质量。

选择题

此事故中的主要违法行为是什么？

A. 客车超员

B. 客车超速行驶

C. 货车超载

D. 货车驾驶人经验不足

答案：BC

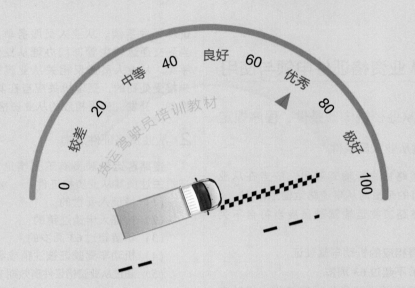

第二部分
从业资格考核内容和题库

8 道路运输法律、法规及相关知识

货运驾驶员培训教材

8.1 从业资格证件申领与使用

8.1.1 从业资格申请条件、程序规定

1 道路运输从业人员条件

经营性道路货物运输驾驶员，应当在从业资格证件许可的范围内从事道路运输活动。

经营性道路货物运输驾驶员应当符合下列条件：

（1）取得相应的机动车驾驶证；

（2）年龄不超过63周岁；

（3）掌握相关道路货物运输法规、机动车维修和货物装载保管基本知识；

（4）经考核合格，取得相应的从业资格证件。

2 从业资格申请程序

道路普通货物运输驾驶员，经机动车驾驶员培训机构按照《货运教学大纲》进行培训，并结业考核合格。驾驶人凭培训结业证书和机动车驾驶证申领道路货物运输驾驶员从业资格证。

8.1.2 从业资格证件使用规定

1 道路运输从业资格证件使用

从业人员从业资格证件有效期为6年。从业人员应当在从业资格证件有效期届满30日前到原发证机关办理换证手续。从业人员从业资格证件遗失、毁损的，应当到原发证机关办理

证件补发手续。从业人员服务单位变更的，应当到交通运输主管部门办理从业资格证件变更手续。从业人员违反相关从业资格管理规定且未接受处罚的，受理机关应当在其接受处罚后，换发、补发、变更相应的从业资格证。

2 从业资格证件注销

道路客运驾驶员有下列情形之一的，由发证机关注销其从业资格证件：

（1）持证人死亡的；

（2）持证人申请注销的；

（3）年龄超过63周岁的；

（4）机动车驾驶证被注销或者被吊销的；

（5）超过从业资格证件有效期180日未换证的。

8.2 货运驾驶员从业行为

8.2.1 从业行为相关规定和要求

1 从业行为规定和要求

道路运输从业人员应当依法经营，诚实信用，规范操作，文明从业。营运驾驶员应当按照规定驾驶与其从业资格类别相符的车辆。从事道路运输活动时，驾驶员应当携带相应的从业资格证件。从事大型物件运输的车辆，应当按照规定装置统一的标志和悬挂标志旗；夜间行驶和停车休息时应当设置标志灯。严禁驾驶道路货物运输车辆从事经营性道路旅客运输活动。

2 道路危险货物运输从业要求

根据《道路危险货物运输管理规定》，未取

得道路危险货物运输许可，不得从事危险货物道路运输。从事道路危险货物运输的驾驶员应当经所在地设区的市级人民政府交通运输主管部门考试合格，并取得相应的从业资格证。危险货物运输驾驶人员上岗时应当随身携带从业资格证。不得将危险货物与普通货物混装运输。

▶ 8.2.2 超限运输、货物装载有关要求

1 道路超限运输有关要求

运输不可解体物品需要改装车辆的，应当由具有相应资质的车辆生产企业按照规定的车型和技术参数进行改装。车辆载运不可解体物品，车货总体的外廓尺寸或者总质量超过公路、公路桥梁、公路隧道的限载、限高、限宽、限长标准，确需在公路、公路桥梁、公路隧道行驶的，从事运输的单位和个人应当向公路管理机构申请公路超限运输许可。

经批准进行超限运输的车辆，应当随车携带超限运输车辆通行证，按照指定的时间、路线和速度行驶，并悬挂明显标志。运输车辆应当按照超限检测指示标志或者公路管理机构监督检查人员的指挥接受超限检测。

2 超限货物装载有关要求

根据《超限运输车辆行驶公路管理规定》，超限运输车辆，是指有下列情形之一的货物运输车辆：

（1）车货总高度从地面算起超过 4 米；

（2）车货总宽度超过 2.55 米；

（3）车货总长度超过 18.1 米。

3 超限运输违法行为处罚

（1）1 年内违法超限运输超过 3 次的货运车辆，由道路运输管理机构吊销其车辆营运证；

（2）1 年内违法超限运输超过 3 次的货运车辆驾驶人，由道路运输管理机构责令其停止从事营业性运输；

（3）未随车携带超限运输车辆通行证的，由公路管理机构扣留车辆，责令车辆驾驶人提供超限运输车辆通行证或者相应的证明；

（4）使用伪造、变造的超限运输车辆通行证的，由公路管理机构没收伪造、变造的超限运输车辆通行证，处 3 万元以下的罚款。

▶ 8.2.3 从业资格证件撤销、吊销、注销

1 撤销从业资格证件的情形

经营性道路货物运输驾驶员有下列情形之一的，由发证机关撤销其从业资格证件：

（1）身体健康状况不符合有关机动车驾驶和相关从业要求，且没有主动申请注销从业资格的；

（2）发生重大以上交通事故，且负主要责任的；

（3）发现重大事故隐患，不立即采取消除措施，继续作业的。

2 注销从业资格证件的情形

道路运输从业人员有下列情形之一的，由发证机关注销其从业资格证件：

（1）持证人死亡的；

（2）持证人申请注销的；

（3）经营性道路货运输驾驶员、道路危险货物运输从业人员年龄超过 63 周岁的；

（4）经营性道路货运输驾驶员、危险货物运输驾驶员机动车驾驶证被注销或者被吊销的；

（5）超过从业资格证件有效期 180 日未申请换证的。

▶ 8.2.4 道路运输驾驶员诚信考核有关规定

1 诚信考核等级与计分

根据《道路运输驾驶员诚信考核办法》，道路运输驾驶员诚信考核等级分为优良、合格、基本合格和不合格，分别用 AAA 级、AA 级、A 级和 B 级表示。诚信考核内容包括安全生产情况、遵守法规情况、服务质量情况。

诚信考核实行计分制，考核周期为 12 个月，满分为 20 分，从道路运输驾驶员初次领取从业资格证件之日起计算。一个考核周期内的计分予以清除，不转入下一个考核周期。

道路运输驾驶员在诚信考核周期内累计计分达到 20 分者，应接受诚信考核教育。道路运输驾驶员在考核周期内累计计分达到 20 分，且未按照规定参加培训的，道路运输管理机构将会把其列入黑名单，并向社会公告。

2 诚信考核等级评定

AAA 级标准：

（1）上一考核周期的诚信考核等级为 AA 级及以上；

（2）考核周期内累计计分分值为 0 分。

AA 级标准：

（1）未达到 AAA 级的考核条件；

（2）上一考核周期的诚信考核等级为 A 级及以上；

（3）考核周期内累计计分分值未达到 10 分。

A 级标准：

（1）未达到 AA 级的考核条件；

（2）考核周期内累计计分分值未达到 20 分。

B 级标准：考核周期内累计计分有 20 分及以上记录的。

3 诚信考核内容

道路运输驾驶员诚信考核内容包括：

（1）安全生产情况：安全生产责任事故情况；

（2）遵守法规情况：违反道路运输相关法律、行政法规、规章的有关情况；

（3）服务质量情况：服务质量事件和有责投诉的有关情况。

道路运输驾驶员有下列情形之一的，道路运输主管部门将其列入黑名单，并向社会公告：

（1）在考核周期内累计计分达到 20 分，且未按照规定参加继续教育培训的；

（2）无正当理由超过规定时间，未签注诚信考核等级的；

（3）从业资格证件被吊销的。

8.2.5 道路运输驾驶员继续教育

1 继续教育的内容和形式

根据《道路运输驾驶员继续教育办法》，道路货物运输驾驶员继续教育周期为 2 年，在每个周期接受继续教育的时间累计应不少于 24 学时。继续教育培训内容包括道路运输相关政策法规、职业道德和安全业务知识。

2 继续教育的组织和实施

根据《道路运输驾驶员继续教育办法》，从

业人员继续教育坚持以具有一定规模的道路运输企业实施为主的原则。不具备条件的运输企业和个体运输驾驶员的继续教育工作，由其他继续教育机构承担。道路运输驾驶员完成继续教育并经相应道路运输管理机构确认后，道路运输管理机构应当及时在其从业资格证件和从业资格管理档案内予以记载。继续教育的确认可采取考核或学时认定等方式。

3 继续教育的监督检查

根据《道路运输驾驶员继续教育办法》，道路运输管理机构要加强道路运输驾驶员继续教育情况的检查，并将驾驶员参加继续教育的情况纳入诚信考核的内容。道路运输驾驶员在其从业资格证件有效期内，未按规定完成继续教育的，补充完成继续教育后办理换证手续。

8.2.6 道路货物运输违法行为及处罚

1 违法处罚规定

违反《道路运输条例》规定的处罚方式有罚款、没收违法所得，吊销许可证件，构成犯罪的，依法追究刑事责任。

有下列情形之一的，由县级以上道路运输管理机构依法处罚：

（1）未取得道路运输经营许可，擅自从事道路运输经营的；

（2）不符合规定条件的人员驾驶道路运输经营车辆的；

（3）货运经营者非法转让、出租道路运输许可证件的；

（4）危险货物运输经营者未按规定投保承运人责任险的；

（5）货运经营者不按照规定携带车辆营运证的；

（6）货运经营者没有采取必要措施防止货物脱落、扬撒等的；

（7）货运经营者不按规定维护和检测运输车辆的。

2 道路运输经营者违规处罚

道路运输经营者违反《道路运输车辆技术管理规定》，有下列行为之一的，县级以上道路运输管理机构应当责令改正，给予警告；情节严重的，处以 1000 元以上 5000 元以下罚款：

（1）道路运输车辆技术状况未达到《道路运输车辆综合性能要求和检验方法》的；

（2）使用报废、擅自改装、拼装、检测不合格以及其他不符合国家规定的车辆从事道路运输经营活动的；

（3）未按照规定的周期和频次进行车辆综合性能检测和技术等级评定的；

（4）未建立道路运输车辆技术档案或者档案不符合规定的；

（5）未做好车辆维护记录的。

3 危险货物路运输违法行为处罚

有下列情形之一的，由县级以上道路运输管理机构责令停止运输经营，有违法所得的，没收违法所得，处违法所得 2 倍以上 10 倍以下的罚款；没有违法所得或者违法所得不足 2 万元的，处 3 万元以上 10 万元以下的罚款；构成犯罪的，依法追究刑事责任：

（1）未取得道路危险货物运输许可，擅自从事道路危险货物运输的；

（2）使用失效、伪造、变造、被注销等无效道路危险货物运输许可证件从事道路危险货物运输的；

（3）超越许可事项，从事道路危险货物运输的；

（4）非经营性道路危险货物运输单位从事道路危险货物运输经营的。

8.3 从业人员权利、义务

▶ 8.3.1 道路货物运输驾驶员的权利与义务

1 从业人员安全生产的权利和义务

《安全生产法》明确规定生产经营单位的从业人员有依法获得安全生产保障的权利，并应当依法履行安全生产方面的义务。《劳动法》规定，用人单位应当依法建立和完善规章制度，保障劳动者享有劳动权利和履行劳动义务。从业人员享有依法获得安全生产保障的权利，并应该依法履行安全生产义务，必须执行依法制定的保障安全生产的国家标准或者行业标准。

2 道路货物运输驾驶员的权利

《劳动法》规定，劳动者享有平等就业和选择职业的权利、取得劳动报酬的权利、休息休假的权利、获得劳动安全卫生保护的权利、接受职业技能培训的权利、享受社会保险和福利的权利、提请劳动争议处理的权利以及法律规定的其他劳动权利。

《安全生产法》规定，道路货物运输驾驶员应享有以下权利：

（1）对本单位安全生产工作中存在的问题提出批评、检举、控告；

（2）拒绝违章指挥和强令冒险作业；

（3）发现直接危及人身安全的紧急情况时，停止作业或者在采取可能的应急措施后撤离车辆；

（4）因生产安全事故受到损害后，除依法享有工伤保险外，依照有关民事法律尚有获得赔偿的权利的，有权向本单位提出赔偿要求；

（5）可依法享有工伤保险。

3 道路货物运输驾驶员的义务

《劳动法》规定，劳动者应当完成劳动任务，提高职业技能，执行劳动安全卫生规程，遵守劳动纪律和职业道德。道路货物运输驾驶员应该履行完成劳动任务、提高职业技能、执行劳动安全卫生规程、遵守劳动纪律和职业道德等劳动义务。

《安全生产法》规定，道路货物运输驾驶员应履行以下义务：

（1）严格遵守安全生产规章制度和岗位安全操作规程，服从管理；

（2）接受安全生产教育和培训，掌握本职工作所需的安全生产知识，提高安全生产技能，增强事故预防和应急处理能力；

（3）发现事故隐患或不安全因素，立即向现场安全生产管理人员本单位负责人报告；

（4）运输过程中按照规定佩戴和使用运输企业提供的劳动防护用品，确保运输过程中自身安全；

（5）发现本企业存在事故隐患或者其他不安全因素时，不得直接处理，应该立即向现场安全生产管理人员和本单位负责人报告发现事故隐患立即报告。

4 道路运输驾驶员反恐防范与应对义务

《反恐怖主义法》规定，任何单位和个人都有协助、配合有关部门开展反恐怖主义工作的义务，发现恐怖活动嫌疑或者恐怖活动嫌疑人员的，应当及时向公安机关或者有关部门报告。

道路货物运输驾驶员应当配合企业，实行安全查验制度，对客户身份进行查验，依照规定对货物进行安全检查或者开封验视。依法履行协助、配合有关部门开展反恐怖主义工作的义务。

道路货物运输驾驶员遇到恐怖事件的做法是保持冷静、安全第一，小心谨慎、仔细应对，见机行事、及时报警，做好记录、保护现场。记住恐怖分子的显著特征，找机会发出求援信息，时刻做好防范准备。报警时，提供受困人员详细信息、恐怖分子详细信息，可依靠的有利条件。

▶8.3.2 道路运输驾驶员劳动合同

1 劳动合同签订

《安全生产法》的规定，道路货物运输驾驶员与道路运输企业订立劳动合同时，确认载明防止职业危害、保障劳动安全、办理工伤保险等事项。用人单位与劳动者协商一致，可以变更劳动合同约定的内容。变更劳动合同，应当采用书面形式。

劳动合同应当具备以下条款：

（1）用人单位的名称、住所和法定代表人或者主要负责人；

（2）劳动者的姓名、住址和居民身份证或者其他有效身份证件号码；

（3）劳动合同期限；

（4）工作内容和工作地点；

（5）工作时间和休息休假；

（6）劳动报酬；

（7）社会保险；

（8）劳动保护、劳动条件和职业危害防护。

2 劳动合同解除

用人单位有下列情形之一的，道路货物运输驾驶员可以依法解除劳动合同：

（1）未按照劳动合同约定提供劳动保护或者劳动条件的；

（2）未及时足额支付劳动报酬的；

（3）未依法为劳动者缴纳社会保险费的；

（4）用人单位的规章制度违反法律、法规的规定，损害劳动者权益的。

不得解除劳动合同的情形：

（1）道路运输驾驶员患职业病或者因工负伤并被确认丧失或者部分丧失劳动能力、患病或者负伤，在规定的医疗期内、女职工在孕期、产期、哺乳期内的情形；

（2）道路运输企业不能因驾驶员因工负伤被确认部分丧失劳动能力、驾驶员患病在规定的医疗期内，解除与道路货物运输驾驶员的劳动合同。

3 劳动合同终止

有下列情形之一的，劳动合同终止：

（1）劳动合同期满的；

（2）劳动者开始依法享受基本养老保险待遇的；

（3）劳动者死亡，或者被人民法院宣告死亡或者宣告失踪的；

（4）用人单位被依法宣告破产的；

（5）用人单位被吊销营业执照、责令关闭、撤销或者用人单位决定提前解散的；

（6）法律、行政法规规定的其他情形。

8.4 道路货物运输经营

▶8.4.1 货物运输经营有关规定

1 道路货物运输经营条件

申请从事货运经营的，应当具备下列条件：

（1）有与其经营业务相适应并经检测合格的车辆；

（2）有符合条例规定条件的驾驶人员；

（3）有健全的安全生产管理制度。

2 道路货物运输经营要求

国家鼓励货运经营者实行封闭式运输，保证环境卫生和货物运输安全。货运经营者应当加强对车辆的维护和检测，确保车辆符合国家规定的技术标准；不得使用报废的、擅自改装的和其他不符合国家规定的车辆从事道路运输经营。不得运输法律、行政法规禁止运输的货物、存在重大安全隐患的货物、客户拒绝安全查验的货物。法律、行政法规规定必须办理有关手续后方可运输的货物，应当查验有关手续。道路货物运输驾驶员应当遵守道路运输操作规程，载物的长、宽、高不得违反装载要求，严禁超载。

发生交通事故、自然灾害以及其他突发事件，货运经营者应当服从县级以上人民政府或者有关部门的统一调度、指挥。

▶ 8.4.2　大件运输相关规定

1　行驶规定

经批准进行大件运输的车辆，行驶时应当遵守下列规定：

（1）采取有效措施固定货物，按照有关要求在车辆上悬挂明显标志，保证运输安全；

（2）按照指定的时间、路线和速度行驶；

（3）车货总质量超限的车辆通行公路桥梁，应当匀速居中行驶，避免在桥上制动、变速或者停驶；

（4）大件运输车辆及装载物品的有关情况应当与超限运输车辆通行证记载的内容一致。

（5）需要在公路上临时停车的，除遵守有关道路交通安全规定外，还应当在车辆周边设置警告标志，并采取相应的安全防范措施；需要较长时间停车或者遇有恶劣天气的，应当驶离公路，就近选择安全区域停靠。

2　违法运输处罚

根据《超限运输车辆行驶公路管理规定》，大件运输车辆有下列情形之一的，视为违法超限运输：

（1）未经许可擅自行驶公路的；

（2）车辆及装载物品的有关情况与超限运输车辆通行证记载的内容不一致的；

（3）未按许可的时间、路线、速度行驶公路的；

（4）未按许可的护送方案采取护送措施的。

承运人隐瞒有关情况或者提供虚假材料申请公路超限运输许可的，除依法给予处理外，并在1年内不准申请公路超限运输许可。

对1年内违法超限运输超过3次的货运车辆，由道路运输管理机构吊销其车辆营运证；对1年内违法超限运输超过3次的货运车辆驾驶人，由道路运输管理机构责令其停止从事营业性运输。

对未随车携带超限运输车辆通行证的，由公路管理机构扣留车辆，责令车辆驾驶人提供超限运输车辆通行证或者相应的证明。使用伪造、变造的超限运输车辆通行证的，由公路管理机构没收伪造、变造的超限运输车辆通行证，处3万元以下的罚款。

9 道路货物运输车辆基本知识

9.1 运输车辆技术知识

9.1.1 道路运输车辆改装相关知识

1 货运汽车组成部分的基本功能

发动机将燃料燃烧产生的热能转变为机械能，为汽车行驶提供动力。底盘主要由传动系统、行驶系统、转向系统和制动系统组成。传动系统接受发动机输出的动力传递给行驶系统，行驶系统再将接受的动力转化为驱动力，驱动汽车行驶。转向系统控制车辆的行驶方向，制动系统控制车辆减速停车。车身主要是为货物装载提供空间，承载车辆所有部件安装和货物载体的部件。

2 货运车辆非法改装

非法改装道路运输车辆，是指未经有关部门批准，擅自改变已获得道路运输证车辆结构、构造或者特征的车辆。非法改装道路运输车辆，将破坏车辆本身的结构和性能，给车辆行驶带来安全隐患，同时会造成道路运输市场的不公平竞争，不利于道路运输市场健康协调发展，危害很大。

3 非法改装货运车辆的情形

非法改装货运车辆主要包括：

（1）擅自改变车辆类型或用途。擅自将客车改为货车、货车改为客车、普通货车改为专用货车、专用货车改为普通货车。

（2）擅自改变车辆颜色。擅自将驾驶室和车身改为与原车辆不同的外观颜色。

（3）擅自改变车辆外廓尺寸或者承载限值。擅自加高、加宽、加长、拆除货厢拦板或者增加车辆外廓尺寸；擅自增加或者减少轮胎数量；擅自增加或者减少车轴数量。

9.1.2 货物运输车辆的安全防护装置

1 车辆安全防护装置

货车和挂车后部、侧面应设有符合要求的车身反光标识，后部的车身反光标识能体现车后部的高度和宽度。半挂牵引车应在驾驶室后部上方设置能体现驾驶室的宽度和高度的车身反光标识，其他货车应在后部设置车身反光标识。所有货车（半挂牵引车、多用途货车除外）、货车底盘改装的专项作业车和挂车应在侧面设置车身反光标识。侧面的车身反光标识长度应大于等于车长的50%。

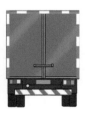

总质量大于7500千克的平头货车，应在车前至少设置一面前视镜或相应的监视装置。总质量大于3500千克的货车（半挂牵引车除外）

和挂车应提供防止人员卷入的侧面防护。货车列车的货车和挂车之间应提供防止人员卷入的侧面防护。侧面防护装置不可增加车辆的总宽。总质量大于 3500 千克的货车（半挂牵引车除外）和挂车（长货挂车除外）的后下部应装备符合规定的后下部防护装置，该装置对追尾碰撞的机动车应有足够的阻挡能力，以防止发生钻入碰撞。后下部防护装置的宽度不可大于车辆后轴两侧车轮最外点之间的距离（不包括轮胎的变形量），其下边缘离地高度不可影响车辆的通行能力。

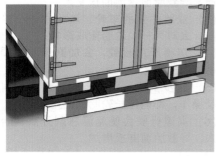

载货汽车车厢前部应安装比驾驶室高 70～100 毫米的安全架（自卸车、载质量 1000 千克以下的载货汽车除外）。

在寒冷地区营运的车辆的前风窗玻璃应装有除雾、除霜装置。燃油箱及燃油管路应坚固牢靠，不致因振动和冲击而发生损坏和漏油现象；车厢内不允许装设燃油供给系统；燃油箱的加油口及通气口应保证在车辆晃动时不漏油。

2 车载安全装置技术要求

道路货运车辆的安全带应可靠有效，安装位置应合理，固定点有足够的强度。车外后视镜和前下视镜易于调整，并能有效保持调整后的位置。驾驶室内风窗玻璃处，设置防止阳光直射而使驾驶员目眩的装置，且该装置在汽车发生碰撞时，不会对驾驶员造成伤害。所有车窗玻璃，不得张贴镜面反光太阳膜。道路运输车辆必须装备的安全防护装置有三角警告牌、

灭火器，灭火器在车上应安装牢靠并便于取用。总质量大于 3500 千克的货车，还应装备至少 2 个停车楔（如三角垫木）。

9.2 车辆性能与车辆维护

▶ 9.2.1 车辆性能

1 车辆性能与安全行车的关系

车辆性能主要包括动力性、燃油经济性、制动性、操纵稳定性、平顺性及通过性等，与行车安全最密切的是制动性、操纵稳定性和通过性。

2 制动性与安全行车的关系

制动性主要指标是制动效能、制动效能的恒定性、制动时的方向稳定性。制动效能指的是车辆迅速降低车速直至停车的能力。制动器抵抗热衰退和水衰退的能力，称为制动效能的恒定性。车辆在制动过程中维持直线行驶的能力或按预定弯道行驶的能力称为制动时的方向稳定性。车辆制动性差，遇到突发情况不能实现有效减速、平稳制动，甚至跑偏、侧滑，极易诱发交通事故。

3 操纵稳定性与安全行车的关系

操纵稳定性主要指标是纵向倾翻条件、横向侧翻条件，是指车辆抵抗力图改变其位置或行驶方向的外界影响的能力。操纵稳定性不良的操纵稳定性常常会引起侧滑或翻车。

4 通过性与安全行车的关系

通过性的主要指标是最小离地间隙、接近角、离去角、纵向通过角、最小转弯直径、内轮差，是指汽车在一定载质量条件下，能够以足够高的平均速度通过各种坏路、无路地带和克服各种障碍的能力。通过性差的车辆越野行驶时，可能出现车辆中间底部（或车头、车尾）触碰地面，或转不过弯，或轮胎打滑而无法通行的情况。

▶ 9.2.2 车辆检查和维护

1 车辆日常检查

道路货物运输驾驶员要做好出车前、行车

中、收车后的车辆检查。出车前，要检查车辆的技术状况、安全部位和货物装载等情况，发现安全隐患及时排除。运输中停车休息时，需要检查车辆有无漏油、漏水、漏气现象，胎压是否正常，胎面有无异物，发动机、制动鼓有无过热现象。收车后，需要检查车辆、清洁车辆、记录车辆行驶情况。

2　车辆维护

道路运输车辆的维护分为日常维护、一级维护和二级维护。汽车日常维护由驾驶员在每日出车前、行车中和收车后负责执行的车辆维护作业。一级维护和二级维护是由维修企业负责按期进行执行的车辆维护作业。道路运输车辆日常维护作业的中心内容是清洁、补给和安全检视。一级维护作业中心内容是清洁、润滑、紧固，并检查有关制动、操纵等安全部件。

二级维护作业中心内容是以检查和调整转向节、转向摇臂、制动蹄片、悬架等经过一定时间的使用容易磨损或变形的安全部件为主，并拆检轮胎，进行轮胎换位，进行轮胎换位的目的是使轮胎磨损趋于均衡，延长轮胎的使用寿命，防止轮胎不正常磨损，提高行车的安全系数。

9.3　车辆运行材料

9.3.1　运行材料使用常识

1　燃油

汽车燃油分为汽油和柴油两种。加注汽油、柴油时，应当根据车辆使用说明书要求选用规定牌号的汽油或柴油。

2　发动机润滑油

发动机润滑油简称"机油"，分为冬季用机油、非冬季用机油和多级机油（四季通用）三类。添加机油时，按照车辆使用说明书要求选用和定期更换规定牌号的机油，不同牌号的机油不能混用。

3　冷却液

冷却液是由蒸馏水与防冻剂按一定比例配制而成的，要按照车辆使用说明书要求选用和定期更换规定牌号的冷却液，不同牌号的冷却液不能混用。

4　风窗玻璃清洗液

风窗玻璃清洗液俗称"玻璃水"，主要由蒸馏水、清洁剂和酒精配制而成，分为夏季用和冬季用两种类型，添加时要根据气温情况来选用，要尽量避免混用不同牌号的清洗液。

9.3.2　轮胎的使用

1　轮胎使用寿命的影响因素

影响轮胎使用寿命的因素有轮胎气压、轮胎负荷、行驶速度、道路条件。轮胎气压过高、前轮定位失准、严重超载或偏载、轮毂变形等，都会使轮胎磨损加剧，都影响轮胎的使用寿命。

（1）轮胎气压过高，会使轮胎的胎冠中磨损加剧，导致轮胎刚性增大；

（2）轮胎气压过低，会加剧轮胎的胎冠两侧磨损，导致胎面接地面积变大；

（3）双胎并装的车轮，双胎中一个轮胎气压过低，会对另一个轮胎造成影响；

（4）车辆严重超载，会加剧轮胎磨损，轮胎容易龟裂、爆胎；

（5）起步平稳、平缓制动、合理控制车速的驾驶操作，都能延长轮胎的使用寿命；

（6）高速行驶会使胎温急剧升高，胎体刚性增大，导致胎面磨损增加。

2　轮胎的正确使用方法

（1）轮胎搭配使用时，同轴不混装新胎和旧胎、同轴不混装高压胎和低压胎、同轴不混装子午线轮胎和斜交轮胎；

（2）同一车轴上装用的轮胎必须同厂牌、同规格、同花纹、同气压标准；同一车轴上高压胎与低压胎、新胎与旧胎不得混装，子午线和斜交轮胎不得混装；

（3）转向轮轮胎花纹深度低于3.2毫米、后轮轮胎花纹深度低于1.6毫米等情况时，要更换轮胎。转向轮不能装用翻新轮胎；

（4）经常高速行驶的汽车不宜选用加深花纹和横向花纹的轮胎；经常低速行驶的汽车宜选用加深花纹或超深花纹的轮胎；经常在山区道路行驶的车辆应选择耐磨、稳定性好、散热好的轮胎；

（5）经常对轮胎气压进行检查和补气，保持正常的轮胎气压；

（6）防止超载。载货严格遵守额定的载质量，不得超载、偏载；

（7）更换新胎时，要经过动平衡测试，调整合格，前轴换新胎要成双更换。

9.4 汽车列车

▶ 9.4.1 货车列车制动、连接与分离装置

1 货车列车制动系统

货车列车行车制动系统的匹配，应保证满载状态下牵引车（或挂车）制动力与列车制动力的比值大于等于牵引车（或挂车）质量与汽车列车质量的比值的90%。牵引车拖带挂车时，挂车必须装有有效的制动装置。当挂车与牵引车意外脱离后，挂车应能自行制动，牵引车的制动仍应有效。

2 货车列车连接与分离装置

牵引车与被牵引车的连接装置应坚固耐用，牵引车和被牵引车连接装置的结构应能确保相互牢固的连接，货车列车牵引杆孔、牵引座牵引销的规格应与其挂车总质量相匹配。牵引车和被牵引车的连接装置上应装有防止机动车在行驶中因振动和撞击而使连接脱开的安全装置。牵引连接件、牵引杆孔、牵引座牵引销、连接钩及环形孔等机械连接件不应有可视裂痕，其磨损极限尺寸应符合有关规定。

▶ 9.4.2 牵引车与挂车的连接与分离

1 牵引车与挂车连接前检查

牵引车与挂车连接前，要检查连接装置是否安全可靠，有无受损件或脱落件。检查并清除牵引车牵引鞍座表面及挂车牵引销和牵引销板面上的沙土、灰尘或其他异物，并检查是否有足够的润滑脂，如果润滑脂不足应进行增补。然后检查操纵牵引鞍座锁止机构使锁止块张开，并确保锁止快张开成自由状态，挂车车轮是否垫稳，支撑是否牢固，装载的货物能否保证不会移动。

2 牵引车与挂车连接

第一步：操作支撑装置，使挂车牵引销板与牵引车牵引鞍座高度相适应，保证挂车的牵引销板比牵引车牵引鞍座的上平面中心位置低1~3厘米。

第二步：向后倒牵引车，车速应当尽量保持缓慢，牵引车与挂车中心线力求保持一致，两车中心线偏移量限于4厘米以内。牵引车鞍座口对准牵引销后缓慢倒至听到"咔嗒"声响后，锁止块回位时，牵引车与挂车成功牵引。

第三步：连接半挂车时，使牵引车的牵引座与挂车的牵引销连接后，将锁止杆置于锁止位置。连接全挂车时，将牵引车的牵引钩与挂车挂钩连接好，并将牵引钩锁止好。

第四步：连接制动管路接头、灯用电缆插头等，收起挂车的支撑腿。检查挂车气压是否达到正常值，转向灯以及尾灯是否正常工作。

3 牵引车与挂车的分离

第一步：选择能支撑住挂车质量的硬实平整地面停车，让牵引车与挂车成一条直线。将挂车的车轮进行固定，使其不能溜动。

第二步：分离半挂车时，先降下挂车支撑架，使挂车支撑腿与地面充分接触，保证两个支撑腿受力均匀。然后关闭充气管路开关，断开制动管路接头和灯用电缆插头，并放在相应位置固定，开启牵引座锁止机构，将牵引车驶离挂车。

10 道路货物运输相关知识

货运驾驶员培训教材

10.1 道路货物运输基本知识

10.1.1 货物运输的特点及分类

1 货物运输的特点

道路货物运输经营是指为社会提供公共服务、具有商业性质的道路货物运输活动。道路货物运输，既适合于中短途运输，也能在一定程度上满足长距离运输的需求。

2 货物运输的分类

道路货物运输分为不同的运输类型，包括道路普通货物运输、道路货物专用运输、道路大型物件运输、道路危险货物运输。

道路普通货物运输：货物性质普通，对运输车辆没有特殊要求的货物运输，形式主要有整车货物运输、零担货物运输。

道路货物专用运输：使用集装箱、冷藏保鲜设备、罐式容器等车辆进行的货物运输。

道路大型物件运输：运载具有超长、超高、超宽或质量超重等特点的大型物件的运输。

道路危险货物运输：使用特殊车辆进行易燃、易爆、有强烈腐蚀性等危险物品的特种运输。

3 道路普通货物运输

道路普通货物运输是指因货物本身的性质普通，在装卸、运送、保管过程中对运输车辆没有特殊要求的货物运输方式。零担货物是指一次托运不足装满整车，体积、质量和包装符合拼装成整车运输要求，并按质量或体积计算运费的货物。零担货物承运人发现禁运品时，应按照有关规定向相关部门报告，并及时通知托运人。

潮湿棉花、活性炭、干的植物纤维、20升以下的水性涂料都可以作为普通货物进行道路运输。压缩氮满足使用符合《气瓶安全技术监察规程》的无缝气、单个气瓶公称容积不超过50升、每个运输单元的压缩气体气瓶总水容积不超过500升条件时，可以作为普通货物进行道路运输。对于桶装的液体货物，应检查桶盖是否严密，桶体是否渗漏。道路普通货物运输驾驶员不得运输液氯、油纸、甲醇。根据国家相关标准，危险货物分为九类，属于危险货物的雷管、氧气、汽油、非易燃无毒气体等，不得作为道路普通货物运输。

4 道路货物专用运输

道路货物专用运输专指使用集装箱、冷藏保鲜设备、罐式容器等车辆进行的货物运输。集装箱运输的优点有物资损耗少、节约包装材料及费用、装卸效率高、货差货损少。整箱集装箱货运适用于货流量大、货流集中，中途不停靠站，直达目的地的整装整卸情况的货物运输。拼箱集装箱货运适用货源分散、托运人单件托运量小，运送目的地各不相同的情况的货物运输。

甩挂运输，是将牵引车按照预定运行计划，在货物装卸作业点，甩下所拖的挂车，换上其他挂车继续行驶的运输组织形式。甩挂运输有提高运输效率、减少装卸等待时间、降低运输成本、减少车辆空驶的优点。甩挂运输，比传统运输方式要节约更多的货物仓储设施。甩挂运输时，牵引车和挂车必须满足准牵引总质量与总质量匹配的条件，牵引车与挂车之间的电缆连接器、气制动连接装置、ABS形式及接口应符合规定且相互匹配。

冷藏保鲜专用运输，适用于在运输中必须保持一定的温度，以防腐坏变质货物运输，例如肉蛋蔬果、生鲜食品，都时宜选择冷藏保鲜专用运输。装载、运输冷冻货物时，应该紧密堆码、保持低温。装载、运输易腐货物时，应该保留间隙、保持温度与物品特性适宜。

罐式专用车辆运输。使用罐式专用车辆运输散装、具有一定流动性的货物，例如，运输柴油时宜选择罐式容器专用运输。罐式容器的罐体密封，运输易燃易爆货物时能大大降低事故风险，这体现了利于运输安全的特点。驾驶罐式车辆急转弯时，罐体内的液体会向侧壁堆积，增加车辆侧滑的风险，因此装载被隔板分割成若干个小的独立罐体的罐车时，应保证质量分布均匀。

5 道路大型物件运输

道路大型物件运输是运用载货汽车运载具有超长、超高、超宽或质量超重等特点的大型物件的运输方式。依法运输超宽超重的不可解体货物时，宜选择大件运输专用车辆。依法进行超限运输时，应按照规定将标志悬挂在货物超限的末端。

6 易掉落、遗洒或者飘散货物运输

《公路安全保护条例》规定，运输车辆装载物易掉落、遗洒或者飘散的，应当采取厢式密闭等有效防护措施方可在公路上行驶。公路上行驶车辆的装载物掉落、遗洒或者飘散的，车辆驾驶人、押运人员应当及时采取措施处理；无法处理的，应当在掉落、遗洒或者飘散物来车方向适当距离外设置警示标志，并迅速报告公路管理机构或者公安机关交通管理部门。

▶▶ 10.1.2 货物运输车辆主要类型与技术特点

1 道路货物运输车辆主要类型

根据《道路运输车辆技术管理规定》，道路不同货物运输车辆取得道路运输证，自首次经

国家机动车辆注册登记主管部门登记注册的，每12个月进行1次检测和评定。道路货物运输驾驶员不得擅自改变已获得道路运输证车辆的结构和特征。

根据《道路运输车辆技术管理规定》，从事道路运输经营的货物运输车辆的外廓尺寸、轴荷和最大允许总质量应当符合《道路车辆外廓尺寸、轴荷及质量限值》（GB 1589）的要求。国际道路运输车辆，技术等级应当达到一级。

经批准进行大件运输的车辆，行驶公路时应当遵守下列规定：

（1）采取有效措施固定货物，按照有关要求在车辆上悬挂明显标志，保证运输安全；

（2）按照指定的时间、路线和速度行驶；

（3）车货总质量超限的车辆通行公路桥梁，应当匀速居中行驶，避免在桥上制动、变速或者停驶；

（4）需要在公路上临时停车的，除遵守有关道路交通安全规定外，还应当在车辆周边设置警告标志，并采取相应的安全防范措施；需要较长时间停车或者遇有恶劣天气的，应当驶离公路，就近选择安全区域停靠。大件运输车辆及装载物品的有关情况应当与超限运输车辆通行证记载的内容一致。

2 货物运输车辆主要技术条件

机动车在车身前部外表面的易见部位上应至少装置一个能永久保持的、与车辆品牌相适应的商标或厂标。

发动机应能起动，怠速稳定，机油压力和温度正常。发动机功率应大于等于标牌（或产品使用说明书）标明的发动机功率的75%。

货运车辆正常行驶时，转向轮转向后应有一定的回正能力（允许有残余角），以使机动车具有稳定的直线行驶能力。装有转向助力装置的货运车辆，转向时其转向助力功能不应出现时有时无的现象，且转向助力装置失效时仍应具有用方向盘控制机动车的能力。

3 货物运输车辆技术要求

货运车辆应设置足以使其减速、停车和驻车的制动系统或装置，且行车制动的控制装置

与驻车制动的控制装置应相互独立。

货车驾驶室应配置手提式灭火器，灭火器的规格、放置位置及固定应符合相关规。总质量大于 3500 千克的货车，还应装备至少 2 个停车楔（如三角垫木）。轮胎的胎冠、胎壁不得有长度超过 25 毫米或深度足以暴露出帘布层的破裂和割伤以及凸起、异物刺入等影响使用的缺陷，并装轮胎间应无异物嵌入。

货车及半挂牵引车外廓尺寸的最大限值为，长度为 12 米，宽度为 2.55 米，高度为 4 米。货车列车外廓尺寸的最大限值为，长度为 20 米，宽度为 2.55 米，高度为 4 米。汽车及挂车的单轴、二轴组及三轴组的最大允许轴荷不应超过该轴或轴组各轮胎负荷之和。其他类型的车轴，最大允许轴荷不应超过该轴轮胎数乘以 3000 千克。货车、挂车及汽车列车的最大允许总质量不应超过各车轴最大允许轴荷之和。二轴货车的最大允许总质量限值为 18000 千克；三轴货车的最大允许总质量限值是 25000 千克；三轴铰接列车的最大允许总质量限值是 27000千克；四轴货车的最大允许总质量限值是 31000 千克；四轴铰接列车的最大允许总质量限值是 36000千克；五轴铰接列车的最大允许总质量限值是43000 千克；六轴铰接列车的最大允许总质量限值是 49000 千克。

4 道路运输车辆技术档案管理

根据《道路运输车辆技术管理规定》，道路运输经营者应当建立车辆技术档案制度，实行一车一档。档案内容应当主要包括：车辆基本信息，车辆技术等级评定、车辆维护和修理、车辆主要零部件更换、车辆变更、行驶里程、对车辆造成损伤的交通事故等记录。车辆所有权转移、转籍时，车辆技术档案应当随车移交。

5 道路运输车辆维护要求与车辆检测

根据《道路运输车辆技术管理规定》，道路运输经营者可以对自有车辆进行二级维护作业，保证投入运营的车辆符合技术管理要求，无需进行二级维护竣工质量检测。道路货物运输车辆的技术等级应该达到二级以上。

▶ 10.1.3 货物运输基本环节与运输质量要求

1 运输合同的订立

道路货物运单是承运人与托运人之间，为运输货物而签订的一种运输合同凭证。道路货物运单的作用是运输合同成立的凭证、承运人接受、保管、交付货物的凭证、记录车辆运行和作业统计的原始凭证、划清承、托、收三方责任的依据。

2 货物受理

承运人受理货物时，核对实际货物与运单记载的货物名称、数量、包装方式是否相符。发现货物与运单填写不符或可能危及运输安全的，不得办理交接手续。发现货物未按规定包装，应该请托运人按规定重新包装。承运包装不良，但不影响装卸和行车安全的货物时，应在运单上注明，以明确责任。发现货物包装贴有危险标志、货物包装破损，根据相关规定，应拒绝承运。

3 货物卸载及交接

货物运达承、托双方约定的地点后，道路货运驾驶员负责与收货人做好交接工作，发现货损货差，与收货人共同编制货运事故记录，交接双方在货运事故记录上，签字确认。货物交接时，承托双方对货物的质量和内容有质疑，均可提出查验与复磅。货物卸载后，货物的存放要遵守货物存放要求，分为按货物性质分类存放、按货物的流向存放、按照重不压轻的原则存放。

▶ 10.1.4 货运合同与保险、保价知识

1 合同履行

根据《合同法》规定，应当遵循公平原则确定当事人之间的权利和义务，当事人应当按照约定全面履行自己的义务。作为承运人的义务是将货物安全运达目的地，及时通知收货人来取货，不包括免费提供卸载货物服务。两个以上承运人以同一运输方式联运，与托运人订立合同的承运人对全程运输承担责任。货物交付收货人之前，可以满足托运人的中止运输、

返还货物、变更到达地点、将货物交给其他收货人的要求。

2 合同违约

《合同法》规定，当事人一方不履行合同义务或者履行合同义务不符合约定的，应当承担继续履行、采取补救措施或者赔偿损失等违约责任。托运人或者收货人不支付运费时，承运人对相应的货物享有留置权。收货人逾期提货时，可以向其收取保管费。因托运人申报不实而造成承运人损失，托运人承担损害赔偿责任。货物本身自然性质、包装存在内在缺陷、不可抗力原因造成的货物损失，承运人在举证后可以不负赔偿责任。

货物在运输中因山洪暴发而灭失，如果还未收取运费，道路货物运输驾驶员不能要求托运人支付运费。已收取运费的货物在运输中因地震而灭失，如果托运人要求返还运费，道路货物运输驾驶员应予以返还。

3 货物保险与保价

货物运输有货物保险和货物保价运输两种投保方式，两种形式的目的是相同的，都是托运人在货物运输前，为了在运输过程中，一旦被运送的货物出现损坏或丢失，可以通过向承运人或保险公司索赔得以补偿，而事先向承运人或保险公司支付一笔费用作为代价。两种形式的区别是保价运输承担责任、收费或理赔的对象是承运人，而货物保险承担责任、收费或理赔的对象是保险公司。选择哪种形式，采取所有货物自愿投保的原则，由托运人自行确定。货托运人选择货物保价运输时，申报的货物价值不得超过货物本身的实际价值。

10.2 货物装载知识

▶ 10.2.1 货物装载要求

1 货物装载质量、顺序

货运车辆装载应符合核定的在质量，载物的长、宽、高不得违反装载要求。成件包装货物的装载高度或宽度超出货车端侧板时，应梯形码放。

装载货物时，正确的做法在车门处放置隔离物、重不压轻、先远后近，有包装的在下面，无包装的在上面。装载袋装货物时，袋口应朝向车内。分配载货质量，尽可能降低车辆的重心、重货物装在车辆的中心、重货物装在下层。

2 货物拼装配载

拼装配载货物时，液体不与固体拼装、砒霜不能与食物拼装、干燥车厢装载纸张，严禁大蒜、油和茶叶拼装、普通货物和剧毒货物拼装。装载成件包装货物时，应排列整齐、紧密。

货物运输驾驶员协助并监督装卸人员按规程装载，发现潮湿发热的货物时终止装载，装载完后检查货物是否超限超载。

▶ 10.2.2 常见货物捆扎、固定及货物包装

1 货物捆扎、固定方法

货运车辆装载和加固要符合规定，货物的正确摆放、合理的捆扎和加固，使货物装载匀衡、稳定、合理的分布，可以保证在运输途中不发生移动、滚动、倾覆、倒塌或坠落等情况，确保完整、安全、迅速、合理，经济地运输货物。

固定能够承受压力且不会压缩变形的单件货物，适合使用横（纵）向下压捆绑法。固定原木、钢板等长条、成垛堆码的货物，适合使用整体捆绑法。货物拉牵固定法通常用于加固大件货物。货物捆绑不得有缺陷、不得损坏货物。

2 货物包装储运图示标志

货物运输包装是指使用适当的材料或容器并采用一定的技术，对货物在流通过程中加以保护的方法或手段，有效避免货物在一般外力作用或自然条件下发生破坏、变质、损失，将货物安全、完整、迅速地运至目的地，具有保障货物运输安全、便于装卸储运、加速交接点验等功能。

（1）易碎物品标志——表明运输包件内装易碎品，搬运时应小心轻放。

（2）禁用手钩标志——表明搬运运输包装件时禁用手钩。

（3）向上标志——表明运输包装件在运输时应竖直向上。

（4）怕晒标志——表明运输包装件不能直接照晒。

（5）怕辐射标志——表明该物品一旦受辐射会变质或损坏。

（6）怕雨标志——表明包装件怕雨淋。

（7）重心标志——表明该包装件的重心位置，便于起吊。

（8）禁止翻滚标志——表明搬运时不能翻滚该运输包装车。

（9）此面禁用手推车标志——表明搬运货物时此面禁止放在手推车上。

（10）禁用叉车标志——表明不能用升降叉车搬运的包装件。

（11）由此夹起标志——表明装运货物时可用夹持的面。

（12）此处不能卡夹标志——表明装卸货物时此处不能用夹持的面。

（13）堆码质量极限标志——表明该运输包装件所能承受的最大质量极限。

（14）堆码层数极限标志——表明相同包装件的最大堆码层数（含该包装件），n 表示层数极限。

（15）禁止堆码标志——表明该包装件只能单层放置。

（16）由此吊起标志——表明起吊货物时挂绳索的位置。

（17）温度极限标志——表明该运输包装件应该保持的温度范围。

（1）易碎物品标志　　（2）禁用手钩标志　　（3）向上标志　　（4）怕晒标志

（5）怕辐射标志　　（6）怕雨标志　　（7）重心标志　　（8）禁止翻滚标志

（9）此面禁用手推车标志　　（10）禁用叉车标志　　（11）由此夹起标志　　（12）此处不能卡夹标志

（13）堆码质量极限标志　　（14）堆码层数极限标志（图中 n 表示层数）　　（15）禁止堆码标志　　（16）由此吊起标志　　（17）温度极限标志

▶ 10.2.3 运输途中货物装载检查

1 运输途中物装载检查内容

为保证货物运输质量，避免运输过程出现货物掉落、遗洒或飘散及其他货损货差的情况，道路货物运输驾驶员应该在运输过程中经常检查货物捆扎、固定等情况，确保装载符合要求，货物完好，无丢失、损坏、变质、污染、烧毁、被盗等事故。

2 运输途中货物装载检查方法

道路货运驾驶员在运输途中，要随时通过后视镜观察货物的装载情况，长距离运输中应到服务区对货物进行检查，每次停车休息都要对货物的装载情况进行检查，避免因车辆颠簸出现固定不牢引起的货物掉落、遗洒或飘散情况。运输过程中做好装载检查的目的是为了防止货物变质、短缺、损失、腐烂、丢失等。

11 安全文明驾驶知识

11.1 职业道德与身心健康

▶11.1.1 道路货物运输驾驶员的职业道德

1 社会责任

道路货物运输驾驶员的社会责任感与道路运输安全息息相关，只有社会责任感强的货运驾驶员，才能为企业、个人创造更多的经济价值。

确保行车、运输安全是道路运输驾驶员对社会承担的一项重要责任。安全意识是道路运输驾驶员社会责任的核心，行车安全与驾驶技术是驾驶员履行社会责任的基础。货运驾驶员应承担的社会责任包括遵章守法、维护交通秩序，保证货物运输安全，节能减排、保护环境，为托运人提供优质服务。

2 职业道德

道路货物运输驾驶员的职业道德与行车安全有着密切关系。良好的职业道德，要求驾驶员在道路运输活动中要做到依法行车、安全礼让、规范操作、有序通行。

为了行车安全，驾驶员要经常保持冷静的心态，做到宽容、大度、忍让。平稳驾驶，妥善保管货物、避让有优先通行权的车辆、遇道路拥堵时耐心有序跟车、不具备会车条件时停车让对向来车先行等，都是良好的职业道德的具体表现。

3 职业道德总体要求

遵章守法。要求道路货运驾驶员运输过程中，严格按道路运输相关法规安全运输，保障货物完好无损地到达目的地。

依法营运。道路货运驾驶员从事道路运输，首先是经营主体合法。其次是经营行为合法。取得合法经营许可后，严格按照法定的条件和经营行为规范开展经营活动，做到保证货物托运人的财产安全。

诚实守信。要求道路货运驾驶员按照合同承诺进行道路运输。按照规定的时间、路线运输，确保货物安全准时到达目的地。超限运输时，要按批准的时间、路线、速度进行。发现货物包装破损时及时通知托运人。

公平竞争。招揽货物时，要依照统一规则，通过提高自己的服务标准和管理理念等手段参与竞争。

优质服务。道路货运驾驶员在运输服务中，遵循工作准则，根据托运人的实际需求提供规范、安全、优质、及时的运输服务，满足广大托运人日益增长、不断变化的运输需求。

规范操作。道路货运驾驶员必须掌握过硬的安全驾驶技能和丰富的专业知识，严格遵守安全操作规程。出车前做好日常维护、安全检视，行车中、收车后对车辆进行安全检查。行车中，严格遵守道路安全法律、法规的有关规定，自觉遵守道路交通信号。

▶11.1.2 道路货物运输驾驶员职业心理及应对

道路货运驾驶员要保持良好的心理素质和心理健康，及时纠正不良的心理，是预防道路运输事故的重要前提。不健康心理包括急躁心理、好胜心理、赌气心理、随众心理、麻痹心理、负重心理等，这些都是引发道路交通事故的主要因素。

1 急躁心理

道路货运驾驶员的急躁心理，不利于提高运输效率，容易导致交通事故。驾驶员的急躁心理会导致开快车、强行超车、频繁变更车道等危险行为。

2 自满心理

道路货运驾驶员出现自满心理，往往会形成一些违法驾驶习惯，导致驾驶员炫耀比拼车技、长时间单手握转向盘、开车打手机、开英雄车等行为，容易发生道路交通事故。

3 好胜心理

道路货运驾驶员的好胜心理是心理不成熟表现之一，主要表现在驾驶车辆时无视法律法规，强行超车、会车抢行，遇到别人争道抢行的不文明行为。

4 赌气心理

道路货运驾驶员的赌气心理，会把注意力集中在报复上，遇到一些驾驶人的行为影响到自己，往往采取强行超车挤压对方、不让加塞车辆、开远光灯对射等极端措施，会引发道路交通事故。

5 麻痹心理

道路货运驾驶员的麻痹心理，会使安全敏感性降低，容易忽视道路上关键的安全细节，导致以为车辆安全性能好不实行车辆三检制度、忽视交通风险情况借对向车道超车。

6 侥幸心理

道路货运驾驶员侥幸心理，容易产生违法行为，如驾驶故障车上路、交叉路口闯红灯、高速公路随意停、感到疲劳勉强继续驾驶、无交通信号灯控制路口转弯加速抢行通过等。侥幸心理是运输安全的极大隐患。

7 随众心理

道路货运驾驶员的随众心理主要表现为心理上对他人行为的追随和迎合，对自己的宽慰和谅解。随众心理会导致跟随其他车辆占用应急车道行驶、超速行驶，在拥堵路口、路段、事故现场跟随其他车辆抢行、加塞等。

8 寄托心理

道路货运驾驶员的寄托心理，把自己的安全和顺利通行寄托在对方驾驶员身上，从而导致见对向有来车时仍借道超车、在有障碍路段高速会车、见十字路口有行人正在通过时继续高速行驶，一旦对方驾驶员并未采取正当措施或避让，后果可想而知。

9 负重心理

道路货运驾驶员在工作、家庭、生活、婚姻等方面出现问题或者不如意时，会导致思想负担过重、精神压力大、情绪低落、思维迟钝的负重心理。会造成精力分散，注意力不集中，有时会处于苦思冥想的状态，遇到紧急情况极易发生交通事故。

▶11.1.3 道路货物运输驾驶员心理健康与调节

1 常见职业病及预防

道路货运驾驶员的不良职业环境以物理性有害因素居多。驾驶员长时间在固定的位置循环操作，如果不注意预防，容易患颈椎和消化系统职业病。

预防颈椎病的做法是座椅位置和高度合适、正确调整头枕的高度、保持正确的驾驶姿势、停车休息时活动颈部。

防胃病的做法是合理安排行程，定时适量饮食，少吃刺激性、生冷、不易消化等食物，保持情绪稳定，避免精神过度紧张，慎用对胃黏膜有损伤的药物。

2 预防驾驶疲劳

道路货运驾驶员长时间驾驶室内工作，车内空气质量差，如果长时间坐姿不良、行车时间过长，睡眠不足，容易导致驾驶疲劳。一旦出现驾驶疲劳，会导致驾驶员注意力分散、判断力降低、操作失误增加，安全性变差。驾驶员要通过各种手段保持清醒，可以通过停车休息，活动肢体、眺望远方、喝杯咖啡、小睡片刻等方法缓解驾驶疲劳。

3 注意药物的副作用

道路货运驾驶员服用对神经系统有影响的药物，会出现听力、视力、注意力减退、反应及操控能力下降、动作准确性下降，继续驾驶极易发生交通事故。因此，驾驶员服用镇静剂、止痛药、催眠药、兴奋剂等影响神经系统的药物后，不宜进行道路运输活动。

4 驾驶员反应时间对安全驾驶的影响

反应时间是指驾驶员从发现险情或危险到采取制动措施，需要一定的时间。应急反应时间是指驾驶员从辨识危险到采取制动的时间。驾驶员的情绪、车辆行驶速度，都会影响驾驶员的应急反应时间，驾驶员情绪剧烈波动时，应急反应能力会下降。

驾驶员反应快，遇到紧急情况可以及时作出准确判断和正确处置，是安全驾驶的积极因素。驾驶员反应慢，遇到紧急情况往往会感到措手不及，是安全驾驶的不利因素。

11.2 危险源辨识与防御性驾驶

▶ 11.2.1 基本理论知识

1 危险源辨识

危险源是可能造成危险或者事故的根源和状态，包括人的不安全因素、物的不安全因素、道路的不安全因素、行车环境不安全因素。

2 防御性驾驶

防御性驾驶又称为预见性驾驶，是驾驶员在行车过程中，能够准确地"预见"由其他驾驶员、行人、不良气候或路况而引发的危险，并能及时地采取必要、合理、有效的措施避免危险和防止事故发生的驾驶方式，可以避免或减少事故发生。

▶ 11.2.2 不同行驶状态下危险源辨识与防御性驾驶

1 车辆技术状况、货物装载危险源辨识与防御性驾驶

货运驾驶员要做好出车前、行车中、收车后的车辆检查。出车前，要检查车辆的技术状况、安全部位和货物装载、固定等情况，发现安全隐患及时排除。运输中停车休息时，需要检查车辆有无漏油、漏水、漏气现象，胎压是否正常，胎面有无异物，发动机、制动鼓有无过热现象，货物装载有无。收车后，需要检查车辆、清洁车辆、记录车辆行驶情况。

2 跟车危险源辨识与防御性驾驶

驾驶货运车辆跟车时，应预见前车随时可能转向、减速或紧急制动。跟行超载大型货车时，存在轮胎爆胎、载货较高阻挡视野，货物苫盖不牢掉落等危险。运输中跟行大型货车时，要增大跟车距离。遇超载超限大货车，要提前采取预防措施，以防载货较高阻挡视野，货物超载影响轮胎寿命导致爆胎，货物苫盖不牢时掉落的货物导致危险或事故。

3 会车危险源辨识与防御性驾驶

驾驶大型货车会车时，存在对向来车突然占道行驶，对向来车后方的行人、车辆突然横穿、大型载货汽车偏载、洒落等危险。

驾驶大型货车在道路上会车，要根据双方车辆及道路情况，适当降低行驶速度，选择安全交会地点，尽量靠道路右侧行驶。会车时，应注意对向来车后方的行人、车辆及车辆装载情况，随时准备预防突然情况带来危险。缺乏安全会车条件时，应该减速，必要时停车让行，不能盲目会车。

4 超车危险源辨识与防御性驾驶

驾驶大型货车超车时，存在前车不让行、让速不让路、让路不让速或让路后突然向左行驶等危险。驾驶大型货车超车，要选择道路宽直、视线良好、对面无来车且道路两侧均无影响超车障碍物的路段进行。确需借道超车时，驾驶员应该判断是否有足够的时间、空间完成超车，能否与被超车辆拉开安全距离后驶回原车道。准备超车时，应该提前开启左转向灯、鸣喇叭，夜间变换远近光灯提示前车。超车后，应与被超车拉开安全距离后打转向灯驶回原车道。

驾驶大型货车让超车时，存在后车超越后迅速向右转向、强行超车等危险。驾驶货运车辆运输中，发现后车示意超车，如果条件允许，驾驶员应该及时减速靠右让行，不得加速不让

后车超越或者加速向右变更车道。同时，要预防后车超车后突然向右变道的情况，随时做好减速或停车避让的准备。

5 变更车道危险源辨识与防御性驾驶

驾驶大型货车变更车道，存在两侧的车辆加速行驶、对向车违法占道、前方车辆突然变道、盲区内有行驶的车辆等危险。

驾驶货运车辆变更车道时，要注意观察道路两侧和后方道路交通情况，确认安全后提前开启转向灯，仔细观察，注意盲区内是否有车辆行驶，确保安全后逐渐变更车道。变道结束后，应及时关闭转向灯，以免给其他车辆传递错误的信号。

6 转弯危险源辨识与防御性驾驶

驾驶大型货车转弯，存在对面弯道内有车辆或行人占道行驶、转弯后轮驶出路面或碰擦行人和车辆、交叉路口两侧有车辆闯红灯、转弯盲区内有行人或非机动车等危险。

驾驶货运车辆转弯时，要提前降低车速，注意观察弯道或路口的交通情况。根据车辆的内轮差选择转完时机和角度，注意前后轮之间的内轮差，确保前轮通过后，能给后轮留有足够的余量，避免造成后轮驶出路面或刮蹭行人和车辆。通过十字路口，要提前减速，观察路况，观察是否有违法通行的人和车，红灯亮时应停车等待。在路口右转时要特别注意右侧的盲区及内轮差。转弯时，要正确使用转向灯，不得开启转向灯后立即转弯。

7 倒车危险源辨识与防御性驾驶

驾驶大型货车倒车，存在车后方和盲区内有玩耍的儿童、突然通过的行人、及他妨碍倒车障碍物等危险。

驾驶大型货车倒车前，要在车下检查车辆后方和盲区，排除不安全因素，确认倒车安全。运输中需要倒车时，应该下车检查确认安全，倒车过程中保持较低车速，发现危险立即停车，确保倒车安全。

8 掉头危险源辨识与防御性驾驶

驾驶大型货车掉头，存在有车辆突然从左侧超越、对向有加速驶来的车辆、妨碍正常通行的车辆和行人、造成道路阻塞等危险。

驾驶大型货车掉头时，要根据道路条件或交通情况，尽量选择车流量少、道路较宽、能一次完成掉头且允许掉头的路段进行，选择的掉头路段不得妨碍正常通行的车辆和行人。掉头时，提前开启左转向灯，严格控制车速，不妨碍其他车辆正常行驶，不得在禁止左转弯的路口掉头。

▶ 11.2.3 典型道路环境下危险源辨识与防御性驾驶

1 山区道路危险源辨识与防御性驾驶

驾驶大型货车进入山区道路行驶，存在道路弯多、坡多、路险、气候多变、复杂情况多，可能会出现团雾、滑坡、塌方、泥石流、坑洼等危险路段。

驾驶大型货车进入山区道路行驶前，应提前了解山区气象条件，检查车辆制动、转向性能，确保车辆技术状况良好。通过山区道路时，应时刻关注车辆的制动效能，防止出现制动失效。转弯时，在弯前减速减挡。窄路会车，提前挂入低速挡，低速交会。上陡坡时，应根据坡度选择能一次驶到坡顶的挡位，不得紧紧跟在前车后面爬坡。在长下坡路段行驶，使用缓速器或开启排气制动控制车速，避免频繁使用行车制动，严禁空挡滑行。通过经常发生塌方、泥石流的路段，应在确认安全后尽快通过。遇到团雾要减速行驶，确保发现前突然方情况能及时安全避让。

2 通过桥梁危险源辨识与防御性驾驶

驾驶大型货车通过桥梁，存在桥面有损坏时车辆、行人、非机动车突然占道或绕行的危险。跨海大桥上有强烈横风、冬季桥面有结冰或积雪等危险。

驾驶大型货车通过桥梁时，应注意观察桥头的交通标志和提示，观察路况，条件允许时安全通过，不得加速抢在其他车辆前上桥。要避免在窄桥上会车、制动和停车。在跨海大桥上遇到强烈横风时，应该双手握稳转向盘，合理控制车速，与并行车辆保持安全的横向距离，不得加速通过。通过险桥等危险地段，发现对面来车时停车等待，避免在危险地段会车。发现前方路段有危险时，要下车查明情况，确认安全后尽快通过，确认不能通过时向企业报告后绕道。

3 通过隧道危险源辨识与防御性驾驶

驾驶大型货车进入隧道，存在车载高度超过限制高度、隧道内照明条件差、隧道内有故障车、隧道口有横风或行人横穿、进出隧道明暗变化造成驾驶员出现暂短"失明"等危险。

驾驶大型货车驶入隧道前，应注意限高、限速标志，选择绿灯亮的车道行驶，距隧道约100米处开启前照灯。遇前方有缓慢行驶的车辆，应跟车行驶，不得超越。在照明条件不良的隧道跟车行驶，跟车距离应适当增加。驶离隧道时，为了降低横风和明适应的影响，应严格遵守限速规定，双手握稳转向盘，同时警惕隧道口有人横穿，不得加速通过。驾驶大型货车辆在隧道内出现故障必须临时停车时，应尽量停在隧道内专门的避险区，不得在隧道内中央隔离带、隧道的入口或出口停车。

4 高速公路危险源辨识与防御性驾驶

驾驶大型货车进入高速公路行车，存在车速快、交通环境单一，容易感到枯燥、松懈或困倦、容易疲劳、客货车不按照限速规定占用最内侧行驶车道或者超车道、燃油补充错过服务区耗尽停在高速公路、经常会有施工路段等危险。

驾驶大型货车驶入高速公路前，应了解天气情况、道路通行状况、提前熟悉行驶路线、检查车辆安全状况等准备工作。根据燃油消耗情况，提前选择补充燃油的服务区。驾驶大型货车在高速公路行驶，要保持精力充沛，注意力集中，感到枯燥、松懈或困倦尽快到服务区休息。行驶中正确选择行车道，避免在超过限速规定的车道行驶。通过施工路段或者在施工现场，按照道路标志或者施工人员指挥通过。

5 夜间危险源辨识与防御性驾驶

驾驶大型货车夜间行车，有很多潜在的危险因素，由于夜间车灯的照射范围和亮度有一定限度，驾驶员的视线受到限制，遇到突发情况，反应和处置的时间相对较短，危险性大。会车对面来车不关闭远光灯，近距离会车两车灯光交汇处会出现盲区，后方尾的随车辆开启远光灯，车辆故障车辆不开车灯停在照明不良的路边，都是引发交通事故的危险源。

夜间驾驶大型货车行驶时，要控制好跟车距离，确保车辆的制动距离在前照灯照射范围内。跟车行驶要保持比白天更大的距离。在无中央隔离、照明不良的路段会车时，应距对向来车150米时以外改用近光灯。对向来车使用远光灯时，变换远近光灯提示对方。对方持续使用远光灯时，应避免直视对面来车灯光，减速或停车靠路边让行，会车时要特别注意两车灯光交会处的盲区。发现路旁停有车辆或自行车时，注意观察动态变化，随时准备避让危险行为。

夜间因故障在路边长时间停车，应选择安全的停车地点，停车后开启危险报警闪光灯、示廓灯，按规定放置警告标志。

6 通过铁路道口危险源辨识与防御性驾驶

驾驶大型货车通过铁路道口，存在车辆道口内发动机突然熄火、有列车通过、铁路对面道路车辆拥堵等危险。

驾驶货运车辆通过铁路道口时，驾驶员应该提前换入低挡，低速平稳通过道口，不得在道口内减挡或者加速通过道口。通过有人看守的铁路道口，发现栏杆刚开始下降时，应及时在停止线前停车，不得加速通过。通过无人看守的铁路道口时应该做到"一停、二看、三通过"，严禁与火车抢行。

7 通过城乡接合部危险源辨识与防御性驾驶

驾驶大型货车通过城乡接合部，存在人车通行混乱、摊位占用机动车道、经常会出行人或自行车突然横穿道路等危险。

驾驶大型货车通过城乡接合部时，应根据道路特点，考虑到各种不安全因素，注意观察路边行人、非机动车动向，避开避开占路摊位。遇路口通行混乱时，减速让行，必要时停车避让，不得频繁鸣喇叭或者加速通行。

8 乡村道路危险源辨识与防御性驾驶

驾驶大型货车在乡村道路行驶，存在道路等级相对较低、路窄且路面缺乏养护、照明条件差、行人和非动车占道通行、路边有放牧的牲畜和其他野生动物随时横穿、沙土路前方车辆扬起沙尘影响视线等危险。

驾驶大型货车在乡村道路行驶时，要注意观察道路上的各种动态，警惕随意穿行的人或动物。遇到行人横过道路时，应减速慢行或停车让行，不得鸣喇叭后从左、右两侧超越。遇到畜力车或者路边有放牧的牲畜、穿行的其他动物，不得鸣喇叭，要减速并随时准备停车。通过扬尘路段时，应低速慢行，必要时可以开启车灯、鸣喇叭示意。

▶ 11.2.4 恶劣气象条件下危险源辨识与防御性驾驶

1 雨天行车危险源辨识与防御性驾驶

雨天，路面湿滑，制动距离延长，桥涵、低洼区域积水，通行困难。雨天路上行人、骑车人视线受限，观察和反应能力下降。雨天行车，存在视线不良、路面湿滑、车辆制动效能降低、行人和非机动车通行混乱、路面积水易发生侧滑或"水滑"现象等危险。

驾驶货大型货车在雨天行车，应开启前照灯、示廓灯和后位灯，控制行驶速度，避免制动过急或急转转向盘。跟车行要保持干燥路面 1.5 倍以上的距离，与行人和非机动车，保持比晴天更大的横向、纵向的安全间距。行车中，出现"水滑"现象时，应握稳转向盘，松抬加速踏板，避免紧急制动。雨天涉水行驶后，应轻踩制动踏板，以恢复制动器工作效能。

2 雪天行车危险源辨识与防御性驾驶

驾驶大型货车雪天行车，存在积雪覆盖路面、压实或结冰路面滑溜、操作不当会出现侧滑或翻车等危险。

雪天驾驶大型货车在积雪路面行驶时，有条件的要安装防滑链，低速平稳行驶，积雪覆盖路面找好参照物，有车辙的路段沿车辙行驶，在路面积雪压实或结冰路段要低速度行驶。减速时，驾驶员应该轻踩制动踏板，同时控制车辆行驶方向。发现前方路面大面积结冰，应寻找安全地点停车，不得紧急制动停车或者加快车速继续行驶。

3 雾（霾）天行车危险源辨识与防御性驾驶

驾驶大型货车辆雾（霾）天行车，存在能见度低、前方车辆突然制动、对面来车不按规定使用灯光或占道行驶、路边有非机动车、行人占道通行等危险。

驾驶大型货车在雾天行驶时，驾驶员应该

开启近光灯、雾灯、示廓灯、前后位灯和危险报警闪光灯，合理控制车速，增大跟车和会车间距，注意避让非机动车和行人，适时鸣喇叭，能见度过低时在安全地点停车。高速公路遇能见度低于 10 米的大雾时，降低车速至 5 公里/小时以下，尽快从最近的出口驶离高速公路，不得在高速公路中继续行驶。

4 高温天气行车危险源辨识与防御性驾驶方法

驾驶大型货车高温天气行车，存在驾驶疲劳、轮胎胎温和胎压发生变化、发动机温度升高冷却液沸腾等危险。

驾驶大型货车在高温天气行车，驾驶员要充分休息，保证有充沛的精力。行车中要注意观察仪表，检查胎温和胎压的变化。发现冷却液温度表读数达到 100℃ 时，及时停在安全地点降温，停车后不得马上补充冷却液。发现轮胎温度过高，停在阴凉处降温，不得采取给轮胎放气或向轮胎浇凉水的方法降温。运输中感到疲劳时，驾驶员应该用正确的方法缓解疲劳，例如在安全地点停车休息，不得勉强坚持驾驶。

5 风沙天气行车危险源辨识与防御性驾驶

驾驶大型货车风沙天气行车，存在空气浑浊、视线不良、能见度低、视线模糊、视野变窄，扬沙路段前方车辆卷起的尘土会遮挡视线，遇大风时货物的苫盖被吹掉、装载偏移等危险。

驾驶大型货车在风沙天气行车，要严格遵守各行其道的原则，不占道行驶，注意观察前方和道路两旁的车辆和行人；根据能见度选择车速、光灯；扬沙路段跟车行驶，适当加大跟车距离；遇大风影响行驶时，把车停到能避风的地点，并对货物的苫盖与捆扎进行检查与加固。

11.3 高速公路避险与紧急情况应急处置

▶ 11.3.1 高速公路避险知识

1 高速公路应急避险

在高速公路上行驶，突然发现前方有遗撒

物品时，应果断采取制动措施，严谨急打方向避让。车辆发生故障需要临时停车时，应开启危险报警闪光灯，按规定放置警告标志，拨打救援电话，在护栏外等待救援。

2 高速公路避险车道使用

高速避险车道用于车辆制动失效或其他紧急情况失控时紧急减速或停车，为失控车辆从主线中分流，避免对主线车辆造成干扰，实现使失控车辆平稳停车，避免出现人员伤亡、车辆严重损坏和装载货物严重散落的现象。驾驶大型货车非紧急情况下，不得占用高速避险车道停车休息或检查车辆或货物。

▶ 11.3.2 紧急情况应急处置

1 突然出现障碍物应急处置

驾驶大型货车行驶中，突然遇到路面障碍、坑洼、从前车掉落的货物、交通事故或事故车辆逃逸留下的现场、山区道路发生塌方或者泥石流时，要果断采取制动减速措施，尽量将车速降到最低或能在临近障碍物前停车，严禁急转转向盘躲避或绕行。

2 行人及动物突然横穿应急处置

驾驶大型货车行驶中，突然遇到行人和非机动车违法横穿道路、牲畜和保护动物穿越道路等情况时，要及时采取制动减速避让的措施。在高速公路突然遇到违法进入的行人、机动车和穿越的牲畜、动物时，唯一的方法就是减速制动，不得采用急转转向盘躲避或者绕行，以防发生车辆倾翻事故。通过没有交通信号的路口，突然发现有行人或非机动车突然横穿时，应迅速减速或停车避让，不得加速绕行或抢行。

3 发生火灾的应急处置

大型货车行驶中，发生车辆自燃，驾驶员应在来车方向设置警告标志，及时报警，使用车内备用的灭火器灭火。发动机起火时，道路货物运输驾驶员应迅速关闭发动机，不要打开发动机舱盖灭火。发现货物起火，迅速拨打救援电话，并将车驶离闹市区等人员密集场所，有条件时将起火的货物卸下，采取各种措施尽量灭火。车辆因碰撞起火，首先要抢救伤员。大型货车有爆炸隐患时，应及时采取措施消除隐患，如果爆炸已不可避免，迅速撤离到安全地带。

4 突遇自然灾害的应急处置

驾驶大型货车在山区道路行驶，听到旁边的深谷或沟内传来轰鸣或闷雷般的声音时，应预见可能会发生泥石流等自然灾害发生。运输中突遇泥石流时，迅速弃车向泥石流方向两边的高地逃生，逃生时应注意不要携带重物。运输中突遇地震时，应避开建筑物、电线杆，在开阔地带避震。

5 应对恐怖袭击的处置

驾驶的大型货车被恐怖分子劫持后，要保持冷静，不主动对抗、激化矛盾，寻找时机向警方求救。向警方求救时，尽可能提供双方的详细信息，如所在位置、人质数量、恐怖分子人数及所持器械等及可以依靠的有利条件。

11.4 车辆安全检视与轮胎更换

▶ 11.4.1 货运车辆安全检视

1 行车前安全检视的部位

货车驾驶员在出车前，重点检查车辆的技术状况、安全部位和货物装载等情况，发现安全隐患及时排除。货运车辆安全检视主要包括车辆外观检查、发动机舱检查、驾驶舱内部检查。

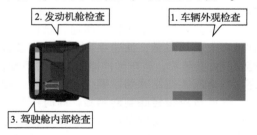

2 安全检视的内容和要求

车辆外观检查：
（1）轮胎气压及磨损、轮胎紧固件；
（2）转向横直拉杆；螺栓、传动轴及万向节；
（3）前桥、后桥、车架、悬架、U形螺栓、传动轴及万向节；
（4）储气筒、制动管路；
（5）风窗玻璃、车灯和反光标志、外后视

镜、燃油箱、蓄电池、备胎、号牌；

（6）驾驶舱翻转机构、车厢栏板、后下部防护装置、侧防护装置、牵引车与挂车连接装置。

发动机舱检查：

（1）润滑油、冷却液、风窗清洗液、制动液、转向助力油、管路；

（2）传动带、高低压线路。

驾驶舱内部检查：

（1）仪表、转向盘自由行程、驻车制动器、变速器操纵装置、缓速器操纵装置；

（2）离合器踏板、制动踏板、加速踏板行程；

（3）安全带、内后视镜等安全设施及装置；

（4）车门、车内灯。

检查要求和标准一览表

检查部位	检查内容	要求和标准
车辆外观	轮胎	气压标准、无夹石、无破裂、螺丝无松动
	转向横直拉杆	无松脱、无损坏
	前桥	无断裂
	后桥	驱动桥壳温度正常、无漏油
	车架	无裂痕、无断裂
	悬架	完好、无松脱，钢板弹簧无断裂、扰度正常
	U 形螺栓	无松动
	传动轴	螺栓无松动
	万向节	螺栓无松动
	储气筒	完好、无漏气
	制动管路	无漏气
	风窗玻璃	完好、清晰、无裂痕
	车灯	齐全、有效、无损坏
	反光标志	齐全、完好
	外后视镜	完好、调整得当
	燃油箱	完好、无渗漏
	蓄电池	清洁、无漏液、连接牢固
	备胎	齐全、无松动
	号牌	完整、有效、清晰
	驾驶舱翻转机构	链接牢固、翻转灵活、无卡滞
	车厢栏板	完好
	后下部防护装置	完好、无断裂
	侧防护装置	完好、无断裂
	牵引车与挂车连接装置	齐全、完好、链接牢固
发动机舱	润滑油	正常、色清、无杂质
	冷却液	充足、无漏水
	风窗清洗液	充足、无漏液
	制动液	充足、无漏液
	转向助力油	无漏液
	管路	无漏气、无漏油
	传动带	无起皮、无脱落、无破损
	高低压线	无松脱、无破损

检查部位	检查内容	要求和标准
驾驶舱内部	仪表	齐全、有效
	转向盘自由行程	最大自由转动量不大于10°
	驻车制动器	完好、可靠
	变速器操纵装置	完好、无卡滞
	缓速器操纵装置	完好、有效
	离合器踏板	完好、无卡滞
	制动踏板	完好、无卡滞
	加速踏板	完好、无卡滞
	安全带	完好、有效
	内后视镜	完好、调整得当
	车门	齐全、灵活、可靠
	车内灯	齐全、有效

3 行车中、收车后车辆安全检视方法

道路货运驾驶员要按照安全驾驶的内容、方法、要求和标准做好出车前、行车中、收车后的车辆检查。运输途中，要经常检查货物捆扎、堆垛、偏载情况，防止货物丢失。运输中停车休息时，要检查车辆有无漏油、漏水、漏气现象，胎压是否正常，胎面有无异物，发动机、制动鼓有无过热现象。收车后，要检查车辆、清洁车辆、记录车辆行驶情况。安装有卫星定位系统车载终端设备、行车记录设备、视频监控设备等的，确认设备齐全、工作正常。

11.4.2 货运车辆轮胎更换

1 轮胎更换步骤

（1）用气压表检查后轮外侧轮胎气压。

（2）在其余前后轮下加止动块。

（3）拆卸备胎。

（4）按顺序旋松后轮胎螺母。

（5）用千斤顶顶起后轮。

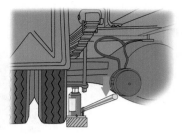

（6）旋下螺母，卸下轮胎。

（7）安装备胎。

（8）按螺母紧固顺序预紧固轮胎螺母。

（9）放下千斤顶，紧固所有螺母至规定力矩。

（10）将替换下的损坏轮胎固定到备胎架上。

2 轮胎更换的要求

（1）用气压表检查后轮外侧轮胎气压后，读出气压值；

（2）在其余前后轮下加止动块；

（3）使用专用工具卸下备胎，用气压表检查备胎气压后，读出气压值；

（4）旋松后轮胎螺母；

（5）用千斤顶顶在后桥规定的位置将后轮支起；

（6）按顺序将轮胎螺母松掉后，卸下轮胎（操作时可用撬棒上抬轮胎进行辅助操作）；

（7）安装备胎，两轮轮辋通风口应对准，两胎气门嘴应对称排列，按180°分开；

（8）旋上后轮胎螺母，按对角顺序预紧固轮胎螺母，使螺母的锥形端面与螺栓孔的锥形端面紧密配合；

（9）放下千斤顶后，逐一将轮胎螺母再紧固一遍，使旋紧力矩达到规定数值，增加紧固力度；

（10）将换下的轮胎安装到备胎支架上，将工具放回原位。

12.1 道路货物运输法律法规及相关知识

▶ 12.1.1 判断题

1. 道路货物运输驾驶员享有依法获得安全生产保障的权利，并应该依法履行安全生产义务。

答案：√

2. 对于依法制定的保障安全生产的国家标准和行业标准，道路货物运输驾驶员可以作为参考，不是必须执行。

答案：×

3. 道路货物运输驾驶员应自行配备劳动防护用品，并按照规定佩戴、使用。

答案：×

4. 道路货物运输驾驶员在劳动合同中发现"发生交通事故，个人承担责任"的条款，根据《安全生产法》，该合同无效。

答案：√

5. 道路货物运输驾驶员发现直接危及人身安全的紧急情况时，有权在采取可能的应急措施后撤离车辆。

答案：√

6. 道路货物运输驾驶员因生产安全事故受到损害，可依法享有工伤保险。

答案：√

7. 发现事故隐患后，道路货物运输驾驶员应该直接处理，不必向本企业安全生产管理人员报告。

答案：×

8. 劳动合同是劳动者与用人单位确立劳动关系、明确双方权利和义务的协议。

答案：√

9. 道路货物运输驾驶员与道路运输企业建立劳动关系时，可以不订立劳动合同。

答案：×

10. 订立和变更劳动合同应该遵循平等自愿、协商一致的原则，不得违反法律、行政法规的规定。

答案：√

11. 道路货物运输驾驶员必须履行劳动合同规定的义务。

答案：√

12. 道路货物运输驾驶员有协助、配合有关部门开展反恐怖主义工作的义务，发现恐怖活动嫌疑或者恐怖活动嫌疑人员时，应当及时向公安机关或者有关部门报告。

答案：√

13. 道路货物运输企业应该实行安全查验制度，对客户身份进行查验，依照规定对货物进行安全检查或者开封验视。

答案：√

14. 国家鼓励货运经营者实行封闭式运输，保证环境卫生和货物运输安全。

答案：√

15. 道路货物运输驾驶员应该遵守道路运输操作规程，不得违章作业。

答案：√

16. 发生交通事故、自然灾害以及其他突发事件，道路货物运输经营者应该服从县级以上人民政府或者有关部门的统一调度、指挥。

答案：√

17. 货车应该规范装载，装载物可以触地拖行。

答案：×

18. 超限运输车辆需要在公路上临时停车时，应该在车辆周边设置警告标志，并采取相应的安全防范措施。

答案：√

19. 大件运输车辆及装载物品的有关情况可以与超限运输车辆通行证记载的内容不一致。

答案：×

20. 道路货物运输驾驶员进行超限运输时未随车携带超限运输车辆通行证，将被公路管理机构扣留车辆。

答案：√

21. 道路货物运输驾驶员使用伪造、变造的超限运输车辆通行证，由公路管理机构没收伪造、变造的超限运输车辆通行证，并处以罚款。

答案：√

22. 道路货物运输车辆的技术等级应该达到二级以上。

答案：√

23. 道路货物运输经营者可以对自有车辆进行二级维护作业，保证投入运营的车辆符合技术管理要求，并且必须进行二级维护竣工质量检测。

答案：×

24. 道路货物运输驾驶员不得擅自改变已获得道路运输证车辆的结构和特征。

答案：√

25. 根据《道路运输从业人员管理规定》，申请人在从业资格考试中有舞弊行为的，取消当次考试资格，考试成绩无效。

答案：√

26. 道路货物运输驾驶员违反从业资格管理规定且尚未接受处罚，可以直接办理从业资格证的换发、补发及变更手续。

答案：×

27. 道路货物运输驾驶员从业资格证违章记录栏内的记录是诚信考核和计分考核的依据。

答案：√

28. 道路货物运输驾驶员在诚信考核周期内累计计分达到 20 分，且未按照规定参加继续教育培训，将被列入黑名单，并向社会公告。

答案：√

29. 道路货物运输驾驶员应在从业资格证许可的范围内从事道路运输活动。

答案：√

30. 春运、黄金周等客流高峰时，可以驾驶货车从事经营性道路旅客运输活动。

答案：×

31. 未取得道路危险货物运输许可，不得从事危险货物道路运输。

答案：√

32. 驾驶员必须取得道路危险货物运输从业资格证，才能从事危险货物道路运输活动。

答案：√

33. 可以将危险货物与普通货物混装运输。

答案：×

12.1.2 单选题

1. 道路货物运输驾驶员被道路运输企业聘用后，未参加安全生产教育和培训，将受到什么限制？
   A. 不得上岗作业
   B. 只能进行短途运输
   C. 运输时须他人陪同

答案：A

2. 道路货物运输驾驶员向监管部门举报所属企业不按规定进行车辆维护，这是行使了什么权利？
   A. 拒绝违章指挥
   B. 获得工伤保护和民事赔偿
   C. 对安全生产隐患进行批评、检举和控告

答案：C

3. 劳动合同从何时起具有法律约束力？
   A. 驾驶员入职上岗时
   B. 劳动合同依法订立时
   C. 驾驶员通过试用期时

答案：B

4. 一般情况下，道路货物运输驾驶员解除劳动合同时应该如何通知道路运输企业？
   A. 提前 30 日以书面形式通知
   B. 提前 30 日以口头形式通知
   C. 提前 10 日以书面形式通知

答案：A

5. 道路货物运输驾驶员去某道路运输企业应聘，企业要求上交身份证，待入职之日归还，如何评价这种行为？
   A. 双方协商决定是否上交身份证
   B. 驾驶员必须将身份证上交给企业
   C. 企业行为违反《劳动合同法》

答案：C

6. 道路货物运输驾驶员去某道路运输企业应聘，企业要求收取 500 元的入职培训费，如何评价这种行为？
   A. 企业行为违反《劳动合同法》
   B. 驾驶员必须缴纳这笔入职培训费
   C. 双方协商决定是否缴纳培训费

答案：A

7. 如何看待道路货物运输驾驶员拒绝企业管理人员违章指挥、强令冒险作业的行为？
   A. 违反了企业管理规定
   B. 违反了劳动合同
   C. 依法行使安全生产权利
   答案：C

8. 变更劳动合同时应该采用什么形式？
   A. 口头　　　　B. 书面　　　　C. 电子
   答案：B

9. 道路货物运输驾驶员应如何对待企业的《应急预案》和《应急演练组织办法》？
   A. 不予理会
   B. 阅读并熟知
   C. 出事故后才需要了解
   答案：B

10. 遇到法律、行政法规禁止运输的货物时，应该怎么做？
    A. 直接运输　　B. 少量运输　　C. 拒绝运输
    答案：C

11. 法律、行政法规规定必须办理有关手续后方可运输的货物，货运经营者应当怎么做？
    A. 办理相关手续
    B. 查验有关手续
    C. 审核相关手续
    答案：B

12. 遇到法律、行政法规规定必须办理有关手续后方可运输的货物时，应该怎么做？
    A. 查验有关手续后运输
    B. 按普通货物运输
    C. 拒绝运输
    答案：A

13. 运输不可解体物品需要改装车辆时，应该由谁按照规定的车型和技术参数进行改装？
    A. 具有资质的道路运输企业
    B. 具有资质的车辆生产企业
    C. 具有资质的车辆检验单位
    答案：B

14. 道路货物运输经营者想承运一批外廓尺寸超过公路限宽、限长标准的不可解体货物，应该向哪个部门申请公路超限运输许可？
    A. 交通运输管理部门
    B. 城市管理部门
    C. 公安交通管理部门
    答案：A

15. 道路货物运输驾驶员一年内违法超限运输超过几次，将被责令停止从事营业性运输？

A. 1 次　　　　B. 2 次　　　　C. 3 次
    答案：C

16. 根据《超限运输车辆行驶公路管理规定》，车货总高度从地面算起超过多少米的货车是超限运输车辆？
    A. 4 米　　　　B. 4.3 米　　　　C. 5 米
    答案：A

17. 根据《超限运输车辆行驶公路管理规定》，车货总宽度超过多少米的货车是超限运输车辆？
    A. 2.25 米　　　B. 2.55 米　　　C. 3 米
    答案：B

18. 进行超限运输需要对道路进行加固、改造时，所需费用由谁承担？
    A. 公路管理机构
    B. 托运人
    C. 承运人
    答案：C

19. 大件运输车辆通行公路桥梁时，哪种做法是正确的？
    A. 匀速居中行驶
    B. 低速靠右行驶
    C. 随意制动停车
    答案：A

20. 大件运输车辆需要较长时间停车时，哪种做法是正确的？
    A. 在应急车道停车，设置警告标志
    B. 驶离公路，在附近安全区域停车
    C. 在避险车道停车，采取防范措施
    答案：B

21. 申请公路超限运输许可时，隐瞒有关情况或者提供虚假材料，几年内不准申请公路超限运输许可？
    A. 3 年　　　　B. 2 年　　　　C. 1 年
    答案：C

22. 国际道路运输车辆的技术等级必须达到哪级？
    A. 一级　　　　B. 二级　　　　C. 三级
    答案：A

23. 车辆所有权转移、转籍时，车辆技术档案应如何处理？
    A. 随车移交　　B. 保留两年　　C. 随即失效
    答案：A

24. 车辆日常维护由谁实施？
    A. 运输企业　　B. 驾驶员　　　C. 维修企业
    答案：B

25. 车辆一级维护由谁组织实施？
   A. 维修企业　　B. 驾驶员　　　C. 运输企业
   答案：C

26. 车辆二级维护由谁组织实施？
   A. 维修企业　　B. 管理部门　　C. 运输企业
   答案：C

27. 车辆维护周期由谁结合车辆类别、车辆运行状况、行驶里程、道路条件、使用年限等因素决定？
   A. 管理部门　　B. 运输企业　　C. 相关法规
   答案：B

28. 普通货车自首次取得《道路运输证》当月起，每隔多长时间进行一次综合性能检测和技术等级评定？
   A. 每 6 个月　　B. 每 12 个月　　C. 每 18 个月
   答案：B

29. 道路运输从业人员从业资格考试成绩多长时间内有效？
   A. 1 年　　　　B. 2 年　　　　C. 3 年
   答案：A

30. 道路货物运输驾驶员从业资格证的有效期是几年？
   A. 3 年　　　　B. 5 年　　　　C. 6 年
   答案：C

31. 道路货物运输驾驶员应在从业资格证有效期届满多少日前办理换证手续？
   A. 10 日　　　B. 20 日　　　C. 30 日
   答案：C

32. 道路货物运输驾驶员遗失从业资格证后，应到原发证机关办理什么手续？
   A. 换发　　　　B. 补发　　　　C. 变更
   答案：B

33. 道路货物运输驾驶员的服务单位发生变化时，应到交通运输主管部门或者道路运输管理机构办理什么手续？
   A. 证件换发　　B. 证件补发　　C. 证件变更
   答案：C

34. 从业资格证超过有效期 180 日未换证，发证机关将作何处理？
   A. 补发　　　　B. 吊销　　　　C. 注销
   答案：C

35. 道路货物运输驾驶员诚信考核和计分考核的周期是多长时间？
   A. 6 个月　　　B. 12 个月　　　C. 24 个月
   答案：B

36. 道路货物运输驾驶员诚信考核的周期从何时开始计算？
   A. 初次领取从业资格证
   B. 初次签注诚信考核等级
   C. 初次执行运输任务
   答案：A

37. 诚信考核等级为 B 级，且存在重大安全隐患的道路货物运输驾驶员会受到什么惩罚？
   A. 批评、教育
   B. 罚款
   C. 调离驾驶员工作岗位
   答案：C

38. 道路货物运输驾驶员应该如何使用从业资格证？
   A. 使用过期的从业资格证
   B. 使用没有年度诚信考核签注的从业资格证
   C. 运输时携带从业资格证
   答案：C

39. 大件运输车辆夜间停车休息时应设置什么装置？
   A. 标志灯　　　B. 标志旗　　　C. 路障
   答案：A

12.1.3 多选题

1. 道路货物运输驾驶员如何保障运输安全？
   A. 熟知相关规章制度和操作规程
   B. 掌握本岗位安全驾驶操作技能
   C. 了解事故预防及应急处理措施
   D. 知悉自身的安全生产权利义务
   答案：ABCD

2. 道路货物运输驾驶员与道路运输企业订立劳动合同时，应该确认载明哪些事项？
   A. 免除事故责任　　　　B. 防止职业危害
   C. 保障劳动安全　　　　D. 办理工伤保险
   答案：BCD

3. 道路货物运输驾驶员有哪些安全生产权利？
   A. 拒绝合理岗位调动
   B. 拒绝正常工作安排
   C. 拒绝强令冒险作业
   D. 拒绝企业违章指挥
   答案：CD

4. 为了保证生产安全，道路货物运输驾驶员在从业过程中应该怎么做？
   A. 遵守安全生产规章制度和操作规程
   B. 正确佩戴和使用劳动防护用品
   C. 接受安全生产教育和培训

D. 发现事故隐患立即报告

答案：ABCD

5. 道路货物运输驾驶员发现本企业存在事故隐患或者其他不安全因素时，应该立即向谁报告？
   A. 现场安全生产管理人员
   B. 本单位负责人
   C. 质量监督机关
   D. 当地新闻媒体

答案：AB

6. 道路货物运输驾驶员享有哪些劳动权利？
   A. 取得劳动报酬
   B. 获得劳动安全卫生保护
   C. 接受职业技能培训
   D. 享受社会保险和福利

答案：ABCD

7. 道路货物运输驾驶员应该履行哪些劳动义务？
   A. 完成劳动任务
   B. 提高职业技能
   C. 执行劳动安全卫生规程
   D. 遵守劳动纪律和职业道德

答案：ABCD

8. 下列哪些劳动合同是无效的？
   A. 违反法律、行政法规的劳动合同
   B. 采取欺诈、威胁手段订立的劳动合同
   C. 约定违约责任的劳动合同
   D. 无固定期限的劳动合同

答案：AB

9. 下列哪些情形下，道路运输企业不能解除与道路货物运输驾驶员的劳动合同？
   A. 驾驶员严重失职对企业利益造成重大损害
   B. 驾驶员严重违反劳动纪律或企业规章制度
   C. 驾驶员因工负伤被确认部分丧失劳动能力
   D. 驾驶员患病，在规定的医疗期内

答案：CD

10. 道路货物运输驾驶员与道路运输企业发生劳动争议时，应该如何解决？
    A. 依法申请调解   B. 仲裁
    C. 提起诉讼   D. 协商解决

答案：ABCD

11. 下列哪些属于劳动合同的必备条款？
    A. 劳动报酬和社会保险
    B. 工作时间和休息休假
    C. 工作内容和工作地点
    D. 劳动保护、劳动条件和职业危害防护

答案：ABCD

12. 下列哪些情况下，道路货物运输驾驶员可以解除劳动合同？
    A. 企业未按劳动合同约定提供劳动保护
    B. 企业未及时足额支付劳动报酬
    C. 企业未依法为驾驶员缴纳社会保险费
    D. 企业规章制度违反法律法规损害驾驶员权益

答案：ABCD

13. 下列哪些情况下，劳动合同终止？
    A. 劳动合同期满
    B. 驾驶员依法享受基本养老保险待遇
    C. 企业被依法宣告破产
    D. 企业被吊销营业执照、责令关闭、撤销

答案：ABCD

14. 道路运输企业应该对哪些违反《劳动法》的行为承担法律责任？
    A. 低于当地最低工资标准支付驾驶员工资
    B. 无正当理由辞退驾驶员后未按规定给予经济补偿
    C. 要求驾驶员上岗前参加安全生产培训
    D. 未向驾驶员提供必要的劳动防护用品

答案：ABD

15. 道路货物运输驾驶员不得运输哪些货物？
    A. 法律法规禁止运输的货物
    B. 存在重大安全隐患的货物
    C. 客户拒绝安全查验的货物
    D. 客户拒绝保价运输的货物

答案：ABC

16. 国家鼓励道路运输企业采取哪些经营模式？
    A. 规模化经营   B. 垄断式经营
    C. 集约化经营   D. 挂靠式经营

答案：AC

17. 申请从事道路货物运输经营，应该具备哪些条件？
    A. 与经营业务适应并经检测合格的车辆
    B. 符合规定条件的驾驶员
    C. 健全的安全生产管理制度
    D. 完善的企业发展战略规划

答案：ABC

18. 从事道路货物运输经营时，不得使用哪些车辆？
    A. 报废的车辆
    B. 检测合格的车辆
    C. 擅自改装的车辆
    D. 不符合国家规定的车辆

答案：ACD

19. 道路货物运输经营者应该针对哪些事件制定应急预案？
    A. 车辆维护　　　　　B. 突发事件
    C. 交通事故　　　　　D. 自然灾害
    答案：BCD

20. 从事国际道路货物运输经营应该具备哪些条件？
    A. 在国内从事道路运输经营满 2 年，且未发生重大以上道路交通责任事故
    B. 在国内从事道路运输经营满 3 年，且未发生重大以上道路交通责任事故
    C. 取得国内道路运输经营许可证的企业法人
    D. 获得公安交管部门出具的 2 年内无重大以上道路交通责任事故记录证明
    答案：BC

21. 《道路运输条例》规定的处罚方式有哪些？
    A. 罚款　　　　　　　B. 没收违法所得
    C. 拘留　　　　　　　D. 吊销许可证件
    答案：ABD

22. 在公路、公路桥梁或者公路隧道行驶的车辆受到哪些限制？
    A. 限载　　B. 限高　　C. 限宽　　D. 限长
    答案：ABCD

23. 道路货物运输驾驶员需接受超限检测时，不得出现哪些行为？
    A. 故意堵塞固定超限检测站点通行车道
    B. 强行通过固定超限检测站点
    C. 按照指引接受超限检测
    D. 以短途驳载等方式逃避超限检测
    答案：ABD

24. 同时满足哪些条件时，承运人可以申请办理长期（不超过 6 个月）超限运输车辆通行证？
    A. 不可解体物品来自同一托运人
    B. 同一车辆短期内多次通行固定路线
    C. 装载方式、装载物品相同
    D. 不需要采取加固、改造措施
    答案：BCD

25. 大件运输车辆有哪些行为时，视为违法超限运输？
    A. 未经许可擅自行驶公路
    B. 车辆及装载物品与超限运输车辆通行证记载不一致
    C. 未按许可的时间、路线、速度行驶

    D. 未按许可的护送方案采取护送措施
    答案：ABCD

26. 车辆技术档案应该包括哪些内容？
    A. 车辆基本信息、技术等级评定记录
    B. 维护和修理记录、主要零部件更换记录
    C. 车辆变更记录、行驶里程数据
    D. 对车辆造成损伤的交通事故记录
    答案：ABCD

27. 道路货物运输经营者的哪些行为违反《道路运输车辆技术管理规定》，应当承担法律责任？
    A. 车辆技术状况未达到《道路运输车辆综合性能要求和检验方法》（GB 18565）的要求
    B. 未按照规定的周期和频次进行车辆综合性能检测和技术等级评定
    C. 未建立道路运输车辆技术档案或者档案不符合规定
    D. 未做好车辆维护记录
    答案：ABCD

28. 道路货物运输驾驶员应该如何从业？
    A. 依法经营　　　　　B. 诚实信用
    C. 规范操作　　　　　D. 文明从业
    答案：ABCD

29. 道路货物运输驾驶员必须符合哪些条件？
    A. 取得相应的机动车驾驶证
    B. 年龄不超过 60 周岁
    C. 掌握相关道路货物运输法规、机动车维修和货物装载保管基本知识
    D. 经考试合格，取得相应的从业资格证
    答案：ABCD

30. 道路货物运输驾驶员出现哪些情况，发证机关将依法注销其从业资格证？
    A. 超过从业人员年龄限制
    B. 诚信考核等级为 A 级
    C. 申请注销
    D. 不按规定换证
    答案：ACD

31. 道路货物运输驾驶员诚信考核的内容有哪些？
    A. 安全生产情况　　　B. 遵守法规情况
    C. 服务质量情况　　　D. 文化素质情况
    答案：ABC

32. 出现哪些情况，发证机关将依法吊销从业资格证？

A. 因驾驶员原因致货物损毁且拒绝赔偿
B. 发生重大以上交通事故且负主要责任
C. 发现重大交通事故隐患仍继续运营
D. 身体健康状况不符合从业要求且不申请注销

答案：BCD

33. 道路货物专用运输使用的车辆或设备有哪些？
   A. 集装箱   B. 厢式货车
   C. 冷藏保鲜设备   D. 罐式容器

答案：ACD

34. 道路货物运输驾驶员运营时除了随车携带驾驶证，还要携带哪些证件？
   A. 经营许可证   B. 从业资格证
   C. 道路运输证   D. 车辆行驶证

答案：BCD

35. 根据《道路货物运输及站场管理规定》，道路货物运输驾驶员应该接受道路运输企业组织的哪些培训？
   A. 安全教育   B. 职业道德教育
   C. 业务知识   D. 操作规程

答案：ABCD

36. 未取得道路危险货物运输许可从事危险货物道路运输，将会受到哪些处罚？
   A. 罚款
   B. 注销从业资格证
   C. 有违法所得时没收违法所得
   D. 构成犯罪时追究刑事责任

答案：ACD

12.2 道路货物运输车辆基本知识

▶12.2.1 判断题

1. 货车车身主要是承载车辆所有部件安装和货物载体的部件。

答案：√

2. 货车传动系统的基本功用是将发动机发出的动力传给所有车轮。

答案：×

3. 离合器是货车传动系中直接与发动机连接的部件。

答案：√

4. 货车行驶系统一般由车架、车桥、车轮和悬架等组成。

答案：√

5. 货车和挂车后部、侧面应设有符合要求的车身反光标识。

答案：√

6. 货车后部的车身反光标识能体现车后部的总体轮廓。

答案：×

7. 总质量大于 7500 千克的平头货车，应在车前至少设置一面前视镜。

答案：√

8. 总质量大于 7500 千克的平头货车，应在车前相应的监视装置。

答案：√

9. 货车列车的货车和挂车之间应提供防止人员卷入的下部防护装置。

答案：×

10. 货车列车的货车和挂车之间侧面防护装置可适当增加车辆的总宽。

答案：×

11. 在寒冷地区营运的车辆的车厢内应装设燃油供给系统。

答案：×

12. 货车的安全带应可靠有效，安装位置应合理。

答案：√

13. 货车的车外后视镜和前下视镜应固定可靠，不得调节。

答案：×

14. 货车后部的车身反光标识只需要体现后部的高度。

答案：×

15. 总质量大于 3500 千克的货车，应装备至少 1 个停车楔。

答案：×

16. 货车所有车窗玻璃，不得张贴镜面反光太阳膜。

答案：√

17. 一级维护和二级维护是由驾驶员按期进行执行的车辆维护作业。

答案：×

18. 汽车加注燃油时，应当根据车辆使用说明书要求选用规定牌号的汽油或柴油。

答案：√

19. 汽车添加机油时，按照使用说明书要求选用机油，不同牌号的机油可以混用。

答案：×

20. 冷却液是由蒸馏水与防冻剂按一定比例配制而成的，不同牌号的冷却液不能混用。

答案：√

21. 道路货物运输驾驶员可以对货车的外部照明和信号装置进行改装。

答案：×

22. 货车一级维护作业的内容除日常维护作业外，以清洁、润滑、紧固为主，并检查有关制动、操纵等安全部件。

答案：√

23. 对于双胎并装的车轮，双胎中一个轮胎气压过低，不会对另一个轮胎造成影响。

答案：×

24. 车辆行驶速度过快时，轮胎在路面上会产生滑移，导致轮胎磨损加剧。

答案：√

25. 车辆高速行驶，会使胎温急剧升高，胎体刚性增大，导致胎面磨损增加。

答案：√

26. 装载负荷大于轮胎的额定负荷时，不会影响轮胎使用寿命和行车安全。

答案：×

27. 同一轴上轮胎的规格和花纹可以不同。

答案：×

28. 同一车轴上装用的轮胎必须同规格、同花纹、同气压标准，可以是不同厂牌。

答案：×

29. 同一车轴上高压胎与低压胎、新胎与旧胎不得混装，子午线和斜交轮胎可以混装。

答案：×

30. 更换新胎时，要经过动平衡测试，调整合格，前轴换新胎要成双更换。

答案：√

31. 经常高速行驶的汽车宜选用加深花纹和横向花纹的轮胎。

答案：×

32. 经常低速行驶的汽车不宜选用加深花纹或超深花纹的轮胎。

答案：×

33. 经常在山区道路行驶的车辆应选择耐磨、稳定性好、散热好的轮胎。

答案：√

34. 当挂车与牵引车意外脱离后，挂车应能自行制动，牵引车的制动仍应有效。

答案：√

35. 牵引车和被牵引车连接装置的结构应能有效连接。

答案：×

36. 牵引车与挂车连接前，要检查连接装置是否安全可靠。

答案：√

12.2.2 单选题

1. 货运汽车发动机将燃料燃烧产生的热能转变为什么能？
   A. 热能　　　B. 机械能　　C. 动能

答案：B

2. 半挂牵引车的哪个部位必须设置车身反光标识？
   A. 车辆尾部
   B. 车辆侧面
   C. 驾驶室后部上方

答案：C

3. 货车侧面车身反光标识的长度应大于等于车长的多少？
   A. 三分之一　　B. 二分之一　　C. 三分之二

答案：B

4. 货车侧面的车身反光标识长度应大于等于多少？
   A. 车长的30%
   B. 车长的50%
   C. 车长的60%

答案：B

5. 总质量大于3500千克的货车和挂车应提供防止人员卷入的什么防护？
   A. 侧面防护　　B. 后面防护　　C. 底部防护

答案：A

6. 载货汽车车箱前部应安装比驾驶室高多少的安全架？
   A. 60～90毫米
   B. 50～80毫米
   C. 70～100毫米

答案：C

7. 货车转向轮的胎冠花纹深度应大于等于多少？
   A. 0.8毫米　　B. 1.6毫米　　C. 3.2毫米

答案：C

8. 货车非转向轮的胎冠花纹深度应大于等于多少？
   A. 0.8毫米　　B. 1.6毫米　　C. 3.2毫米

答案：B

9. 车辆迅速降低车速直至停车的能力指的是什么？

A. 制动距离　　B. 制动力度　C. 制动效能

答案：C

10. 制动器抵抗热衰退和水衰退的能力称为什么？

A. 制动效能的恒定性

B. 制动方向的稳定性

C. 制动减速的有效性

答案：A

11. 车辆在制动过程中维持直线行驶的能力称为什么？

A. 制动减速时的有效性

B. 制动时的方向稳定性

C. 制动距离的可预判性

答案：B

12. 车辆按预定弯道行驶的能力称为什么？

A. 制动距离的可预测性

B. 制动减速时的有效性

C. 制动时的方向稳定性

答案：C

13. 车辆抵抗力图改变其位置或行驶方向的外界影响的能力是什么？

A. 操纵稳定性

B. 车辆稳定性

C. 制动稳定性

答案：A

14. 汽车在一定载质量条件下，能够以足够高的平均速度通过各种坏路、无路地带和克服各种障碍的能力是什么？

A. 制动性　　B. 通过性　C. 越野性

答案：B

15. 驾驶员在每日出车前、行车中和收车后负责执行哪级车辆维护作业？

A. 一级维护　B. 二级维护　C. 日常维护

答案：C

16. 货运汽车以清洁、润滑、紧固为中心内容的是什么维护作业？

A. 一级维护作业

B. 二级维护作业

C. 日常维护作业

答案：A

17. 货运汽车以检查和调整为中心内容的是什么维护作业？

A. 一级维护作业

B. 二级维护作业

C. 日常维护作业

答案：B

18. 货车的哪些车轮不能装用翻新轮胎？

A. 所有车轮　B. 外侧车轮　C. 转向车轮

答案：C

19. 轮胎气压过高、前轮定位失准、严重超载或偏载、轮毂变形等会产生什么后果？

A. 不会影响轮胎使用寿命

B. 会使轮胎磨损加剧

C. 会出现制动失灵

答案：B

20. 轮胎气压过高，会使轮胎的胎冠中磨损加剧，导致什么后果？

A. 胎面接地面积变大

B. 轮胎刚性减小

C. 轮胎刚性增大

答案：C

21. 轮胎气压过低，会加剧轮胎的胎冠两侧磨损，导致什么后果？

A. 胎面接地面积变大

B. 胎面接地面积变小

C. 轮胎刚性增大

答案：A

22. 牵引车拖带挂车时，挂车必须装有什么装置？

A. 独立制动装置

B. 自动转向装置

C. 有效的制动装置

答案：C

23. 牵引车与挂车连接时，挂车的牵引销板比牵引车牵引鞍座的上平面中心位置低多少？

A. 1～3 厘米

B. 2～3 厘米

C. 3～5 厘米

答案：A

24. 牵引车与挂车连接向后倒车时，牵引车与挂车的中心线偏移量限于多少之间？

A. 6 厘米以内

B. 5 厘米以内

C. 4 厘米以内

答案：C

▶12.2.3　多选题

1. 货车一般有哪些基本结构？

A. 发动机　　　　　B. 底盘

C. 车身　　　　　　　　D. 电气设备

答案：ABCD

2. 汽车底盘主要由哪些系统组成？
　A. 传动系统　　　　　　B. 行驶系统
　C. 转向系统　　　　　　D. 制动系统

答案：ABCD

3. 货车和挂车应在哪些部位设置符合要求的车身反光标识？
　A. 前部　　B. 后部　　C. 侧面　　D. 底部

答案：BC

4. 货车必须装备的安全防护装置有哪些？
　A. 红外探测器　　　　　B. 三角警告标志
　C. 车身反光标识　　　　D. 灭火器

答案：BCD

5. 下列哪些是非法改装道路运输车辆的行为？
　A. 擅自将客车改为货车
　B. 擅自更改车身颜色
　C. 车顶加装导流罩
　D. 擅自改变车辆外廓尺寸

答案：ABD

6. 非法改装道路运输车辆会产生哪些危害？
　A. 给车辆行驶带来安全隐患
　B. 破坏车辆结构和性能
　C. 造成运输市场的不公平竞争
　D. 破坏车辆本身的结构和性能

答案：ABCD

7. 在寒冷地区营运的车辆的前风窗玻璃应装有什么装置？
　A. 除霜装置　　　　　　B. 冷风装置
　C. 除冰装置　　　　　　D. 除雾装置

答案：AD

8. 货车与行车安全最密切的性能是哪些？
　A. 动力性　　　　　　　B. 制动性
　C. 操纵稳定性　　　　　D. 通过性

答案：BCD

9. 制动性主要指标是什么？
　A. 制动效能
　B. 制动效能的恒定
　C. 制动时的方向稳定性
　D. 制动距离

答案：ABC

10. 操纵稳定性主要指标是什么：
　A. 抗碰撞的条件　　　　B. 抗侧翻的条件
　C. 纵向倾翻条件　　　　D. 横向侧翻条件

答案：CD

11. 操纵稳定性不良的操纵稳定性常常会引起什么后果？
　A. 侧滑　　B. 失控　　C. 翻车　　D. 碰撞

答案：AC

12. 通过性差的车辆越野行驶时，可能出现哪些情况？
　A. 车辆中间底部触碰地面
　B. 车辆转不过弯来
　C. 轮胎打滑而无法通行
　D. 车头或车尾触碰地面

答案：ABCD

13. 道路货物运输驾驶员出车前，要检查车辆的哪些情况：
　A. 车辆技术状况　　　　B. 货物包装情况
　C. 车辆安全部位　　　　D. 货物装载情况

答案：ACD

14. 道路货物运输驾驶员运输中停车休息时，需要检查车辆有无哪些现象？
　A. 漏油　　B. 漏水　　C. 漏电　　D. 漏气

答案：ABD

15. 道路运输车辆的维护分有哪些？
　A. 一级维护　　　　　　B. 二级维护
　C. 三级维护　　　　　　D. 日常维护

答案：ABD

16. 道路运输车辆日常维护作业的中心内容是什么？
　A. 安全检视　　　　　　B. 排除故障
　C. 清洁　　　　　　　　D. 补给

答案：ACD

17. 汽车进行轮胎换位的目的是什么？
　A. 使轮胎磨损趋于均衡
　B. 延长轮胎的使用寿命
　C. 防止轮胎不正常磨损
　D. 提高行车的安全系数

答案：ABCD

18. 影响轮胎使用寿命的因素有哪些？
　A. 轮胎气压　　　　　　B. 轮胎负荷
　C. 行驶速度　　　　　　D. 道路条件

答案：ABCD

12.3　道路货物运输相关知识

▶ 12.3.1　判断题

1. 道路货物运输经营是指为社会提供公共服务、具有商业性质的道路货物运输活动。

答案：√

2. 道路货物运输只适合中短途运输，不能满足长距离运输的需求。

　　　　　　　　　答案：×

3. 普通货物运输形式主要有整车货物运输、零担货物运输。

　　　　　　　　　答案：√

4. 大型物件运输运载具有超长、超高、超宽或质量超重等特点。

　　　　　　　　　答案：√

5. 雷管、氧气、汽油、非易燃无毒气体等，也可作为道路普通货物运输。

　　　　　　　　　答案：×

6. 非易燃无毒气体不具有危险性，可以作为普通货物运输。

　　　　　　　　　答案：×

7. 货物运输车辆取得道路运输证，自首次经国家机动车辆注册登记主管部门登记注册的，每12个月进行2次检测和评定。

　　　　　　　　　答案：×

8. 机动车在车身前部外表面的易见部位上应至少装置一个能永久保持的、与车辆品牌相适应的商标或厂标。

　　　　　　　　　答案：√

9. 发动机功率应大于等于标牌（或产品使用说明书）标明的发动机功率的80%。

　　　　　　　　　答案：×

10. 轮胎的胎面和胎壁上不应有长度超过25毫米或深度足以暴露出轮胎帘布层的破裂和割伤。

　　　　　　　　　答案：√

11. 货车正常行驶时，转向轮转向后应有一定的回正能力，以使货车具有稳定的直线行驶能力。

　　　　　　　　　答案：√

12. 货车的转向助力装置失效时，驾驶员失去用转向盘控制车辆的能力。

　　　　　　　　　答案：×

13. 货车驾驶室应配置手提式灭火器。

　　　　　　　　　答案：√

14. 汽车及挂车的单轴、二轴组及三轴组的最大允许轴荷不应超过该轴或轴组各轮胎负荷之和。

　　　　　　　　　答案：√

15. 货车、挂车及汽车列车的最大允许总质量应超过各车轴最大允许轴荷之和。

　　　　　　　　　答案：×

16. 道路运输经营者应当建立车辆技术档案制度，实行一车一档。

　　　　　　　　　答案：√

17. 车辆所有权转移、转籍时，车辆技术档案应当随车移交。

　　　　　　　　　答案：√

18. 道路运输经营者不得对自有车辆进行二级维护作业。

　　　　　　　　　答案：×

19. 道路货物运输车辆的技术等级应该达到一级以上。

　　　　　　　　　答案：×

20. 货运合同一经签订，便具有法律约束力，双方均应履行。

　　　　　　　　　答案：√

21. 保价运输时，申报的货物价值可以超过货物本身的实际价值。

　　　　　　　　　答案：×

22. 整箱集装箱货运适用于货源分散，托运人单件托运量小，运送目的地各不相同的情况。

　　　　　　　　　答案：×

23. 拼箱集装箱货运适用于货流量大、货流集中，中途不停靠站点，直达目的地整装整卸的情况。

　　　　　　　　　答案：×

24. 装载被隔板分割成若干个小的独立罐体的罐车时，应保证质量分布均匀。

　　　　　　　　　答案：√

25. 运价包括固定成本、变动成本和利润。

　　　　　　　　　答案：√

26. 收货人逾期提货时，可以向其收取保管费。

　　　　　　　　　答案：√

27. 托运人或者收货人不支付运费时，承运人对相应的货物享有留置权。

　　　　　　　　　答案：√

28. 因托运人申报不实而造成承运人损失，托运人承担损害赔偿责任。

　　　　　　　　　答案：√

29. 道路货物运输驾驶员提出行政复议申请并且被受理，在法定的行政复议期限内可以同时向人民法院提起行政诉讼。

　　　　　　　　　答案：×

30. 道路货物运输驾驶员在申请行政复议时可以一并提出行政赔偿请求。

　　　　　　　　　答案：√

31. 受理货物时，应核对实际货物与运单记载的货物名称、数量、包装方式是否相符。

答案：√

32. 受理货物时，如果发现货物与运单填写不符或可能危及运输安全，应在将实际情况备案后，继续办理交接手续。

答案：×

33. 装载货物时，有包装的在上面，无包装的在下面。

答案：×

34. 罐式车辆急转弯时，罐体内的液体会向侧壁堆积，增加车辆侧滑的风险。

答案：√

35. 装载成件包装货物时，应排列整齐、紧密。

答案：√

36. 对于桶装的液体货物，应检查桶盖是否严密，桶体是否渗漏。

答案：√

37. 承运包装不良，但不影响装卸和行车安全的货物时，应在运单上注明，以明确责任。

答案：√

38. 图中所示的标志表示起吊货物时挂绳索的位置。

答案：√

39. 图中所示的标志表示包装件的重心位置。

答案：×

40. 有毒、易污染的货物卸载后，应对车辆进行清洗和消毒。

答案：√

41. 零担货物是指一次托运不足装满整车，体积、质量和包装符合拼装成整车运输要求，并按质量或体积计算运费的货物。

答案：√

42. 零担货物承运人发现禁运品时，应按照有关规定向相关部门报告，并及时通知托运人。

答案：√

12.3.2 单选题

1. 运输柴油时宜选择哪种道路货物运输方式？
   A. 道路普通货物运输
   B. 冷藏保鲜专用运输
   C. 罐式容器专用运输

答案：C

2. 运输生鲜食品时宜选择哪种道路货物运输方式？
   A. 道路普通货物运输
   B. 冷藏保鲜专用运输
   C. 罐式容器专用运输

答案：B

3. 一般使用哪种货车运输散装、具有一定流动性的货物？
   A. 罐式专用车辆
   B. 栏板车
   C. 封闭货车

答案：A

4. 依法运输超宽超重的不可解体货物时，宜选择哪种货车？
   A. 普通货车
   B. 大件运输专用车辆
   C. 罐式专用车辆

答案：B

5. 装载物易掉落、遗洒或者飘散时，图中哪种车辆更适合运输？

   A. A 车　　　B. B 车　　　C. C 车

答案：A

6. 货物性质普通，对运输车辆没有特殊要求的货物运输属于哪类运输？
   A. 普通货物运输
   B. 专用运输
   C. 大型物件运输

答案：A

7. 使用集装箱、冷藏保鲜设备、罐式容器等车辆进行的货物运输属于哪类运输？
   A. 普通货物运输
   B. 专用运输
   C. 大型物件运输

答案：B

8. 使用特殊车辆进行易燃、易爆、有强烈腐蚀性等危险物品的特种运输属于哪类运输？

A. 专用运输

B. 大型物件运输

C. 危险货物运输

答案：C

9. 货车的行车制动控制装置与驻车制动控制装置之间是什么关系？

A. 相互独立　　B. 相互制约　　C. 相互联动

答案：A

10. 图中所示二轴货车的最大允许总质量限值是多少？

A. 18000 千克

B. 25000 千克

C. 31000 千克

答案：A

11. 图中所示三轴货车的最大允许总质量限值是多少？

A. 18000 千克

B. 25000 千克

C. 31000 千克

答案：B

12. 图中所示三轴铰接列车的最大允许总质量限值是多少？

A. 18000 千克

B. 25000 千克

C. 27000 千克

答案：C

13. 图中所示四轴货车的最大允许总质量限值是多少？

A. 18000 千克

B. 25000 千克

C. 31000 千克

答案：C

14. 图中所示四轴铰接列车的最大允许总质量限值是多少？

A. 25000 千克

B. 31000 千克

C. 36000 千克

答案：C

15. 图中所示五轴铰接列车的最大允许总质量限值是多少？

A. 31000 千克

B. 42000 千克

C. 43000 千克

答案：C

16. 图中所示六轴铰接列车的最大允许总质量限值是多少？

A. 43000 千克

B. 46000 千克

C. 49000 千克

答案：C

17. 货车的外廓尺寸、轴荷和最大允许总质量应该符合哪个标准的要求？

A. 《汽车、挂车及汽车列车外廓尺寸、轴荷及质量限值》

B. 《道路运输车辆综合性能要求和检验方法》

C. 《营运货车燃料消耗量限值及测量方法》

答案：A

18. 道路货物运输驾驶员发现零担货物与运单填写内容不符时，应该怎么做？

A. 提请托运人修改

B. 额外收取运费

C. 直接受理

答案：A

19. 分拣零担货物的依据是什么？

A. 不同流向　B. 不同价值　C. 不同包装

答案：A

20. 零担货物到达目的地后，应在多长时间内通知收货人取货？

A. 4 小时　　B. 8 小时　　C. 12 小时

答案：C

21. 保价运输的零担货物受损，实际损失高于声明价值，按照什么赔偿？

A. 声明价值　B. 实际损失　C. 货物原值

答案：A

22. 根据国家相关标准，危险货物分为几类？

A. 七　　　　B. 八　　　　C. 九

答案：C

23. 签订一次性运输合同时，合同成立的凭证是什么？

A. 收据　　　B. 运单　　　C. 货物清单

答案：B

24. 货物保价的原则是什么？

A. 贵重货物强制投保
B. 易碎货物强制投保
C. 所有货物自愿投保

答案：C

25. 哪种货物在运输中必须保持一定的温度，以防腐坏变质？

A. 金属器皿　B. 肉蛋蔬果　C. 书籍纸张

答案：B

26. 罐式容器的罐体密封，运输易燃易爆货物时能大大降低事故风险，这体现了它的什么特点？

A. 节约包装材料
B. 利于运输安全
C. 减轻劳动强度

答案：B

27. 依法进行超限运输时应如何悬挂标志？

A. 夜间悬挂标志旗
B. 夜间停车休息时关闭标志灯
C. 标志悬挂在货物超限的末端

答案：C

28. 甩挂运输时，牵引车和挂车必须满足什么条件？

A. 属于同一地区
B. 属于同一企业
C. 准牵引总质量与总质量匹配

答案：C

29. 运输成本中，不随服务量或运量变化的是什么？

A. 利润　　　B. 固定成本　C. 变动成本

答案：B

30. 下列哪项不是《合同法》里明确规定的承运人责任？

A. 免费提供卸载货物服务
B. 将货物安全运达目的地
C. 及时通知收货人来取货

答案：A

31. 两个以上承运人以同一运输方式联运，与托运人订立合同的承运人对哪些区段承担责任？

A. 自己运输的区段
B. 他人运输的区段
C. 全程运输

答案：C

32. 货物在运输中因山洪暴发而灭失，如果还未收取运费，道路货物运输驾驶员能否要求托运人支付运费？

A. 能　　　　B. 不能　　　C. 不确定

答案：B

33. 已收取运费的货物在运输中因地震而灭失，如果托运人要求返还运费，道路货物运输驾驶员应该怎么做？

A. 要求赔偿　B. 不予返还　C. 予以返还

答案：C

34. 道路货物运输驾驶员认为行政处罚侵犯自己的合法权益，一般情况下可在自知道处罚决定之日起几日内申请行政复议？

A. 10 日　　　B. 30 日　　　C. 60 日

答案：C

35. 道路货物运输驾驶员对行政机关的罚款决定不服，直接向人民法院提起诉讼时，应在知道或者应当知道作出罚款决定之日起多长时间内提出？

A. 1 个月　　B. 3 个月　　C. 6 个月

答案：C

36. 道路运输企业拖欠或者未足额支付劳动报酬时，道路货物运输驾驶员可以如何维权？

A. 向当地人民法院申请支付令
B. 到当地信访机构反映情况
C. 阻碍企业的正常生产过程

答案：A

37. 受理货物时发现货物未按规定包装，应该如何处理？

A. 请托运人按规定重新包装
B. 装车时与其他货物隔离开

C. 直接装车，途中多注意货物情况

答案：A

38. 装载货物时，较重的货物应尽量放在载货平面的哪个位置？

A. A 处   B. B 处   C. C 处

答案：B

39. 采用横（纵）向下压捆绑法固定货物时，最佳的捆绑角度是多少？

A. 30°   B. 60°   C. 90°

答案：C

40. 固定能够承受压力且不会压缩变形的单件货物时，适合使用哪种方法？

A. 横（纵）向下压捆绑法

B. 端部交叉捆绑法

C. 整体捆绑法

答案：A

41. 固定原木、钢板等长条、成垛堆码的货物时，适合使用哪种方法？

A. 横（纵）向下压捆绑法

B. 端部交叉捆绑法

C. 整体捆绑法

答案：C

42. 货物拉牵固定法通常用于加固哪种货物？

A. 鲜活货物   B. 散装货物   C. 大件货物

答案：C

43. 成件包装货物的装载高度或宽度超出货车端侧板时，应如何码放？

A. 梯形   B. 水平   C. 垂直

答案：A

44. 装载袋装货物时，袋口应朝向哪里？

A. 车头   B. 车内   C. 车外

答案：B

45. 图中所示的标志表示应如何操作？

A. 禁用手钩   B. 禁止饮酒   C. 小心轻放

答案：C

46. 拼装货物时，哪种做法是正确的？

A. 液体与固体拼装

B. 榴莲与茶叶拼装

C. 砒霜不能与食物拼装

答案：C

47. 交接货物时收货人要求重新过磅，如果结果是没有货差，由谁承担过磅费用？

A. 驾驶员   B. 收货人   C. 运输企业

答案：B

12.3.3　多选题

1. 下列哪些属于道路货物运输？

A. 道路普通货物运输

B. 道路货物专用运输

C. 道路大型物件运输

D. 道路危险货物运输

答案：ABCD

2. 道路货物运输有哪些基本环节？

A. 运输合同的订立   B. 货物受理及装载

C. 货物的安全运输   D. 货物卸载及交接

答案：ABCD

3. 下列哪些属于危险货物，道路普通货物运输驾驶员不得运输？

A. 雷管   B. 氧气   C. 水泥   D. 汽油

答案：ABD

4. 道路普通货物运输驾驶员不得运输下列哪些货物？

A. 液氯   B. 食用油   C. 油纸   D. 甲醇

答案：ACD

5. 下列哪些货物可以作为普通货物进行道路运输？

A. 潮湿棉花   B. 活性炭

C. 干的植物纤维   D. 20 升以下的水性涂料

答案：ABCD

6. 压缩氮满足哪些条件时可以作为普通货物进行道路运输？

A. 使用符合《气瓶安全技术监察规程》的无缝气瓶

B. 单个气瓶公称容积不超过 50 升

C. 单个气瓶公称容积不超过 175 升

D. 每个运输单元的压缩气体气瓶总容积不超过 500 升

答案：ABD

7. 道路货物运输驾驶员在运输中发现货物掉落、

遗洒或者飘散时，应该怎么做？
- A. 能处理时，及时采取措施处理
- B. 不能处理时，按规定设置警示标志
- C. 不能处理时，迅速报告有关部门
- D. 继续运营，现场留给环卫工人处理

答案：ABC

8. 为保证运输质量，道路货物运输驾驶员应该怎么做？
- A. 确保车辆技术状况良好
- B. 经常检查货物捆扎情况
- C. 要求所有货物都有人押运
- D. 遵守法律法规和操作规程

答案：ABD

9. 为保证运输质量，道路货物运输驾驶员应该如何装载货物？
- A. 协助并监督装卸人员按规程装载
- B. 发现货物的包装破损时继续装载
- C. 发现潮湿发热的货物时终止装载
- D. 装载完后检查货物是否超限超载

答案：ACD

10. 道路货物运单的作用有哪些？
- A. 运输合同成立的凭证
- B. 承运人接受、保管、交付货物的凭证
- C. 记录车辆运行和作业统计的原始凭证
- D. 划清承、托、收三方责任的依据

答案：ABCD

11. 道路普通货物运输主要有哪些形式？
- A. 集装箱运输
- B. 冷藏保鲜专用运输
- C. 整车货物运输
- D. 零担货物运输

答案：CD

12. 集装箱运输的优点有哪些？
- A. 物资损耗少
- B. 节约包装材料及费用
- C. 装卸效率高
- D. 货差货损少

答案：ABCD

13. 装载、运输冷冻货物时应该怎么做？
- A. 保留间隙　　　　B. 紧密堆码
- C. 保持低温　　　　D. 保持常温

答案：BC

14. 装载、运输易腐货物时应该怎么做？
- A. 保留间隙
- B. 紧密堆码
- C. 温度保持在0℃以下

- D. 温度与物品特性适宜

答案：AD

15. 罐式容器专用运输有哪些特点？
- A. 装卸运输效率高
- B. 货运品质有保证
- C. 有利于运输安全
- D. 节约包装材料和成本

答案：ABCD

16. 哪些措施能够提高运输效率？
- A. 驾驶员长时间连续工作
- B. 提高机械化装卸水平
- C. 避免回程空驶
- D. 做好货物配载

答案：BCD

17. 甩挂运输有哪些优点？
- A. 提高运输效率
- B. 减少装卸等待时间
- C. 降低运输成本
- D. 减少车辆空驶

答案：ABCD

18. 签订货物运输合同后，承运人必须履行哪些义务？
- A. 按照约定线路运输货物
- B. 在约定时间内送达货物
- C. 将货物安全运输到约定地点
- D. 收货人逾期提货时免费保管

答案：ABC

19. 货物交付收货人之前，可以满足托运人的哪些要求？
- A. 中止运输
- B. 返还货物
- C. 变更到达地点
- D. 将货物交给其他收货人

答案：ABCD

20. 哪些原因造成的货物损失，在举证后可以不负赔偿责任？
- A. 驾驶员违法驾驶
- B. 货物本身自然性质
- C. 包装存在内在缺陷
- D. 不可抗力

答案：BCD

21. 道路货物运输驾驶员不服行政机关的罚款决定时，如何维权？
- A. 申请行政复议　　　B. 提起行政诉讼
- C. 拒不缴纳罚款　　　D. 托运人承担费用

答案：AB

22. 道路货物运输驾驶员的合法权益受到损害时，可采取哪些方式维权？
    A. 上网发布夸大事实的消息
    B. 要求有关部门依法处理
    C. 依法申请仲裁
    D. 依法提起诉讼
    答案：BCD

23. 装载货物时，正确的做法有哪些？
    A. 在车门处放置隔离物
    B. 有包装的在上，无包装的在下
    C. 重不压轻
    D. 先远后近
    答案：ACD

24. 超载会导致哪些后果？
    A. 制动距离延长   B. 安全性提高
    C. 爬坡更加困难   D. 下坡速度加快
    答案：ACD

25. 应该如何分配载货质量？
    A. 尽可能降低车辆的重心
    B. 重货物装在车辆的中心
    C. 重货物装在轻货物后面
    D. 重货物装在下层
    答案：ABD

26. 搬运装卸货物时，正确的做法有哪些？
    A. 合同中约定搬运装卸人
    B. 装运前对车厢进行清扫
    C. 拼装性质相抵触的货物
    D. 装运完按规定贴上标志
    答案：ABD

27. 拼装配载货物时，正确的做法有哪些？
    A. 大蒜、油和茶叶拼装
    B. 普通货物和剧毒货物拼装
    C. 液体不与固体拼装
    D. 干燥车厢装载纸张
    答案：CD

28. 道路货物运输驾驶员应如何进行装载检查？
    A. 运输前确保装载符合要求
    B. 途中检查货物安全状况
    C. 每次停车休息时都进行检查
    D. 行车中随时通过后视镜检查
    答案：ABCD

29. 存放货物时，正确的做法有哪些？
    A. 按货物性质分类存放
    B. 按货物的流向存放
    C. 遵守"上重下轻"原则
    D. 遵守货物存放要求
    答案：ABD

30. 道路货物运输驾驶员遇到哪些情况时，应拒绝运输？
    A. 货物属于禁止运输货物
    B. 货物存在重大安全隐患
    C. 托运人拒绝安全验视
    D. 托运人拒绝实名登记
    答案：ABCD

31. 道路货物运输驾驶员应如何使用限运、凭证运输物品的准运证明？
    A. 在运单上加以标注
    B. 相关证明材料随货同行
    C. 运达后将证明材料交给收货人
    D. 运达后将证明材料留存至少 2 年
    答案：ABC

32. 配装零担货物时，道路货物运输驾驶员应该怎么做？
    A. 核对货物和运单是否相符
    B. 核对货物包装是否完好
    C. 轻装轻卸
    D. 堆码整齐
    答案：ABCD

33. 进行零担运输时，哪些原因导致的货损货差承运人不负责赔偿？
    A. 不可抗力
    B. 包装完好，内装物损坏
    C. 货物的自然损耗和性质变化
    D. 包装质量不达标且从外部很容易发现
    答案：ABC

34. 道路货物运输驾驶员如何进行超限运输？
    A. 依法申请取得公路超限运输许可
    B. 随车携带超限运输车辆通行证
    C. 按照指定的时间、路线和速度行驶
    D. 按照有关要求在车上悬挂明显标志
    答案：ABCD

12.4 安全文明驾驶知识

▶ 12.4.1　判断题

1. 道路货物运输驾驶员的社会责任感与道路运输安全息息相关。
   答案：√

2. 社会责任感强的货运输驾驶员，才能为企业、个人创造更多的经济价值。
   答案：√

3. 安全运输是道路货物运输驾驶员对社会承担的一项重要责任。

答案：√

4. 社会责任感强的道路货物运输驾驶员能为企业、自身创造更多的经济价值。

答案：√

5. 道路货运输驾驶员的职业道德与行车安全有着间接的关系。

答案：×

6. 诚实守信要求道路货运输驾驶员按照口头承诺进行道路运输。

答案：×

7. 道路货运输驾驶员通过提高自己的服务标准和管理理念等手段参与竞争。

答案：√

8. 道路货物运输驾驶员在运输中保持良好的心态，是预防交通事故的重要前提。

答案：√

9. 道路货物运输驾驶员的急躁心理有利于提高运输效率，不会导致交通事故。

答案：×

10. 道路货运输驾驶员出现自满心理，往往会形成一些不良驾驶习惯。

答案：×

11. 道路货运输驾驶员的急躁心理是心理不成熟表现。

答案：×

12. 道路货运输驾驶员的赌气心理，会把注意力集中在报复上。

答案：√

13. 运输中遇到别人争道抢行时，应和他一较高下，教训他的不文明行为。

答案：×

14. 道路货物运输驾驶员与家人争吵后情绪激动，此时出车不会影响运输安全。

答案：×

15. 道路货运输驾驶员服用对神经系统有影响的药物不宜进行道路运输活动。

答案：√

16. 应急反应时间是指驾驶员从辨识危险到采取制动的时间。

答案：√

17. 道路货物运输驾驶员的反应时间与驾驶技能和经验有关，与年龄无关。

答案：×

18. 驾驶货车运行过程中，驾驶员靠眼睛获取的

信息占50%以上。

答案：×

19. 道路货物运输驾驶员的动视力跟行车速度和驾驶员的年龄关系不大。

答案：×

20. 驾驶员对车辆周围的情况因为车辆本身而产生的视线盲区是车外盲区。

答案：×

21. 驾驶货车跟车时，应预见前车随时可能转向、减速或紧急制动，提前采取措施以确保安全。

答案：√

22. 驾驶大型货车在道路上会车，要根据双方车辆及道路情况，尽量靠道路中心线行驶。

答案：×

23. 会车时，道路货物运输驾驶员应注意对向来车后方的行人、车辆，以防其突然横穿带来危险。

答案：√

24. 驾驶大型货车超车，要选择道路宽直、视线良好、对面无来车且道路两侧均无影响超车障碍物的路段进行。

答案：√

25. 驾驶货运车辆运输中，发现后车示意超车，如果条件不允许，也应该及时减速靠右让行。

答案：×

26. 驾驶货运车辆变道结束后，道路货物运输驾驶员应及时关闭转向灯，以免给其他车辆传递错误的信号。

答案：√

27. 驾驶货运车辆转弯时，只要前轮能够通过，后轮就能通过。

答案：×

28. 驾驶货运车辆倒车过程中保持较低车速，发现危险立即停车，确保倒车安全。

答案：√

29. 驾驶货车掉头时，应尽量选择车流量少、道路较宽、能一次完成掉头的路段。

答案：√

30. 运输中通过山区道路时，道路货物运输驾驶员应时刻关注车辆的制动效能，防止出现制动失效。

答案：√

31. 驾驶货车在山区道路遇塌方、泥石流时，应在确认安全后尽快通过。

答案：√

32. 遇到团雾要减速行驶，确保发现前突然方情

况能及时安全避让。

答案：√

33. 运输中遇到能见度低于 10 米的大雾时可以降低车速继续行驶。

答案：×

34. 驾驶货车发现前方路段有危险，下车确认不能通过时向管理部门报告后绕道。

答案：×

35. 驾驶货车进入隧道后遇前方有缓慢行驶的车辆，应选择较宽的路段超越。

答案：×

36. 驾驶货车在照明条件不良的隧道跟车行驶，跟车距离应适当增加。

答案：√

37. 高速公路上车速快、交通环境单一，道路货物运输驾驶员容易感到枯燥、松懈或困倦。

答案：√

38. 驾驶货车在高速公路上超车时，可以超过最高限速。

答案：×

39. 驾驶货车在高速公路行驶中，应避免在超过限速规定的车道行驶。

答案：√

40. 驾驶货车通过施工路段，应按照道路标志或者施工人员指挥通过。

答案：√

41. 夜间驾驶货车跟车时，可以保持比白天小一些的跟车距离。

答案：×

42. 夜间运输，发现路旁停有车辆或自行车时，应加速通过。

答案：×

43. 夜间驾驶货车因故障在路边长时间停车，应开启前照灯。

答案：×

44. 夜间驾驶货车遇对向来车使用远光灯时，变换远近光灯提示对方。

答案：√

45. 夜间驾驶货车在无中央隔离、照明不良的路段会车时，应距对向来车 50 米时以外改用近光灯。

答案：×

46. 夜间驾驶货车会车时要特别注意两车灯光交会处的盲区。

答案：√

47. 驾驶货车通过铁路道口时，驾驶员应该提前

加速平稳通过道口。

答案：×

48. 驾驶货车运输中通过铁路道口，发现栏杆刚开始下降时，可以加速通过。

答案：×

49. 驾驶货车通过无人看守的铁路道口时应该做到"一停、二看、三通过"。

答案：√

50. 运输中通过乡村扬尘路段时，应低速慢行，必要时可以开启车灯、鸣喇叭示意。

答案：√

51. 驾驶货车雨天跟车行驶要保持干燥路面 2.5 倍以上的距离。

答案：×

52. 驾驶货车行车中，出现"水滑"现象时，应握稳转向盘，松抬加速踏板，迅速制动。

答案：×

53. 雪天驾驶大型货车在积雪路面行驶时，有车辙的路段沿车辙行驶。

答案：√

54. 驾驶大型货车在雾天行驶时，驾驶员应该开启远光灯和危险报警闪光灯。

答案：×

55. 驾驶大型货车在高温天气行车，驾驶员要充分休息，保证有充沛的精力。

答案：√

56. 驾驶大型货车在高温天气行车中要注意观察仪表，检查胎温和胎压的变化。

答案：√

57. 驾驶大型货车风沙天气行车，要根据道路情况选择车速、光灯。

答案：×

58. 驾驶大型货车在高速公路遇到施工路段，应加速通过施工路段。

答案：×

59. 驾驶大型货车进入高速公路上，应在右侧慢速车道内行驶。

答案：√

60. 高速避险车道是供速度失控车辆驶离行车道安全减速、停车的紧急避险通道。

答案：√

61. 驾驶大型货车可以占用高速避险车道检查车辆或货物。

答案：×

62. 驾驶货车在高速公路上行驶，突然发现前方有遗撒物品时，应急打方向避让。

答案：×

63. 运输中遇到紧急情况时应及时减速，急转转向盘。

答案：×

64. 驾驶大型货车行驶中，突然遇到从前车掉落的货物时，应果断采取转向躲避措施。

答案：×

65. 驾驶大型货车在高速公路突然遇到违法进入的行人、机动车时，唯一的方法是制动减速。

答案：√

66. 通过没有交通信号的路口，突然发现有行人或非机动车突然横穿时，尽量绕行。

答案：×

67. 货车起火时，应该尽量驶离加油站、高压电线等易燃易爆的地段。

答案：√

68. 发动机起火时，道路货物运输驾驶员应迅速关闭发动机，迅速打开发动机舱盖灭火。

答案：×

69. 货车有爆炸隐患时，应及时采取措施消除隐患，如果爆炸已不可避免，可撤离到安全地带。

答案：√

70. 山区道路旁边的深谷或沟内传来轰鸣或闷雷般的声音时，应预见到可能有泥石流等自然灾害发生。

答案：√

71. 运输中突遇地震时，应避开建筑物、电线杆，在开阔地带避震。

答案：√

12.4.2 单选题

1. 道路驾驶员社会责任的核心是什么？
   A. 安全行为　　B. 安全驾驶　C. 安全意识

答案：C

2. 驾驶员履行社会责任的基础是什么？
   A. 行车安全与驾驶技术
   B. 安全理念与驾驶技巧
   C. 安全责任与安全运输

答案：A

3. 高速公路前方出现事故，三位道路货物运输驾驶员小李、小赵、小周都被堵在车流中，小李见哪个车道速度快就往哪个车道穿插，小赵跟随车流依次排队行驶，而小周则借用应急车道行驶，三人中谁的行为符合社会责任与职业道德的要求？

　　A. 小李　　　　B. 小赵　　　C. 小周

答案：B

4. 下列哪种做法体现了道路货物运输驾驶员良好的职业道德？
   A. 避让有优先通行权的车辆
   B. 无来车时向车外抛撒杂物
   C. 疲劳时边驾驶边抽烟提神

答案：A

5. 道路货物运输驾驶员的哪种做法符合诚实守信的要求？
   A. 按照合同承诺进行道路运输
   B. 运输中私自捎带其他货物
   C. 货物送达前额外索要运费

答案：A

6. 道路货物运输驾驶员应该如何招揽货物？
   A. 提高服务标准
   B. 排挤竞争对手
   C. 恶意降低价格

答案：A

7. 遇到其他车辆的不友好行为，道路货物运输驾驶员应该怎么做？
   A. 宽容忍让
   B. 有理不让无理
   C. 有理必争

答案：A

8. 道路货运输驾驶员的麻痹心理会产生什么后果？
   A. 注意力高度集中
   B. 易产生违法行为
   C. 安全敏感性降低

答案：C

9. 道路货运输驾驶员侥幸心理容易产生什么行为？
   A. 违纪行为　　B. 违规行为　C. 违法行为

答案：C

10. 下列哪种心理状态有利于运输安全？
    A. 鲁莽好斗　B. 沉稳谨慎　C. 冲动急躁

答案：B

11. 道路货运输驾驶员的不良职业环境以哪些因素居多？
    A. 有机性有害因素
    B. 人为性有害因素
    C. 物理性有害因素

答案：C

12. 运输中感觉情绪将要失控时，道路货物运输驾驶员应该怎么做？

A. 安全停车，情绪稳定后再行车
B. 高速行驶，借以排解不良情绪
C. 追逐竞驶，和其他车辆比车技

答案：A

13. 道路货物运输驾驶员的哪种做法体现了良好的意志品质？
A. 通过没有监控的路段时侥幸违法驾驶
B. 遇到紧急情况时头脑冷静、处置果断
C. 遇到路况不良时情绪波动、操作失常

答案：B

14. 道路货物运输驾驶员情绪低落、心神不定时，应急反应能力会如何变化？
A. 降低　　　B. 提高　　　C. 不变

答案：A

15. 道路运输驾驶员从发现险情到采取制动措施需要一定的时间，指的是什么时间？
A. 应急时间　B. 动作时间　C. 反应时间

答案：C

16. 道路运输驾驶员识别危险源的目的是什么？
A. 提前预测风险
B. 提前预判风险
C. 提前回避风险

答案：B

17. 道路运输驾驶员在运输中跟行大型货运车辆时要注意什么？
A. 减小跟车距离
B. 多鸣喇叭提示
C. 增大跟车距离

答案：C

18. 运输中发现后车示意超车，如果条件允许，道路货物运输驾驶员应该怎么做？
A. 及时减速靠右让行
B. 加速不让后车超越
C. 加速向右变更车道

答案：A

19. 超车后返回原车道时，道路货物运输驾驶员应该怎么做？
A. 不打转向灯驶回
B. 与被超车拉开安全距离后打转向灯驶回
C. 打转向灯后立即驶回

答案：B

20. 驾驶大型货车转弯时要注意什么？
A. 转弯时转向轮的角度
B. 前后轮之间的内轮差
C. 转弯时从动轮的角度

答案：B

21. 驾驶货运车辆在路口右转时要特别注意什么？
A. 左侧的盲区及内轮差
B. 路边的边线及障碍物
C. 右侧的盲区及内轮差

答案：C

22. 驾驶货运车辆在路口转弯时怎样正确使用转向灯？
A. 开启转向灯后立即转弯
B. 转弯前提前开启转向灯
C. 进入路口后开启转向灯

答案：B

23. 一辆大型货车在路口右转时没有发现旁边直行的电动自行车，将电动自行车卷入车底，导致骑车人死亡。吸取这起事故的教训，在路口右转时应特别注意什么？
A. 左侧的行人和其他车辆
B. 正前方的行人和其他车辆
C. 右侧的盲区及内轮差

答案：C

24. 运输中上陡坡时，道路货物运输驾驶员应该怎么做？
A. 猛踩加速踏板加速冲坡
B. 根据路况选择合适挡位
C. 紧紧跟在前车后面爬坡

答案：B

25. 驾驶大型货车通过桥梁时应注意什么？
A. 加速抢在其他车辆前上桥
B. 观察桥头交通标志和提示
C. 条件允许时应尽快通过

答案：B

26. 驾驶大型货车在跨海大桥上遇到强烈横风时应怎么办？
A. 双手握稳转向盘
B. 尽快加速通过
C. 保持纵向安全距离

答案：A

27. 驾驶大型货车通过险桥等危险地段，发现对面来车时怎么办？
A. 不得停车等待
B. 避免在危险地段会车
C. 抢在对面来车前上桥

答案：C

28. 在图中所示路段跟车行驶时，跟车距离应怎样变化？

A. 适当增加　　B. 适当减小　　C. 保持不变

答案：A

29. 货车在隧道内出现故障必须临时停车时，应尽量停在哪里？
    A. 隧道的进口或出口
    B. 隧道内中央隔离带
    C. 隧道内专门的避险区

答案：C

30. 驾驶大型货车驶入隧道前，应距隧道约多远处开启前照灯？
    A. 20 米处　　B. 50 米处　　C. 100 米处

答案：C

31. 驾驶大型货车在高速公路行驶中，感到枯燥、松懈或困倦时应怎样做？
    A. 选择车少路段靠边休息
    B. 在应急车道停车休息
    C. 尽快到服务区休息

答案：C

32. 在高速公路上遇到施工路段，道路货物运输驾驶员应该怎么做？
    A. 加速通过施工路段
    B. 到施工现场前紧急制动
    C. 遵守限速规定提前减速

答案：C

33. 在高速公路上遇到紧急情况临时停车后，货运输驾驶员应在哪里等待救援？
    A. 车内　　B. 应急车道　　C. 护栏外

答案：C

34. 夜间驾驶大型货车行驶时，要确保车辆的制动距离在什么范围？
    A. 示廓灯照射范围以外
    B. 前照灯照射范围以内
    C. 前照灯照射范围以外

答案：B

35. 夜间会车时要特别注意哪个盲区？
    A. 后车灯照射范围外的盲区
    B. 前车灯照射范围外的盲区
    C. 两车灯光交汇处的盲区

答案：C

36. 通过有人看守的铁路道口，发现栏杆刚开始下降时应怎么办？
    A. 在杆落下前加速通过
    B. 及时在停止线前停车
    C. 在栏杆前停车等待

答案：B

37. 凌晨，一辆货车在无人看守的铁路道口与一列火车相撞，导致货车驾驶员受伤，火车脱线。道口处设有安全警示，火车经过时也会鸣笛，但货车驾驶员仍然抢道行驶，导致事故发生。吸取这起事故的教训，通过无人看守的铁路道口时应该怎么做？
    A. 一停、二看、三通过
    B. 仔细观察，加速通过
    C. 尽量保持原速通过

答案：A

38. 驾驶货车在乡村道路行驶时，应该怎么做？
    A. 加速通过易扬尘的路段
    B. 遇到农用车时频鸣喇叭
    C. 警惕随意穿行的人或动物

答案：C

39. 驾驶货车雨天涉水行驶后，轻踩制动踏板的作用是什么？
    A. 恢复制动器的制动力
    B. 恢复制动器的摩擦力
    C. 恢复制动器工作效能

答案：C

40. 雨天行车为避免"水滑"现象，道路货物运输驾驶员应该怎么做？
    A. 降低车速　　B. 靠边行驶　　C. 紧急制动

答案：A

41. 涉水行驶后，为恢复制动器工作效能，道路货物运输驾驶员应该怎么做？
    A. 猛踩制动踏板
    B. 轻踩制动踏板
    C. 加速行驶

答案：B

42. 雪天减速时，道路货物运输驾驶员应该怎么做？
    A. 紧急制动减速
    B. 轻踩制动踏板，同时控制车辆行驶方向
    C. 猛拉驻车制动器减速

答案：B

43. 运输中发现前方路面大面积结冰，道路货物运输驾驶员应该怎么做？
    A. 加快车速继续行驶
    B. 紧急制动立即停车

C. 寻找安全地点停车

答案：C

44. 驾驶货车在冰雪路面行驶的危险性是什么？
A. 放向稳定性差
B. 制动距离延长
C. 制动距离缩短

答案：B

45. 驾驶货车在冰雪行车发现前方路面大面积结冰应怎么办？
A. 紧急制动停车
B. 加快车速继续行驶
C. 寻找安全地点停车

答案：C

46. 在高速公路遇能见度低于 10 米的大雾时，应怎样行驶？
A. 车速降至 30 公里以下
B. 车速降至 10 公里以下
C. 车速降至 5 公里以下
D. 尽快驶离高速公路

答案：D

47. 高速公路在长下坡或下长陡坡路段的在行车道外侧设置的供速度失控车辆驶离行车道安全减速、停车的紧急避险通道是什么车道？
A. 高速避险车道
B. 紧急停车车道
C. 检查车辆车道

答案：A

48. 高温天气条件下运输，如果发现轮胎温度过高，应该怎么做？
A. 给轮胎放气
B. 向轮胎浇凉水
C. 停在阴凉处降温

答案：C

49. 高温天气条件下运输，发现水温表读数达到 100℃时应该怎么做？
A. 马上补充冷却液
B. 停在安全地点降温
C. 继续行驶

答案：B

50. 道路货运驾驶员运输中感到疲劳时，应该用哪些正确方法缓解疲劳？
A. 在安全地点停车休息
B. 坚持驾驶到卸货地点
C. 在路边停车稍睡一会

答案：A

51. 驾驶大型货车行驶中，突然遇到牲畜和保护动物穿越道路等情况时应采取什么措施？
A. 采用急转转向盘绕行通过
B. 及时采取制动减速避让
C. 采用急转转向盘躲避

答案：B

52. 驾驶大型货车行驶中，突然遇到路面障碍或从前车掉落的货物时怎么办？
A. 尽量采取绕行的方法通过
B. 果断采取制动减速措施
C. 采取急转转向盘躲避

答案：B

53. 驾驶大型货车行驶中，突然遇到行人和非机动车违法横穿道路怎么办？
A. 采取急转转向盘躲避
B. 尽量采取绕行的方法
C. 果断采取制动减速措施

答案：C

54. 驾驶大型货车行驶中，突然有牲畜和保护动物穿越道路时应采取什么措施？
A. 迅速采用急转转向盘躲避措施
B. 尽量采取急转转向盘绕行措施
C. 及时采取制动减速避让的措施

答案：C

55. 驾驶大型货车在高速公路突然遇到穿越的牲畜、动物时，唯一的方法是什么？
A. 制动减速　B. 迅速绕行　C. 转向躲避

答案：A

56. 货车因碰撞起火，道路货物运输驾驶员应该首先做什么？
A. 清理现场　B. 抢救伤员　C. 抢救货物

答案：B

57. 运输中突遇地震时，应在哪里避震？
A. 建筑物下　B. 电线杆下　C. 开阔地带

答案：C

58. 运输中突遇泥石流时，道路货物运输驾驶员应该怎么做？
A. 向地势低的地方逃生
B. 躲在有大量堆积物的山坡下
C. 向泥石流方向两边的高地逃生

答案：C

59. 道路货物运输驾驶员在交叉路口右转弯时，应通过后视镜观察哪个车轮的行驶轨迹，为其和路肩之间预留足够的转弯空间？
A. 右侧后轮　B. 右侧前轮　C. 左侧后轮

答案：A

1. 道路货物运输驾驶员的职业特点有哪些？
   A. 流动分散作业
   B. 意外和危险因素多
   C. 环境复杂多变
   D. 服务对象层次多样

   答案：ABCD

2. 道路货物运输驾驶员履行社会责任有哪些益处？
   A. 促进道路运输行业健康发展
   B. 保证自身和他人生命财产安全
   C. 减少环境污染，节约能源
   D. 为企业创造更多经济效益

   答案：ABCD

3. 道路货物运输驾驶员应承担哪些社会责任？
   A. 遵章守法，维护交通秩序
   B. 保证货物运输安全
   C. 节能减排，保护环境
   D. 为托运人提供优质服务

   答案：ABCD

4. 良好的职业道德要求道路货物运输驾驶员应如何进行运输活动？
   A. 依法行车　　　　B. 安全礼让
   C. 规范操作　　　　D. 有序通行

   答案：ABCD

5. 道路货物运输驾驶员的哪些行为是缺乏职业道德的具体表现？
   A. 开故障车　　　　B. 疲劳驾驶
   C. 占应急车道　　　D. 会车使用远光

   答案：ABCD

6. 道路货物运输驾驶员的哪些做法符合职业道德的要求？
   A. 车辆出现故障时继续驾驶
   B. 平稳驾驶，妥善保管货物
   C. 交通拥堵时耐心有序跟车
   D. 有车辆占道时逼对方让路

   答案：BC

7. 道路货物运输驾驶员的哪些做法符合遵章守法的要求？
   A. 按道路运输相关法规安全运输
   B. 联合其他承运人统一运输价格
   C. 自觉遵守企业的各项规章制度
   D. 认真遵守驾驶员安全操作规范

   答案：ACD

8. 道路货物运输驾驶员的哪些做法符合依法营运的要求？
   A. 经营主体合法　　B. 经营行为合法
   C. 经营收费合法　　D. 经营理念合法

   答案：AB

9. 道路货物运输驾驶员的哪些做法符合优质服务的要求？
   A. 货物交付前要求调整运费
   B. 为节省时间不按限速行驶
   C. 通过凹凸路面时减速慢行
   D. 货物到达后及时交付收货人

   答案：CD

10. 道路货物运输驾驶员的哪些做法符合诚实守信的要求？
    A. 按批准的时间、路线、速度进行超限运输
    B. 发现货物包装破损时及时通知托运人
    C. 确保货物安全准时到达目的地
    D. 推脱自身原因导致货损的责任

    答案：ABC

11. 道路货物运输驾驶员的哪些做法符合规范操作的要求？
    A. 按信号灯指示通过路口
    B. 做好出车前的安全检视
    C. 运输中任意选择行车道
    D. 行车前必须系好安全带

    答案：ABD

12. 急躁心理容易导致下列哪些行为？
    A. 开快车　　　　　B. 有序行驶
    C. 强行超车　　　　D. 频繁变道

    答案：ACD

13. 自满心理容易导致下列哪些行为？
    A. 炫耀比拼车技
    B. 长时间单手握转向盘
    C. 转弯前降低车速
    D. 自觉参加安全培训

    答案：AB

14. 好胜心理容易导致下列哪些行为？
    A. 路口让行　　　　B. 强行超车
    C. 会车抢行　　　　D. 低速行驶

    答案：BC

15. 侥幸心理容易导致下列哪些行为？
    A. 在交叉路口闯红灯
    B. 开故障车上路行驶
    C. 高速公路随意停车
    D. 正确使用警告标志

    答案：ABC

16. 一辆厢式货车在路口转弯时与一辆直行小客车发生碰撞，货车驾驶员认为两车距离比较远，自己能加速先通过；小客车驾驶员认为货车会停车让行，没有及时减速。造成这起事故的不良心理有哪些？
    A. 侥幸心理　　　　　B. 负重心理
    C. 寄托心理　　　　　D. 赌气心理
    答案：AC

17. 道路货物运输驾驶员如何保持良好的心理状态？
    A. 持续学习，更新知识
    B. 作息规律，睡眠充足
    C. 合理饮食，营养均衡
    D. 加强锻炼，适度运动
    答案：ABCD

18. 道路货物运输驾驶员出现哪些情绪时不利于运输安全？
    A. 紧张焦虑　　　　　B. 伤感抑郁
    C. 兴奋激动　　　　　D. 情绪平和
    答案：ABC

19. 出现不利于安全运输的异常情绪时，道路货物运输驾驶员应该怎么做？
    A. 强忍情绪继续驾驶
    B. 集中注意力驾驶
    C. 必要时停车休息
    D. 调整心态，放松心情
    答案：BCD

20. 道路货物运输驾驶员服用哪些药物后不宜进行运输？
    A. 镇静剂　　　　　　B. 止痛药
    C. 催眠药　　　　　　D. 兴奋剂
    答案：ABCD

21. 道路货物运输驾驶员服用影响神经系统的药物后，会出现哪些不良现象？
    A. 反应及操控能力下降
    B. 听力、视力、注意力减退
    C. 动作协调性提高
    D. 动作准确性下降
    答案：ABD

22. 下列哪些情况容易导致驾驶疲劳？
    A. 长时间坐姿不良
    B. 行车时间过长
    C. 睡眠不足
    D. 车内空气质量差
    答案：ABCD

23. 疲劳驾驶对道路货物运输驾驶员有哪些影响？
    A. 情绪过度兴奋　　　B. 增加操作失误
    C. 分散注意力　　　　D. 降低判断力
    答案：BCD

24. 停车休息时，哪些做法可以缓解驾驶疲劳？
    A. 活动肢体　　　　　B. 眺望远方
    C. 小睡片刻　　　　　D. 喝咖啡
    答案：ABCD

25. 道路货物运输驾驶员如何预防颈椎病？
    A. 保持正确的驾驶姿势
    B. 座椅位置和高度合适
    C. 正确调整头枕的高度
    D. 停车休息时活动颈部
    答案：ABCD

26. 道路货物运输驾驶员如何预防胃病？
    A. 合理安排行程，定时适量饮食
    B. 少吃刺激性、生冷、不易消化等食物
    C. 保持情绪稳定，避免精神过度紧张
    D. 慎用对胃黏膜有损伤的药物
    答案：ABCD

27. 危险源包括哪些因素？
    A. 人的不安全因素
    B. 物的不安全因素
    C. 路的不安全因素
    D. 行车环境不安全因素
    答案：ABCD

28. 货运驾驶员的视力包括哪些？
    A. 远视力　　　　　　B. 近视力
    C. 静视力　　　　　　D. 动视力
    答案：CD

29. 防御性驾驶理念要求道路货物运输驾驶员怎么做？
    A. 规范操作，避免主动引发事故
    B. 宽容礼让，避免卷入被动性事故
    C. 设法纠正别人的错误
    D. 不容忍别人犯错
    答案：AB

30. 道路运输驾驶员出车前检查哪些情况？
    A. 检查车辆的技术状况、
    B. 检查车辆的安全部位
    C. 检查车辆的货物装载
    D. 检查车辆的货物固定
    答案：ABCD

31. 运输中停车休息时，道路货物运输驾驶员需要对车辆进行哪些检查？
    A. 有无漏油、漏水、漏气现象

B. 胎压是否正常，胎面有无异物

C. 机油、制动液液面是否符合要求

D. 发动机、制动鼓有无过热现象

答案：ABD

32. 收车后，道路货物运输驾驶员需要进行哪些工作？

A. 检查车辆

B. 检查仪表灯光

C. 清洁车辆

D. 记录车辆行驶情况

答案：ACD

33. 驾驶大型货车跟车时存在哪些危险？

A. 前方车辆随时可能紧急制动

B. 前方车辆随时可能转向

C. 前方车辆随时可能加速

D. 前方车辆随时可能减速

答案：ABD

34. 驾驶大型货车跟行超载大型货车时存在哪些危险？

A. 货车载货较高阻挡视野

B. 货车货物苫盖不牢掉落

C. 货车突然变更车道

D. 货车轮胎爆胎

答案：ABD

35. 运输中跟行大型货车时，为什么需要增大跟车距离？

A. 载货较高，阻挡后车驾驶员视野

B. 货车尾灯易引起后车驾驶员目眩

C. 货物超载时影响轮胎寿命，易爆胎

D. 货物苫盖不牢时，掉落的货物会导致危险

答案：ACD

36. 驾驶大型货车遇超载超限大型货车，要提前采取预防措施，以防哪些危险或事故？

A. 载货较高阻挡视野

B. 货物超载影响轮胎寿命导致爆胎

C. 货物苫盖不牢时掉落的货物

D. 看不清前车的灯光信号

答案：ABC

37. 运输中与其他车辆保持安全距离的目的有哪些？

A. 避免驾驶紧张，缓解驾驶疲劳

B. 保证紧急时有足够的停车距离

C. 预防前车突然紧急制动

D. 拉大车距以便快速通过交叉路口

答案：ABC

38. 驾驶大型货车会车时存在哪些危险？

A. 对向来车后方的行人、车辆突然横穿

B. 对向来车突然占道行驶

C. 大型载货汽车偏载、洒落

D. 对向来车突然紧急制动

答案：ABC

39. 驾驶大型货车超车时存在哪些危险？

A. 前车不让行

B. 前车让速不让路

C. 前车让路不让速

D. 前车让路后突然向左行驶

答案：ABCD

40. 缺乏安全会车条件时，道路货物运输驾驶员应该怎么做？

A. 占用非机动车道会车

B. 决不盲目会车

C. 减速，必要时停车让行

D. 抢先通过，迫使对方让行

答案：BC

41. 运输中确需借道超车时，道路货物运输驾驶员应该怎么做？

A. 打开转向灯后盲目跟随前车超车

B. 可能与对向来车会车时加速超车

C. 判断是否有足够的时间、空间完成超车

D. 与被超车辆拉开安全距离后驶回原车道

答案：CD

42. 驾驶大型货车变更车道存在哪些危险？

A. 两侧的车辆加速行驶

B. 对向车违法占道

C. 前方车辆突然变道

D. 盲区内有行驶的车辆

答案：ABCD

43. 驾驶大型货车倒车存在哪些危险？

A. 盲区内有玩耍的儿童

B. 突然通过的行人

C. 妨碍倒车障碍物

D. 两侧停放的车辆

答案：ABC

44. 运输中需要倒车时，道路货物运输驾驶员应该怎么做？

A. 下车检查，确认安全

B. 保持较低车速

C. 发现危险立即停车

D. 发现危险加速躲避

答案：ABC

45. 驾驶大型货车掉头，存在哪些危险？

A. 有车辆突然从左侧超越

B. 对向有加速驶来的车辆
C. 妨碍正常通行车辆和行人
D. 造成道路阻塞

答案：ABCD

46. 如何驾驶货车安全掉头？
A. 提前开启左转向灯
B. 严格控制车速
C. 不妨碍其他车辆正常行驶
D. 在禁止左转弯的路口掉头

答案：ABC

47. 运输中通过山区道路时，道路货物运输驾驶员应该怎么做？
A. 提前了解山区气象条件
B. 提前检查车辆制动、转向性能
C. 转弯、会车和下坡时降低车速
D. 确认安全后，尽快通过经常发生泥石流、塌方的路段

答案：ABCD

48. 驾驶大型货车进入山区道路行驶存在哪些危险？
A. 道路弯多、坡多、路险
B. 气候多变、复杂情况多
C. 可能会出现团雾气象
D. 可能会出现滑坡、塌方、泥石流等危险路段

答案：ABCD

49. 运输中通过桥梁时，道路货物运输驾驶员应该怎么做？
A. 注意观察桥头的交通标志和提示
B. 观察路况，条件允许时安全通过
C. 提高车速，抢在其他车辆前上桥
D. 避免在窄桥上会车、制动和停车

答案：ABD

50. 运输中通过险桥等危险地段时，道路货物运输驾驶员应该怎么做？
A. 发现对面来车时停车等待，避免在危险地段会车
B. 必要时下车查明情况
C. 确认安全后尽快通过
D. 不能通过时报告后绕道

答案：ABCD

51. 在跨海大桥上遇到强烈横风时，道路货物运输驾驶员应该怎么做？
A. 双手握稳转向盘
B. 合理控制车速
C. 与并行车辆保持安全的横向距离

D. 加速通过

答案：ABC

52. 驶离隧道时，为了降低横风和明适应的影响，道路货物运输驾驶员应该怎么做？
A. 严格遵守限速规定
B. 加速通过
C. 双手握稳转向盘
D. 警惕隧道口有人横穿

答案：ACD

53. 驾驶大型货车进入隧道驾驶存在哪些危险？
A. 车载高度超过限制高度
B. 隧道内照明条件差
C. 隧道内有故障车
D. 隧道口有横风或行人横穿

答案：ABCD

54. 运输中驶入隧道前，道路货物运输驾驶员应该怎么做？
A. 注意限高、限速标志
B. 选择绿灯亮的车道行驶
C. 超越前方缓慢行驶的车辆
D. 提前开启前照灯

答案：ABD

55. 车辆在高速公路上发生故障需要临时停车时，道路货物运输驾驶员应该怎么做？
A. 开启危险报警闪光灯
B. 按规定放置警告标志
C. 拨打救援电话
D. 在护栏外等待救援

答案：ABCD

56. 驶入高速公路前，道路货物运输驾驶员应做哪些准备工作？
A. 了解天气情况
B. 了解道路通行状况
C. 提前熟悉行驶路线
D. 检查车辆安全状况

答案：ABCD

57. 道路货物运输驾驶员在高速公路上运输时感到疲劳，应选择哪些地方停车休息？
A. 应急车道   B. 匝道口
C. 停车场   D. 服务区   答案：CD

58. 道路货物运输驾驶员在出车前应提前熟悉哪些信息？
A. 高速公路出入口
B. 沿线服务区
C. 其他中途休息场所

D. 备用行车路线

答案：ABCD

59. 道路货物运输驾驶员驶入高速公路前，应提前了解运行沿线的哪些信息？
A. 道路等级、道路线形及设置情况
B. 桥梁、涵洞、隧道的限值
C. 恶劣天气和地质灾害预警信息
D. 容易出现团雾、结冰、横风的路段信息

答案：ABCD

60. 车辆在高速公路上发生故障需要临时停车时应怎样处置？
A. 开启危险报警闪光灯
B. 按规定放置警告标志
C. 拨打救援电话
D. 在护栏外等待救援

答案：ABCD

61. 夜间在无中央隔离、照明不良的路段会车时，道路货物运输驾驶员应该怎么做？
A. 持续使用远光灯以便观察
B. 提高车速以便快速完成会车
C. 离对向来车150米时改用近光灯
D. 对向来车使用远光灯时不直视强光

答案：CD

62. 夜间会车对方持续使用远光灯时，道路货物运输驾驶员应该怎么做？
A. 直视对方灯光　　B. 避免直视其灯光
C. 必要时停车让行　D. 也开启远光灯

答案：BC

63. 夜间因故障在路边长时间停车时，应怎样做？
A. 选择安全的停车地点
B. 停车后开启危险报警闪光灯
C. 停车后开启示廓灯
D. 停车后按规定放置警告标志

答案：ABCD

64. 驾驶大型货车通过铁路道口，存在哪些危险？
A. 车辆道口内发动机突然熄火
B. 有列车通过
C. 铁路道口栏杆突然落下
D. 铁路对面道路车辆拥堵

答案：ABD

65. 通过铁路道口时，道路货物运输驾驶员应该怎么做？
A. 提前换入低挡　　B. 在道口内减挡
C. 低速平稳通过　　D. 加速通过

答案：AC

66. 运输中通过城乡接合部时，道路货物运输驾驶员应该怎么做？
A. 频繁鸣喇叭
B. 注意观察路边行人、非机动车动向
C. 遇路口时减速让行，必要时停车避让
D. 尽快加速通过

答案：BC

67. 驾驶大型货车通过城乡接合部，存在哪些危险？
A. 人车通行混乱
B. 摊位占用机动车道
C. 经常会出行人突然横穿
D. 经常会有自行车突然横穿

答案：ABCD

68. 驾驶大型货车在乡村道路行驶时要注意什么？
A. 观察道路上的各种动态
B. 后方尾随行驶的机动车
C. 在道路两侧通行的行人
D. 警惕随意穿行的人或动物

答案：AD

69. 驾驶货车雨天行车存在哪些危险？
A. 视线不良　　　　B. 路面湿滑
C. 制动效能降低　　D. 道路通行混乱

答案：ABCD

70. 雨天行车出现"水滑"现象时，道路货物运输驾驶员应该怎么做？
A. 紧急转向
B. 紧急制动
C. 握稳转向盘
D. 松抬加速踏板，避免紧急制动

答案：CD

71. 运输中通过积雪路面时，道路货物运输驾驶员应该怎么做？
A. 沿车辙行驶
B. 靠路边行驶
C. 低速平稳行驶
D. 安装防滑链

答案：ACD

72. 驾驶大型货车雪天行车存在哪些危险？
A. 积雪覆盖路面
B. 轧实或结冰路面滑溜
C. 操作不当会出现侧滑或翻车
D. 制动距离变短

答案：ABC

73. 道路货物运输驾驶员在雾天应如何使用

灯光?

  A. 打开近光灯

  B. 打开雾灯和危险报警闪光灯

  C. 打开示廓灯和前后位灯

  D. 打开远光灯

答案：ABC

74. 雾天运输时，道路货物运输驾驶员应该怎么做?

  A. 适时鸣喇叭

  B. 合理控制车速，增大跟车距离

  C. 能见度过低时在安全地点停车

  D. 开启远光灯和雾灯

答案：ABC

75. 驾驶大型货车辆雾（霾）天行车存在哪些危险?

  A. 能见度低

  B. 前方车辆突然制动

  C. 对面来车占道行驶

  D. 路边有非机动车、行人占道通行

答案：ABCD

76. 高温天气运输中感到疲劳时，道路货物运输驾驶员应该怎么做?

  A. 坚持驾驶

  B. 用正确方法缓解疲劳

  C. 在安全地点停车休息

  D. 加速尽快到达目的地

答案：BC

77. 驾驶大型货车风沙天气行车存在哪些危险?

  A. 视线不良   B. 能见度低

  C. 视线模糊   D. 视野变窄

答案：ABCD

78. 驾驶大型货车在高速公路上怎样通行?

  A. 在右侧慢速车道内行驶

  B. 与其他车辆之间保持足够的安全间距

  C. 不得超过大型货车的最高限速

  D. 不得占应急车道行驶

答案：ABCD

79. 高速避险车道的作用是什么?

  A. 用于车辆制动失效时紧急减速或停车

  B. 为失控车辆从主线中分流

  C. 避免对主线车辆造成干扰

  D. 实现使失控车辆平稳停车

答案：ABCD

80. 运输中发现货物起火，道路货物运输驾驶员应该如何处置?

  A. 拨打救援电话

  B. 驶离闹市区等人员密集场所

  C. 有条件时将起火的货物卸下

  D. 采取各种措施尽量灭火

答案：ABCD

81. 道路货物运输驾驶员行车中观察到哪些征兆，应预感到可能发生塌方、泥石流、山体滑坡?

  A. 山坡土体出现变形、鼓包、裂缝

  B. 山坡有落石，且伴有树木摇晃

  C. 动物惊恐异常

  D. 山坡上出现异常声音

答案：ABCD

82. 道路货物运输驾驶员如何应对恐怖事件?

  A. 保持冷静、安全第一

  B. 小心谨慎、仔细应对

  C. 见机行事、及时报警

  D. 做好记录、保护现场

答案：ABCD

83. 道路货物运输驾驶员遇到恐怖事件时应该怎么做?

  A. 记住恐怖分子的显著特征

  B. 勇敢与恐怖分子进行搏斗

  C. 找机会发出求援信息

  D. 时刻做好防范准备

答案：ACD

84. 道路货物运输驾驶员遇到恐怖事件报警时应该提供哪些信息?

  A. 人质解救具体方案

  B. 受困人员详细信息

  C. 恐怖分子详细信息

  D. 可依靠的有利条件

答案：BCD